总主编 伍 江 副总主编 雷星晖

张艳 赵民 著

中国国家级开发区的实践及转型
——政策视角的研究

The Practice and Transition of National Development Zone in China
—From the perspective of public policy

内 容 提 要

本书以国家级的经济技术开发区和高新技术产业开发区为主要研究对象，从政策视角入手研究开发区的发展态势、特征和转型问题。在梳理两类开发区历史渊源的基础上，通过全国层面的统计数据和详细的案例研究分析开发区发展的现状，展示了在不同的发展动力主导下开发区实践的多样性和差异性，以及经济技术开发区和高新技术产业开发区发展实践的趋同。研究从产业发展、空间拓展、社会发展和管理体制四个维度总结了开发区作为特定政策区域的特殊运行模式，分析了开发政策实施存在的低效与失效问题，最后基于政策连贯和政策聚焦的原则，提出了对开发区政策进行调整的建议。

图书在版编目(CIP)数据

中国国家级开发区的实践及转型：政策视角的研究 / 张艳,赵民著.—上海：同济大学出版社,2019.11
(同济博士论丛 / 伍江总主编)
ISBN 978-7-5608-8830-9

Ⅰ.①中… Ⅱ.①张… ②赵… Ⅲ.①技术开发区－研究－中国 Ⅳ.①F127.9

中国版本图书馆 CIP 数据核字(2019)第 271664 号

中国国家级开发区的实践及转型——政策视角的研究
张 艳 赵 民 著
出 品 人　华春荣　　责任编辑　熊磊丽　　助理编辑　王一茗
责任校对　徐春莲　　封面设计　陈益平

出版发行	同济大学出版社　www.tongjipress.com.cn (地址：上海市四平路1239号　邮编：200092　电话：021-65985622)
经　　销	全国各地新华书店、建筑书店
排版制作	南京展望文化发展有限公司
印　　刷	浙江广育爱多印务有限公司
开　　本	787 mm×1092 mm　1/16
印　　张	22.25
字　　数	445 000
版　　次	2019年11月第1版　　2019年11月第1次印刷
书　　号	ISBN 978-7-5608-8830-9

定　　价　99.00元

本书若有印装质量问题，请向本社发行部调换　　版权所有　侵权必究

"同济博士论丛"编写领导小组

组　　　长： 杨贤金　钟志华

副 组 长： 伍　江　江　波

成　　　员： 方守恩　蔡达峰　马锦明　姜富明　吴志强
　　　　　　　徐建平　吕培明　顾祥林　雷星晖

办公室成员： 李　兰　华春荣　段存广　姚建中

"同济博士论丛"编辑委员会

总 主 编：伍 江

副总主编：雷星晖

编委会委员：（按姓氏笔画顺序排列）

丁晓强	万 钢	马卫民	马在田	马秋武	马建新
王 磊	王占山	王华忠	王国建	王洪伟	王雪峰
尤建新	甘礼华	左曙光	石来德	卢永毅	田 阳
白云霞	冯 俊	吕西林	朱合华	朱经浩	任 杰
任 浩	刘 春	刘玉擎	刘滨谊	闫 冰	关佶红
江景波	孙立军	孙继涛	严国泰	严海东	苏 强
李 杰	李 斌	李风亭	李光耀	李宏强	李国正
李国强	李前裕	李振宇	李爱平	李理光	李新贵
李德华	杨 敏	杨东援	杨守业	杨晓光	肖汝诚
吴广明	吴长福	吴庆生	吴志强	吴承照	何品晶
何敏娟	何清华	汪世龙	汪光焘	沈明荣	宋小冬
张 旭	张亚雷	张庆贺	陈 鸿	陈小鸿	陈义汉
陈飞翔	陈以一	陈世鸣	陈艾荣	陈伟忠	陈志华
邵嘉裕	苗夺谦	林建平	周 苏	周 琪	郑军华
郑时龄	赵 民	赵由才	荆志成	钟再敏	施 骞
施卫星	施建刚	施惠生	祝 建	姚 熹	姚连璧

袁万城　莫天伟　夏四清　顾　明　顾祥林　钱梦騄
徐　政　徐　鉴　徐立鸿　徐亚伟　凌建明　高乃云
郭忠印　唐子来　阎耀保　黄一如　黄宏伟　黄茂松
戚正武　彭正龙　葛耀君　董德存　蒋昌俊　韩传峰
童小华　曾国荪　楼梦麟　路秉杰　蔡永洁　蔡克峰
薛　雷　霍佳震

秘书组成员： 谢永生　赵泽毓　熊磊丽　胡晗欣　卢元姗　蒋卓文

总 序

在同济大学110周年华诞之际,喜闻"同济博士论丛"将正式出版发行,倍感欣慰。记得在100周年校庆时,我曾以《百年同济,大学对社会的承诺》为题作了演讲,如今看到付梓的"同济博士论丛",我想这就是大学对社会承诺的一种体现。这110部学术著作不仅包含了同济大学近10年100多位优秀博士研究生的学术科研成果,也展现了同济大学围绕国家战略开展学科建设、发展自我特色,向建设世界一流大学的目标迈出的坚实步伐。

坐落于东海之滨的同济大学,历经110年历史风云,承古续今、汇聚东西,秉持"与祖国同行、以科教济世"的理念,发扬自强不息、追求卓越的精神,在复兴中华的征程中同舟共济、砥砺前行,谱写了一幅幅辉煌壮美的篇章。创校至今,同济大学培养了数十万工作在祖国各条战线上的人才,包括人们常提到的贝时璋、李国豪、裘法祖、吴孟超等一批著名教授。正是这些专家学者培养了一代又一代的博士研究生,薪火相传,将同济大学的科学研究和学科建设一步步推向高峰。

大学有其社会责任,她的社会责任就是融入国家的创新体系之中,成为国家创新战略的实践者。党的十八大以来,以习近平同志为核心的党中央高度重视科技创新,对实施创新驱动发展战略作出一系列重大决策部署。党的十八届五中全会把创新发展作为五大发展理念之首,强调创新是引领发展的第一动力,要求充分发挥科技创新在全面创新中的引领作用。要把创新驱动发展作为国家的优先战略,以科技创新为核心带动全面创新,以体制机制改革激发创新活力，以高效率的创新体系支撑高水平的创新型国家建设。作为人才培养和科技创新的重要平台，大学是国家创新体系的重要组成部分。同济大学理当围绕国家战略目标的实现，作出更大的贡献。

大学的根本任务是培养人才，同济大学走出了一条特色鲜明的道路。无论是本科教育、研究生教育，还是这些年摸索总结出的导师制、人才培养特区，"卓越人才培养"的做法取得了很好的成绩。聚焦创新驱动转型发展战略，同济大学推进科研管理体系改革和重大科研基地平台建设。以贯穿人才培养全过程的一流创新创业教育助力创新驱动发展战略，实现创新创业教育的全覆盖，培养具有一流创新力、组织力和行动力的卓越人才。"同济博士论丛"的出版不仅是对同济大学人才培养成果的集中展示，更将进一步推动同济大学围绕国家战略开展学科建设、发展自我特色、明确大学定位、培养创新人才。

面对新形势、新任务、新挑战，我们必须增强忧患意识，扎根中国大地，朝着建设世界一流大学的目标，深化改革，勠力前行！

万　钢

2017 年 5 月

论丛前言

承古续今,汇聚东西,百年同济秉持"与祖国同行、以科教济世"的理念,注重人才培养、科学研究、社会服务、文化传承创新和国际合作交流,自强不息,追求卓越。特别是近20年来,同济大学坚持把论文写在祖国的大地上,各学科都培养了一大批博士优秀人才,发表了数以千计的学术研究论文。这些论文不但反映了同济大学培养人才能力和学术研究的水平,而且也促进了学科的发展和国家的建设。多年来,我一直希望能有机会将我们同济大学的优秀博士论文集中整理,分类出版,让更多的读者获得分享。值此同济大学110周年校庆之际,在学校的支持下,"同济博士论丛"得以顺利出版。

"同济博士论丛"的出版组织工作启动于2016年9月,计划在同济大学110周年校庆之际出版110部同济大学的优秀博士论文。我们在数千篇博士论文中,聚焦于2005—2016年十多年间的优秀博士学位论文430余篇,经各院系征询,导师和博士积极响应并同意,遴选出近170篇,涵盖了同济的大部分学科:土木工程、城乡规划学(含建筑、风景园林)、海洋科学、交通运输工程、车辆工程、环境科学与工程、数学、材料工程、测绘科学与工程、机械工程、计算机科学与技术、医学、工程管理、哲学等。作为"同济博士论丛"出版工程的开端,在校庆之际首批集中出版110余部,其余也将陆续出版。

博士学位论文是反映博士研究生培养质量的重要方面。同济大学一直将立德树人作为根本任务,把培养高素质人才摆在首位,认真探索全面提高博士研究生质量的有效途径和机制。因此,"同济博士论丛"的出版集中展示同济大学博士研究生培养与科研成果,体现对同济大学学术文化的传承。

"同济博士论丛"作为重要的科研文献资源,系统、全面、具体地反映了同济大学各学科专业前沿领域的科研成果和发展状况。它的出版是扩大传播同济科研成果和学术影响力的重要途径。博士论文的研究对象中不少是"国家自然科学基金"等科研基金资助的项目,具有明确的创新性和学术性,具有极高的学术价值,对我国的经济、文化、社会发展具有一定的理论和实践指导意义。

"同济博士论丛"的出版,将会调动同济广大科研人员的积极性,促进多学科学术交流、加速人才的发掘和人才的成长,有助于提高同济在国内外的竞争力,为实现同济大学扎根中国大地,建设世界一流大学的目标愿景做好基础性工作。

虽然同济已经发展成为一所特色鲜明、具有国际影响力的综合性、研究型大学,但与世界一流大学之间仍然存在着一定差距。"同济博士论丛"所反映的学术水平需要不断提高,同时在很短的时间内编辑出版110余部著作,必然存在一些不足之处,恳请广大学者,特别是有关专家提出批评,为提高同济人才培养质量和同济的学科建设提供宝贵意见。

最后感谢研究生院、出版社以及各院系的协作与支持。希望"同济博士论丛"能持续出版,并借助新媒体以电子书、知识库等多种方式呈现,以期成为展现同济学术成果、服务社会的一个可持续的出版品牌。为继续扎根中国大地,培育卓越英才,建设世界一流大学服务。

伍 江

2017年5月

前 言

改革开放以来,"开发区"可谓是我国经济发展的最重要载体之一,学界和业界也已经对此做了诸多研究。从20世纪90年代起,笔者也进入了开发区研究领域,包括基于案例的规划研究及对国际经验的介绍和借鉴等。本研究的选题则是源于我们于2003年所承担的"中德合作生态城市规划与管理"子课题——"完善经济开发区土地使用管理研究"。在课题研究中,我们对常州高新技术产业开发区的土地使用状况做了深入调研,对开发区的产业特征和空间拓展等有了直观的认识,形成了一些初步见解。此后,我们又先后在无锡高新技术产业开发区、广州经济技术开发区、珠海高新技术产业开发区等地做研究课题,籍以开展现场踏勘、调研访谈和资料收集等工作。基于实证研究,我们在认知不同地区开发区发展的多样性与差异性的同时,也发现了一些有待于探究的共性和趋势性问题。由此萌生了对开发区做系统研究的想法。

当时,全国刚刚经历了"开发区热潮"及随后的清理整顿。2003年以后,中央有关部门一再出台对开发区进行清理整顿的相关政策文件。对各级、各类开发区的发展施行宏观调控完全必要,但当时的总体发展方向和思路并不明确。而学界对于开发区转型的研究与讨论也大多局限在开发区的既定政策框架内,也就是以开发区政策的存续作为前提,较少涉及对开发区政策及其时效性本身的考量。

但开发区的本质是政策功能区,是典型的依靠政策驱动而发展的特定地域,政策也是一种资源,其内涵和空间范畴不能泛化和固化。在经历数十年的发展之后,回顾和审视开发区的政策施行,评估其绩效,适时调整或终止有关政策,这应是中央政府主管部门的职责,而学界也应积极作为。由此,我们确定了从政策视角入手研究开发区的发展态势、特征和转型问题。选择以国家级经济技术开发区和国家级高新技术产业开发区为主要研究对象,一方面是因为国家级开发区的成熟度高、影响力也最为明显,其发展动向和策略必将会对其他级别的开发区产生较强的示范作用,另一方面是因为这两类开发区的设立和运作管理较为规范,相关的统计数据较为全面,从而能够展开基于开发区宏观布局的历时性发展分析和针对发展状况的横向比较分析。

据当时的统计,全国国家级经济技术开发区和高新技术开发区的数量分别为54家和53家。为了对全国的开发区有较为全面的了解,我们先后对深圳高新技术产业开发区、天津经济技术开发区、天津新技术产业园区、青岛经济技术开发区、大连经济技术开发区、大连高新区、宁波经济技术开发区、宁波大榭开发区等东部地区的开发区进行了实地调研,开展了访谈和资料收集工作,获得了直观的感性认识和大量的一手资料,为研究的顺利开展奠定了良好的基础。

当时的经济技术开发区和高新技术产业开发区已经分别由商务部和科技部主管。不仅主管部门不同,两者的缘起也非常不同。前者是以国际分工理论为基础,以出口加工区为原型;后者更多是以创新理论为基础,以科技园区为模式。这意味着,从设立开始,经济技术开发区与高新技术产业开发区在发展方式上就应该有本质的区别。但我们在对全国层面的统计数据进行分析后发现,两类开发区的趋同特征极为明显,尤其是高新技术产业开发区的发展明显地转向了经济技术开发区的路径和功能。由于两类开发区均是由地方政府在实际运作,加之主管部门的引导和考核偏于式微,因而二者之间更多的是招商引资和发展规模的竞争,而非预期的错位发展。

对开发区的个案做分析,可发现不同的开发区受到的外部环境作用力、自身禀赋作用力和地方政府作用力这三种基本动力的强弱不同,因而其发展呈现出丰富的多样性与地域差异性。但同时,受中国当时特定的发展环境、发展阶段和发展现实的制约,以及唯GDP的片面政绩导向和政策空间的泛化,普遍导致了公共利益的流失和不可再生资源的大量消耗。作为一个由特殊政策驱动发展的区域,开发区在产业发展、空间拓展、社会发展和管理体制上呈现出与城市其他区域不同的特性。在开发区建设的初期,这四个维度均能够比较顺利地运作,但随着开发区规模的不断扩大,政区之间的竞争加剧,各个维度都开始出现发展困境,并相互之间形成了掣肘。

通过对开发区运行的审视,可发现开发区政策确实取得了很大的成效,但也存在相当程度的低效和失效。这既与开发区实践本身的政策逻辑及相关的体制机制设计有关,也与大的制度背景环境所致的开发区政策执行中的异化有关。所以应当对开发区政策的施行做评估,开发区的发展具有时空性,不能搞成"路径锁定"。基于政策连贯和政策聚焦的原则,我们最后提出了对开发区政策进行调整的建议,包括:淡化空间类型及经济类型的指向,构建专业化园区+研发孵化的发展格局,在政策资源的使用上聚焦于研发、创新及创业活动。

时至今日,国家级开发区的数量仍在持续增加。其中,国家级经济技术开发区的数量达到了219家,国家级高新技术产业开发区的数量达到了168家,地方政府设立的开发区数量应更为庞大。这一规模上的膨胀,显示了有关部委及地方政府对于开发区政策的依赖惯性。从实质内涵看,原先的开发区"超国民"待遇已所剩无几;尤其是,"十八大"以来,国家的发展导向已经发生了深刻变化,生态文明、转型升级、创新发展等已经成为了新时代的主旋律。从追求速度、规模型发展转型为注重质量型发展,这必将深刻影响各类各级开发区的未来发展之路。

一项公共政策的出台和施行应有其生命周期。随着内外部环境的变化,发展要有新理念和新聚焦;因而,一些旧的政策要退出,一些新的政策要出台；一些开发区要回归正常的城区，一些开发区要转型为新的政策区。

就本研究对开发区的转型探讨而言，尽管研究成果形成于多年以前，但与当前的发展情形仍具有很强的相关性。新时代的发展面临新的挑战和课题，相关的研究也要与时俱进。本研究可谓是开发区发展和研究的历史记录，希望可为新的研究提供参考。

目 录

总序
论丛前言
前言

绪论 ·· 1
  1 研究背景 ·· 1
    1.1 国家战略层面科学发展观的树立 ·· 1
    1.2 开发区正遭遇越来越多的质疑 ··· 2
    1.3 对开发区宏观调控的力度在加大,但未来发展的方向和思路并
        不明确 ·· 5
  2 研究对象界定 ··· 6
  3 研究概况 ·· 8
    3.1 关于开发区总体发展的研究 ··· 9
    3.2 关于开发区发展所涉各专业领域的研究 ································ 13
    3.3 总体评述 ··· 17
  4 研究目的及研究设计 ·· 17
    4.1 研究目的 ··· 17
    4.2 研究基础 ··· 18
    4.3 研究视角 ··· 19
    4.4 研究结构与内容安排 ··· 22

第 1 章 开发区的渊源 ··· 25
  1 经济技术开发区与出口加工区(Export Processing Zones,EPZs) ········· 25

		1.1	出口加工区的发展实践	25

- 1.1 出口加工区的发展实践 …………………………………… 25
- 1.2 中国经济技术开发区政策 …………………………………… 38
- 1.3 经济技术开发区的特定性 …………………………………… 47
- 2 高新区与科技园区(Science Parks，SPs) ………………………… 49
  - 2.1 世界范围科技园区的发展实践 ……………………………… 49
  - 2.2 中国高新区的设立 …………………………………………… 63
  - 2.3 高新区的特定性 ……………………………………………… 68
  - 2.4 与经济技术开发区的比较 …………………………………… 69
- 3 开发区与产业集群理论 …………………………………………… 72
  - 3.1 产业集群的主要特征 ………………………………………… 72
  - 3.2 开发区建设产业集群的重要性 ……………………………… 82
  - 3.3 开发区产业集群的形成机理 ………………………………… 86
- 4 本章小结 …………………………………………………………… 87

第2章 全国开发区发展概况 …………………………………………… 89

- 1 区位分布 …………………………………………………………… 89
  - 1.1 经济技术开发区 ……………………………………………… 89
  - 1.2 高新区 ………………………………………………………… 91
  - 1.3 两类开发区的综合分布 ……………………………………… 91
- 2 发展历程 …………………………………………………………… 94
  - 2.1 经济技术开发区 ……………………………………………… 94
  - 2.2 高新区 ………………………………………………………… 97
- 3 现实状况 …………………………………………………………… 99
  - 3.1 总体绩效：两类开发区均取得了显著的经济成就 ………… 99
  - 3.2 分类比较：高新区与经济技术开发区的同质化表现 ……… 108
  - 3.3 分区域比较：东部地区开发区总量占绝对优势,但在增长质量上的优势并不显著 ……………………………………… 114
  - 3.4 个体差异：个体经济规模差异大,但经济规模与技术创新能力的相关性不明显 ………………………………………… 122
- 4 本章小结 …………………………………………………………… 126

目 录

第3章 开发区案例研究：发展动力的多样性与区域差异 …………… 127
1 开发区发展的基本动力 …………………………………………… 127
1.1 外部环境作用力 ………………………………………… 127
1.2 自身禀赋作用力 ………………………………………… 128
1.3 地方政府作用力 ………………………………………… 128
2 经济技术开发区实践案例分析 …………………………………… 130
2.1 外资主导型 ……………………………………………… 130
2.2 国企转制推动型 ………………………………………… 147
2.3 依托重点项目型 ………………………………………… 149
2.4 立足资源优势型 ………………………………………… 154
2.5 偶发机遇型 ……………………………………………… 155
3 高新区实践案例分析 ……………………………………………… 171
3.1 强禀赋型 ………………………………………………… 171
3.2 政府强力推动型 ………………………………………… 188
3.3 城市环境相关型 ………………………………………… 207
3.4 国家科技政策驱动型 …………………………………… 212
3.5 军工企业嫁接型 ………………………………………… 215
4 本章小结及引申 …………………………………………………… 218
4.1 小结 ……………………………………………………… 218
4.2 引申 ……………………………………………………… 220

第4章 开发区建设运行模式 ……………………………………………… 222
1 产业发展 …………………………………………………………… 222
1.1 开发区产业发展的一般特征 …………………………… 222
1.2 开发区产业集群建设 …………………………………… 227
2 空间拓展 …………………………………………………………… 230
2.1 开发区空间拓展的一般特征 …………………………… 230
2.2 开发区空间拓展与城市空间的关系 …………………… 233
2.3 开发区空间拓展过程中的城市规划调控 ……………… 234
3 社会发展 …………………………………………………………… 236
3.1 开发区建设作为一种特殊的城市化方式 ……………… 236
3.2 开发区人口构成特征 …………………………………… 237

  3.3 开发区社会空间矛盾 ········· 239
 4 管理体制 ········· 243
  4.1 多样化的体制类型 ········· 243
  4.2 开发区管理体制的运作 ········· 248
  4.3 开发区管理体制的发展趋势 ········· 251
 5 本章小结及引申 ········· 252
  5.1 小结 ········· 252
  5.2 引申 ········· 253

第5章 开发区政策过程及政策效果 ········· 255
 1 开发区政策过程分析 ········· 255
  1.1 精英式的政策形成 ········· 255
  1.2 渐进式的政策方案 ········· 256
  1.3 缺失的政策评估 ········· 256
 2 开发区政策效果的诉求 ········· 257
  2.1 开发区的政策逻辑 ········· 258
  2.2 开发区的政策执行 ········· 261
 3 开发区政策效果考察 ········· 266
  3.1 预期目标的实现程度 ········· 266
  3.2 开发区政策的成本分析 ········· 269
  3.3 一些预期之外的负面效果 ········· 272
 4 本章小结 ········· 274

第6章 政策变迁与开发区转型 ········· 276
 1 开发区转型的方式与目标 ········· 276
  1.1 方式选择——政策变迁 ········· 276
  1.2 开发区转型的目标 ········· 276
 2 政策调整方案设计 ········· 278
  2.1 政策调整的原则 ········· 278
  2.2 政策调整的主要思路 ········· 279
  2.3 政策调整的主要内容 ········· 281
 3 空间重构 ········· 288

3.1	战略层面：从"政策区"回归"城市功能区"	288
3.2	实施层面	288

4 政策要点 289
    4.1 产业重构：从"产业集聚"转向"产业集群" 289
    4.2 空间重构：从"城市蔓延"转向"集约发展" 294
    4.3 相关制度保障 295

结论 296
1 研究的主要结论 296
    1.1 开发区的历史渊源 296
    1.2 开发区的发展实践 297
    1.3 开发区政策分析及转型 298
2 研究的创新点 299
3 研究的不足之处与进一步的发展方向 300
    3.1 不足之处 300
    3.2 进一步的发展方向 300

附录 301

参考文献 318

后记 332

绪 论

1 研究背景

开发区建设是我国在计划经济向市场经济体制转轨过程中,为扩大改革开放、促进经济快速发展以及应对世界范围新技术革命而采取的重要战略举措。在经过多年的开发建设之后,开发区作为中国对外开放的窗口和经济改革的试验场,已经成为全国和区域经济振兴的重要支柱——据统计,2005年,中国 GDP 的 68% 和外贸出口的 87% 来自各级各类开发区[1]。但开发区发展的过程中也伴生了一系列的问题,在新的发展形势下开发区的走向及如何重新定位等问题已引起各界的广泛关注。本书的研究主要基于如下的背景展开。

1.1 国家战略层面科学发展观的树立

多年的改革开放让中国经历了史无前例的快速经济增长,国家竞争力明显增强。进入新世纪后,国家宏观战略层面开始更加强调"科学发展"的观念。与传统的发展观念相比,科学发展观的内涵突出表现在三个方面:

(1) 对于提高自主创新能力的强调

从经济总量以及工业经济占 GDP 的比重来看,中国已然是一个工业经济大国,但并不表明中国已经是工业经济强国。由于总体技术水平低,缺乏自己的核心技术,创新能力不强,在世界制造业分工体系中,中国以生产劳动密集

---

[1] 杨筱. 中国开发区 20 年功过反思:增长模式将如何调整? [OL]. 2006 - 11 - 12[2006 - 12 - 31]. http://news.xinhuanet.com/fortune/2006 - 11/12/content_5318361.htm 新华网.

型产品为主导，处于垂直分工体系的低端，大部分技术和关键设备依赖进口。科学发展观以发展作为第一要义，将提高自主创新能力、建设创新型国家确定为国家发展战略的核心和提高综合国力的关键，力求通过实施科教兴国战略和人才强国战略，提高原始创新能力、集成创新能力和引进消化吸收再创新能力。

（2）对建设和谐社会的关注

改革开放使得中国经济保持了令人瞩目的高增长，国家实力和人民生活水平有了大幅度的提升，但收入差距加大、城乡失衡等问题也开始凸显。自 2003 年起，中国的发展进入人均 GDP1 000 美元至 3 000 美元的转型关键时期。从国际发展经验来看，这个时期，往往是产业结构快速转型、社会利益格局剧烈变化、政治体制不断应对新的挑战的时期，可能出现两种前途：一种是进入"黄金发展时期"，保持一个较长时期的经济增长，顺利实现工业化和现代化；另一种是进入"矛盾凸显时期"，因为经济社会不协调，各种经济社会矛盾不断显露出来，如果处理不当，矛盾激化，经济社会发展就会停滞不前，甚至引发社会动荡和倒退。因此，有针对性地促进社会结构各个层面的和谐成为这一关键时期发展的必然需求。科学发展观坚持以人为本为核心，力求既通过发展增加社会物质财富、不断改善人民生活，又通过发展保障社会公平正义、不断促进社会和谐。

（3）对保护资源及生态环境的重视

过去中国经济的快速增长很大程度上以能源和土地等不可再生资源的大量消耗以及生态环境的严重破坏作为代价。如松花江水污染、太湖水污染等事件的密集爆发显示了一个长期输出生态资源、维持高消耗、高成本资源浪费的高增长经济的不可持续性。科学发展观以全面协调可持续作为基本要求，将建设资源节约型和环境友好型社会放在工业化、现代化发展战略的突出位置。在这一发展思路下，节能降耗等发展指标已经开始逐渐纳入经济发展规划之中。

1.2　开发区正遭遇越来越多的质疑

开发区因其辉煌的经济发展成就而广受赞誉，但同时，开发区也正遭遇着越来越多的来自社会各界的质疑。其中，被关注最多的在于以下两个方面：

（1）开发区过多过滥，土地开发失控

国家级开发区的巨大示范作用引发了各地各级政府设立开发区的热情，

20 世纪 90 年代初期曾出现过一次"开发区热"[①],虽然自 1993 年起国家陆续对全国各类开发区进行整顿和清理,关闭了一批不合格的开发区,并加强了对今后新设立开发区的审批。但是,各地方为了追求在吸引投资、上缴税收、解决就业等方面的利益,仍然采取各种方式在沿高速路两侧、市区边缘、原有的开发区内部等地段设立名目繁多的各类开发区。至 2000 年前后,"开发区热"现象再度兴起。据统计,截至 2004 年 8 月,我国有各类开发区 6 866 个,其中,国务院批准设立的开发区 171 个,省级政府批准设立的开发区 1 094 个,其余的 5 601 个开发区都是市、县、乡政府和各级部门擅自设立的[②]。

开发区的过多过滥带来了土地特别是耕地资源的巨大浪费。据统计,这 6 866 个开发区规划面积达到 3.86 万 km^2,超过 2003 年全国现有城镇建设用地面积的总和(3.15 万 km^2)。2003 年国务院五部委联合督察组的检查统计显示,开发区占用的土地中 55% 以上的是耕地,有的开发区占用耕地的比例高达 80% 以上[③]。而至 2003 年底,全国耕地面积已降至 18.51 亿亩,低于国土规划 2010 年耕地的保有量以下[④]。许多地方属于违法授予开发区土地供应审批权,开发区用地未批先用、非法占用、违法交易的现象十分严重[⑤]。

开发区占用的大部分耕地实际上也并没有得到妥善的开发。根据国土资源部的数据,在全国省级以上 900 多家开发区中,国家批准规划的土地面积共 2 万 km^2 左右,而直到 2003 年初,已开发面积仅占规划总面积的 13.51%,即 2 700 km^2 左右;即便在国家级开发区,以建筑容积率表示的土地利用强度也只有 0.236 7;开发区已经占用的土地平均只有 57% 得到有效利用[⑥]。

伴随开发区土地开发的失控还有征地伤农事件的频发。开发区占用耕地面

---

① 据统计,仅 1992 年一年,全国新设立的开发区大约有 2 000 个,超过 1992 年以前所设立开发区总和的 20 倍,规划土地面积约 2 万 km^2。1993 年 4 月 28 日,国务院针对开发区过多过滥的问题,下发文件要求严格审批和认真清理各类开发区,对各类开发区的设立审批做了严格的规定。1993 年全国清理的 2 804 个各类开发区,涉及土地面积约 0.76 万 km^2,绝大部分为耕地。
② 中国社会科学院工业经济研究所(编). 中国工业发展报告(2006):科学发展观与经济增长方式转变[R]. 北京:经济管理出版社,2006:74.
③ 李志勇. 开发区建设中存在的问题及对策[J]. 中国审计,2004(20):46-47.
④ 全国人大常委会执法检查组关于检查《中华人民共和国土地管理法》实施情况的报告[OL]. 2006-06-24[2006-12-31]. http://news.xinhuanet.com/fortune/2004-06/24/content_1544860.htm 新华网.
⑤ 如浙江省安吉县经济开发区的面积,几年间就从 4.5 km^2 增加到了 60 km^2。县委文件"安委 2000.8 号"文授予了经济开发区"征地"、"规划"、"出租"、"转让"、"出让",甚至"颁发国有土地使用证"等所有用地权力。翟明磊. 安吉县"城市化"真相[N]. 南方周末,2002-04-04.
⑥ 卢新海. 开发区土地资源的利用与管理[J]. 中国土地科学,2004(2):40-44.

积累计超过 1 400 万亩,以我国人均耕地 1.51 亩的水平计算,约有近千万农民因开发区建设而失去土地。根据《土地管理法》规定,征用耕地的补偿费用主要包括:土地补偿费(一般为土地征用前 3 年平均产值的 6 至 10 倍,补偿款项为农村集体经济组织所有)、安置补助费(一般前三年土地平均产值的 4 到 6 倍)、地上附着物和青苗补偿费。按照这一标准,对农民的补偿实际上很难满足从此割断与土地的联系、面临新的生计、基本生活保障等问题的失地农民的需求①。加之部分开发区还存在将土地低价征收高价卖出、因低价供地没有足够的资金用来兑现对失地农民的补偿、部分地区补偿金被截留等现象,导致了大量社会问题的产生。

(2) 开发区政策优势减少,恶性竞争加剧

开发区自建立以来的持续高速发展主要得益于作为"经济特区"的地位,但随着我国经济体制改革与市场化程度逐步深入,这一优势正在逐渐减少甚至完全消失。根据 WTO 规则,除特殊领域外,成员国之间的产品、服务和投资均享受国民待遇,政策均等或普惠的趋势已经十分明显,过去为开发区所特有的优惠政策越来越少,加之一些特殊政策也不断被区外拷贝,开发区越来越呈现出"特区不特"的特征。

在一定时期内进入外资数量有限的情况下,各开发区之间为吸引外资展开了激烈的甚至是恶性的竞争。各地在土地供应上完全不按市场经济规律运行,而是给足优惠政策,以低于成本价甚至零地价供地;同时,还推出各种税收减免、配套融资、政府提供启动资金等优惠政策,以吸收更多的外来投资。2006 年 6 月 27 日,国家审计署审计长李金华向全国人大作审计工作报告,报告显示,在被调查的 87 个开发区中,有 60 个违规低价出让土地 7 873 万 m²,流失土地出让金 55.65 亿元,一些地方甚至在国务院明令禁止低价出让土地的情况下,采取先按国家规定签订土地出让合同,再返还土地出让金或者给予财政补贴等手段,变相低价出让土地;有 65 个开发区制定了明确的财政返还政策,共达 622 条;有 79 个开发区向企业返还 120.15 亿元;此外,各地还普遍存在扩大优惠政策范围的问题,由此导致国家税款流失 66.47 亿元。上述三项合计,除了正常减免税以

---

① 以浙江省为例,该省经济相对发达,其对失地农民的补偿标准与全国平均水平相比略高。但统计,1998 年以来,这个省各类征地给村里的补偿费平均每亩 12 164 元,安置补助费平均每人 2 377 元,经过村集体留存,实际到农民手上的土地补偿费只有平均每亩 7 958 元,安置补助费平均每人 2 078 元,青苗补偿费平均每亩 498 元。农户家庭得到的所有土地征用费总额(包括附着及其实施补偿费)人均 8 828 元。据浙江省农调队的调查,只有 6.8%的农户对此表示满意,53.2%的农户认为偏低。王凤君.一号文件拿征地制开刀,国土资源部推出改革路线图[N].21 世纪经济报道,2004 - 02 - 18.

外,国家利益流失达 240 亿元之巨。而与此同时,这些做法还造成了本地企业与外来投资者的不平等竞争,据审计署对 611 户企业 2004 年度所得税负担情况分析,区内企业和区外企业的平均所得税负担率分别为 11% 和 27.9%,相差 16.9 个百分点[①]。一些外来投资企业,在优惠政策期限过后就转移它地,或改头换面成立新公司。企业投资行为短期化,恶化了开发区的经济发展状况。

1.3 对开发区宏观调控的力度在加大,但未来发展的方向和思路并不明确

自 2003 年起国家先后出台了一系列的通知与决定[②],对开发区展开了大规模的清理、整顿和审核。截至 2004 年底,全国共撤销各类开发区 4 813 家,占开发区总数的 70.1%;核减开发区规划面积 2.49 万 km^2,占原有规划面积的 64.5%;退出土地 2 617 km^2,复耕 1 324 km^2,回收闲置土地 116.5 km^2。至 2006 年 1 月,各地提出拟保留的开发区共计 2 053 家,其中国家级开发区 222 家,占总数的 10.8%;省级及省级以下开发区 1 831 家,占总数的 89.2%[③]。自 2004 年 11 月至 2006 年 1 月,共有 5 批共计 205 个经过清理、整顿后上报保留的国家级开发区的资料和图件通过国土资源部规划审核并向社会公示;自 2005 年 12 月至 2006 年 9 月,共认定 8 批共计 1 346 个省级开发区符合《清理整顿开发区的审核原则和标准》,符合土地利用总体规划、城市总体规划及环境保护规划,由国家发改委予以公告。这些通过审核并公告的开发区,由国土资源部根据公告的面积和规划审核确定的开发区边界,开展落实开发区四至范围工作。自 2005 年 11 月至 2006 年 11 月,通过国家审核的 194 个国家级开发区和 1 346 个省级开发区的四至范围分 14 批由国土资源部审核确定落实并予以公布完毕。

---

① 程刚. 60 个开发区违规低价出让土地、少收 55.65 亿元[N]. 中国青年报,2006-06-28.
② 2003 年 7 月,国务院办公厅先后发出《关于暂停审批各类开发区的紧急通知》(国办发[2003]30 号)和《关于清理整顿各类开发区加强建设用地管理的通知》(国办发[2003]70 号),宣布一律暂停审批新设立和扩建各类开发区,纠正越权审批、违规圈占土地、低价出让土地等行为,并于年底由国家发改委、国土资源部、建设部、商务部等发布《关于清理整顿现有各类开发区的具体标准和政策界限的通知》(发改外资[2003]2343 号)。同年 11 月 3 日,国务院发出《关于加大工作力度进一步治理整顿土地市场秩序的紧急通知》,宣布坚决落实清理整顿开发区的规定,切实解决农民失地失业问题,严肃查处土地违法行为。2004 年国务院又出台了《国务院关于深化改革严格土地管理的决定》(国发[2004]28 号);2005 年 8 月,国家发改委、国土资源部、建设部制定了针对省级及省级以下开发区的《清理整顿开发区的审核原则和标准》。
③ 中国社会科学院工业经济研究所编. 中国工业发展报告(2006):科学发展观与经济增长方式转变[R]. 北京:经济管理出版社,2006;74.

表 0-1 通过审核的省级以上开发区(截至 2006 年 11 月)

	时　间	数　量	审核及公告机关
通过规划审核并公告的国家级开发区	2004 年 11 月至 2006 年 1 月	5 批 205 个	国土资源部
通过审核并公告的省级开发区	2005 年 12 月至 2006 年 9 月	8 批 1 346 个	国家发展和改革委员会
落实四至范围的国家级开发区	2005 年 11 月至 2006 年 6 月	4 批 194 个	国土资源部
落实四至范围的省级开发区	2006 年 3 月至 2006 年 11 月	10 批 1 346 个	国土资源部

资料来源：根据历次审核公告及四至范围公告整理

2006 年 8 月 31 日《国务院关于加强土地调控有关问题的通知》提出，要"建立工业用地出让最低价标准统一公布制度"，规定"工业用地出让最低价标准不得低于土地取得成本、土地前期开发成本和按规定收取的相关费用之和。工业用地必须采用招标拍卖挂牌方式出让，其出让价格不得低于公布的最低价标准。低于最低价标准出让土地，或以各种形式给予补贴或返还的，属非法低价出让国有土地使用权的行为，要依法追究有关人员的法律责任"。

这些措施虽然能够在短期内遏制开发区持续扩张的势头，限制开发区"卖地造血"经营模式的继续，但并未能从根本上解决开发区未来发展方向与思路的问题。

2　研究对象界定

关于开发区，目前并没有形成严格的学术定义。学界一般从功能定位上将经济特区、经济技术开发区、高新技术产业开发区、出口加工区、保税区、国家旅游度假区、边境经济合作区、台商投资区以及综合开发区统称为开发区(顾朝林、赵令勋等，1998；鲍克，2002；厉无畏、王振，2004)[①](表 0-2)。这些区域的共性特征主要为以下几个方面：① 以城市为依托；② 实行特殊的经济政策与管理体制；③ 具有明确的地域范围。

---

① 顾朝林，赵令勋，等.中国高技术产业与园区[M].北京：中信出版社，1998；鲍克.中国开发区研究——入世后开发区微观体制设计[M].北京：人民出版社，2002；厉无畏，王振(主编).中国开发区的理论与实践[M].上海：上海财经大学出版社，2004.

表0-2　国家级开发区的功能类型划分（截至2005年6月）

类别	数量	功　　能	说　　明	归口管理
经济特区	5	是兼具有自由贸易区和出口加工区功能的综合性特区，区内实行特区经济政策，发展以工业为主、工贸结合的外向型经济，发挥对外开放的窗口和基地作用	1980年批准在深圳、珠海、汕头和厦门建经济特区，1988年划定海南岛为经济特区	
经济技术开发区	54	在沿海开放城市和其他开放城市划定小块的区域，集中力量建设完善的基础设施，创建符合国际水准的投资环境，通过吸收利用外资，兴办工业项目为主，发展及供出口产品，形成以高新技术产业为主的现代工业结构，成为所在城市及周围地区发展对外经济贸易的重点区域	1984—1988年首批大连等14个，1990年代第二批哈尔滨等18个，2000—2002年第三批合肥等17个；此外，1989—1994年间批准5个实行经济技术开发区政策的园区	商务部
高新技术产业开发区	53	以智力密集和开放环境等条件为依托，主要依靠国内的科技和经济实力，充分吸收和借鉴国外先进科技资源、资金和管理手段，通过实施高新技术产业的优惠政策和各项改革措施，实现软硬环境的局部优化，最大限度地把科技成果转化为现实生产力而建立起来的集中区域	1988年批准中关村，1991年批准武汉东湖等27个，1992年批准苏州等25个，1997年批准杨凌	科技部
保税区	15	经国务院批准的开展国际贸易和保税业务的区域，类似于国际上的自由贸易区，区内允许外商投资经营国际贸易，发展保税仓储、加工出口等业务	1991—1992年批准天津港等12个，1996年批准深圳盐田和珠海	海关总署
边境经济合作区	14	沿边开放城市发展边境贸易和加工出口的区域	1992年批准	
国家旅游度假区	11	为进一步扩大对外开放、开发利用我国丰富的旅游资源，促进旅游业由观光型向观光度假型转办，鼓励外商投资开发旅游设施和经营旅游项目，加快旅游事业发展而设立的开发区	1992年批准	旅游局
台商投资区	4	为了推进两岸经贸关系的发展，加快我国改革开放，专为台商设立的投资区域	1989年批准厦门海沧、杏林、福州，1992年批准集美	

续 表

类 别	数量	功 能	说 明	归口管理
出口加工区	57	经国家批准设立,由海关监管的特殊封闭区域,货物从境内区外进出加工区视同进出口,海关按进出口货物进行监管	2000年4月至2005年6月共设4批	
综合开发区		集生产、流通、金融等功能于一体的大型综合开发区域	以上海浦东新区、天津滨海新区为代表	

在中国的多层级政府组织构架以及经济转型时期政府较强的资源支配能力的情况下,自设立国家级开发区以来,开发区作为吸引投资、集中发展优势经济的载体,也受到各级政府的高度重视,全国各地各级政府组织掀起了大办特办开发区的热潮。因此,另一种较为普遍的分类方式是将开发区分为国家级、省级、市县级等。

本书以国家级的经济技术开发区和高新技术产业开发区(以下简称高新区)作为主要研究对象。这一选择主要基于以下几个方面的考虑:第一,国家级开发区的成熟度高、影响力也最为明显,其转型发展将对其他级别的开发区产生良好的示范作用;第二,科技部、商务部等部门的相关统计公报以及国家统计局的相关年鉴资料使得国家级开发区具有相对较好的数据可获性,从而能够展开基于开发区宏观布局的历时发展分析以及空间断面分析;第三,经济技术开发区和高新区是国家级开发区家族中目前最为重要的两类,其数量多、经济规模大,具有代表性,研究意义显见。

3 研 究 概 况

中国国内学者由于在资料占有、考察调研等方面占据便利优势,一直是中国开发区研究的主力,其中,既有来自大学和专业研究机构的"学院派"研究者,也有一大批来自开发区建设第一线的"实践派"研究者(郑国、王慧,2005)[①]。主要论域涉及总体方向、产业发展、空间拓展、管理体制等多个方面。从学科分布上

---

① 郑国,王慧.中国城市开发区研究进展与展望[J].城市规划,2005,29(8):51-58.

看,地理学、城市规划等学科对于开发区的研究主要关注开发区开发机制、开发战略、区位布局、空间规划、空间规模、土地利用等方面;经济学、管理学则重点关注开发区产业发展战略、管理体制、法律体系等等。从时段上看,1990年之前是中国城市开发区的起步探索阶段,关于开发区研究的重点主要是通过对国外城市开发区发展经验的介绍,结合当时我国经济社会的实际情况,围绕开发区的体制政策和发展方向展开。20世纪90年代前半期,是中国城市开发区的兴盛阶段,并一度出现了"开发区热",这一时期的研究重点主要集中于开发区的经济发展问题,以及针对"开发区热"的反思性文章。1997年亚洲金融危机对于开发区的发展形成了巨大的冲击,同时不少开发区所享受的特殊优惠政策陆续到期,开发区的政策优势明显弱化;不仅如此,随着开发区发展规模的扩大,越来越多的经济社会问题暴露出来。这一时期,开发区研究的论域逐渐扩展到社会发展、空间拓展等多个领域,研究的内容也更加深入和有针对性。以下主要对20世纪90年代末期及2000年以后的相关研究内容进行综述。

3.1 关于开发区总体发展的研究

(1) 以广义开发区为研究对象

以广义开发区为对象的相关研究并不着重区分经济技术开发区和高新区的差异,对于开发区未来的发展方向,既有的研究主要可总结为周期论和新区论两种观点。周期论的研究者们认为开发区具有自身的生命周期规律,应遵循不同阶段的特征;新区论的研究者们认为开发区发展到一定的阶段之后应该向城市新区转型。

> 周期论

郑静等(郑静,1999;郑静等,2000)[①]参考日本经济学家藤森英南对于出口加工区的认识,总结及预见我国城市开发区的四个阶段:(1) 早期阶段(1984—1990):开发区数量少,集中在沿海城市与开放城市;(2) 成熟阶段(1990—1994):各地开发区遍地开花,开发区用地规模过大;(3) 分异阶段(1994—1997):开发区效益差别显著,数量趋于稳定;(4) 后开发区阶段(1997年以后):开发区数量开始减少,用地规模得到控制。并提出政府应根据这一生命周期规律,对不同发展阶段和状况的开发区给予正确引导和调控,扭转开发区发展混

---

① 郑静.城市开发区发展的生命周期——兼论广州开发区现状及其持续发展策略[J].城市发展研究,1999(1):25-30;郑静,薛德升,朱竑.论城市开发区的发展:历史进程、理论背景和生命周期[J].世界地理研究,2000(2) 79-86.

乱、规模失控、性质雷同的状况。

> 新区论

邢春生(2005)[①]认为新区是后开发区时代的产物,新区源于并包含着开发区、保持和扩展着开发区的品质、为开发区扩充新的品质和新的职能,开发区最终将实现从功能经济区向充满创新活力的新城市转变。王峰玉等(2006)[②]认为开发区应定位为一个以发展工业为主的具有相对综合功能的新型城区,使外向型和内向型的产业相结合,逐步与周边地区融合、一体化的发展,并发挥开发区在推进城市化方面的作用。

(2) 以某一特定功能开发区为研究对象

鉴于经济技术开发区与高新区分属两种不同的类型,大多数研究将经济技术开发区和高新区视为两个不同的系统来展开论述。

> 经济技术开发区

皮黔生、王恺(2004)[③]以天津经济技术开发区为主要案例,通过对经济技术开发区土地开发模式、投资环境建设、体制创新、产业发展等多领域的考察,提出了开发区的"孤岛"判断,强调经济技术开发区转型发展的关键在于"走出孤岛","加快参与世界范围内稀缺资源的争夺"、"主动参与国内产业结构调整和所有制结构的改造"、"积极参与可转化成生产力的高新技术产业的培育",从出口加工区型向科技工业园型升级。杨亚沙(2006)[④]在分析国家经济技术开发区发展现状的基础上,针对东中部地区开发区土地资源紧张、外资向我国二类城市转移、开发区产业结构趋同等问题,提出促进国家级开发区的可持续发展的对策建议,包括:(1) 东部和中西部地区开发区应根据各自发展状况,有选择地引进外资项目;(2) 经济技术开发区应立足于高新技术产业的发展方向,逐步与高新技术开发区接轨;(3) 逐步减少开发区外资比重,提升自主创新和研发水平。

> 高新区

比较而言,国内关于高新区的研究数量较多且更成系统,这可能与世界范围内出口加工区式微而科技园区兴盛、各国均不遗余力地强调高新技术产业发展

---

① 邢春生. "新区": 后开发区时代的产物[J]. 港口经济,2005(5).
② 王峰玉,吴怀静,魏清泉. 现阶段我国开发区几个战略问题的思考[J]. 地域研究与开发,2006, 25(1): 23 - 27.
③ 皮黔生,王恺. 走出孤岛——中国经济技术开发区概论[M]. 北京:生活·读书·新知三联书店,2004.
④ 杨亚沙. 对国家级经济技术开发区可持续发展的思考[OL]. 2006 - 09 - 13,[2006 - 12 - 31]. 人民网 http://www.people.com.cn/GB/54918/55142/4811851.html.

的重要性有关。早期,魏心镇、王辑慈等(1993)①、张庭伟(1997)②、顾朝林、赵令勋等(1998)③等众多研究者通过对国外相关类似区域的介绍总结了高新区区位布局的一些原则,包括:临近智力密集区,具备开发性技术条件、人才、信息网络,基础设施完善,适宜的生产和生活环境,创新的城市氛围等等,并以此作为衡量开发区空间分布合理性的标准。

随着开发区的逐步发展,研究者们开始展开对开发区的区位效益及发展评价研究,以为开发区的空间分布提供决策参考。主要的研究方法是构建一个评价指标体系,运用相应的数学方法进行评价,通过多个开发区的比较分析得出各开发区的发展水平,并据此提出相应的发展建议。如顾朝林、赵令勋等(1998)④采用因子分析法,通过对1994年高新区发展现状、高新区区位的评价,将高新区划分为发展较好、具有发展潜力以及发育不良三种类型,建议对前两类给予重点发展扶持,对后一类进行降级处理;吴煜、刘荣增(2003)⑤继续沿用这一方法对1999年高新区的发展进行了评价;夏海钧(2001)⑥应用模糊因素法、多层次综合评判方法、系统聚类分析法对高新区的发展进行过类似的综合评价。王兴平、崔功豪(2003)⑦将开发区的区位条件分为宏观、中观和微观三个层次,通过分析证明开发区三个层次的区位条件和其开发效益具有较强的关联性,由此提出了开发区未来区位调整的方向与策略。

2001年9月,在国家高新区武汉会议上,科技部明确提出了国家高新区要进行"二次创业"的构想。学界对此也展开了相关的探讨。陈家祥(2006)⑧针对国家高新区的功能偏离,提出要"对高新区重新进行审定","不符合条件的应降格或转为经济技术开发区",以及"积极培育自主创新网络""大量引进跨国公司的研发中心""建立国家高新区创新能力考核指标体系"等建议。张克俊(2006)⑨认为高新区正处于由产业主导向创新突破的转换阶段,在推进高新区阶段转换中,存在体制惯性、原有发展路径依赖、价值链低端锁定、企业"扎堆"、

---

① 魏心镇,王辑慈,等(编著). 新的产业空间:高技术产业开发区的发展与布局[M]. 北京:北京大学出版社,1993.
② 张庭伟. 高科技工业开发区的选址及发展——美国经验介绍[J]. 城市规划,1997(1):47-49.
③ 顾朝林,赵令勋,等. 中国高技术产业与园区[M]. 北京:中信出版社,1998.
④ 同上.
⑤ 吴煜,刘荣增. 中国高新技术产业开发区发展动态评价研究[J]. 城市规划汇刊,2003(1):62-65.
⑥ 夏海钧. 中国高新区发展之路[M]. 北京:中信出版社,2001.
⑦ 王兴平,崔功豪. 中国城市开发区的区位效益规律研究[J]. 城市规划汇刊,2003(3):69-73.
⑧ 陈家祥. 中国国家高新区功能偏离与回归分析[J]. 城市规划,2006(6):22-28.
⑨ 张克俊. 我国高新科技园区建设的比较研究[M]. 成都:西南财经大学出版社,2005.

边界"阴影"等突出界面障碍,并提出了破解这些界面障碍的系列思路。

(3) 以开发区与开发区或其他区域之间的相互关系为研究对象

学界大部分的研究是基于开发区自身的发展来考虑的,而将开发区发展植入整体或区域背景之中进行研究的文献相对较少。

➤ 不同类型开发区的相互关系

陈益升等(2002)[1]详细分析了国家经济技术开发区和高新区的共性和异点,并基于此提出两类开发区应遵循"并存共荣,因势整合,突出重点,择优扶持,强化特色"的发展原则,同时提出了各有侧重的"五个转变"策略以及"并行发展、择优发展、合一发展"等预设方案。

➤ 开发区之间的区域协调

冯小星、赵民(2004)[2]以苏锡常的开发区作为研究对象,运用经济学原理分析了三地开发区的同位竞争与地方政府之间的博弈行为,并提出应加强区域宏观调控,建立区域协调机制,促进开发区的共同持续高效运营。

➤ 开发区与城市的关系

王慧(2003)[3]从进化的观点将开发区的发展阶段划分为成型期、成长期、成熟期和后成熟期,并分析了不同阶段的发展特征及其与城市的动态关系:(1) 成型期的开发区增长主要方式是注入式增长,表现出强烈的极化效应,对其母城更多的是依赖和索取;(2) 成长期的开发区将从工业园区向科、工、贸、商、住多功能复合发展方向转化,逐步进化成初具规模的新城区,对母城开始产生较明显的辐射带动作用;(3) 成熟期的开发区人口密度、设施水平、功能种类等日益趋于一般意义上的城市化地区,对母城实施全面反哺,展开两者之间的互动和深层次的功能整合;(4) 进入后成熟期的开发区作为特区的属性将日益淡化,与非开发区之间有形和无形的界限将日益模糊和消失,各开发区之间"一体化"、"网络化"的趋势越来越强烈。李俊莉等(2006)[4]从产业规模、空间规模、经济外向度、税收、就业等多个方面,运用系统聚类分析方法、依据影响作用综合强度以及各方面影响作用的均衡程度,将开发区对城市发展的影响贡献模式分类,并提出了对于发展水平不太高的城市,可以以开发区作为其实现城市突破性、跨越式发展的

---

[1] 陈益升,湛学勇,陈宏愚. 中国两类开发区:比较研究[J]. 中国科技产业,2002(7):18-22,(8):54-56,(9):50-54.
[2] 冯小星,赵民. 论苏、锡、常经济技术开发区的协调发展[J]. 城市规划汇刊,2004(1):18-24.
[3] 王慧. 开发区与城市相互关系的内在肌理及空间效应[J]. 城市规划,2003(3):20-25.
[4] 李俊莉,王慧,郑国. 开发区建设对中国城市发展影响作用的聚类分析评价[J]. 人文地理,2006(4):39-43.

重要契机的观点。

3.2 关于开发区发展所涉各专业领域的研究

由于开发区建设所涉范围甚广，不同学科分别从不同的角度出发对开发区特定领域的发展展开了广泛的讨论，并针对现实的发展情况提出了新的思路，大致可以归纳为以下几个方面：

(1) 产业发展

从开发区建设的初衷上看，经济技术开发区和高新区在产业发展上各有侧重，但在未来的产业发展方向上，研究者们普遍认为存在相当多的共性，包括：① 大力发展高新技术产业；② 培育特色产业；③ 加强开发区产业与当地经济的紧密结合；④ 从经济科技发展的大趋势中，寻找新的产业发展方向；等等（郭俊华等，1999；费洪平等，2000）[①]。

关于开发区产业发展的机制，朱彦恒等（2006）[②]从全球产业发展大循环的视角出发，认为开发区产业发展过程是开发区产业与跨国公司以及本土产业耦合关系建立和强化的过程，当开发区的区域特质优化和调整能够满足跨国公司的动态战略需求时，开发区产业的耦合机制将得到强化，开发区产业继续向高端化发展，反之，将导致产业发展速度放缓以致最终走向衰落。

针对开发区产业发展不同程度存在的产业结构雷同、层次低下、技术水平偏低、过于依赖外资企业、企业间缺少专业分工与协作等现象，一个比较明显的趋势是研究者们将产业集群理论和区域创新体系理论运用到开发区的产业发展中，认为形成有竞争力的产业集群是开发区产业发展的方向，未来应通过政府引导，完善产学研合作机制，培育良好的创新环境，建立能够促进开发区产业发展的集群文化（王辑慈等，2001；盖文启，2002；周维颖，2004；闫二旺，2004；王兴平，2005；胡新智，2005；齐德义，2006；秦远建、江晶，2006）[③]。

[①] 郭俊华，等.加快经济技术开发区高新技术产业发展研究[J].科技进步与对策，1999(4)：42-44；费洪平，戴公兴.经济开发区产业规划与管理[M].北京：科学出版社，2000.

[②] 朱彦恒，张明玉，曾维良.开发区产业发展的耦合机理[J].科学学与科学技术管理，2006(10)：67-70.

[③] 王辑慈，等.创新的空间——企业集群与区域发展[M].北京：北京大学出版社，2001；盖文启.创新网络——区域经济发展新思维[M].北京：北京大学出版社，2002；周维颖.新产业区演进的经济分析[M].上海：复旦大学出版社，2004；闫二旺.跨国公司与天津经济技术开发区产业群的发展[J].世界地理研究，2004，13(3)：10-16；王兴平.中国城市新产业空间——发展机制与空间组织[M].北京：科学出版社，2005；胡新智.中国国家级经济技术开发区产业集群效果分析[J].管理评论，2005，17(7)：20-26；齐德义.促进国家级开发区产业集群的对策[J].生产力研究，2006(2)：155-156；秦远建，江晶.高新技术开发区内现代生产性服务业集群研究[J].武汉理工大学学报·信息与管理工程版，2006，28(10)：35-38.

(2) 空间拓展
> 开发区对城市空间结构的影响

开发区建设发展过程所伴随的空间开发、经济要素重组、人口聚集流动、土地利用变化、新旧城区及中心与边缘区的相互作用等,对所在城市和地区经济、社会、实体空间的演化具有强烈的催化、带动效应,从而引发或加速整个城市-都市区层面的空间重构(王慧,2003)[①]。张弘(2001)[②]和张晓平、刘卫东(2003)[③]结合对开发区的实地调研,总结了我国开发区与城市空间结构演进的几种形态,张晓平、刘卫东指出,开发区与城市空间结构的演进主要是由跨国公司主导的外部作用力、城市与乡村的扩散力和开发区的积聚力共同作用的结果,并由此提出了促进开发区与城市空间结构合理演进的政府宏观调控政策着力点。杨东峰(2006)[④]以天津经济技术开发区为研究对象,认为开发区以经济增长和土地开发为核心的开发建设循环过程塑造出了一种外向、高效的现代化物质景观,并基于"深层结构偏移—开发建设循环—空间表达异化"内在逻辑的强大作用,形成了一种独具特色的"嵌入繁殖·二元分立·肌理粗化"的物质空间表达模式。

> 开发区土地使用效率

大部分开发区的土地使用存在着明显的低效现象。何书金等(2000,2001)[⑤]运用参差原理,计算分析出国家级开发区闲置土地的数量、分布与利用潜力,并阐述了我国开发区闲置土地的形成机制,据此将开发区闲置土地划分为规划控制型、区位不理想型、经济实力欠佳型、开发效益较低型和技术支撑不够型5种类型。王兴平、崔功豪(2003)[⑥]通过比较分析认为,我国开发区的地均效益较低,主要原因是开发区空间扩张中存在非产业因素的促动,形成了土地利用中独特的以土地闲置为特征的"光圈"效应和"蜂窝"效应,并提出了评价开发区土地利用效益的指标体系与方法。吴燕、陈秉钊(2004)[⑦]分析了高新区空间效益低下的现状,指出应根据不同的高科技产业结构特点制定一系列的高新区开

---

① 王慧.开发区与城市相互关系的内在肌理及空间效应[J].城市规划,2003(3):20-25.
② 张弘.开发区带动区域整体发展的城市化模式——以长江三角洲地区为例[J].城市规划汇刊,2001(6):65-69.
③ 张晓平,刘卫东.开发区与我国城市空间结构演进及其动力机制[J].地理科学,2003,23(2):142-149.
④ 杨东峰.嵌入繁殖·二元分立·肌理粗化——谈天津经济技术开发区的物质空间模式[J].规划师,2006,22(8).
⑤ 何书金,苏光全.开发区闲置土地的数量、分布和潜力[J].地理科学进展,2000(4):343-350;何书金,苏光全.开发区闲置土地成因机制及类型划分[J].资源科学,2001,23(5):17-22.
⑥ 王兴平,崔功豪.中国城市开发区的空间规模与效益研究[J].城市规划,2003(9):6-12.
⑦ 吴燕,陈秉钊.高科技园区的合理规模研究[J].城市规划汇刊,2004(6):78-82.

发规模标准的建议。黄大全等(2005)[①]以北京经济技术开发区为例,采用统计分析和比较的方法,从分行业、类型和规模的角度研究工业项目的用地效率,对工业用地项目的投资强度、产出强度、绿地率、容积率、建筑系数提出控制标准。

➤ 开发区规划管理

城市规划在空间拓展中扮演着重要的调控作用。开发区既是城市的一个组成部分,同时又具有相对于其他城市地域而言的特殊性。不过,针对开发区发展现实的规划理论研究十分薄弱,开发区规划一直缺少系统的理论指导。王霞(1997)[②]认为开发区是城市一种特殊次结构形态,在开发区规划时,不仅要把它视为城市的特殊分区,还应把它视为连续整体有机空间。王学锋(2003)[③]认为,开发区是城市系统的有机组成部分,开发区的规划管理应当实行统一管理;同时,开发区有其自身特点和特殊要求,规划必须重视并满足这些特点和需求;鉴于开发区规划普遍缺乏必要的深入研究和技术手段,缺少对土地效益、用地结构、开发时序的研究和调控,规划的重点应该转向那些市场力不能很好地发挥作用的空间资源的配置,强调土地利用的效益指向。

(3) 社会发展

开发区的创设初衷主要源自经济建设,在开发区的实践过程中,也高度集中于产业发展方面,开发区的社会发展则是开发区实践以及研究中的薄弱环节。在早期阶段,由于开发区规模较小,社会发展方面人口、就业、移民等问题的表现还不太突出,但随着开发区规模的日趋扩大,"开发区客观上已成为当代中国卓有成效而又极富特色的城市化模式之一"(张弘,2001)[④],同时,有越来越多的社会问题暴露出来,已经开始引起研究者们的关注。王慧(2006)[⑤]以西安市开发区为实证案例,论证了开发区建设发展已成为强化凸显当代中国城市经济社会空间极化演变的机制之一,并提出了缓和消弭开发区、新城、新经济区与非开发区、老城、老工业区之间日益扩大的经济社会差距的措施,包括合理规划平衡投资项目的空间布局,引导和鼓励适宜项目向老城、老工业区的分流;建立开发区

---

① 黄大全,林坚,毛娟,晋璟瑶. 北京经济技术开发区工业用地指标研究[J]. 地理与地理信息科学,2005,21(5):99-102.
② 王霞. 东南沿海城市开发区空间区位及形态构成研究[D]. 同济大学博士论文,1997.
③ 王学锋. 试论开发区规划管理的几个问题[J]. 城市规划,2003,27(11):39-43.
④ 张弘. 开发区带动区域整体发展的城市化模式——以长江三角洲地区为例[J]. 城市规划汇刊,2001(6):65-69.
⑤ 王慧. 开发区发展与西安城市经济社会空间极化分异[J]. 地理学报,2006,61(10):1011-1024.

与非开发区之间利益平衡补偿机制;大力促进开发区第三产业的全面发展;增强开发区住宅价格与房型的多样性和"广谱性"等。

(4) 管理体制

开发区特殊的管理体制是保障开发区异速发展的重要机制,在早期的发展中取得了显著的绩效。开发区管理体制大致可归纳为三种基本类型:准政府的管委会体制、开发区与行政区管理合一的管理体制和以企业为主体的开发体制。鲍克(2002)[1]通过对开发区独特管理体制的分析,系统地提出了开发区"超自主体制"理论,即开发区管理体制具有极强的自主安排特点,其行为特点是"交易过程高速度、宏观环境下的保护伞、载体生产销售的大循环、高信任和自我加强等",并提出入世后开发区新体制设计的相关构想。

随着开发区城市化功能要求的日趋强烈,开发区内外新旧管理体制的矛盾冲突、开发区行政主体地位不明确、管理权限授权不够、落实不足等问题日渐突出。实践中开发区与行政区合一的趋势日趋明显,一些研究者们担心向传统体制的复归将极可能导致开发区丧失体制活力,进而影响开发区的发展(皮黔生、王恺,2004;张克俊,2005)[2]。林拓等(2002)[3]分析了开发区与周边乡镇的不平衡发展现象,从发展基础、功能互补、组织建构等几个方面提出了两者从一般性"黏合式"的协调机制向创新性"融合式"的体制改革的根本性变化的思路。吕薇(2004)[4]针对开发区的管理体制呈现出功能多元化、从准政府向行政体制转化、从分散管理逐步转向集中管理、从优惠政策竞争逐步转向制度竞争以及一区多园等发展趋势,提出政资分离、公共基础设施与商业开发分离等改进开发区管理的相关政策建议。郭会文(2005)[5]从行政法学的角度出发对国家级经济技术开发区、国家级高新区的行政主体资格问题进行了探讨,认为开发区管理机构是行政法学和行政诉讼法学上的"法律、法规授权的组织",是一种得到我国相关法律承认的独立行政主体,但这一资格的确认并不意味着开发区管理机构在相关区域内可以大行其道,管辖区域不周延和授权范围不周延可能导致行政主体不适合,应该通过立法解决与开发区管理机构行政主体资格相关的问题。

---

[1] 鲍克.中国开发区研究——入世后开发区微观体制设计[M].北京:人民出版社,2002.
[2] 皮黔生,王恺.走出孤岛——中国经济技术开发区概论[M].北京:生活·读书·新知三联书店,2004;张克俊.我国高新科技园区建设的比较研究[M].成都:西南财经大学出版社,2005.
[3] 林拓,刘君德.开发区与乡镇行政体制关系问题研究[J].经济地理,2002(2):196-199.
[4] 吕薇.关于开发管理体制的思考[J].重庆工学院学报,2004,8(1):1-4.
[5] 郭会文.试论国家级开发区管理机构的行政主体资格[J].中国科技产业,2005(5):20-53.

3.3 总体评述

已有的研究从不同的侧面展示、解释了开发区实践的现实状况,并针对开发区发展存在的问题提出了相应的解决思路和对策。但关于开发区动态发展实践的认知仍不够系统和清晰,这也在很大程度上制约了关于开发区未来发展的深入探讨。具体而言:

1) 几乎所有的研究都局限在开发区的既定政策框架而展开,比如无论是新区论还是升级论的观点都基本上是以开发区政策的存续作为前提的,但开发区发展实践的方方面面实际上都是开发区政策作用的结果,因此研究开发区存在的问题及未来发展就无法避开对开发区政策本身的考量,而这类研究还十分鲜见。

2) 开发区广泛分布在基础条件迥异的区域环境之中,在经过多年的发展实践之后,已经形成了不同的地域差异和个性特征,但目前尚未有关于中国开发区20多年发展实践及发展现状的全貌研究:研究者们大多依据全国层面的统计资料进行统计分析,对于数据背后的意义关注不够,缺少更进一步的案例研究作为其结论的支撑;而单纯的个案研究又难免存在"以偏概全"之虞。由于缺少对于中国开发区发展实践的整体认知,难免会导致开发区转型相关研究的局限性。

3) 大部分研究针对两类开发区中的某一类而进行,几乎不考虑另一类开发区的存在和两者之间的相互关系,包括在一些个案研究中,虽然案例开发区所在的城市存在经济技术开发区与高新技术产业区共存的现象(这种现象在省会城市中非常普遍),但这种共存以及其相互关系很少被关注。

4 研究目的及研究设计

4.1 研究目的

基于当前开发区发展理论的不足与实践的困惑,本书的研究目的主要包括以下两个方面:

第一,通过统计数据分析以及详细的案例研究勾勒出当前全国开发区发展现状的概貌,从而提供一个关于开发区不同时间断面和空间断面发展实践的相对完整和清晰的认识,以此作为探讨开发区转型的基点或者平台。

第二,对开发区政策效用展开系统的总结、分析、评价与解释,并探讨开发区转型的方向。研究中关注开发区发展实践中的成绩与问题,但目的并非单纯地就问题提出对策,而是希望通过成绩与问题的展示而对开发区的政策绩效有客观与全面的判断,进而提出与国家宏观经济、社会、空间发展战略背景相适应的政策思路,以指导开发区的转型发展。

4.2 研究基础

在研究的过程中,笔者参与了数个开发区的相关规划项目,掌握了大量的关于这些开发区发展实践的第一手资料,在此基础上,又有选择性地对部分开发区进行了实地调研及访谈。

表 0-3 相关研究基础

参与规划项目		
时 间	项 目 名 称	相关调研工作
2003 年	中德合作"生态城市规划与管理"子课题"完善经济开发区土地使用管理研究"	对常州新北区(常州高新区)土地使用进行深入调研
2004 年	无锡市人民政府新区管理委员会委托项目"无锡新区综合发展规划研究"	对无锡新区(无锡高新区)进行深入调研
2005 年	常州市新北区人民政府委托项目"常州新北区现代服务业空间发展研究"	对常州新北区(常州高新区)服务业发展进行深入调研
2006 年	广州经济技术开发区管委会、萝岗区人民政府、广州市城市规划局、广州市城市规划编制研究中心联合组织咨询项目"广州萝岗总体发展战略规划咨询"	对广州萝岗区(广州经济技术开发区)进行深入调研
2006 年	常州市新北区人民政府委托项目"常州新北区现代制造业空间发展研究"	对常州新北区(常州高新区)制造业发展进行深入调研
2006 年	珠海市人民政府委托珠海市规划局组织咨询项目"珠海东部沿海地区总体发展概念规划"	对珠海高新区进行深入调研
实地调研访谈		
时 间	对象开发区	相 关 调 研 工 作
2006 年 5 月	深圳高新区	现场踏勘,收集资料,访谈深圳高新区领导小组办公室统筹规划处和投资促进处
2006 年 7 月	天津经济技术开发区	现场踏勘,收集资料,访谈天津规划和国土资源局滨海新区分局规划管理处

续 表

实地调研访谈		
时　间	对象开发区	相　关　调　研　工　作
2006年7月	天津新技术产业园区	现场踏勘,收集资料,访谈天津新技术产业园区管理委员会
2006年7月	青岛经济技术开发区	现场踏勘,收集资料,访谈青岛市规划局黄岛分局
2006年7月	大连经济技术开发区	现场踏勘,收集资料,访谈参与编制"大连市金港区总体规划"的大连规划设计研究院和上海同济城市规划设计研究院
2006年7月	大连高新区	现场踏勘,收集资料,访谈大连市规划局
2006年10月	宁波经济技术开发区	现场踏勘,收集资料,访谈参与编制"宁波市北仑片分区规划——北仑发展战略研究"的宁波市规划设计研究院
2006年10月	宁波大榭开发区	现场踏勘,收集资料,访谈大榭开发区管理委员会

4.3　研究视角

（1）公共政策的视角

关于公共政策,存在多种层面、多个维度的理解[①]。比如:拉斯维尔和卡普兰(Lasswell & Kplan,1963)认为,"公共政策是一种含有目标、价值与策略的大型计划",这种理解强调公共政策的目标取向和价值导向,突出了政策的偏好预期的计划性;伊斯顿(Easten,1953)认为:"公共政策是对全社会的价值作权威性的分配。一项复杂政策实质在于通过那项不让一部分人享有某些东西而允许另一部分人占有它们。换句话说……一项政策包含着一系列分配价值的决定和行动",这种理解强调的是公共政策的价值分配功能;戴伊(Dye,1975)认为,"公共政策是政府选择作为与不作为的行为",这种理解突出公共政策的行为特征;安德森(Anderson,1984)认为:"公共政策是政府的一个有目的活动过程,而这些活动是由一个或一批行为者为处理某一问题或事物采取的",这种理解强调公共政策的动态性。这些定义分别从不同角度涉及政策的主体、机制、利益、价值、环境和导向等多个方面。综合上述观点,公共政策的基本内涵可以从三个层面来

---

① 参见陈振明(主编).公共政策分析[M].北京:中国人民大学出版社,2003:42-43;张国庆(主编).公共政策分析[M].上海:复旦大学出版社,2004:2-3.

把握:1) 政策主体。公共政策的政策主体为国家权威机构、政党及其他具有法定权威性的公共部门,与之相应,与个人、企业等所作出的决定不同,公共政策具有法定的权威性。2) 目标取向。政策不是无意识或偶然性的行为,一定的政策总是要实现一定的目标,具有明确的方向性。3) 价值分配。公共政策对社会成员或者公共部门自身进行限制或引导,实现社会资源和社会价值的整合和分配。

从系统的观点来看,公共政策过程大致可以划分为问题界定、政策形成、政策执行、政策评估和政策变迁5个阶段(图0-1)。后两个阶段在很长时间内并未引起足够的重视,人们热衷于制定、颁布这样或那样的政策,认为政策一旦制定,问题即告解决,但事实上,政府的政策往往不能达到预期的效果,这迫使人们开始关注政策的效果,对公共政策的效用进行评价和判断,并基于这一评价和判断对政策的去向作出选择。

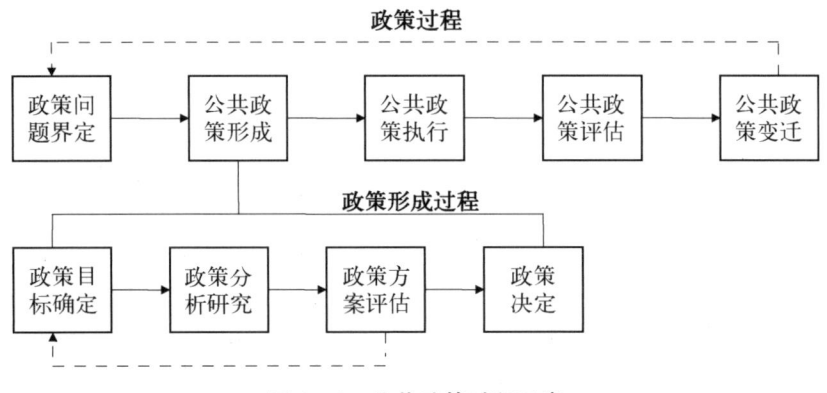

图0-1 公共政策过程示意

资料来源:根据张国庆(主编).公共政策分析[M].上海:复旦大学出版社,2004:185,有改动.

发展开发区是一项致力于特定区域内的经济开发或高新技术产业开发的公共政策,是中国政府在特定历史发展背景下的战略选择。开发区发展实践是该政策与其他相关公共政策及其环境背景共同作用的结果。与之相应,开发区的转型也并非单纯的某个特定城市区域向什么方向发展的问题,而涉及开发区政策本身的反思与评价。为此,本书将从公共政策的角度入手,分析开发区的政策过程与政策效用,以期全面和深入地把握中国的开发区发展实践,并对开发区未来的转型发展提出见解。

(2) 区域差别的视角

自改革开放以来,中国实行优先发展东部沿海地区的发展战略,通过国家金融信贷政策和投资政策、对外开放政策以及财政税收政策等向东部沿海地区倾斜,以及允许和鼓励沿海地区在改革开放方面进行大胆创新的方式,促进东部沿海地区率先发展。"六五""七五"时期政府将一大批重要的项目设在沿海地区,对沿海地区投资的比重超过中西部地区,这一趋势在 20 世纪 90 年代仍在不断加强。直至进入 21 世纪后,国家先后出台了旨在缩小东西部差距、促进区域经济协调发展的政策,"西部大开发""振兴东北"以及"中部崛起"[①]等战略相继实施,中西部地区的经济开发建设有了实质性的推进。

在国家宏观政策导向之下,中西部地区由于处于相对劣势地位,与东部地区的经济发展无论是绝对差距还是相对差距都呈现出不断扩大的趋势[②]。从经济规模总量上看,东部沿海地区生产总值占全国的比重不断上升,中部和西部地区生产总值占全国的比重整体上不断下降。1978 年,东部地区 GDP 占全国 GDP 的 53.4%,中部地区占 31.3%,西部地区占 15.3%;而 2004 年,东部地区 GDP 占全国 GDP 的比例上升至 61.0%,而中部和西部地区则分别下降至 26.6% 和 12.4%。从人均 GDP 水平看,中西部地区与东部地区的差距不断扩大。1978 年,东部地区、中部地区和西部地区的人均 GDP 水平分别为 688 元/人、333 元/人和 310 元/人,东部与中部间和西部间的相对差距系数分别为 51.56% 和 54.94%;至 2004 年,三地区人均 GDP 值分别为 22 356 元/人、10 036 元/人和 7 786 元/人,东部与中部间的相对差距系数达到 55.11%,东部与西部间的相对差距系数达到 65.17%。

在吸引外资方面,中、西部地区仅占全国 FDI 流量的极少份额。虽然 2000 年之后中央政府通过实施"西部大开发"战略、"中部崛起"战略等致力于对 FDI 区域分配的增长不均衡进行重新调整,但外资在东部地区聚集的状况仍没有改变(图 0-2)。2001 年以来,东部地区实际使用外资占全国的比重相对稳定,维持在 86% 左右;中部地区所占比重缓慢递增,从 2001 年的 8.54% 上升到 2004

[①] 1999 年,国务院作出了《关于实施西部大开发若干政策措施的通知》的重大决策,要求加快转变观念,加大开放力度,中央给予中西部地区财政信贷、税收优惠等诸多政策支持,并扩大外商投资领域、拓宽利用外资的渠道,放宽利用外资的有关条件;2003 年,中共中央、国务院颁布《关于实施东北地区等老工业基地振兴战略的意见》,全面制定振兴东北战略的各项方针政策,强调积极吸引国内外资金进入东北地区,参与国有企业的改组与改造。之后,中国银监会批准更多的外资银行进入东北市场经营人民币业务;2004 年,国务院总理温家宝在《政府工作报告》中明确提出"促进中部地区崛起"的概念;2004 年 12 月,中央经济工作会议着重强调三大区域协调发展,即"实施西部大开发,振兴东北等老工业基地,促进中部地区崛起"。参见商务部外资司. 中国外商投资报告(2005)[R/OL]. 2005-10-09[2006-12-31]. http://wzs.mofcom.gov.cn/aarticle/ztxx/dwmyxs/200510/20051000527050.html 商务部外资司网.

[②] 胡晶晶,曾加安. 20 世纪 70 年代末以来中国地区经济发展差距:演变、成因、影响与调节政策选择[J/OL]. 世界经济,2002[2006-12-31]. http://cedr.whu.edu.cn/cedrpaper/200632293828.pdf 武汉大学经济发展研究中心网.

年的 11.02%,上升 2.48 个百分点;西部地区所占比重则呈递减趋势,从 2001 年的 5.40%下降到 2004 年的 2.88%,下降 2.52 个百分点(表 0-4)。

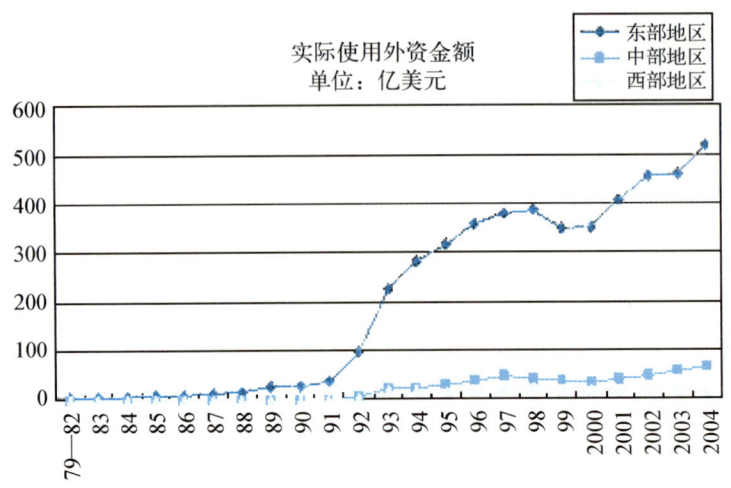

图 0-2 历年中国实际利用 FDI 的地区分布

资料来源:商务部.中国外商投资报告(2005).

表 0-4 中国实际利用 FDI 的地区分布比重

	1997	1998	1999	2000	2001	2002	2003	2004
东部地区	83.25%	84.92%	85.36%	86.62%	86.06%	86.70%	84.83%	85.93%
中部地区	10.42%	9.52%	9.13%	8.83%	8.54%	9.50%	10.90%	11.02%
西部地区	6.33%	5.56%	5.51%	4.55%	5.40%	3.80%	3.22%	2.88%

资料来源:商务部外资司.中国外商投资报告(2005)[R/OL].2005-10-09[2006-12-31].http://wzs.mofcom.gov.cn/aarticle/ztxx/dwmyxs/200510/20051000527050.html 商务部外资司网.

就开发区而言,其在东部和中、西部的设立存在着一个梯度推进的过程,各地的发展必然存在巨大差距;而且,开发区的发展不可能脱离其区域自然资源、发展基础等的背景,因此,在经过多年的发展实践之后,各开发区在表现出作为特定政策区域的共性的同时,将更多地带有地区发展的烙印。基于此,东部和中西部的区域差别也是本书的主要研究视角之一。

4.4 研究结构与内容安排

本书采用以实证研究为主,遵循基于实证结论展开规范性讨论的技术路线。在内容安排上,第一部分(第 1 章)为开发区的历史渊源追溯。通过探讨中国的经济技术开发区和高新区分别基于出口加工区和科学园区的变形特征,明确两类开发区各自的政策目标以及政策形成过程;同时,借鉴国外类似区域的经验而获得关于中国开发区转型的有益思路。

第二部分为开发区发展实践研究,采用全国层面的数据统计分析与多个开发区个案研究相结合的研究方法。分为全国统计数据分析(第 2 章)、个案研究(第 3 章)和运行模式总结(第 4 章)三章。全国统计数据分析(第 2 章)以商务部和科技部以及国家统计局历年关于开发区发展的报告作为数据基础,从开发区的区位分布、主要经济发展成就、区域差别三个方面对开发区的发展现状进行描述分析,勾勒出全国开发区发展的概貌。个案研究(第 3 章)基于主要驱动力的不同,对开发区的发展实践进行分类,并对不同类型的个案进行详细的实证研究,在内容上侧重于发展演变过程、经济总量及其占城市的比重、产业发展特征以及空间布局等方面。运行模式总结(第 4 章)分别从产业发展、社会发展、空间

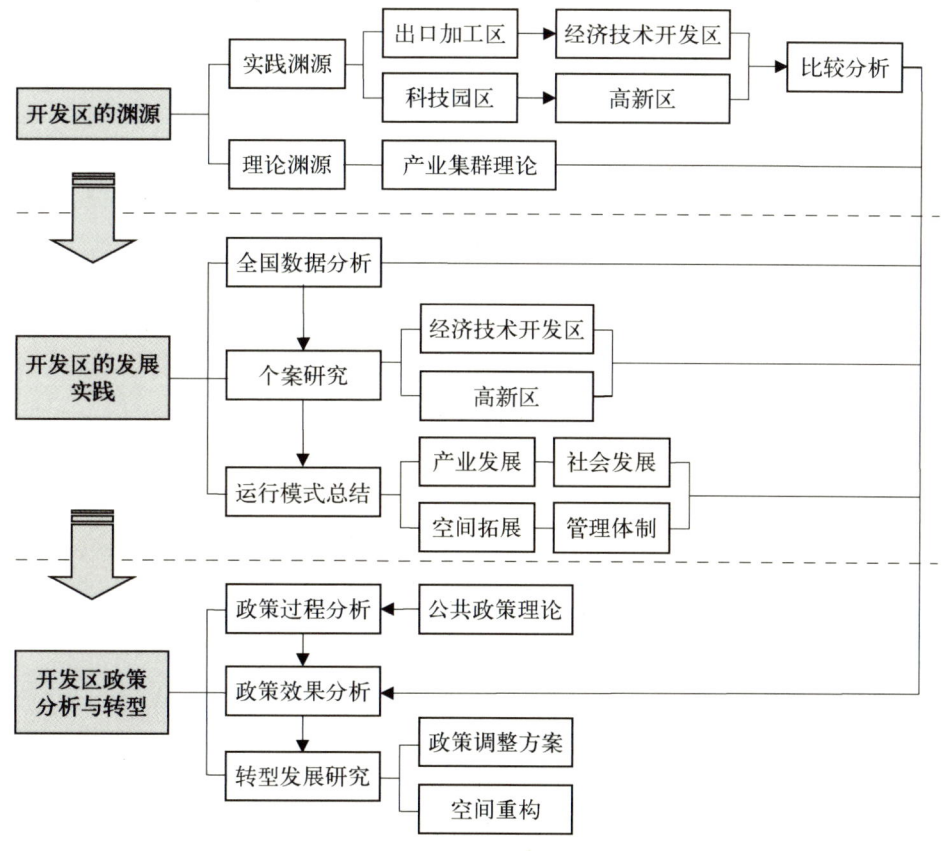

图 0-3 本书的研究框架

拓展以及管理体制四个方面对开发区的发展实践进行归纳和分析。

　　第三部分为开发区政策分析与转型的思考。分为政策分析(第5章)与政策调整建议(第6章)两个章节。政策分析(第5章)基于公共政策过程理论,分析开发区政策过程特征,并对开发区政策效果进行考察,明确开发区政策变迁的必要性。政策调整建议(第6章)提出了开发区政策调整的框架设计,并基于政策调整给出了空间重构的基本设想及相关政策要点。

第 1 章
开发区的渊源

在检索开发区文献的过程中,可以发现一个有趣的现象,就是不少研究几乎完全混淆经济技术开发区与高新区这两种类型——或统以"开发区"称之,但实则研究的对象仅为其中的某一类;或冠"经济开发区"之名,探高新区之实;或无视两类开发区的职能侧重,采用同样的衡量标准来评价其发展。这其中,固然不能排除两个方面的原因:第一,两类开发区确实具有较多的共性;第二,在现实的发展中,两类开发区已经出现了明显的趋同,如果除开名称的差异外,单单从某一个开发区的经济发展特征来看,已经很难判断其应该归属于两类开发区中的哪一类。但除了上述原因之外,学界也的确存在对于两类开发区理论渊源探究不足的现实。事实上,从历史渊源上看,经济技术开发区和高新区分别源自出口加工区(Export Processing Zones,EPZs)[1]和科技园区(Science Park)两种不同的开发区类型,在建设初衷以及政策设计上也各不相同。

1 经济技术开发区与出口加工区
(Export Processing Zones, EPZs)

1.1 出口加工区的发展实践

(1) 出口加工区的兴起

世界上第一个以"出口加工区"命名的经济特区为中国台湾1965年在高雄设立的出口加工区,在此之前,世界各国只有"自由贸易区(Free Trade Zone)"和

---

[1] 我国自2000年以来设立了57个出口加工区,它们也属于"出口加工区"类型,二者虽名称相同,但所指不同,后者的内涵要大于前者。

"工业区"等概念。根据构思、催生和推动台湾出口加工区健全发展的主要人物李国鼎先生的定义[①],出口加工区是兼具自由贸易区与工业区两者之长的综合体。其与自由贸易区的最大区别在于出口加工区把贸易型的经营方式与生产型的经营方式结合起来,兼具工业生产与出口贸易两种功能(表1-1)。

表1-1 自由贸易区与出口加工区的特征差别

	自 由 贸 易 区	出 口 加 工 区
经营方式	贸易型	贸易型＋生产型
经营范围	商贸、金融、保险等流通领域	工业等生产领域
优惠政策	减免关税	减免关税和所得税
基础设施提供	先进的通关设施	工业所需的基础设施,包括工业厂房、电力以及排污设施等
商品价值增值	商品只是在区内略作停顿或简单整理后再出口,一般不增加或很少增加价值	商品则在区内经过加工,增加了加工价值
设立主体	多为发达资本主义国家和地区	多为发展中国家和地区
区位选择	港口、沿海城市或边境地区,区位约束性大	受地理条件影响较小

这种以开展对外加工装配为主要内容,吸收外资、引进技术、发展本国(地区)出口工业和经济的方式,迅速引起世界多数国家的关注和兴趣。大批发展中国家效法中国台湾,积极兴建各种形式的出口加工区。20世纪70年代是出口加工区迅猛发展的时期,亚洲的韩国、马来西亚、印度尼西亚、泰国、印度、巴基斯坦、孟加拉国和斯里兰卡等,以及拉美的墨西哥、巴拿马等,非洲的埃及、毛里求斯和塞内加尔等相继设立出口加工区。出口加工区俨然成为一种发展中国家广泛采用的有效加速经济发展的制度,受到联合国工业发展组织(UNIDO)、世界银行等国际组织的高度推崇。

根据国际劳工组织(ILO)的统计,至2002年,已有116个国家拥有出口加工区,出口加工区数量达到3 000个[②](表1-2)。在各地的实践中,结合实际情况的不同,出口加工区出现了多种变形的模式:在地域上,既有封闭独立的区域

---

① 李国鼎.台湾的对外经济合作和加工出口区[M].南京:东南大学出版社,1994:245-246.
② 该统计将中国的经济特区、经济技术开发区及高新区等均列入出口加工区之列。引自International Confederation of Free Trade Unions (ICFTU), Behind the brand names-Working conditions and labour rights in export processing zones[R]. 2004。

(Fenced-in zones),也有位于工业园区或城市工业地产内的任意分布的出口加工单位(Export Processing Units)或出口加工工厂(Export Processing Factories),相应地,规模也各不相同,从几 hm^2 到数 km^2 不等;在经济活动上,则有从保税仓库、出口加工及装配、边境或港口贸易到高新技术研发,以及与贸易有关的物流或金融服务等多种类型;而在名称上,则更是五花八门,比如在墨西哥称为"Maquiladora",在爱尔兰、土耳其等地称为"自由区(Free zones)",在喀麦隆、哥伦比亚等地称为"工业自由区(Industrial free zones)",在牙买加称为"出口自由区(Export free zones)",甚至还存在一些名实混淆的现象,比如爱尔兰香农自由贸易区、马来西亚槟榔州普赖自由贸易区虽然冠以"自由贸易区"的称谓,但实际上却是出口加工区。但总体而言,出口加工区的基本的特征是共同的,就是区内通过提供特殊的激励以吸引以出口生产为主的投资(大多数为国外投资)。

表 1-2 世界出口加工区发展估计

	1975 年	1986 年	1995 年	1997 年	2002 年	2004 年
拥有出口加工区的国家数量(个)	25	47	73	93	116	
出口加工区数量(个)	79	176	500	845	3 000	5 174
就业人数(百万人)	—	—	—	22.5	43	42
其中:中国(百万人)				18	30	—

资料来源:International Confederation of Free Trade Unions (ICFTU), Behind the brand names-Working conditions and labour rights in export processing zones[R]. 2004.

(2) 出口加工区的概念与特征

发展中国家的工业化战略可以依贸易方式的不同分为进口替代与出口导向两种(吉利斯等,1996)[①]:进口替代战略通过关税或进口配额设置保护壁垒,降低国内生产的高额创业成本,使目标工业的潜在投资者有利可图,实现进口被国内工业产品所替代。这条途径意味着,消费品工业,特别是食品加工业、饮料业、纺织业、服装业等通常是首选的投资目标,因为生产这些产品的技术相对标准化,容易被发展中国家的生产者所掌握,并且其消费相对刚性。进口替代战略的局限性主要表现在:在制造业保护政策之下,在实现最初的工业增长及新工业占领国内市场之后,由于缺乏竞争而不利于厂商提高生产率,导致经济的低效

---

① 吉利斯(M. Gillis),等. 发展经济学[M]. 黄卫平,等译. 北京:中国人民大学出版社,1996:485-487.

率;同时,国内市场的有限性也将限制该战略的实施。出口导向战略则将注意力从面向国内市场的进口替代转向面向国外市场的制成品出口。与进口替代相比,其优势在于:促进出口是以拥有国际市场竞争力为前提的,因此,该战略内在地不容许经济低效率;同时,与仅拥有国内市场相比,出口市场将使厂商生产的任何产品的产量更多、专业化的程度更高。

自第二次世界大战之后,台湾在美国的援助下采取了进口替代型的工业化战略,鼓励发展资金需求量不大、技术要求不高、建厂周期短、效益回收快的劳动密集型民生必需品工业,以岛内生产代替进口。但进入20世纪60年代之后,进口替代工业受到只有1 200万人口市场规模的限制,同时,美援终止造成了投资前景的不稳定,促使台湾把重点转向发展面向出口的工业,也就是实施出口导向型战略。而设立出口加工区即是促进出口贸易和促进工业投资的工业化政策的尝试。其时,其他发展中国家和地区基本上还是以推行进口替代型工业战略为主。台湾的出口加工区取得了显著成效之后,也引起了其他国家对出口加工区的广泛兴趣。从这个意义上看,出口加工区实质上是发展中国家和地区在发展进口替代工业政策陷入困境后的一种替代措施。

世界银行(1999)[1]将出口加工区定义为"一种地理和经济上的飞地,在该区域内,产品可以在进口、储存、分装、加工、转载等方面享有关税减免以及/或最低程度的海关干预"。藤森英男(1981)[2]总结了其有别于一般城市工业地区的特征为:

1) 出口加工区的本质是保税加工。出口加工区内,进口商品原则上免税,但这些进口商品必须是该地区的加工出口产品所使用的原材料,也就是说,供国内消费的进口商品是不能免税的,这与进口供国内消费的商品不征税的自由港有所不同。一般而言,出口加工区的大部分产品都应面向出口,但由于国外市场情况的变化及某些产品的具体情况,有些国家和地区也特殊地允许出口加工区向国内征税区出口产品。

2) 出口加工区以吸引外资企业为主。对于缺乏经验、技术水平低下的发展中国家而言,要促进出口并不容易。因此,发展中国家的"促进出口"政策通常都是与引进外国资本结合在一起的,因为外国直接投资是以同时引进外国市场为前提的。出口加工区的主要目标就是为了吸引外资企业投资。

3) 出口加工区内以劳动密集型企业为主。对于外资企业而言,在向出口加工

---

[1] Madani, D., A review of the Role and Impact of EPZ[R]. World Bank. 1999.
[2] 藤森英男(编). 亚洲地区的出口加工区[M]. 袁镇岳,等译. 中国社会科学出版社,1981:30-32.

区进行投资时,必然要根据资源条件的优劣进行选择,以实现其自身利益的最大化。一般而言,发展中国家最大的优势在于拥有大量的廉价劳动力,因此,劳动密集型企业自然成为出口加工区内的工业企业主体。由此看来,出口加工区实际是发展中国家和地区为了取得外汇收入、扩大就业机会和引进外资,发达国家企业为了取得廉价劳动力,彼此在互利的基础上建立起来的一种国际劳动分工形式。

4) 出口加工区内全面实施各种优惠待遇。主要包括:① 外资在发展中国家进行投资和经营企业所必须办理的各种行政手续很繁琐费时的情况下,出口加工区内通过极力简化各种行政管理手续并使之一元化,往往对外资投资具有比经济方面的优惠待遇更大的吸引力。② 经济方面的优惠待遇。这些优惠待遇大致可分为两类:一类是税收方面的优惠待遇,包括减免关税以及国内税等;另一类是社会基础设施方面的优惠待遇,包括降低供电、供水以及其他有关设施的收费标准,建设有关的生产生活设施并提供使用这些设施的方便等。③ 不实行国内的有关法令或条例。为了吸引外资,出口加工区内一般放宽执行劳工条例,甚至为了稳定劳资关系而禁止罢工。

(3) 出口加工区的存在逻辑[①]

由于出口加工区的主要特征之一在于关税壁垒的移除,因而研究出口加工区的理论通常被划入国际贸易理论范畴,而非发展经济学和区域经济学(皮黔生、王凯,2004)[②]。出口加工区的形成与发展,本质上是国际分工的产物。

以斯密(1776)的绝对优势理论、李嘉图(Ricardo,1817)的比较优势理论、赫克歇尔(Heckscher,1919)和俄林(Ohlin,1933)的要素禀赋理论等为代表,早期的国际分工理论主要基于市场的视角,认为分工受到市场规模的限制,由于存在跨国界的"自由市场",国家与国家之间的绝对成本差异、比较成本差异、资源禀赋差异、要素禀赋差异带来的分工好处,可以通过"市场机制"得以实现——市场机制引导各国企业进行专业化生产,各国企业通过世界市场交换产品,形成世界市场价格调节各国企业及全球资源配置的格局。这一逻辑能够有效地解释20世纪60年代以前世界经济依靠"贸易全球化"联系的现象。但自20世纪60年代以来,国际分工呈现出了从社会分工为主转向企业分工为主的新特征,已经不能完全从市场机制的角度来进行理解:此前形成的极少数工业化国家从事工业

---

① 关于市场视角的国际分工理论与企业视角的国际分工理论的概念主要借用了张苏的"国际分工理论述评"中的分析。见张苏.新国际分工理论述评[J].教学与研究,2007(1):51—56。
② 皮黔生,王凯.走出孤岛——中国经济技术开发区概论[M].北京:生活·读书·新知三联书店,2004:74。

生产,其他绝大多数欠发达国家则为前者提供原材料,并主要从事农业生产的国际分工格局正在打破,跨国公司将一批批劳动密集型的生产线,从工业国家向欠发达国家转移;欠发达国家由此涌现出越来越多与世界经济体系相关联的生产部门;世界经济体系的联系也由此发生了重大改变,从"贸易"转向"生产"——也就是Frobel(1978)所提出的"新国际分工"现象。国际分工理论也随之开始向企业的视角转型,以弗农(Vernon,1966)的产品生命周期理论(Product Life Cycle)、小岛清(Kojima,1987)的边际产业理论和邓宁(Dunning,1977)的折衷理论(The Eclectic Paradigm)为代表,认为企业从全球视野考虑,充分利用不同国家的生产要素优势,以获取自身利益的最大化。根据邓宁的折衷论,跨国公司的对外投资动机因公司不同而异,所重视的区位因素不同,进而产生了差异性的区位行为和区位模式(表1-3)。

表1-3 国际生产类型及其决定因素

国际生产类型	所有权优势	区位优势	内部化优势	跨国公司投资战略	投资产业
资源导向型	资本、技术、市场、互补性资产、规模经济	资源禀赋、相关交通与通信设施、税收及其他投资激励	保证资源供给、监控市场	获得重要的生产资源	石油、铜矿、铝矿等自然资源的投资;出口加工、劳动密集型产品与过程
市场导向型	资本、技术、信息、管理与组织技能、开发研究能力、规模经济、商标品牌	原材料与劳动力成本、市场规模与特性、政府政策	希望降低交易成本和信息成本,降低市场不确定性	确保已有市场、防御性投资、抢先占有市场	计算机制造、制药业、汽车、香烟、食品、航空服务业
效率导向型	上述所有权优势;范围经济、空间分散经营、利用国际资源	产品专业化与集中经济、廉价劳动力、政府投资激励	降低交易成本和信息成本;降低市场不确定性;保护知识产权;发挥垂直一体化经济	占有区域性和全球性市场;利用生产专业化经济	汽车、电子设备、商业服务、研究与开发、纺织业与服装业、制药业
战略资产导向型	上述所有权优势	上述区位优势	发挥统一管理优势、竞争优势;降低和分散风险	强化全球创新与生产竞争力;开发新市场	具有很强规模经济和高固定资产的产业

资料来源:根据Dunning(1993,1995,2000),转引自贺灿飞.外商直接投资区位:理论分析与实证研究[M].北京:中国经济出版社,2005.

进入 20 世纪 80 年代之后，市场范围、市场规模和世界生产力都获得了前所未有的增长，作为生产国际化主体的跨国公司得以在国际间实现更加专业化的细分，水平分工逐渐成为国际分工的主要形式。水平分工通过产业内分工或产品内分工来实现。产业内分工指分工依据同一产业内部产业链条的不同环节来进行。产业链条大致可以分为三大环节：技术环节（包括研究与开发、创意设计、生产及加工技术的提高和技术培训等分环节）、生产环节（包括后勤采购、母板生产、系统生产、终端加工、测试、质量控制、包装和库存管理等分环节）、营销环节（包括分销物流、批发及零售、广告、品牌管理及售后服务等分环节）。在经历了多年的经济转型和产业升级后，发达国家着力于研发和品牌营销，控制核心技术和经营技巧，而把加工制造环节转移出去，生产结构呈现出典型的"哑铃"形；发展中国家着力于加工制造环节。产品内分工是指分工按照同一产品的不同工序或零部件的不同技术含量进行，技能含量高的工序、附加值高的部件一般由发达国家来完成，发展中国家承担的大多是低附加值的初级零部件生产，或者是主要部件依靠进口、承担最后加工装配的工序，其结果是"万国牌"产品的大量出现。根据对生产系统是否拥有所有权，跨国公司产品内分工的实现方式主要有两种：一种是基于 FDI 的垂直一体化（vertical integration），另一种是外包（Outsourcing）。前者意味着跨国公司将生产环节进行国际化的分割，通过设置海外分支机构将每一个生产环节放在成本最低国家。后者就是把部分或全部零件设计、程序工艺、装配设备、后勤、营销渠道、仓储、售后服务等环节用合同的方式发包给其他企业，产品和服务贴发包公司的品牌，承包企业一般没有品牌。在这种情况下，跨国公司可以完全退出生产，专注于研发等高附加值环节的创造，成为掌控国际生产网络的"虚拟"的"无边界"企业。伴随着这些分工形式的出现，基于企业视角的国际分工理论仍在不断地发展完善之中。

国际分工理论为出口加工区的存在及兴盛提供了理论基础：对于发展中国家而言，最大的比较优势在于低廉的劳动力成本；对于跨国公司而言，它们有将标准化阶段产品、处于比较劣势的产业以及位于产品价值链低端的增值环节向成本更低的地方转移的需求。而出口加工区正是将上述两者统一起来的一个契合点：出口加工区为东道国提供了一种更为方便的"劳务输出"形式，又有助于跨国公司实现其对外投资优势的最大化。

基于国际分工理论，还可以得到如下几方面的认识：

1）出口加工区应是落后地区或发展中地区经营工业的一种形态。落后地区亟须发展工业，却又缺乏资金和技术，但优势是劳动成本低和劳动力充沛。这两者结合最能发挥出口加工区的优势。从出口加工区创造就业机会,增加工资收入的角度而言,实际是另一种形式的"劳务出口"。而对于高度发达的城市,因为土地和劳动力成本较高,办出口加工区并不为上策。

2) 在国际分工关系中,出口加工区处于非常被动的地位。这种被动主要体现在三个方面:第一,发展中国家设置出口加工区是希望通过与发达国家之间的国际分工来扩展自己的贸易,但出口加工区能否吸引到投资主要取决于跨国公司基于利益最大化原则的投资决策,在这方面,决定权在跨国公司一方,出口加工区基本没有选择的余地。第二,出口加工区的发展主要依赖于出口贸易的增长,因此发达国家的经济发展形势对出口加工区将产生深刻的影响。第三,无论是采取产业间分工还是产品内分工的形式,出口加工区内的经济活动都将以技术含量低、附加值少为主要经济特征。而国际经济环境的变化比如汇率的变动、市场需求的变化等,都将直接威胁到缺少核心竞争能力的出口加工区的发展。从这个意义上看,出口加工区可以成为一种促进发展中国家经济开发的手段,但并非落后地区经济发展的必然选择;其对于发展中国家经济的促进也是有条件的,应该将其视为整个产业政策系统的一个组成部分而非一个孤立的区域来考虑,并应及时地进行出口加工区成本-收益的动态分析,有效避免成本过大而收益甚小的状况出现。

3) 出口加工区存在一定的生命周期。出口加工区建立的重要前提在于出口加工区东道国的劳动力必须充裕而且低廉。但这种比较优势是有时段性的,随着出口加工区的发展,劳动力价格有可能上升至投资者利润率趋于零的水平,届时投资势必转移到劳动力价格更低的地方去。也就是说,出口加工区存在的必要性将以劳动力价格的升高而终结。这也正是藤森英男(1981)所提出的出口加工区生命周期理论的核心内容。

(4) 出口加工区的绩效

➤ 预期效用

出口加工区通常被认为具有直接与间接两方面的积极效用,直接的效用包括增加外汇、创造就业,间接的效用包括与国内经济的后向联系、技术外溢以及示范作用等。

1) 扩大出口,增加外汇收入。过去由于依赖出口初级产品以及实施进口替代工业化政策造成了发展中国家进口增加,从而经常导致外汇危机。而出口加工区内制造业企业的产品以出口为主,因而可以有效地增加外汇收入,弥补发展中国家外汇短缺的问题。

2) 提供就业岗位，促进收入增加。出口加工区的劳动密集型企业可以创造大量的就业岗位，从而缓解发展中国家的失业问题，促进社会的繁荣与稳定。

3) 吸引国外投资，促进与国内经济的后向联系。经济前向联系(forward linkage)指把国内企业带向国际市场，参与国际市场分工合作；后向联系(backward linkage)指企业从国内市场购买原材料和中间产品，就会常常得到补贴并能促进企业与国内经济之间的后向关系。出口加工区工业的特点是它们都是生产最终产品，直接出口，因此，出口加工区的企业较少有促进发展中间性原材料的前方有关工业的效果，而主要是发展那些为出口加工区工业生产并供应其所需要的零件、原材料的工业。为了鼓励后向联系的产生，不少出口加工区都采取了鼓励使用国产原材料和零件的政策。

4) 技术外溢。出口加工区通过与国内经济的联系以及劳动力方面的培训与技能传授，能够实现对国内企业的技术转移和知识溢出。技术外溢又可分为生产技术外溢和企业经营管理知识外溢两类(藤森英男，1981)[①]。

5) 示范作用。出口加工区的企业能够为国内企业的发展起示范作用，比如规格化和标准化的生产以适应国际市场竞争，以及行政管理方面的示范作用等；此外，出口加工区能够形成"催化效应"(catalyst effect)，鼓励和带动国内企业的出口行为(Johansson & Nilsson,1997)[②]。

> 实际绩效

在实践中，不同的出口加工区的绩效表现有着相当大的差别。兰勇等(2006)[③]的研究显示，在亚洲，中国台湾的高雄和韩国的马山出口加工区不仅在就业创造、净出口方面取得了明显成绩，而且，也产生了有效的经济联系和技术外溢。高雄出口加工区创立前3年本地采购比例只有7%，到1980年已近1/3，有超过1 000家地方工厂围绕加工区建厂；马山出口加工区的国内采购比例1977年已超过30%。至1990年，两个出口加工区内电子类产业的投资比例均达到60%左右。相比之下，菲律宾巴丹出口加工区则表现一般，出口和就业大大低于高雄和马山，而且，1972—1982年间的原材料国内采购率不到5%，平均国内采购率仅有30%，从低国内采购率和低附加值产业结构可以判断其技术外

---

① 藤森英男(编). 亚洲地区的出口加工区[M]. 袁镇岳,等译. 北京: 中国社会科学出版社,1981: 55-61.
② Johansson H. and Nilsson L., Export Processing Zones as Catalysts[J]. World Development, 1997,25(12): 2115-2128.
③ 兰勇,郑传均. 出口加工区(EPZs)发展的影响因素分析——中国台湾、韩国和菲律宾 EPZs 比较研究[J]. 科技进步与对策,2006(6): 59-63.

溢远不如高雄和马山。

　　大多数出口加工区的主要绩效表现在出口、就业以及示范作用方面。Leinbach(1982)[1]对马来西亚出口加工区的研究表明,其出口方面的表现较好,而技术外溢及其与国内的经济联系并不明显。Mustapha Sadni-Jallab 和 Enrique Blanco de Armas(2002)[2]对墨西哥出口加工区的研究显示,其在缓解就业方面的成绩显著,但对于促进墨西哥工业部门的增长及现代化方面的贡献甚微。

　　一些研究者们运用成本-收益的分析方法对出口加工区的效用进行测度。成本-收益分析主要基于"飞地模型(enclave model)"而展开(图1-1),对于出口加工区东道国而言,出口加工区的成本包括直接成本与间接成本两类:直接成本主要包括基础设施建设成本,行政费用;间接成本主要指因税收减免带来的财税收入减少。收益主要包括工资、税收、国内股份持有者分得的利润等。

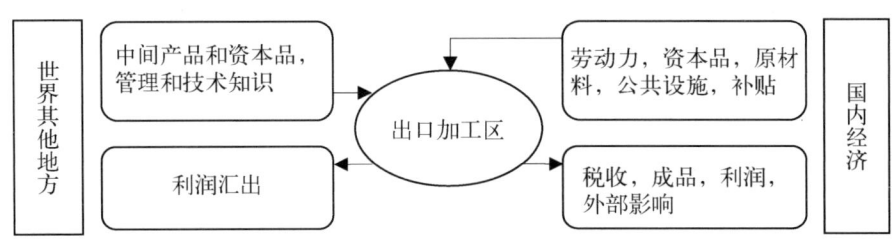

图1-1　Warr 的出口加工区"飞地模型"

资料来源:Warr,1989,转引自 Jayanthakumaran K., An Overview of Export Processing Zones: Selected Asian Countries. Working Paper Series 2002, Department of Economics, University of Wollongong, NSW, Australia.

　　从经济学的角度看,只有当各项实际支付的价格超过各自的机会成本时,才会产生净的收益。为此,Jayanthakumaran(2002)[3]提出了一个计算各东道国建立出口加工区的经济效果的公式如下:

$$NBC_t = (MWR - SWR)_t L + (DP - MSC)_t Q + T_t + NP_t - K_t - A_t$$

---

[1] Leinbach T. R., Industrial strategy in Malaysia: the role of export processing zones[J]. GeoJournal, 1982,6(5): 459-468.

[2] Mustapha Sadni-Jallab, Enrique Blanco de Armas, A Review of the Role and Impact of Export Processing Zones in World Trade: The Case of Mexico. International Conference: Exchange Rates, Economic Integration and the International Economy Papers, 2002.

[3] Jayanthakumaran K., An Overview of Export Processing Zones: Selected Asian Countries. Working Paper Series 2002, Department of Economics, University of Wollongong, NSW, Australia.

式中，NBC 表示净收益或损失，MWR 和 SWR 分别指市场工资和影子工资，L 指工人的数量，DP 和 MSC 分别指公共事业费用和相应的机会成本，Q 指国内投入资金总量，T 和 NP 分别指纳税净收益和国内股份持有者的股份收益，K 和 A 分别指基础设施成本和行政成本，t 代表年份。

基于上述分析框架，Jayanthakumaran 对东南亚一些国家的出口加工区的成本-收益分析显示，韩国、马来西亚、斯里兰卡、中国和印度尼西亚等国家取得了超过预期机会成本的较好收益，而菲律宾的净收益则为负值。

运用类似的分析方法，研究者们对于肯尼亚、墨西哥和纳米比亚等地的出口加工区的绩效持否定的态度：关于肯尼亚出口加工区的研究显示，政府花了约 5.14 亿美元（2002 年价）建设出口加工区，但仅有 2 000 个新增就业岗位产生；在墨西哥，1995 年出口加工区的就业增长了 10.4%，同时出口加工区外的本国制造业就业却损失了 9%；在纳米比亚，出口加工区仅产生了 400 个新增就业岗位，与预期的 25 000 个就业岗位存在不小的差距[①]。

除了关注出口加工区的预期效用实现与否以外，部分研究针对出口加工区的非预期负面效果而展开，由此，引出了一些对于出口加工区的批评，主要包括：① 出口加工区的主要优势在于廉价劳动力，投资于出口加工区的企业并非根植于本土经济，它们对于劳动力、土地等成本的变化具有很高的区位敏感性，因而存在很多短期的、"松脚型"（footloose）的投资，从长期来看不利于地区经济发展（Robert，2003）[②]。② 出口加工区的就业环境令人担忧（ILO，1998；ICFTU，2004）[③]。许多出口加工区企业努力通过提高劳动强度来提高产出，并维持较低的劳动力工资水平，而由于区内通常放宽执行劳工条例，限制了工会维护职工的权利，致使部分劳动力处境恶劣，其长期社会影响是负面的。据国际劳工组织（ILO，1998）统计，在 1995 年全球 70 多个国家约 850 个出口加工区雇佣的工人已经超过 2 700 万，其中 70%～80% 是女性，部分特定行业如纺织、服装、电子装配等这一比例甚至达到 90% 以上，这种格局的形成主要是因为女性比男性更能

---

① Jauch Herbert, Export Processing Zones and the Quest for Sustainable Development：A Southern African Perspective[J]. Environment and Urbanization，2002，14（1）：101-109.
② Robert J. Rolfe, Douglas P. Woodward, Bernard Kagira, Footloose and Tax Free：Incentive Preferences in Kenyan Export Processing Zones. Conference of the Economic Society of South Africa, 2003.
③ International Labour Office (ILO), Labour and Social Issues Relating to Export Processing Zones[R]. 1998；International Confederation of Free Trade Unions (ICFTU), Behind the brand names-Working conditions and labour rights in export processing zones[R]. 2004.

够接受低工资工作,并且更具有纪律性,适合装配等单调、重复的工作。

> 影响因素

从出口加工区的理论逻辑出发,可以发现,在促进经济后向联系和技术外溢方面,出口加工区存在其自身固有的不足:

1) 出口加工区一般引进的是劳动密集型的加工和装配工业,例如服装生产和一些轻工电子产品的组装,这些经济活动对于劳动力的技能要求非常低,所雇用的劳动力均是非熟练的或从事简单劳动的青年女工,厂方除了使他们习惯于这种简单的装配、加工生产技术外,不需要进行什么特别的生产技术训练,因而不会有值得注意的生产技术转移。而且,这些活动与当地经济的联系程度也很低,技术扩散的空间余地很小。

2) 出口加工区的投资企业中虽然也有一些持有技术专利、特种生产技术和技术情报的跨国公司,但在国际分工中,跨国公司从垄断国际市场的战略出发,一般不会把本公司的生产技术转让给当地。

3) 跨国公司的交易大多在内部进行,很难与东道国的经济发生前后向联系,因为内部供应不仅可以保证产品的质量,而且可以采取有利的转移定价策略,利于避税,还能够利用国际市场分工采购到比东道国更加廉价的原料和中间品。

4) 东道国通常既有的工业化水平较低,区内企业与区外企业的技术水平差距太远,使得技术外溢难以实现。

因此,若缺少相应的政策措施,出口加工区很难获得预期的后向联系和有效的技术溢出。

Jing-dong Yuan 和 Lorraine Eden(1992)[①]将影响出口加工区绩效的因素总结成图1-2所示模型。模型中,对出口加工区的绩效分别从经济、政治和社会影响等方面来衡量。影响出口加工区绩效的三个变量包括国际环境、国内条件以及政府的作用。

1) 国际环境。出口加工区面临的国际环境对于其发展而言既是机会也是制约,建立出口加工区的主要是外资与廉价劳动力结合生产出口产品,一个良好的国际环境应以快速增长的国际贸易、大量外资和低汇率为特征。

2) 国内条件。包括出口加工区区内条件和区外条件两个方面。区内条

---

① Jing-dong Yuan & Lorraine Eden, Export Processing Zones in Asia: a Comparative Study[J]. Asia and Survey,1992,32(11):1026-1045.

第 1 章　开发区的渊源

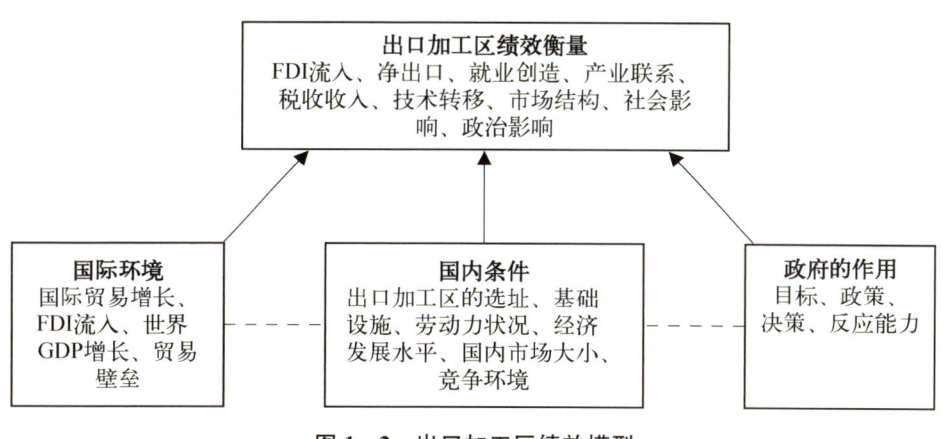

图 1-2　出口加工区绩效模型

资料来源：Jing-dong Yuan & Lorraine Eden, Export Processing Zones in Asia：a Comparative Study[J]. Asia and Survey. 1992,32(11)：1026-1045. 略有删改.

件包括出口加工区的选址、基础设施、劳动力状况等。一般而言比较理想的应该是设在位于沿海地区且运输设施比较完备的城市邻近地区，既有利于获得中间性产品、降低基础设施投入，又有利于获得充足的劳动力供应。若选址在偏远的地区，势必将会增加出口加工区的建设成本，延长出口加工区的起步阶段。区外条件主要包括国内经济发展水平、国内市场大小以及竞争环境。国内经济发展水平将影响后向联系的产生；较大的国内市场将可能吸引市场导向型 FDI 的进入；多个出口加工区之间的竞争也将影响它们的绩效水平。

3）政府的作用。政府应该在考虑国际环境和区内外条件的基础上为出口加工区建立明确、现实的目标，并为这些目标的实现设计切实可行的具体政策，既要提供一个合法框架来保证国外投资者的权益，又要充分考虑到投资者在 FDI 进入、出口要求和与国内经济联系方面与东道国的博弈，并针对国际环境和国内条件的周期性变化对政策进行必要的调整。

以菲律宾巴丹出口加工区为例，其初创时期正逢世界危机和全球经济衰退，吸引外资面临激烈竞争，而且，其坐落在距离马尼拉 160 公里的偏僻山区，距离工业中心太远，缺乏良好的基础设施，大大增加了生产成本，也严重影响了对 FDI 的吸引力和企业的生产效率，加之缺乏明确的政府目标和可操作的政策来监管和引导出口加工区的发展，因而其发展绩效远不及中国台湾高雄和韩国马山出口加工区。

1.2 中国经济技术开发区政策

（1）经济技术开发区的设立

经济技术开发区直接源于我国对外开放总体格局的需要，它与经济特区、沿海开放城市一起构成了我国对外开放的三个不同层次。20世纪70年代末，中国开始转入以经济建设为中心的历史发展轨道，并实行改革开放的战略方针。1978年，广东省从国外兴办自由贸易区、出口加工区取得的成功经验中得到启示，提出可以利用广东毗邻港澳、华侨众多的优势，在沿海某个城市划出一块地方，设立类似于国外的自由贸易区或出口加工区的特殊区域，实行有别于其他地区的特殊政策，以促进经济发展。该建议得到了中央的肯定，并计划先在深圳、珠海两地试办"出口特区"，待取得经验后，再考虑在汕头、厦门两地设置。1980年，中共中央在广州召开广东、福建两省会议，正式将"出口特区"定名为"经济特区"①。同年，正式批准在广东省的深圳市、珠海市、汕头市和福建省的厦门市设立经济特区。

1984年初，邓小平视察经济特区时，肯定了建立经济特区的政策和特区建设的成就，并指出"特区是个窗口，是技术的窗口，管理的窗口，知识的窗口，也是对外政策的窗口"，还提出"除现在的特区之外，可以考虑再开放几个港口城市，如大连、青岛。这些地方不叫特区，但可以实行特区的某些政策"②。1984年春，国务院召开了进一步对外开放14个沿海城市③的座谈会，会议作出重大决策，在总结成功创办经济特区经验的基础上，创办经济技术开发区。座谈会之后，沿海经济技术开发区陆续建立。至今，全国共有54个国家级经济技术开发区（含5个享受国家级经济技术开发区政策的园区）。

1）20世纪80年代第一批（14个）：20世纪80年代共有14个国家级经济技术开发区获批建立，包括：1984年9—12月，大连、秦皇岛、烟台、青岛、宁波、广州、湛江、天津、连云港、南通10个经济技术开发区；1985年1月，福州经济技

---

① "特区"名称的确定，当时也颇费心思。1979年4月广东省委常委会议讨论向中央提出要求允许广东"先走一步"的意见时，对这一名称斟酌许久，难以确定。叫"出口加工区"，会与台湾的名称一样；叫"自由贸易区"，又怕被认为是搞资本主义；后来勉强安了一个"贸易合作区"的名称。最终受到中央后由邓小平确定下来："就叫特区嘛！陕甘宁就是特区。"参见陈宏.1979—2000 深圳重大决策和事件民间观察[M]. 长江文艺出版社，2006.

② 邓小平.办好经济特区，增加对外开放城市[M].邓小平文选（第三卷）.人民出版社，1993: 51—52.

③ 指天津、上海、大连、秦皇岛、烟台、青岛、连云港、南通、宁波、温州、福州、广州、湛江和北海，最终温州和北海没有首批建立国家经济技术开发区，上海建立了3个。

术开发区;1986年8月,上海闵行、虹桥2个经济技术开发区;1988年6月,上海漕河泾经济技术开发区。第一批经济技术开发区的设立,呈现出较强的地方被动型与中央强力管制型的特点(鲍克,2002)①,批准设立一般大大超前于起步开发时间。

2) 20世纪90年代第二批(18个):20世纪90年代,随着市场经济体制目标的确立和对外开放步伐的进一步加快,沿海地区发展外向型经济战略快速推进,更多的国家级开发区获批建立,包括:1992年3—10月,温州、营口、威海、福清融侨4个经济技术开发区;1993年4—5月,福建东山、哈尔滨、长春、沈阳、杭州、芜湖、武汉、重庆、萧山、昆山、惠州大亚湾、广州南沙12个经济技术开发区;1994年8月,北京、乌鲁木齐2个经济技术开发区。上述18个国家级经济技术开发区中,多数是贯彻"以发展现代工业、吸收利用外资、拓展外贸出口为主"的方针,少数另有特定目标,例如,建立现代创汇农业(山东经济技术开发区)、振兴侨乡经济(福清融侨经济技术开发区)、促进地区综合开发(惠州大亚湾经济技术开发区、广州南沙经济技术开发区)等。这批开发区的设立,使得经济技术开发区的地域分布从沿海走向了内地,选址主要位于内地中心城市。基于首批开发区的实践经验,开发区的规模进一步合理化,批准的规划面积都在10 km² 左右,起步区面积在3 km² 左右。此外,一个重要的特点就是普遍起步早于批准(鲍克,2002)②,如温州、昆山、营口、沈阳等经济技术开发区平均起步时间比批准为国家级开发区时间早4年,其他开发区也早1—2年,显示出地方政府的积极性高涨。

3) 2000年至2008年第三批(17个):世纪之交,随着西部大开发战略的启动,中国的国家级经济技术开发区开始从沿海、沿江城市逐渐向内陆中心城市推进。1999年国务院决定"允许中西部各省、自治区、直辖市在其省会或首府城市选择一个符合条件并已建成的省级开发区申办国家级经济技术开发区"。2000年2—7月,国务院批准合肥、西安、郑州、成都、长沙、昆明、贵阳、南昌、石河子、呼和浩特、西宁11个开发区为国家级经济技术开发区;2001年5—9月,南宁、太原、银川和拉萨4个国家级经济技术开发区获国务院批准建立;2002年3月,国务院批准兰州和南京两个开发区升格为国家级经济技术开发区。至此,全国国家级经济技术开发区达到49个。第三批开发区的起步普遍较早,比正式升格

---

① 鲍克.中国开发区研究——入世后开发区微观体制设计[M].北京:人民出版社,2002:60-62.
② 同上。

为国家级开发区的时间平均早6—7年。

此外,1989—1994年间还批准了5个实行经济技术开发区政策的园区,即:苏州工业园、上海金桥出口加工区、海南洋浦经济开发区、厦门海沧台商投资区和宁波大榭经济技术开发区。

表1-4 国家经济技术开发区设立历程

	批次	名 称	批准时间	国务院批准规划面积(km²)	区位
严格意义上的经济技术开发区(49个)	第一批(14个)	大连经济技术开发区	1984.09	20	东部地区
		秦皇岛经济技术开发区	1984.10	6.9	
		烟台经济技术开发区	1984.10	10	
		青岛经济技术开发区	1984.10	12.5	
		宁波经济技术开发区	1984.10	29.6	
		湛江经济技术开发区	1984.11	9.2	
		天津经济技术开发区	1984.12	33	
		连云港经济技术开发区	1984.12	3	
		南通经济技术开发区	1984.12	24.29	
		广州经济技术开发区	1984.12	38.58	
		福州经济技术开发区	1985.01	10	
		闵行经济技术开发区	1986.08	3.08	
		虹桥经济技术开发区	1986.08	0.65	
		漕河泾经济技术开发区	1988.06	13.3	
	第二批(18个)	温州经济技术开发区	1992.03	5.11	东部地区
		昆山经济技术开发区	1992.08	10	
		营口经济技术开发区	1992.10	5.6	
		威海经济技术开发区	1992.10	5.72	
		福清融侨经济技术开发区	1992.10	10	
		福建东山经济技术开发区	1993.04	10	
		沈阳经济技术开发区	1993.04	10	
		杭州经济技术开发区	1993.04	10	
		萧山经济技术开发区	1993.05	9.2	

续　表

批次	名　　称	批准时间	国务院批准规划面积(km^2)	区位
第二批 （18个）	广州南沙经济技术开发区	1993.05	27.6	东部地区
	惠州大亚湾经济技术开发区	1993.05	9.98	
	北京经济技术开发区	1994.08	39.79	
	武汉经济技术开发区	1993.04	10	中部地区
	芜湖经济技术开发区	1993.04	10	
	长春经济技术开发区	1993.04	10	
	哈尔滨经济技术开发区	1993.04	10	
	重庆经济技术开发区	1993.04	9.6	西部地区
	乌鲁木齐经济技术开发区	1994.08	4.3	
第三批 （17个）	南京经济技术开发区	2002.03	11.37	东部地区
	合肥经济技术开发区	2000.02	9.85	中部地区
	郑州经济技术开发区	2000.02	12.49	
	长沙经济技术开发区	2000.02	12	
	南昌经济技术开发区	2000.04	9.8	
	太原经济技术开发区	2001.06	9.8	
	成都经济技术开发区	2000.02	9.94	西部地区
	西安经济技术开发区	2000.02	9.88	
	昆明经济技术开发区	2000.02	9.8	
	贵阳经济技术开发区	2000.02	9.55	
	石河子经济技术开发区	2000.04	11.2	
	西宁经济技术开发区	2000.07	4.4	
	呼和浩特经济技术开发区	2000.07	9.6	
	南宁经济技术开发区	2001.05	10.79	
	银川经济技术开发区	2001.07	7.5	
	拉萨经济技术开发区	2001.09	5.46	
	兰州经济技术开发区	2002.03	9.53	

（严格意义上的经济技术开发区（49个））

续　表

批次	名　称	批准时间	国务院批准规划面积(km^2)	区位
实行经济技术开发区政策的园区(5个)	厦门海沧台商投资区	1989.05		东部地区
	上海金桥出口加工区	1990		
	海南洋浦经济开发区	1992.03		
	宁波大榭经济技术开发区	1993.03		
	苏州工业园	1994.02		

注：表中东部、中部和西部地区的划分沿用中华人民共和国商务部关于 2005 年国家级经济技术开发区统计数据的区域划分标准。东部地区包括：北京、天津、河北、辽宁、上海、江苏、浙江、福建、山东、广东、海南；中部地区包括：山西、吉林、黑龙江、安徽、江西、河南、湖北、湖南；西部地区包括：重庆、四川、贵州、云南、广西、西藏、陕西、甘肃、青海、宁夏、内蒙古、新疆。下同。

资料来源：中国国家级经济技术开发区发展报告（2005）[R/OL]．2006－08－30[2006－12－31]．http://www.fdi.gov.cn/pub/FDI/gjjjjkfq/gjjkfqzl/fzbg/default.htm 中国投资指南网．

(2) 经济技术开发区的主要特征

开发区在中国经济发展中区别于其他地区的主要优势体现在三个方面：一是开发区内实行特殊的优惠经济政策，增强开发区的自我发展能力，同时创造对国内外投资者的特殊吸引力；二是开发区的管理体制具有"超高授权、超强自治"等特点（鲍克，2002）[①]，办事效率高，对外开放度高，容易与国际惯例接轨；三是开发区通过划定明确的地域界限将这些相对优越的政策、体制、观念、方法和服务限定在城市特定区段内，加上完善和先进的水、电、气、热、通信、交通等基础设施硬件环境，令开发区内部"小环境"相当鲜明地异于且优于周围"大环境"，使其他区域陷入相对落差境地，实现开发区的先导型发展。关于经济技术开发区特征的讨论将主要围绕这三个方面来展开。

➢ 政策优惠

开发区主要的优惠政策是财政优惠和税收优惠。在开发区发展初期，财政优惠政策有利于开发区的基础设施开发，而税收优惠政策则在开发区招商引资方面发挥了至关重要的作用。

财政政策

国家对经济技术开发区的起步提供了巨大的财政政策支持。对于首批设立的 14 个沿海城市经济技术开发区，中央中发[1984]13 号文规定："经济技术开

---

① 鲍克．中国开发区研究——入世后开发区微观体制设计[M]．北京：人民出版社，2002：75－86．

发区新增的财政收入,从批准兴办之日起 5 年内免除上缴上借任务",也就是开发区成立 5 年内,实行本级新增财政收入全部留用,国家不参与开发区财政收入分成。5 年到期后,根据开发区经济发展状况,将优惠延长 3 年,这一政策实行至 1993 年末。1994 年开始,全国统一实行分税制财政体制,开发区财政收支必须纳入所在省(市)财政收支范围。按分税制的有关规定,将中央预算固定收入、中央与地方共享收入中中央分享的部分、中央与地方固定比例分成收入中中央分成的部分等中央级收入直接缴入中央金库,地方不准退库处理,也不得缴入地方金库。考虑到开发区前几年基础设施建设集中投入,今后几年还贷任务重,以及下一步开发任务较重的实际情况,1994、1995 两年,14 个沿海开发城市经济技术开发区新增财政收入继续留用,但采用税收返还的办法,年终决算时统一清算①。1996—1998 年,中央对 14 个开发区实行"三年递减、定额补助"政策,即以 1995 年与 1993 年新增财政收入中的中央财政应得部分(75%增值税+100%消费税)之差为基数,在 3 年内由中央财政按 75%、50%、25%的递减比例返还给开发区,直至 1998 年末。1999 年 1 月,财政部宣布调整税收政策和开发区收入分配政策,停止执行对 14 个开发"两税"收入增量递减返还财政政策,实行全国统一的财政上缴。这样,首批设立的国家级经济技术开发区在财政收入上享受了两个"五年期的全额返还"和一个"三年期的递减返还"政策。部分公司模式的开发区虽然未直接得到中央财政的返还收入,但是,其所在地方政府在得到中央财政返还收入后,以补贴方式将收入返还给了开发区。

  对于第二批设立的国家级经济技术开发区,财政部([1995]5 号)文件规定,对重庆、武汉、芜湖、杭州、沈阳、北京等 10 个开发区,自批准成立之日起,实行 5 年内新增财政收入全部留用政策(1998 或 1999 年到期)。后又调整为以政策到期的最后一年中央财政应得部分为基数,在 3 年内由中央财政按 75%、50%、25%的递减比例逐年返还给开发区。其后,实行全国统一的财政上缴政策。这样,第二批设立的国家经济技术开发区在财政收入上享受了一个"五年期的全额返还"和一个"三年期的递减返还"政策。

  除了上述财政收入留用政策外,在开发区建设初期,国家财政还向各开发区提供了少量的为期 15 年的贴息贷款。

---

① 财政部(94)财地字第 177 号《关于十四个沿海开放城市经济技术开发区新增财政收入继续留用的通知》。

对于西部地区 2000 年以后国家新批准设立的经济技术开发区,中央财政没有再出台新增收入返还的政策。但对于西部经济技术开发区基础设施建设所需资金,中央财政决定从 2001 年开始给予了 10 年的贴息支持。

税收政策

为了促进开发区的招商引资工作的开展,国家对入区企业采取了相应的税收优惠政策。根据相关法律法规,主要的税收优惠包括:1) 国家级经济技术开发区的生产型外商投资企业,减按 15% 的税率上缴企业所得税(一般地区内资企业所得税税率为 33%),其中,对于经营期在 10 年以上的,从开始获利的年度起,第一年和第二年免征企业所得税,第 3 年至第 5 年减半征收企业所得税[①]。这是目前中国最低的企业所得税税率。2) 按照国家规定的"免二减三"税收优惠期满后,对于被确认为出口企业的生产型外商投资企业,当年出口产品总值达到总产值的 70% 以上的,减按 10% 的税率征收企业所得税;对于被确认为先进技术企业的生产型外商投资企业,可以延长 3 年减半征收企业所得税[②]。3) 开发区内中外合资经营企业的外商将从企业分得的利润汇出境外,免征汇出税。对于在中国境内未设立机构而有源于开发区的股息、利息、租金、特许权使用费或者其他所得的外商,除依法免征所得税外,都减按 10% 的税率征收所得税,其中提供资金、设备的条件优惠,或者转让的技术先进,需要给予更多减征、免征优惠的,由开发区所属的市政府决定[③]。

> 管理体制

宏观管理

为了统一管理包括经济特区、经济技术开发区、保税区在内的这些"经济特区",1986 年国务院设立特区办公室作为主管机构,负责对经济技术开发区设立的审批、政策协调和工作指导。1998 年,国务院机构改革,特区办公室撤销,并入体制改革办公室,保留一个司,负责联络已经存在的经济性特区。2001 年,体改办机构和职能再度调整,特区司撤销,国务院系列中不再有专司特区工作的综合性职能部门,业务指导改由外经贸部外资司负责。2003 年,外经贸部撤销,改组为商务部。

[①] 《中华人民共和国外商投资企业和外国企业所得税法》(1991 年 4 月 9 日第七届全国人民代表大会第四次会议通过)第 7 条。

[②] 《中华人民共和国外商投资企业和外国企业所得税法实施细则》(1991 年 6 月 30 日国务院令 85 号发布)第 75 条。

[③] 《中华人民共和国国务院关于经济特区和沿海十四个港口城市减征、免征企业所得税和工商统一税的暂行规定》(1984 年 11 月 15 日国务院发布)。

微观管理

在微观管理体制方面,并未设定统一的模式,各开发区可以依据不同的背景情况进行体制的探索与创新。但总体而言,为了营造仿真的国际环境,要求各开发区的管理机构与传统意义上的国家机关或地方政府不同,应该是按照市场经济运行法则、根据经济转型和政府职能转换的要求而设置的"小政府",其体制宜简单,机构宜精简,官员宜精干,具有综合性强、职责明确、环节简化以及高效等不同于传统体制的新型特征。开发区内主要采取经济和法律手段,辅之以行政手段进行调控,政府对企业的干预大幅减少,而对企业的服务意识和服务质量不断提高。

▶ 区位选择

实施对外开放战略之前,中国长期与外界隔绝。经济技术开发区的建立很大程度上是一种"试错"的行为,将其作为经济改革的试验场。为了将外资进入的可能的负面影响降至最低,中央要求各地开发区的选址应尽量离开母城区,选择在空间上易于隔离、便于封闭的地方(虽然在地域上并未实行封闭式管理)。因此,大部分的开发区在选址上与母城相距甚远(表1-5)。

表1-5 部分开发区与城市中心区的距离

首批14个	开发区	大连	秦皇岛	烟台	青岛	宁波	广州	湛江
	选址	东北	西部		西南	东	东	中心
	与城市距离(km)	21	1.5	6	86	20	35	—
	开发区	天津	连云港	南通	福州	闵行	虹桥	
	选址	东南	东部	东南		南郊	西郊	
	与城市距离(km)	45	22	12	24	30	6.5	
第二第三批	开发区	营口	威海	福清融侨	东山	沈阳	哈尔滨	长春
	选址	南	东南	西	北	西南	南	东南
	与城市距离(km)	60	10	3—10	0.5	12	14	5
	开发区	重庆	芜湖	广州南沙	大亚湾	萧山	北京	乌鲁木齐
	选址	南	北郊	正南	正南	北	东南	西北
	与城市距离(km)	3	10	54	45	1.5	16.5	10
	开发区	昆明	长沙	贵阳	成都	南昌		
	选址	东	东	南	东	西北		
	与城市距离(km)	4	8	4	19	5		

资料来源:中国开发区协会(编印).中国开发区招商引资工作手册,1998.8;转引自陈益升.经济技术开发区在中国的发展[J].科技管理研究,2000(6):1-4.

(3) 功能定位

沿海 14 个城市的扩大开放是以特区为参照的对外开放第二个层次。1984年,各沿海开发区开始起步,中央参照经济特区既有经验,一方面给予开发区类似特区的某些政策,另一方面明确规定沿海开发区的办区宗旨与经济特区一样,就是"四窗口",即"技术的窗口、管理的窗口、知识的窗口和对外政策的窗口",以期待开发区在特区的基础上实现"接力式"发展,做到起点更高,收效更大。

然而,最初的 5 年实践之后,沿袭特区模式赋予开发区"四个窗口"的战略定位,在实践中与预期反差较大,除了天津、大连、广州、青岛等少数开发区以外,大部分开发区发展速度缓慢,技术引进不尽如人意,并没有实现中央所希望的沿海城市继特区之后的"接力式"发展态势。究其原因,主要有以下方面:

1) 时间问题。中国长期与外部世界隔离,西方发达国家对中国的了解非常有限,外资大规模进入中国尚待时日。其时,即便是更早成立的经济特区,其引资来源也基本上以港澳从事劳动密集出口加工的资本为主。

2) 国内环境问题。开发区建区初期,适逢国家治理经济过热、压缩基建规模期间,当时国家"七五"计划的投资指向是大能源和大交通,而对开发区的支持力度十分有限。

3) 开发区自身区位问题。由于开发区与母城隔绝,在开发区建设初期,因远离城市环境而各项基础设施建设又未跟上,使得开发区的吸引力大打折扣。

1989 年,全国经济技术开发区工作会议在上海召开,会议明确提出了沿海经济技术开发区"三为主"的发展原则,即"以利用外资为主、以发展工业为主、以出口创汇为主",取代了以前"四窗口"的提法。新原则的提出修正了过去对沿海经济开发区发展期望过高的定位,承认当时应该按照出口加工区的模式循序渐进地发展。开发区主要定位为城市的工业区,而非发展所有城市功能的综合区。在引进外资方面,短期内对于项目的质量也不可能要求过高。开发区新的发展宗旨随之得到了有效的贯彻,开发区进入快速发展阶段,利用外资的数量和水平大幅提高,以跨国公司为主体,一大批大项目和超大项目开始进驻开发区,使得开发区的面貌得到迅速改观。

1997 年前后,国家给首批 14 个开发区的财政优惠政策到期,开发区利用外资的政策也发生了波动。在新的形势和环境中,开发区开始"第二次创业"。开发区的发展战略在"三为主"的基础上,加进了"致力于高新技术产业发展"的内容为补充(皮黔生、王凯,2004)[①]。

---

① 皮黔生,王凯. 走出孤岛——中国经济技术开发区概论[M]. 北京:生活·读书·新知三联书店,2004:350.

2004年是国家级经济技术开发区建立的20周年,在全国国家级经济技术开发区工作会议上,"三为主、一致力"被进一步调整为"三为主、两致力、一促进",即"以提高吸收外资质量为主、以发展现代制造业为主、以优化出口结构为主,致力于发展高新技术产业,致力于发展高附加值服务业,促进国家级经济技术开发区向多功能综合性产业区发展"。

1.3 经济技术开发区的特定性

经济技术开发区的建立和发展借鉴了出口加工区的一系列做法,包括在一定的区域范围内全面实施各种优惠待遇政策、鼓励出口创汇等。但与出口加工区相比,中国的经济技术开发区又因特殊的国情而带有鲜明的中国特色。

(1) 战略地位

从宏观战略的角度而言,对于东南亚国家和地区而言,出口加工区是从进口替代型工业发展战略向出口导向型工业发展战略转型的一个重要组成部分;而对于中国而言,经济技术开发区是中国对外开放政策的一个重要组成部分,承担着作为经济"增长极"、改革试验场等特殊的职能。

➢ 开发区作为经济"增长极"

"增长极"(growth pole)的概念最初由法国经济学家弗朗索瓦·佩鲁(Francois Perroux)于20世纪50年代在法国经济学季刊上发表的《经济空间:理论与应用》一文中提出。针对古典经济学家的均衡发展观点,佩鲁指出现实世界中经济要素的作用完全是非均衡的条件下发生的。他认为"增长并非同时出现在所有地方,它以不同的强度首先出现于一些增长点或增长极上,然后通过不同的渠道向外扩散,并对整个经济产生不同的最终影响"。所谓"增长极"指的是在一定的经济环境或经济空间中的一个"推进型单元"(propulsive unit),这种推进型单元与周围经济环境相结合,对另外的经济单元施加不可逆或部分不可逆影响。增长极具有两种效应,即极化和扩散效应。极化效应指在增长极的极点上,主导部门和创新企业的建设对周围产生一定的吸引力和向心力,周围地区的原材料、资金、人才、技术等资源被吸引到极点上来,从而使极点的经济实力迅速扩大。扩散效应是指增长极通过产品、资本、技术、人才、信息的流动,把经济动力与创新成果传导到广大的腹地和周围地区,从而带动整个区域经济的发展。

佩鲁的"增长极"概念主要构筑在抽象的经济空间基础上,随后法国经济学家布德维尔(J. R. Boudville)对"增长极"理论进行了发展,将"增长极"概念的内涵从抽象的经济空间转向地理空间,将其定义为位于都市区内部的正在不断扩大的一组产业,它通过自身对周边的影响而诱导区域经济活动的进一步发展。"增长极"的形成有两种途径:由市场机制支配的自发生成的增长极(极化区域)和计划机制支配的诱导生成的增长极(计划区域)。

经济技术开发区的实质就是通过政府的计划机制来主动建立发展极,依靠在特定的地域实行特殊政策和倾斜措施创造出不平等的发展环境,吸引区域和国家内外的资金、技术和人才,集聚相关的企业集中地进行产业开发,在较短的时期内实现经济技术开发区的快速增长。当开发区发展到一定程度之后,其积累的能量向外围转移、渗透,从而带动区域经济的整体发展。

➢ 开发区作为经济改革的试验场

20世纪70年代末中国农村改革在很短的时间取得了极大成功,这使人们认识到,体制转换对于经济发展具有十分巨大的作用。其时,世界范围内社会主义国家的经济转型方兴未艾。中国是否需要转型?在无法做出明确回答之前,运用建立特殊经济区域并在其内封闭实行"准市场经济体制"的方式先"摸着石头过河",顺利"过河"后再逐步以建立开发区的形式使"准市场经济体制"在更大范围内进行"复制","复制"成功后再在区域乃至全国范围内进行"再复制",即成为历史条件下的有效选择(唐慎,2005)①。特殊经济区域的形式最小化了由从旧政策转向未加测试的全新政策所带来的风险和潜在的危害,也就减少了由于本国过快转向外部市场而给国内公司和消费者带来的冲击。因此,在中国开发区的最初构想中,其最主要的功能之一就是作为经济改革的试验场。

上述两个方面的战略定位决定了中国的经济技术开发区在诸多做法上与一般意义的出口加工区存在明显的不同。

1) 功能选择。出口加工区的功能相对单一,而且大都具有比较明确的产业定位。中国的经济技术开发区的功能较为综合,经济活动不仅仅局限于发展保税加工企业,而是几乎囊括了经济发展的所有领域。

2) 规模。由于功能更加综合,经济技术开发区也较一般的出口加工区规模更大,规划建设面积从数个 km^2 到数十个 km^2 不等,而国外出口加工区的面积一般为 1 km^2 左右。

3) 选址。虽然经济技术开发区并未实施全封闭式管理,但与出口加工区最好位于设施完备的城市邻近地区的原则不尽符合,开发区选址力图远离母城区,以尽量减少因试验失败而带来的负面影响。

---

① 唐慎.开发区兴起与发展的制度比较[J].改革,2005(3):53-58.

(2) 国内市场背景

从跨国公司的角度而言,中国的经济技术开发区与其他国家和地区的出口加工区也具有明显不同的意义。跨国公司在国外直接投资通常有两种目的(胡祖六,2004)[①]:其一,利用东道国作为出口平台(Export Platform)。如果东道国有充裕的劳工资源,较低廉的劳动成本,而且政府实行较有吸引力的出口优惠政策,那么跨国公司通常采用"出口平台"模式,在东道国加工生产,以服务于东道国之外的第三国出口市场。其二,以 FDI 形式进入东道国内需市场。如果东道国有较佳的经济增长前景,并对外资实行市场开放、市场准入政策,那么跨国公司的投资主要是为了服务于东道国本国市场。对于一般的出口加工区而言,由于其所在地的市场容量小,跨国公司的直接投资主要是出于第一个目的。"出口加工区的功能主要是出口,市场主要在国外,较少涉及国内市场,与国内经济体系基本隔绝,体现了建立出口加工区的资本输入国对国内市场的保护(皮黔生、王凯,2004)[②]"。但对于中国这样的大国而言,改革开放之后带来的巨大市场需求是与廉价而充裕的劳动力同等重要的投资诱因。而且,由于经济技术开发区对产品外销并无刚性限制,跨国公司可以通过向经济技术开发区投资、将部分产品内销(以缴纳一定的税收作为代价)的方式达到避开高关税壁垒而进入巨大的中国市场的目的。

因此,经济技术开发区的入驻企业不一定限定在劳动密集型企业的范围内,跨国公司有可能出于扩大市场份额等考虑而在开发区内进行资金密集甚至技术密集型的投资,而正是这一点,使得经济技术开发区作为区域经济"增长极"目标的实现成为可能。

2 高新区与科技园区(Science Parks,SPs)

2.1 世界范围科技园区的发展实践

(1) 科技园区的兴起

一般认为,美国 1951 年在东海岸加利福尼亚州兴建的占地 50 英亩(1 英亩约等于 4 046 m²)的斯坦福研究园(Stanford Research Park)拉开了世界科技园区建设的序幕。这种以产学研一体的新格局有效地将斯坦福大学的科研成果转

[①] 胡祖六. 关于中国引进外资的三大问题[J]. 国际经济评论,2004(2):24-28.
[②] 皮黔生,王凯. 走出孤岛——中国经济技术开发区概论[M]. 北京:生活·读书·新知三联书店,2004:214.

化成为企业的产品和直接的生产力,获得了巨大的成功,以斯坦福研究园为基础,形成了世界著名的"硅谷"。

受硅谷成功的激励,在美国,各州争相制定高技术发展计划,在指定地区兴建科学园,各种以研究园、技术园、科学园、综合体,甚至硅沼、硅湖、硅岛等命名的科技园区遍布美国各州,如北卡罗来纳三角研究园、明尼苏达技术园、马里兰科学园、芝加哥科学-工业生产综合体、达拉斯通信走廊,以及路易斯安纳州拉菲特附近的硅沼、佛罗里达州的硅湖、犹他州盐湖城的仿生谷等等。这些园区位于不同规模的城市地区,从最大的都市区直到远离大都市数百英里(1英里约等于1.6 km)的小城市。

其他西方发达国家也对建设科技园区表现出了极大的热情,英国于1970年在剑桥大学的圣三学院仿效硅谷建立了剑桥科学园,此后,又建设了苏格兰硅谷、M4走廊地带等科技园区;法国于1969年开始筹建索菲亚·安蒂波利斯(Sophia-Antipolis)科学城,以后又兴建了以生物技术为主的布列塔民高技术园、以航天航空技术为主的图卢兹科学园、以电子技术和计算机为主的格勒诺布尔(Grenoble)高技术区等;日本在1963年开始建立筑波科学城,其后又兴建了广岛科学园、大分科学园、熊本科学城等;德国、意大利、瑞典、丹麦、比利时、加拿大等国家也陆续出现了大批科技园区。

不仅如此,20世纪80年代,科技园区的建设热潮也波及新兴工业化国家和发展中国家,亚洲地区有韩国的大德科学城、大田科学工业园区、光中技术城;新加坡的肯特岗科技园;印度尼西亚的瑟蓬科学城;印度的班加罗尔科学城;泰国的曼谷科学园等。拉美地区有巴西的圣若赛多坎布斯技术园、里约热内卢生物技术园区等。一些出口加工区由于发展受制于外国投资企业的发展战略以及国际市场环境,在经过一段的时间的发展之后,也开始提升科技含量,向科技园区靠拢。

Castells & Hall(1994)[①]这样总结:"科技园区已经抓住了国家以及地方政策制订者的想象力。它们曾被那些在一个技术和经济转型时代中需要作出调整而遭受痛苦的国家、地区和城市奉为灵丹妙药。"

图1-3、图1-4分别显示了国际科技园区协会(International Association of Science Parks,IASP,2002)对其科技园区设立时间的抽样统计和美国大学相关研究园区协会[②](Association of University Related Research Parks,AURRP,

---

① Castells M. and Hall P., Technopoles of the World: the Making of Twenty-first-century Industrial Complexes[M]. London: Routledge,1994.
② 2002年更名为大学研究园区协会(Association of University Research Parks,AURP)。

第1章 开发区的渊源

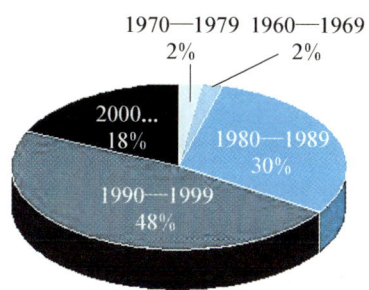

图1-3 IASP对科技园区设立时间的抽样统计

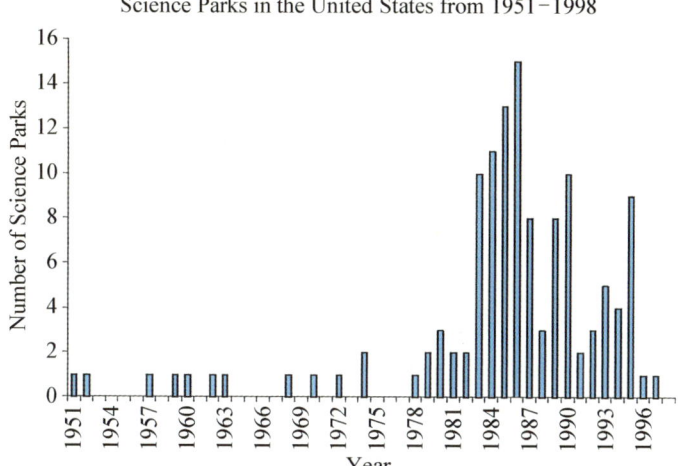

图1-4 美国1951—1998年科学园区增长情况

注：IASP至2002年11月共计有250个成员单位，抽样统计的样本数为94个，以在线调查的形式进行；AURRP的统计基于其1998年的成员目录，但由于对科学园区的定义并未形成共识，目录所涉成员并非美国科技园区的全部样本。

资料来源：图2-3源自http://www.iasp.ws/information/statistics.php?ce=；图2-4源自Link A. N. and Scott J. T., U. S. science parks: the diffusion of an innovation and its effects on the academic missions of universities[J]. International Journal of Industrial Organization，2003(21)：1323-1356.

1998)对美国科技园区历史性增长的统计，从图中可以看出，大部分园区建立于1980年之后，美国在20世纪80年代中经历了园区建设的高潮期，但从世界范围看，科技园区的建设热潮仍然方兴未艾。

（2）科技园区的概念与分类

除科技园区（Science Park）之外，各国还存在诸如研究园区（Research Park）、技术园区（Technology Park）、商务园区（Business Park）、创业园区（Innovation Park）、创业中心（Innovation Centre）、孵化中心（Incubator Center）、高

技术密集区(High Technology Cluster)、高科技工业园区(High-Tech Industrial park)、技术极(Technopole)以及技术城(Technopolis)等多种称谓。这些称谓之中,部分是由于各国表述习惯差异,比如欧洲国家更多地使用"Science Park"或"Technopole",而美国和加拿大倾向于使用"Research Park";而有些称谓则确实存在规模上的差异或者功能上的指向,比如"Innovation Park"就更加强调孵化设施以及企业构成中以新创业企业为主。但总的来说,这些形形色色的命名,并非严格遵循统一的客观标准。

而与称谓上的千差万别相类似,关于科技园区至今仍未形成统一和标准的定义。Luger 和 Goldstein(1991)[①]将"Research Park"(或称 Science Park,Technology Park)定义为"出售或出租空间上邻近的土地或建筑给主要从事基础或应用研究以及开发新产品的企业或其他机构的组织实体"。这一定义排除了诸如128公路地区和硅谷等高技术中心或地带,因为这些地区高技术企业的集聚独立于正式的组织机构之外;同时,该定义也将一般的工业园区和办公园区排除在外,因为前者以制造业为主,后者以管理以及销售为主。英国科技园区协会(United Kingdom Science Park Association,UKSPA,1985)将"Science Park"定义为:"一个初期以房地产为基础的区域,并具有以下特征:与大学或其他高等教育机构或研究机构具有正式的、操作上的联系;设计的目的是为了鼓励区内知识密集型企业和其他相关组织的形成和发展;具有管理功能,积极地服务于将技术和商务技能在区内企业间转化。"[②]国际科技园区协会(IASP,2002)将"Science Park"定义为:"一个由专业人才管理的组织;通过促进创新环境形成、相关产业竞争力提高与知识导向的制度发展,从而实现其共同的财富增加。而为了实现这一目标,园区内激励和促进大学、R&D 机构、企业和市场之间的知识和技术流动,通过孵化和衍生过程为创新型企业的诞生和成长提供便利,并提供高品质的空间与设施以及其他增值服务。"[③]这种定义显然更加强调园区内部企业、组织以及它们所从事活动之间的相互关联,而非表面的组织形态。

---

① Luger M. I. and Goldstein H. A., Technology in the Garden: Research Parks and Regional Economic Development[M]. The University of North Carolina Press,1991.
② 转引自 Link A. N. and Scott J. T., U. S. science parks: the diffusion of an innovation and its effects on the academic missions of universities[J]. International Journal of Industrial Organization,2003(21): 1323-1356.
③ IASP International Board[OL]. 2002-02-06. [2006-12-01] http://www.iasp.ws/information/definitions.php?ce=.

在科技园区的类型划分方面,存在许多种不同的分类方式。Castells & Hall(1994)[①]将"technopole"一词从法语中引入英语,用来指称各种类型的高新技术产业集聚区,并将其分为四类:① 科技产业综合体(Techno-industrial complex),以硅谷、波士顿 128 公路地区为代表,它们以创新氛围(innovation milieux)为基础而产生,将研发与制造联系在一起,是新产业空间的真正指令中心(command center)。② 科学城(Science city),以苏联西伯利亚 Akademgorodok、日本筑波以及韩国 Taedok 等为代表,它们是严格意义上科学研究群体,与生产没有直接的联系,通常在僻静的科学氛围中凭借"协同效应"(synergy)达到科学研究的高水平。③ 技术园区(Technology park),以中国台湾新竹、法国索菲亚·安蒂波利斯以及英国剑桥等为代表,其目的在于促进工业发展,通过赋予特定区域以优惠政策而吸引高技术生产企业来发展产业和提供工作岗位。这样的项目一般不包括创新功能,而主要是定位于经济发展,是通过与政府或大学相关的项目计划而形成的高技术开发区域。④ 科技园区网络计划(Technopolis program),是区域发展和产业扩散的手段,全世界仅有日本的科技园区计划可归入其列。

Luger 等(2001)[②]依据科技园区所在地区的发展水平、园区的目标以及所有权类型等将科技园区分为 6 类:① 研究园区(Research parks),以研发活动为主,代表案例为 Research Triangle Park、Stanford Research Park。② 科技/技术园区(Science/technology parks),集中于科学技术在具有商业潜力的新产品开发中的运用。③ 高科技工业园区(High-tech industrial parks),园区企业从事相对较高附加值的生产,亚洲的许多科技园区属于这种类型。④ 仓储/物流园区(Warehouse/Distribution parks),通常与高科技要素结合在一起,比如现代物流等。⑤ 商务/总部园区(Office/Headquarters parks),集中于销售管理等功能。⑥ 生态工业园区(Eco-industrial parks),通过园区内企业之间的投入-产出联系使园区污染及废物排放最小化,通常已不是一个园区的概念,而是一个区域的概念。

Nahm(2001)[③]在对研究者们的各种分类方式进行总结的基础上,联系新产

---

① Castells M. and Hall P., Technopoles of the World: the Making of Twenty-first-century Industrial Complexes[M]. London: Routledge,1994.
② Nahm K. B., The evolution of science parks and metropolitan development[J]. International Journal of Urban Sciences,2001,4(1): 81 – 95.
③ 同上。

业区理论,从企业关系、组织结构等方面入手构建了科技园区演进的四阶段模型(图1-5、表1-6):① 工业集聚体→工业园区阶段。这一阶段园区内部企业存在向下控制联系。企业间文化和组织的接近性增强,形成垂直一体化的组织结构。区位上趋向于边缘地区。② 工业园区→研究园区阶段。这一阶段园区与大学之间出现联系而不仅是企业间有联系,学校技术转移、衍生是园区的主要特征,企业间是等级的关系,形成垄断组织结构。区位上趋向于大学城所在区域。③ 研究园区→技术园区阶段。这一阶段园区与大学之间不仅存在技术转移,相互协作形成的协同作用成为园区主要特征。企业之间联系多样化,功能组织开始出现分离。区位上主要位于城市边缘区或城市廊道上。④ 技术园区→科学城阶段。这一阶段不仅仅是协同作用,园区需要形成集体学习和制度化的创新氛围,达到不断成长的目的。企业之间关系综合化,组织结构趋向网络化。区位上主要位于大都市区。

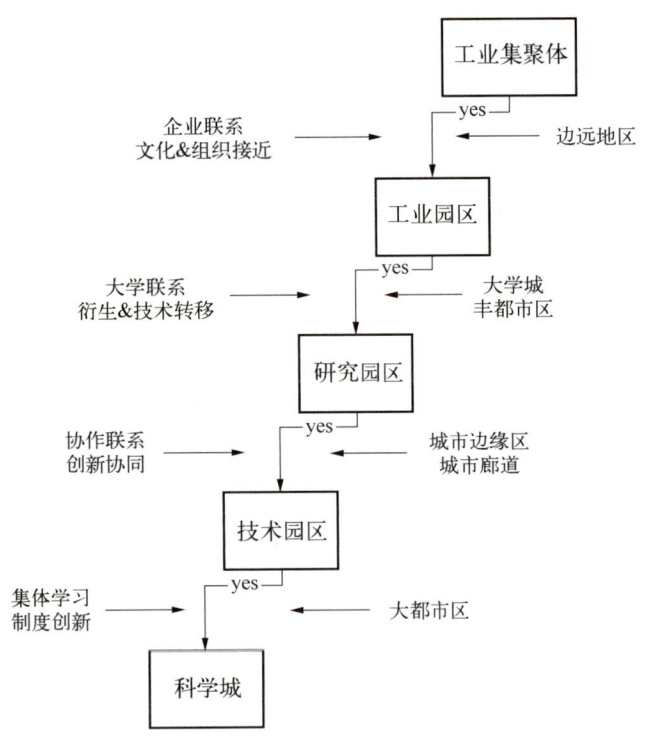

图1-5 科技园区演进过程

资料来源:Nahm K. B., The evolution of science parks and metropolitan development[J]. International Journal of Urban Sciences, 2001,4(1): 81-95.

表 1-6 科学园区演进阶段

阶段 标准	工业集聚体→ 工业园区	工业园区→ 研究园区	研究园区→ 技术园区	技术园区→ 科学城
集群特征	组织接近	技术转移	创新协同	制度化
组织结构	垂直一体化	垄断组织	功能分化	网络组织
企业联系	向下控制联系	层级联系	多样化、横向联系	综合相互联系
政府政策	区域发展	区域伙伴	集群发展	区域/国家创新系统
区位偏好	边远地区	大学城	城市廊道	大都市区

资料来源：Nahm K. B., The evolution of science parks and metropolitan development[J]. International Journal of Urban Sciences, 2001, 4(1)：81-95.

鉴于"科技园区"(Science Park)这一称谓的使用最为广泛，本书以此作为涵括前述各种称谓的统一指称，大至占地 450 km^2 的硅谷等产业综合体(industrial complexes)以及日本的科技园区网络工程(technopolis program)，小至数栋建筑物的孵化中心(Incubator Center)，均视为科技园区模式的一种表现形式。

（3）科技园区的存在逻辑

Luger 和 Goldstein(1991)①将科技园区与区域经济发展关系的相关理论分为两类：第一类强调经济增长与创新从一个中心向外扩散，主要包括增长极理论和创新扩散理论；第二类强调场所环境(amenities of location)，包括企业家理论、苗床理论以及区域创造性理论等，认为科技园区创造了环境，培育了新的公司，涌现出创新企业家，因此获得了社会和经济效益。其中，增长极理论被认为是解释科技园区发展的理论中最强的一支，科技园区可以看成是增长中心。但这些理论主要是说明了科技园区形成之后的功能和作用，而从科学园区存在逻辑的角度来看，创新理论构成了科学园区的理论基石。

早期的创新理论以熊彼特(Schumpeter, 1912)的创新概念为代表，强调企业中企业家个人英雄式的表现，并由此形成了技术创新的线性模式，认为技术创新的过程一般遵循"发明→开发→设计→中试→生产→销售"这一线性过程。在这一过程中，技术创新是由科学发现和技术发明推动的，因而研发是技术创新的主要来源。研发产生的成果在寻求应用过程中推动技术创新的完成，市场是技术创新成果的被动接受者。整个创新过程都是在企业内部发生的，这也意

---

① Luger M. I. and Goldstein H. A., Technology in the Garden: Research Parks and Regional Economic Development[M]. The University of North Carolina Press, 1991.

味着上游的研发活动将很少或没有机会与下游的顾客或客商进行交流或相互学习。

自20世纪60年代中期开始,这一范式受到了许多学者的质疑。研究者将创新研究的视野从单个企业转向企业与外部环境的联系与互动,导致了创新网络模式的兴起。阿歇姆(Asheim T.,1998)[①]对创新的线性模式和网络模式进行了总结和比较(表1-7)。

表1-7 两种创新模式的特征比较

	线性创新模式	网络创新模式
重要部门	大企业和研发部门	小企业和大企业、研发部门、客商、供应商、技术性大学、公共机构
主要投入	研发	研发、市场信息、技术竞争、非正式的实践知识
地理后果	大多数创新活动(研发)发生在中心区域	创新活动在地理空间上扩散
典型的工业部门	福特时代的制造业	柔性工业部门
区域政策导向	在非中心区域鼓励研发活动	发展区域创新系统(将企业链接到更广泛的创新系统)

资料来源:Asheim T.,Interactive,Innovation systems and SME Policy. the EGU Commission on the Organization of Industrial Space Residential Conference,Gothenburg,Sweden,1998.

网络创新模式将企业的创新拓展到了区域系统的层次,形成了以区域创新环境与创新网络以及区域创新系统为核心区域创新理论。

1)区域创新环境与创新网络。欧洲创新环境研究小组(GREMI)先后提出了"创新环境(innovative milieu)"和"创新网络"的概念。该小组最初的研究强调区域"创新环境"对企业集聚发生的作用,认为欧洲和北美一些新产业区的竞争优势,得益于区域内的创新环境。后来强调企业之间形成的"创新网络"的作用,认为在面临着日益不确定的市场和技术环境的情况下,区域内网络的连接则是企业发展与创新过程中最重要的战略行为,也是区域内各个行为主体发展的必要条件。这种区域的网络不仅仅包括同一产业或相关链条上的企业之间正式的产业和经济网络,而且还包括企业在创新与发展过程中,与当地大学、研究机

---

① Asheim T.,Interactive,Innovation systems and SME Policy. the EGU Commission on the Organization of Industrial Space Residential Conference,Gothenburg,Sweden,1998.

构、行会等中介服务组织以及地方政府等公共组织机构之间合作基础上而结成的研究和开发合作网、社会关系网、企业家间的个人关系网络等。由于区域创新网络的不断创新与发展,促进了区域内创新环境的改善,而当地社会文化环境的改善,进一步有利于区域创新网络的发育和创新功能的提高,形成"创新环境"与"创新网络"的互动(盖文启,2002)①。

卡佩罗(Capello,1999)②进一步指明了"集体学习"是区域创新网络和区域创新环境间的互动机制,其实现途径包括新企业区内衍生、当地企业间的结网和互动以及人才在当地企业间流动等过程。区域内企业的"集体学习"通常受到共同文化、心理的及政治的背景所激励,有时会因为具有某些地方共同心理而增强。具有文化根基的行动、参与和合作准则以及已被接受的个体与企业间的隐性行动准则有利于建立信任机制,从而成为提高区域集体学习能力的先决条件。

2) 区域创新系统。费里曼(Freeman,1987)③在研究日本经济政策和经济绩效时提出了"国家创新系统"(National System of Innovation)的概念,并把国家创新系统定义为:由公共和私人部门机构组织的网络,它们的活动和相互作用促成、引进、改变和扩散了各种新技术。其国家创新系统分析框架中,特别强调4个基本要素的重要作用:企业研究与开发的作用,尤其是在技术引进基础上的技术创新的作用;教育和培训的作用,尤其是对就业工人的培训和教育的作用,并主张打破白领工人和蓝领工人的界限;独特的产业结构的作用,尤其是企业集团的重要作用;政府干涉的作用,尤其是科技主管部门的作用。伦德瓦尔(Lundvall,1992)和纳尔逊(Nelson,1993)④等对国家创新系统进行了进一步的阐述,指出技术创新和传播需要大量相关部门和制度的支持,在创新和学习中除了正式的机构和制度之外,各种非正式的文化、习惯也影响着知识的积累和传承过程,这在具有较高内部认同的区域显得更明显。

随着全球化的发展,经济意义上的"国家状态"日益让位于"区域状态",区域成为真正意义上的经济利益体,关键的商业联系集中于区域范围内,区域创新系统(Regional Innovation System,RIS)受到了更多的关注与重视。库克等(Cooke

---

① 盖文启. 创新网络——区域经济发展新思维[M]. 北京:北京大学出版社,2002:30-31.
② Capello R., Spatial Transfer of Knowledge in Hi-Tech Milieux: Learning Versus Collective Learning Progresses[J]. Regional Studies,1999(33):352-365.
③ 范柏乃. 城市技术创新透视——区域技术创新研究的一个新视角[M]. 北京:机械工业出版社,2003:34.
④ 王辑慈,等. 创新的空间——企业集群与区域发展[M]. 北京:北京大学出版社,2001:109.

et al.，1996)①对区域创新系统进行了全面的理论和实证研究，认为区域创新系统的概念源于演化经济学，强调了企业经理在面临经济问题的社会互动中不断学习和改革而进行的选择，从而形成了企业的发展轨道，这种互动超越了企业自身，它涉及大学、研究所、教育部门、金融机构等。当一个区域内这些机构频繁互动时，就可以认为形成了一个区域创新系统。

区域创新系统是国家创新系统的基础和有机组成部分，与国家创新系统的总体目标是一致的。各个地区的自然、经济和科学文化基础等作用因子不同，使得国家内各个区域创新系统的形态和功能存在较大的差异。所以，必须依靠各具特色的区域创新系统积极发挥作用，才能实现国家层面上的创新系统的有效整合。而本地创新网络是各区域创新系统获得成功的前提条件，该网络建立在本地企业间以及企业与科研机构间长期合作的基础上，随着经济发展和技术进步，资金、技术、劳动力等生产要素的空间流动性增强，区域创新网络可能会超出地理界限的限制，在国家或全球范围内与其他区域创新网络连接、联合和协作。

区域创新理论在熊彼特创新理论观点基础上的主要演进在于以下几个方面：

1）创新的发生是一种相互作用的过程。企业在进行产品创新过程中的各个环节都需要投入，同时在创新过程中的各个环节都会有创新的产出，因此，所有创新的投入和产出，并非在企业内部或由单个企业独立完成。创新需要企业组织企业内外的资源投入，包括供应商和客商、工程师、企业管理者和生产工人、大学、研发机构的研发投入和产业界的研发之间的合作和协同作用。

2）创新是一种动态的学习过程，表现为"干中学"、"用中学"和"相互作用过程中学"等。创新技术、知识和思想的扩散，仅仅靠企业在市场中的交易过程是远远不够的。知识技术的转移和扩散更多地依赖于企业之间的交流与合作，依赖于区域内行为主体的集体学习过程。

3）创新作为一个增值和连续性的过程，在区域层面上被现存的社会经济结构和企业的日常行为所决定。创新不仅仅决定于创新的行为主体，而且与创新主体周围的制度、风俗习惯、法律、文化等因素之间的关系与互动有关。一定范围内聚集的供应商、制造商、客商以及当地的劳动力市场、社会文化等，促使企业面对面的交流以及在信任基础上实现的非契约形式的合作，不但可有效降低学

---

① 范柏乃.城市技术创新透视——区域技术创新研究的一个新视角[M].北京：机械工业出版社，2003：40.

习的社会成本,同时加速难以复制的隐含经验类知识的扩散和转移。

高技术产业[①]具有高成长性、高收益性、高渗透性和高扩散性的特征,带动着国家经济的整体发展。与传统产业相比较,高新技术产业对于创新的要求更高。而科技园区将高新技术企业、大学和研究机构、中介服务机构和风险资本等创新要素集聚在一起,为高技术产业的发展提供了良好的环境,其本身就可以被视为一个特殊的区域创新系统。这也正是各国不遗余力发展科技园区的主要动因。

（4）科技园区的绩效

> 预期效用

科技园区的建设的基本目标通常被认为有两个方面：第一,科技园区作为苗床(seed bed)或者说技术集聚区(an enclave for technology),以发挥孵化器作用,增加高新技术企业的价值表现,包括：培育新的小型高科技企业,促进大学对园区企业的知识传递,鼓励衍生企业的发展以及激发产品创新,等等(Felsenstein,1994;Storey & Tether,1998)[②]。首先,科技园区能够提供一个具有催化作用的孵化环境,将大学的基础科学转化为具有商业价值的创新活动。大学和高等教育机构是新的科学知识的重要来源,企业与它们之间建立起正式或非正式的联系将会促进它们对这种知识的获取。科技园区中企业与大学的地理临近性有助于二者之间的频繁联系,因而科技园区通常被视为能够为区内企业在发展与大学的网络联系上提供地理上及组织上的优势。实证研究也表明,科技园区与大学的地理临近性与大学学术课程从基础研究转向应用研究的可能性之间存在直接的相关关系(Link & Scott,2003)[③]。此外,大学还能够从数量上和质量上满足企业对于科学家、工程师和技师的需要,甚至大学本身有可能承担起企业的角色,把自己的研究成果直接转化到工业企业和商业投资中去。其次,科技园区中包含为新生企业提供的孵化空间(创业中心),这些孵化器设施与成熟公司或新建分厂的永久性设施不同,它们一般提供3—5年固定期限的孵化

---

① 高技术产业是指那些知识、技术密集度高,发展速度快,具有高附加值和高效益,并具有一定市场规模和对相关产业产生较大波及效果等特征的产业。在具体实践中,一般将微电子、光电子、电气设备、航空航天、武器制造、精细化工、新材料、生物工程等产业界定为高技术产业。

② Felsenstein D., University-related Science Parks:"Seedbeds" or enclaves of innovation? [J]. Technovation,1994,14(2):93-110;Storey D. J., Tether B. S., Public policy measures to support new technology-based firms in the European Union[J]. Research Policy,1998(26):1037-1057.

③ Link A. N. and Scott J. T., U.S. science parks:the diffusion of an innovation and its effects on the academic missions of universities[J]. International Journal of Industrial Organization,2003(21):1323-1356.

场所,租金较低,从而大大减少了新公司的破产率,促进了高技术企业的衍生。

第二,科技园区作为地方和中央政府为吸引高科技促进产业结构转型和创造就业机会而采取的手段,促进地区经济发展和复兴(Felsenstein,1994;Castells & Hall,1994)[1]。首先,高新技术企业被认为是创造就业岗位、提高劳动生产率的源泉;其次,园区被视为增长中心,也就是"增长极",通过前向与后向联系推动发展的本地化和聚集经济。也有研究者不同意科技园区作为地区经济发展增长极的观点,认为研发活动通常是高度劳动力密集型(labor-intensive)的,因此通过后向联系对其他活动的诱导十分有限(Massey, et al, 1992)[2]。

> 实际绩效

尽管存在着硅谷等成功的案例,但对于大多数国家和地区而言,科技园区的实际绩效却并不像决策者们预期的那样。研究者们通常通过将园区内的技术型企业与园区外的同类企业的绩效进行比较的方法来确定科技园区的影响及有效性。运用这种方法,Monck et al. (1988)[3]的研究结果显示,在考虑企业规模的情况下,区外企业比区内企业具有更高的就业水平;Westhead(1997)[4]在1988和1992/1993年进行了两次调查,比较英国科学园区内外企业的表现,结果显示,这两类企业在研发密集度、研发投入和开发新产品与专利研究能力方面没有统计上的明显区别;Löfsten & Lindelöf (2002)[5]对1996—1998年间瑞典的科技园区区内外273个企业进行比较分析,结果表明,园区内高新技术企业在就业创造方面要高于高新技术企业的平均水平,区内企业与区外企业相比,与本土大学联系度明显要高,但区内企业并未能有效地将这种资源投入转化为研发产出;Appold(2004)[6]在考察美国的科学园区后,认为科学园区内企业与高校之间互动程度较低,导致了知识外溢有限——而这是形成研发集聚的重要前提,因而从

---

[1] Felsenstein D., University-related Science Parks:"Seedbeds" or enclaves of innovation?[J]. Technovation,1994,14(2):93 – 110;Castells M. and Hall P., Technopoles of the World: the Making of Twenty-first-century Industrial Complexes[M]. London: Routledge,1994.

[2] Massey D., et al., High Tech Fantasies: Science Parks in Society, Science, and Space[M]. London: Routledge,1992.

[3] Monck C. S. P., et al., Science Parks and the Growth of High Technology Firms[M]. Croom Helm, London,1988.

[4] Westhead P., R&D Inputs and Outputs of Technology Based Firms Located in and off Science Parks[J]. R&D Management, 1997,27(1): 45 – 62.

[5] Löfsten H. and Lindelöf P., Science Parks and the Growth of New Technology-Based Firms—Academic-Industry Links, Innovation and Markets[J]. Research Policy,2002(31):859 – 876.

[6] Appold S., Research Parks and the Location of Industrial Research Laboratories: an Analysis of the Effectiveness of a Policy Intervention[J]. Research Policy, 2004(33):225 – 243.

地区利益的角度看,科学园区没有为研发集聚的形成作出贡献;Fukugawa(2006)[①]对日本的科技园区区内外企业的研究显示,区内高新技术企业比区外企业具有更高的与研究机构开展联合研究的倾向,但是,在鼓励企业与高校联系的本地化方面,科学园区并未提供更多的激励。显然,大量的经验研究并未显示出科技园区作为创新苗床的作用,它更多的是一种"创新飞地"(enclaves of innovation)(Felsenstein,1994)[②]。

> 影响因素

那么,哪些因素影响着科学园区的绩效水平?研究者们对此进行了持续的探索,归纳起来,大致可以分为以下几个方面:

1)区位。研究者们一方面从总结成功区域经验的基础上得出科技园区的特殊区位要求,另一方面从企业选址的角度得出一些要素作为科技园区区位选址的参考(Castells & Hall,1994;Stemberg,1996;张庭伟,1997;李钟文等,2000)[③]。总体来说,理想的科技园区区位一般包括以下几个要素:第一,充足的科技与智力资源。与传统产业依靠大量自然资源不同,高技术产业主要依靠智力资源。而大学和科研院所是科技与智力资源最密集的地方,因此,靠近大学和科研院所通常是科技园区区位选择的首要因素。第二,开发性技术条件。智力资源的密集为高技术的发展提供了可能性,但高技术产业能否在某一特定区域健康地发展还有赖于与其发展相关联的产业、服务等因素,包括高质量劳动力的充足供应、接近地区配套厂商等等。第三,风险资本的可获得性。资金是任何产业发展的保障,但高技术产业对资金有特定的需求。一是高新区内创业频繁,在创业阶段,有限的资金可起到很大的作用;二是高新区内小企业多。小企业没有良好的业绩纪录,银行对它的信用的评估很困难,创业阶段的项目大多风险高,银行不敢投资。因此,必须找到一种为企业创业融资的有效方法。风险投资则成为解决了这一资金瓶颈问题的重要手段。第四,具备良好的基础设施。高技术产业除了一般产业发展要求的基础设施条件外,特别强调基础设施的质量。

---

① Fukugawa N., Science Parks in Japan and Their Value-Added Contributions to New Technology-Based Firms[J]. International Journal of Industrial Organization,2006(24):381-400.

② Felsenstein D., University-related Science Parks:"Seedbeds" or enclaves of innovation?[J]. Technovation,1994,14(2):93-110.

③ Castells M. and Hall P., Technopoles of the World: the Making of Twenty-first-century Industrial Complexes[M]. London: Routledge,1994;Sternberg, R. Regional growth theories and high-tech regions. International journal of Urban& Regional Research,1996,20(6):518-538;张庭伟.高科技工业开发区的选址及发展——美国经验介绍.城市规划[J].1997(1):47-49;(美)李钟文,等(主编)硅谷优势——创新与创业精神的栖息地[M].北京:人民出版社,2002.

比如,交通运输方面,高技术产业不像传统产业那样消耗大量的原材料,产品也往往体积不大,对于运输的要求主要是快速和方便,因此,一般以航空或高速公路为理想的交通方式;大容量、网络化的通信设施也是必不可少的。第五,吸引人才的良好创业及生活环境。高技术产业的就业岗位对于人员的素质要求较高,工作的人员中科学家、设计师、熟练技术工人占据了相当大的比例,他们一方面追求激励创新的工作氛围,另一方面追求整体的生活质量,包括宜人的气候、优美的绿化、低犯罪率、良好的住房条件,充足的社区设施,通畅的道路交通条件等等。上述这些方面一般都是在一个大城市或区域内比较集中,所以,科技园区一般选址于工业发达、文化发达、大学及研究机构集中、自然环境良好的大城市郊区。

2) 明确的园区发展战略。由于科技园区内存在多个利益主体,而且他们的目标各不相同——比如大学希望科学园区能够帮助他们实现研究成果的商业化,以保障进一步研究的资金支持;企业和小型高科技企业希望获取集群效应;大的跨国公司希望与大学内已建立合作关系的合作者临近——因而容易导致不连续的政策系统(Monck et al. ,1988;Löfsten & Lindelöf,2002)[1]。一些园区企业与高校之间的互动低于预期很大程度上是因为园区管理者为了保证园区的租金收入而降低了他们对于入区企业的门槛要求,而企业进驻科学园区仅仅是因为看重园区享有较高的声望(Felsenstein,1994;Westhead & Storey,1994)[2]。因此,园区需要有一个非常明确的发展战略。

3) 文化、制度与社会资本。良好的区位选址是科学园区成功的必要条件,但绝不是充分条件,至关重要的是园区内在发展动力的形成,而这与一个地区的文化、制度及社会资本等深层次因素相关。Castells 和 Hall(1994)[3]认为,技术创新并不是把高技术产业所必需的要素简单地相加,至关重要的"协同效应"的产生需要依靠社会组织的特殊形式和机制的支持。萨克森宁(Saxenian,1994)[4]

---

[1] Monck C. S. P. , Porter R. B. , Quintas P. , et al. , Science Parks and the Growth of High Technology Firms[M]. Croom Helm, London,1988;Löfsten H. and Lindelöf P. , Science Parks and the Growth of New Technology-Based Firms — Academic-Industry Links, Innovation and Markets[J]. Research Policy,2002(31): 859 – 876.

[2] Felsenstein D. , University-related Science Parks: "Seedbeds" or enclaves of innovation? [J]. Technovation,1994,14(2): 93 – 110;Westhead P. and Storey D. J. , An Assessment of Firms Located on and of Science Parks in the United Kingdom[M]. London: HMSO, 1994.

[3] Castells M. and Hall P. , Technopoles of the World: the Making of Twenty-first-century Industrial Complexes[M]. London: Routledge,1994.

[4] 安纳利·萨克森宁. 地区优势:硅谷和128公路的文化与竞争(1994年版)[M].曹蓬,杨宇光,译.上海:上海远东出版社,1999.

通过对硅谷和美国东部128公路产业带区域优势的比较研究,认为硅谷的移民文化、企业家精神、企业间组织关系等所形成的创新网络是硅谷成功的关键,也是其他地区无法复制的;她对于新竹的研究也显示,非正式社会与技术网络促进了硅谷与新竹两地之间技术、资金、技能与信息的双向流动,支持两地的创业精神,同时也带动两地较正式的商业关系(萨克森宁,1999)①。此外,本地化学习的重要作用也被给予了较多的关注,虽然由于地方化知识外溢的存在,地理临近(physical proximity)有助于创新(Audretsch & Feldman, 1996; Baptista, 2000)②,但不能错误地认为仅仅是地理邻近本身就能够产生广泛的信息、技术与新思想的空间扩散,事实上,是社会与关系邻近(social and relational proximity)使得知识扩散更加容易,并促进了企业之间的集体学习从而影响了创新(Vedovello, 1997; Maskell & Malmberg, 1999; Antoneli, 2000; Capello & Faggian, 2005)③。因此,尽管科学园区因其良好的区位被认为在促进大学-企业间合作上具有优势,但还需要更多的组织上的努力以使其更有效地连接起来(Nobuya Fukugawa, 2006)④。

2.2 中国高新区的设立

(1) 历批高新区

中国的高新区是在为迎接世界新技术革命挑战,各国不断加强高技术产业发展,国内不断深化改革的背景下创建发展起来的。

1984年6月,原国家科委向党中央、国务院提出了关于迎接新技术革命的对策报告,其中明确地提到了要研究、制定新技术园区和企业孵化器的优惠政

---

① 安娜李·萨克森尼安. 硅谷和新竹的联系:技术团体和产业升级[J]. 经济社会体制比较,1999(3):49-60.

② Audretsch D. and Feldman MP., R&D Spillovers and the Geography of Innovation and Production[J]. American Economic Review, 1996(86): 630-640; Baptista R., Do Innovations Diffuse Faster within Geographical Clusters? [J]. International Journal of Industrial Organization, 2000(18): 515-535.

③ Vedovello C., Science Parks and University Industry Interaction: Geographical Proximity between the Agents as a Driving Force[J]. Technovation, 1997, 17(9): 491-502; Maskell P., Malmberg A., Localised Learning and Industrial Competitiveness[J]. Cambridge Journal of Economics, 1999, 23(2): 167-186; Antoneli C. Collective Knowledge Communications and Innovation: the Evidence of Technological Districts[J]. Regional Studies, 2000, 34(6): 535-547; Capello R. and Faggian A., Collective Learning and Relational Capital in Local Innovation Processes[J]. Regional Studies, 2005, 39(1): 75-87.

④ Fukugawa N., Science Parks in Japan and Their Value-Added Contributions to New Technology-Based Firms[J]. International Journal of Industrial Organization, 2006(24): 381-400.

策,要大胆实践,跟上新技术革命的步伐。1985年3月,在《中共中央关于科学技术体制改革的决定》中指出:"为加快新兴产业的发展,要在全国选择若干智力密集区,采取特殊政策,逐步形成具有不同特色的新兴产业开发区。"同年4月,国家科委向国务院提交了试办高新区的报告,并组织了软课题研究。1985年7月,中国科学院与深圳市人民政府联合创办了深圳科技工业园。1988年3月,《国务院关于深化科学技术体制改革若干问题的决定》中进一步明确指出:"智力密集的大城市,可以积极创造条件,试办新技术产业开发区,并制定相应的扶植政策。"与此同时,国家科委会同有关部门调查了北京"中关村电子一条街"两年多的情况,向国务院提交了调查报告。5月,在"中关村电子一条街"的基础上,国务院批准建立了中国第一个国家级的高新区——北京新技术产业开发试验区(根据1999年6月5日国务院《关于建设中关村科技园区有关问题的批复》,北京新技术产业开发试验区正式改称"中关村科技园区"),并给予18条优惠政策。同年8月,以推动高新技术成果商品化、产业化和国际化为基本宗旨的"火炬计划"开始实施,创办高新区、高新技术创业服务中心(企业孵化器)成为国家火炬计划的一个重要组成部分。在火炬计划推动下,各省、自治区、直辖市、计划单列市人民政府纷纷结合当地条件和特点,积极创办高新区。

1991年3月,继北京市新技术产业开发试验区之后,国务院在全国37个地方兴办的高新区的基础上,批准建立了第一批26个国家级高新区,并发布了第一个全国性的关于高新区的政策文件。1992年11月,在邓小平"南方谈话"精神的推动下,又一次性批建了25个国家级高新区,从而使高新区的分布覆盖了中国大陆除西藏、青海、宁夏以外的所有省份。1997年6月,为推动农业高新技术产业的发展,解决干旱、半干旱地区的农业发展问题,国务院批准在北方农业科技、教育实力最为密集的陕西杨凌建立了国家农业高新技术产业开发示范区。至此,中国国家级高新区达到了53个。

表1-8 国家高新区名单

批准时间	名　　　单	数量
1988	北京中关村	1个
1991	武汉东湖、南京浦口、沈阳南湖、天津、西安、成都、威海、中山、长春南湖枣南岭、哈尔滨、长沙、福州、广州天河、合肥、重庆、杭州、桂林、郑州、兰州宁卧庄、石家庄、济南、上海漕河泾、大连、深圳、厦门、海口	26个

续　表

批准时间	名　　单	数　量
1992	苏州、无锡（含宜兴环保工业园）、常州、佛山、惠州、珠海、青岛、潍坊、淄博、昆明、贵阳、南昌、太原、南宁、乌鲁木齐、包头、襄樊、株洲、洛阳、大庆、宝鸡、吉林、绵阳、保定、鞍山	25个
1997	杨凌	1个

(2) 高新区的主要特征

➢ 功能

根据国家科委"国家高新区管理暂行办法"（国科发明字061号），高新区的主要任务是促进高新技术与其他生产要素的优化组合，创办高新技术企业，运用高新技术改造传统产业，加速引进技术的消化、吸收和创新，推进高新技术成果的商品化、产业化、国际化。高新区应当成为高新技术产业化的基地，高新技术向传统产业扩散的辐射源，深化改革、对外开放的试验区，科技与经济密切结合的示范区，培育科技实业家、孵化高新技术企业的功能区，体现社会主义物质文明和精神文明的新型社区。

➢ 区位选择

部分高新区的区位选择遵循了国际上科技园区选址的基本原则，设在大专院校、研究机构等智力密集，并拥有良好产业发展背景的大中城市，比如北京中关村、武汉东湖高新区、西安高新区等等。但也有相当部分高新区所在城市的科研技术力量并不发达，其设置主要基于以下几种考虑：① 出于对外开放的考虑，如深圳、珠海、惠州、中山、佛山、威海、淄博、潍坊、无锡、常州等东部沿海开放城市的高新区。② 出于全国平衡的考虑，如乌鲁木齐、贵阳等地的高新区。③ 依托一两个大企业而发展，如绵阳高新区。

微观区位上，考虑到在初创时期面临资金短缺的问题，高新区一般都依托城市布局，尽量地利用现有建成区的基础设施，在原有的水、电、路等设施基础上，很快形成较好的投资环境。

➢ 结构设置

高新区在功能结构的设置上有5个重要组成部分[①]：政策实施区、集中新建区、科技企业孵化器、科技创业园和科技商贸区（科技街）。

---

① 科学技术部火炬高技术产业开发中心. 国家高新区十年发展数据报告[R]. 2000：5.

1) 政策实施区。一般设在大学、科研院所和企业密集的建成区,目的在于使其能够享受国家优惠政策,有利于科研成果的转化、科技人员创业和传统产业的改造。政策区内一般没有大规模的基本建设。

2) 集中新建区。一般设在城市边缘,根据城市发展规划,依托城市基础设施建设发展,目的在于为新办和引进的高新技术企业和相关服务机构、公益设施提供足够的发展空间,建立产业发展环境和形象,提供优良的社区管理和服务。新建区的批准面积一般远远小于政策区。

3) 科技企业孵化器。是高新区独特的科技产业化孵化机构,目的在于孵化有市场前景的科技企业,培育科技型中小企业,培养科技实业家队伍,为高新区提供有市场竞争力的、具有自主知识产权的高新技术企业,是高新区最具活力的技术创新基地,并将以此为基础形成我国高新技术产业发展的科技创新孵育体系,成为在市场经济条件下,政府推动科技创新的有效手段。企业孵化器一般由高新区或当地科技部门批准设立,可以设在政策区,也可以设在新建区。科技企业孵化器一般包括综合孵化器(高新技术创业服务中心)、专业孵化器(如软件园、IT创业园)、大学科技园、留学人员创业园、国企创业孵化器等。

4) 科技创业园。是各类科技企业孵化机构相对集中的区域,旨在营造良好的创业环境和条件,为科技创业者提供良好的创业孵化服务、发展空间,形成浓厚创业文化和氛围。

5) 科技商贸区。往往呈科技一条街,是我国由计划经济向市场经济转移过程中在科技产业化方面的一种特殊现象,成为高新区在推进科技产业化进程中的市场载体,形成初步的市场化条件,是高新区人才、信息、技术、产品贸易的集散地。科技商贸区也是科技人员"下海"创业的"码头",是成千上万的科技小企业的摇篮和科技企业家学习、锻炼成长的基地,因此,也具备一定的孵育功能。

> 政策优惠

财政政策

根据规定,高新区享受一定的财政优惠。对于1991年设立的26个高新区,在不影响上缴中央财政部分,经当地人民政府批准,高新区中高新技术企业所缴各项税款,以1990年为基数,新增部分五年内全部返还高新区,用于开发区的建设[①]。

---

① 国家科委"国家高新区若干政策的暂行规定",1991。

税收政策

高新区主要的税收优惠政策包括：① 所得税低税率[①]：开发区企业从被认定为高新技术企业之日起，减按15%的税率征收所得税；出口产品的产值达到当年总产值70%以上的，经税务机关核定，减按10%的税率征收所得税。② 所得税减免[②]：新办的开发区企业，经企业申请，税务机关批准，从投产年度起，两年内免征所得税；对新办的中外合资经营的开发区企业，合营期在十年以上的，经企业申请税务机关批准，可从开始获利年度起，头两年免征所得税；对内资办的开发区企业，其进行技术转让以及在技术转让过程中发生的与技术转让有关的技术咨询、技术服务、技术培训的所得，年净收入在30万元以下的，可暂免征收所得税；超过30万元的部分，按适用税率征收所得税；属于"火炬"计划开发范围的高新技术产品，凡符合新产品减免税条件并按规定减免产品税、增值税的税款，可专项用于技术开发，不计征所得税。③ 关税减免[③]：经海关批准，高新技术企业可以在高新区内设立保税仓库、保税工厂，海关按照进料加工的有关规定，以实际加工出口数量，免征进口关税和进口环节产品税、增值税；高新技术企业生产的出口产品，除国家限制出口或者另有规定的产品以外，都免征出口关税；高新技术企业用于高新技术开发而国内不能生产的仪器和设备经海关审核后免征进口关税。

> 管理体制

高新区实行"二级审批、二级管理"的制度。国家级高新区的设立由当地省级政府向国务院提出申请，国务院委托国家科技管理部门进行审核后报国务院批准设立。国务院授权原国家科委负责审定各国家高新区的区域范围、面积，并进行归口管理和具体指导。国家高新区在当地政府的领导下进行开发建设。国务院授权当地省级科技管理部门对高新技术企业进行资格认定，以享受国家高新区的优惠政策。

国家高新区实行竞争机制下的动态管理。原国家科委制定了《国家高新区考核标准及办法》，对开发区进行定期考核。经考核，对各项工作成绩优秀的开发区，将给予表彰。对管理不善、发展缓慢的开发区，将责令其限期整顿；经整顿无效的，将报请国务院取消其国家高新区的资格。

高新区管理委员会作为高新区日常管理机构，对高新区实行统一管理，可以

---

① 国家税务局《国家高新区税收政策的规定》，1991。
② 同上。
③ 国家科委《国家高新区若干政策的暂行规定》，1991。

行使省、自治区、直辖市、计划单列市人民政府所授予的规划、土地、工商、税务、财政、劳动人事、项目审批、外事审批等经济管理权限和行政管理权限。

2.3 高新区的特定性

(1) 发展阶段与途径选择

高新技术本身是一个动态的概念,随着时间的推移,过去的高新技术,现在和未来都可能成为落后、过时的技术;而对于发达国家而言已经成熟的技术在发展中国家则可能还处于高新技术的阶段。因此,对于发展相对滞后的国家而言,积极消化、吸收国外的先进技术不啻一条有效的以较低的成本实现经济增长与产业结构调整的途径。也正因为如此,世界范围科技园区的发展有硅谷这种既注重研究开发,又注重产业发展,更重视研究开发与产业界的合作的类型,它已经成了一个研发的全球性中心,产生了大量的世界顶级公司;有剑桥科学园这种主要是作为技术型创业公司(startups)的磁极而存在,侧重于科学研究,与产业界联系不甚紧密的类型;也有新竹科学工业园这种成功地嵌入硅谷的延伸网络之中的类型,尽管它也在专注于某些方面的研究开发,但相比较而言重心在高技术制造业。对于中国的高新区而言,新竹科学工业园的成长历程相对更具有借鉴的意义。在发展的早期,依靠外资企业的技术溢出实现技术引进、消化进而创新,可以较快地实现科技园区的启动与发展。

当然,技术引进并非在所有的领域都可行,对于那些受封锁或禁运的尖端技术,在特定的时期内难以通过引进而获得,唯一的选择就只能是自主创新。因此,对于高新区而言,技术引进和自主创新应该成为两条并行不悖的路径:在有条件的领域,应尽可能地引进技术,在引进的基础上创新;同时,通过大力的自主创新提高技术引进的效果,以及在无法进行技术引进的领域进行突破。

(2) 预期目标与实施手段

中国高新区的创立是政府主导作用的结果。在区位选择、战略目标等方面吸收了国外科技园区建设的一般经验,同时,又具有鲜明的中国特色。主要表现在:

1) 与国际上的科技园区相比,中国的高新区除了致力于加强大学、科研机构与工业的联系,促进技术创新与创新扩散等一般共性之外,还承载着更加多重的发展目标。这决定了高新区在一定时段内不仅仅是科技创新园区,而是科技创新园区、产业园区甚至城市新城区的结合。

2) 税收政策优惠是中国高新区的一个重要特点,如此优惠的政策在发达国家的科技园区是不多见的。相反,在某些国家,除了没有减免税外,科技园区的的土地价格甚至要比其他地方的价高。但仍然有许多企业愿意在集聚在科技园区,因为可获得其他地方所没有的科技资源。我国用优惠政策来推动高新区的发展的一个实情是为了解决国家和地区所缺乏的一些科技资源要素,打破原有管理上的边界,为高新技术企业创造一个全新的生长空间。因此,用一些政策来吸引高技术要素是有其合理性的。

2.4 与经济技术开发区的比较

(1) 基于政策设计的比较

在实际的政策方案设计中,经济技术开发区与高新区共性和差异性并存。

➢ 共性

高新区建设之时,经济技术开发区已经取得了一定的经验和成绩,因此,高新区的很多政策设计参考了经济技术开发区。其主要的共同特征在于其"特殊性",包括地域的特殊性、政策的特殊性和体制的特殊性。

地域的特殊性是指开发区在地域选择上有所讲究,并非任何地方都可以建设开发区,而是需要具备一定的条件。总体来看,经济技术开发区和高新区都设在省会城市、中心城市或交通枢纽地带,所在地区经济较发达,工业基础雄厚,教育科研水平高。

政策的特殊性是指开发区在"白手起家"的情况下,为了吸引外部的生产要素必须形成政策的"洼地",提供比普通行政区优惠的政策来吸引区外或国外的投资者,这些优惠政策包括税收、外商投资、土地供给、项目审批、企业创办、人员出入境、产品进出口等方面。

体制的特殊性是指开发区的体制与开发区以外的其他地区的体制不同,其特点是精干、高效的服务型管理体制而非行政命令型管理体制。开发区政府的主要工作是提供园区公共产品,如基础设施服务和软环境建设。企业是园区经济活动的主体,实现园区设立的目标。政府不干预企业的日常生产经营活动,主要依靠经济手段,充分运用和发挥市场、法规、投资、税收、海关、土地等各种杠杆的调节作用来推动开发区的发展。

➢ 差异性[①]

虽然高新区的很多特点源自经济技术开发区,但两者之间又存在一定的差

---

① 关于高新区与经济技术开发区的差异性分析参考了陈益升,湛学勇,陈宏愚. 中国两类开发区:比较研究[J]. 中国科技产业,2002(7):18-22,(8):54-56,(9):50-54.

异。主要表现在：

1) 目标设定上。两类开发区的目标均在于发展经济和推动科技进步，但各有侧重。经济技术开发区作为对外开放整体战略的重要组成部分，其目的是要在一定的区域内集中力量建设完善的基础设施，创造对外资有较强吸引力的"小环境"，较快地形成外商投资企业群体，引进先进的技术和经营管理方式，推动科技进步，扩大出口创汇，带动所在地区的经济增长，因此国家明确其指导方针为"三为主、一致力"，即"以工业项目为主，吸收外资为主，出口为主，致力于发展高新技术企业"；高新区作为国家"火炬计划"的一个组成部分，其目标在于通过形成局部的优势环境来培育创新型企业，发展民族高新技术产业，并带动传统产业改造，以实现高新技术成果商品化、产业化和国际化，推动科技与经济的一体化发展。

2) 区位选择上。为了吸引外资，降低投资者的成本，经济技术开发区主要选址在产业空间广阔、交通条件较好、适合大规模产业发展的地区，而且，考虑到经济体制的影响，通常选择在离开母城区、区域相对比较独立、便于封闭式管理的地方；高新区是培育和发展高新技术产业的基地，智力密集是首要的考虑因素，因此，一般位于城市建成区内部，有大学和研究所的依托。

3) 政策支持上。两类开发区都是通过与周边地区的政策落差，形成产业发展所需要的良好软件和硬件环境，从而为自身构筑起成长的巨大空间。但政策对象存在差异。据成文的规定，经济技术开发区的政策优惠主要是针对中外合资经营、中外合作经营、外商独资经营的生产性和出口加工型企业；高新区的优惠政策旨在大力扶植高新技术企业。此外，高新区的政策强度要远低于经济技术开发区，与经济技术开发区"以地界为线"的税收优惠政策不同，高新区税收优惠政策的实施是一个"有限区域、既定群体、吐故纳新"的动态过程。进入高新区的企业只有经当地省级科技部门按照国务院颁发的高新技术企业认定标准认定后，才可以享受国家的优惠政策。无论是内资或合资的经认定后的高新技术企业，当地省级科技部门每年都要进行复查，复查不合格的将被取消高新技术企业资格，不能再享受国家优惠政策。

4) 宏观管理上。设立这两类国家级开发区的审批权都在国务院，但归口管理的部门不同。经济技术开发区的设立由所在地的省级政府报国务院审批，国务院授权商务部（原对外经济贸易合作部）进行宏观管理、区域调整和业务指导；高新区的设立也由所在地省级政府报国务院审批，国务院授权国家科技部对其进行宏观管理、区域调整和业务指导，并实行"封闭式管理、开放式运行"，以及"总量控制、定期考核、优上劣下、分类指导"的动态管理模式。

表1-9 经济技术开发区与高新区的预设目标与特征比较

	共性	差异	
		经济技术开发区	高新区
目标设定	发展经济、推动科技进步	外来技术本土化	本土技术产业化
功能设置	工业产业为主	发展外向型经济与高新技术产业	高新技术产业集聚、孵化和辐射
企业构成	技术强度相对较高企业	中外合资经营、中外合作经营、外商独资经营的生产性和出口加工型企业	高新技术企业
区位选择	依托中心城市	母城之外交通条件较好相对独立区域	城市建成区内智力密集区域，环境质量较好
政策支持	特殊的优惠政策	主要针对外商投资企业，政策强度较大	主要针对高新技术企业，强度较小
宏观管理	国务院审批	国务院授权商务部管理	国务院授权科技部管理

(2) 各自的理论基点

从经济增长的角度看，传统的经济增长理论以土地、劳动和资本作为主要生产要素，认为经济服从于成本递增、报酬递减规律。典型的代表为"哈罗德-多马（Harrod-Domar）"经济增长模型，将经济增长的根本动力归结于资本的积累，资本积累越多，经济增长越快。直到20世纪80年代初，经济学家们在解释"经济增长之谜"时，才认识到长期而持续的经济增长的关键是报酬递增[①]，从而导致了"报酬递增-不完全竞争"的范式转换，并形成新经济增长理论。其核心观点为：经济增长是经济系统内生因素作用的结果，而不是外部力量推动的结果；内生的技术进步是推动经济增长的决定性因素；知识外溢和技术创新是经济长期增长的发动机和收益递增的源泉。

出口加工区强调吸引外资投入，增加资本积累，而吸引外资的主要手段是应用廉价的土地、劳动力以及税收优惠，也就是说，其本身预设了土地、劳动和资本作为经济增长的主导要素，是基于传统的以及新古典的经济增长理论的；而科技园区强调技术创新、人力资本等的重要作用，其理论基点在于新经济增长理论。

---

① 假如生产函数 $F(aK,aL)=aY$ 对于任何常数 a 都成立，则该生产函数具有规模报酬不变的性质；如果 $F(aK,aL)>aY$，则该生产函数满足规模报酬递增；如果 $F(aK,aL)<aY$，则规模报酬递减。Charles I. Jones. 经济增长导论[M]. 舒元，等译. 北京：北京大学出版社，2002：43.

由于长期经济增长依靠的是规模报酬递增,这决定了出口加工区只能作为在经济发展相对落后阶段的一种选择,而不可能成为长期经济增长的源泉。当经济发展已经积累了一定的基础后,以投资为主导的经济增长战略就不再是一个均衡战略,需要向以技术进步为基础的增长战略的转变。就这个意义而言,出口加工区和科技园区分别对应着两种不同的经济发展阶段。

就中国的经济技术开发区和高新区而言,由于国内经济的总体发展水平较低,高新区的发展不可能完全采取自主创新的途径,这决定了两者在发展途径的选择上存在一定的联系和共性,基于自身的特点在不同的发展阶段应有所侧重和不同:

1) 经济技术开发区在发展的早期阶段,吸引外资企业的主要目的可较侧重于资本积累以迅速实现经济增长;但当已经具备一定的经济实力之后,实现资本积累的目标应逐渐淡化,转向实现外资企业的技术外溢。

2) 高新区吸引外资企业的根本目标不在于资本积累,引入的外资企业应当成为开发区的技术源,这是高新区与经济技术开发区吸引外资的重要区别。此外,吸引外资科技型企业应该与培育本土科技型企业并行不悖,前者主要是为后者服务,不能喧宾夺主;当发展到一定的阶段之后,应逐步减少外资企业比例,强化开发区的自主创新能力。

3 开发区与产业集群理论

出口加工区和科技园区分别经济技术开发区和高新区的实践渊源;而从理论渊源上看,开发区的发展涉及产业经济学、城市经济学、制度经济学等诸多相关理论,但作为以产业发展为核心的区域,产业集群理论无疑构成了其最重要的理论渊源之一。本节将对此详细阐述。

3.1 产业集群的主要特征

(1) 从产业集聚到集群的理论阐释

产业集群(industrial clusters)是国内外产业发展中空间集聚的普遍现象。作为一种有效的资源组织方式,产业集群已经成为区域经济增长的最重要的、最有活力的因素。世界版图由于大量的集群存在,形成了色彩斑斓、块状明显的"经济马赛克",世界的财富大都是在这些块状区域内创造的(顾强、王辑慈,2003)①。迄今为止,关于产业集群的内涵界定尚没有统一的标准,目前被引用最多的是波特对于产业集群的理解:"在既竞争又合作的特定领域内,彼此关联的公司、专业化供货商、服务供应商和相关产业的企业以及政府和其他机构的地理集聚体。"(Porter,2000)②对产业集群的研究,引起了产业组织理论、战略管理理论和技术创新理论等多个研究领域的关注,研究焦点也从关注集聚经济效应逐步转变到对社会文化、制度结构、群体创新行为等方面。

> 传统产业区的观点

韦伯的集聚经济理论

阿尔弗雷德·韦伯(Alfred Weber,1909)在《工业区位论》中探讨了促使工业在一定地区集中的原因,首次提出了集聚的概念(陈振汉、厉以宁,1982)③,他将影响工业区位的经济因素称为区位因子,并将其分为区域因子和位置因子。实际对区位起作用的区域因子主要是运输成本(运费)和劳动成本(工资);而实际对区位起作用的位置因子则包括集聚因子(Agglomerative Factors)和分散因子(Deglomerative Factors)。在集聚因子中,又可以细分为特殊集聚因子和一般集聚因子:特殊集聚因子包括便利的交通促使工业集中于交通枢纽、丰富的矿藏将许多工厂吸引到它的周围等;不过这些因子不具有理论研究的一般性,更为重要的是一般集聚因子,即多个工厂集中在一起与各自分散时相比,能给各工厂带来更多的收益和节省更多的成本。而之所以如此的原因包括:有专门的机器修理厂与制造厂可以为各个工厂提供服务;有专门的劳动力市场可以向各个工厂提供所需要的劳动力;各个工厂享有购买原料方面的便利;有公用设施和道路的便利;等等。

马歇尔的外部经济理论

马歇尔(Marshall,1920)④在《经济学原理》一书中,首次描述和分析了大量专业化中小企业的地域集中和发展的情况,并提出了"产业区(Industrial Districts)"的概念。根据马歇尔的观点,规模经济可分为两类:内部规模经济和外部规模经济。内部规模经济取决于从事工业的单个企业和资源、它们的组织以及管理的效率;外部规模经济指企业利用地理邻近性,使无法获得内部规模经

---

① 顾强,王辑慈.国家经贸委行业规划司新型工业化研究报告之六"产业集群、工业园区发展与新型工业化"[R].2003.1.
② Porter M., Location, Competition, and Economic Development: Local Clusters in a Global Economy[J]. Economic Development Quarterly,2000(14):15-20.
③ 陈振汉,厉以宁.工业区位理论[M].北京:人民出版社,1982.
④ 马歇尔.经济学原理(上、下)[M].北京:商务印书馆,1997.

济的单个企业通过外部合作获得规模经济。追求外部规模经济构成了产业集聚的主要原因,专业化产业集聚的特定地区即被称作"产业区"。

Krugman(1991)[①]在总结马歇尔理论中的外部经济性时,认为企业在区域内的集聚可以获得三方面的效果:① 几个企业集中于一个区位,提供了特定产业技能的劳动力市场,确保了较低的失业率及劳动力短缺的可能性。"雇主们往往到能找到他们所需要的有专门技能的工人的地方去(办厂),同时,找工作的劳动者,自然也到有许多雇主需要像他们那样技能的地方去找职业",这既降低了工人的失业概率,也确保了厂商无论是在"好时光"还是在"坏时光"的劳动力供应。② 地方性产业可以支持非贸易的专业化投入品的生产。众多使用中间投入品的企业集中在一起才使辅助性工业能够使用专业化的、高成本的机械设备,以较低的生产成本来供应众多消费者。③ 信息的溢出(knowledge spillover)可以使聚集企业的生产函数好于独立存在企业的生产函数。在马歇尔时代信息的流动随距离衰减得很快,地理上的集中创造了知识传播的氛围,"商业秘密不再是秘密,而是众所周知的公开形式,就连小孩也能无意识地知道很多"。

➢ 新产业区的观点

20世纪80年代初期,发达国家传统制造业地域面临严重的衰退,许多工厂破产,大量工人失业,生活质量相对下降。在这种大背景下,以"第三意大利"地区[②]、德国的Baden-Württemberg、法国的Oyonnax、丹麦的Jutland、瑞典的Smaland、西班牙的Barcelona以及美国硅谷等地区为代表的一些区域的经济在世界性危机中却能保持平稳甚至持续的增长,从而引起了研究者们的注意和青睐。这些区域与当年马歇尔所论述的产业区具有许多相似的特征,但同时,随着新技术革命浪潮与全球化进程的加速,这些区域的外部条件和内部发展也与马歇尔的产业概念有较大的差异。按照马歇尔理论中产业区的概念,已经不能有效解释当前的产业集聚现象以及一些高技术园区的发展,"新产业区"的概念应运而生。与传统产业区理论相比,新产业区理论将关注的重点从基于规模经济的产业集聚以及因集聚带来的物质成本的降低延伸至基于范围经济的产业集聚,以及因集聚而引起的交易成本的降低和区域创新能力的提高。

---

① Krugman P., Increasing Returns and Economic Geography[J]. Journal of Political Economy, 1991:483-499.

② 意大利社会学家Bagnasco(1977)首先关注意大利东北部与中部地区的发展,并提出了"第三意大利"的概念。盖文启.创新网络——区域经济发展新思维[M].北京:北京大学出版社,2002:22.

皮埃尔和赛博的柔性专业化理论

皮埃尔和赛博(Piore & Sabel,1984)首次对19世纪的产业区再现的现象进行了重新解释,通过对"第三意大利"和德国南部的一些地区的系统分析,他们认为,这些产业区的发展,是依赖于大量的中小企业在柔性专业化(flexible specialization)基础上实现的集聚。这些柔性专业化的中小企业集群,由于区内企业的运行机制灵活,专业化程度高,企业之间的协同作用强,从而可以更容易地组织生产和适应个性化的市场需求,获得发展的优势,进而也可以与以大企业为核心的区域进行竞争(盖文启,2002)①。

与传统的福特制生产系统相比较,"柔性专业化"生产的主要不同体现在(王辑慈,2001)②:① 生产模式上。福特制实行同类产品的大批量生产,产品强调统一性和标准化;"柔性专业化"生产实行同类产品的小批量生产,产品强调差异化和弹性自动化。② 创新模式上。福特制以线性模式的突破性式创新为主,与生产过程相分离;"柔性专业化"生产以非线性模式的渐进性创新为主,与生产过程紧密结合。③ 企业组织形式上。福特制表现为垂直一体化的大企业组织;"柔性专业化"生产表现为垂直分离的网络化组织。④ 区域空间结构上。福特制表现为大企业支配的全球生产系统的形成;"柔性专业化"生产表现为柔性生产的空间集聚和地方生产系统形成。

斯科特和斯多普的交易费用分析

"交易费用"的概念最早由科斯(Coase,1937)③在《企业的性质》一文中提出,他认为市场运行中存在着"交易费用","交易费用"是"运行价格机制的成本",至少包括两项内容:① 获取准确的市场信息的费用,也就是企业搜集有关交易对象和市场价格确定信息必须付出的费用;② 谈判和监督履约的费用,为避免冲突就需要谈判、缔约并付诸法律,因而必须支付有关费用。科斯认为,企业是作为市场的替代物而产生的,并通过形成一个组织来管理资源,可以节约市场运行成本。

继科斯之后,威廉姆森(Williamson,1979)④对交易费用的概念进行了完善和发展,提出了交易的不确定性、交易频率和资产专用性(asset specificity)三维度来解释经济活动的规制结构。交易的不确定性指经济环境状态下交易的

---

① 盖文启.创新网络——区域经济发展新思维[M].北京:北京大学出版社,2002:22.
② 王辑慈,等.创新的空间——企业集群与区域发展[M].北京:北京大学出版社,2001:14-15.
③ Coase R., the Nature of the Firm[J]. Economica, New Seris 1937,16(4):386-405.
④ 陈郁.企业制度与市场组织:交易费用经济学文选[M].上海:上海人民出版社,1996:24-55.

可预见程度;交易频率指特定时期交易发生的次数;资产专用性指资产在没有价值损失的前提下能够被不同的使用者用于不同投资场合的能力。这三个交易特性高低程度不同,与其匹配的规制结构也不同。当这三个决定因素程度较低时,与之匹配的是体现古典契约关系的市场规制结构;当这三个决定因素程度较高时,与之匹配的是统一规制结构(企业);而介于这二者之间的是被称为"三方规制"或"双边规制"的中间经济组织形态。市场组织存在交易成本过高导致市场失效的危险,科层组织可能带来协调成本过高导致的规模不经济,在市场组织和科层组织之间,必然存在大量不同类型的中间性经济组织。

斯科特(Scott)和斯多普(Storper)借用交易费用概念来分析企业的垂直分离和本地化聚集过程和现象。他们认为企业集群作为介于层级制企业组织形式和市场形式两者之间的特殊形态,通过企业的地理集中和企业网络的形成,在市场和技术高速变动的情况下,企业集聚所形成的本地化生产协作网络可以降低交易成本并保护合作因素,有利于提高企业的创新能力和灵活适应性(王辑慈,2001)①。在交易费用分析基础上,斯多普(Storper,1995)②提出了"非交易性相互依赖"的概念,认为众多企业集聚一旦形成,就会形成产业社区,而且区内成员企业间存在着较强的非交易性相互依赖关系,主要包括在市场和技术不确定性不断增加的情况下,企业间相互协助来制定战略计划的习惯、规则、实践和制度等,从而为本地建构本地生产系统提供有关新产品市场,生产方式以及资源获取等方面的知识。这种相互协助关系常常发生在传统的交易市场之外;而且这种知识多为缄默性③并具有较强的本地植根性,从而促进了本地生产系统或"知识社区"的建立。由于知识是塑造竞争优势最为重要的资源,而当地特殊的制度安排对此起着重要的支撑作用,因此集群当地学习行为和制度安排的培养对建立地方生产系统的作用最为关键。

---

① 王辑慈,等.创新的空间——企业集群与区域发展[M].北京:北京大学出版社,2001:103-104.
② Storper M. The Resurgence of Regional Economics, Ten Years Later: the Region as a Nexus of Untraded Interdependencies[J]. Europe Urban Studies, 1995(23):199.
③ 对知识的划分,通常根据波兰尼(Polanyi)的观点,以知识存在的形式将其分为显性知识(explicit knowledge 或 codified knowledge)和隐性知识(tacit knowledge,或称缄默知识)两种。前者指以字码形式存在的知识,如公式、数字、付诸文字的学说等,具有公开性、共享性、可流动性等特点;后者指那些密传的、身教的、意会性的、不能付诸文字的各类知识、技术、诀窍、技能等,具有经验性、认知性、地方性、个人性等特征,是从实践中获得的,需要借助于示范、模仿、操作、直接交流、共同经历等来学习和共享,不易发生空间流动。李青,等.区域创新视角下的产业发展:理论与案例研究[M].北京:商务印书馆,2004:98-99.

波特的新竞争优势理论

波特(Porter,1990)[①]在《国家竞争优势》一书中正式提出产业集群的概念,并把它提高到增强国家竞争力的高度。通过不同国家和地区之间的产业集群竞争特点对国家竞争优势的比较分析,波特建立起著名的国家竞争优势钻石模型。"钻石模型"的构架由四个基本的因素(要素条件;需求条件;相关支持产业;企业战略、结构及竞争状况)和两个附加要素(机遇和政府)组成(图1-6)。波特强调,"钻石模型"是一个动态的系统,只有在每一个要素都积极参与的条件下,才能创造出企业发展的环境,进而促进企业投资和创新。地理上的集中使四种相互分离的因素相互作用,使"钻石系统"产生活力。"钻石系统"的四个要素的相互作用会由于在国内一地的地理邻近而增强,更为重要的是,地理集中促进技术的创新和升级,临近的竞争者会产生嫉妒与模仿的行为;靠近竞争企业群的大学可能与企业相互支持;供应商会因靠近R&D活动而创新;附近有经验的购买者最有可能交换信息,及时反映对新产品和新技术的需求,尤其是对特别的服务和产品功能的需求。

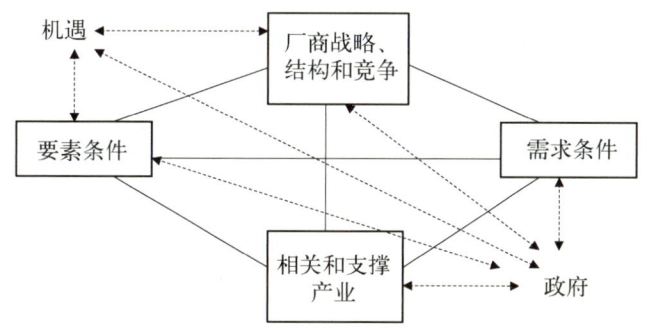

图1-6 波特的"钻石模型"

资料来源:迈克尔·波特.国家竞争优势[M].李明轩,邱如美,译.北京:华夏出版社,2002.

波特(1998)[②]认为,产业集群对于增强国家竞争力具有"本垒"(homebase)的作用。国家竞争优势的获得,关键在于产业的竞争,而产业的发展往往是在国内几个区域内形成有竞争力的产业集群。产业集群需要三个层次的企业和相关组织:一是垂直的供应商、分包商和咨询机构等;二是水平的具有相似技术、劳动力市场或企业战略的竞争者(或合作者);三是提供知识和技能、制度供给的专

---

① 迈克尔·波特.国家竞争优势[M].李明轩,邱如美,译.华夏出版社,2002:221-256.
② Porter M.,Clusters and the New Economics of Competition[J]. Harvard Business Review,1998(11-12):77-90.

有性的准公共服务部门,如大学、国家实验室、政策制定者等。形成产业集群的区域往往从三个方面影响竞争和竞争优势:1)提高该区域成员企业或产业的静态生产率。主要体现为:集群增强了对专业化投入品的需求和供给;空间的邻近性、供给技术联系和人际关系使市场、技术和其他专业化知识在集群内更好地传播和积累;集群可以促进产品互补和联合营销,并能使更多的投入品成为公共品;同时集群会给面临相同大环境的竞争者带来强大的激励效应。2)指明创新方向和提高创新速率。集群不仅使创新的机会更加可视化,同时近距离的观察模仿,使新知识、新技术、新产品和新的管理方式得到迅速扩散,增强了企业快速反应的能力和灵活性;集群有利于判定创新需求,降低参与者在获取信息上的花费,更能灵活地将创新机会转化为运营和战略优势。3)促进新企业的建立。集群提供了更丰富的资产、技术、投入和员工配置,从而能够降低新企业进入的门槛。

区域创新理论

当创新理论研究发展到区域创新阶段,就开始与产业集群的研究结合起来了。以欧洲创新环境研究小组为代表的创新网络学派认为区域竞争优势的形成更多地依赖于区域创新环境的改善与创新网络的形成,而不仅仅是产业内部的柔性专业化分工。他们先后提出了"创新环境""创新网络""集体学习"等概念,将产业的空间集聚现象同创新活动联系到一起,强调区域内创新主体的集体效率(Collective Efficiency)和创新行为的协同作用,认为产业集聚可使群内企业共享单个企业无法实现的大规模生产、辅助产业的专业化服务、专业化机构创造以及企业组织创新的好处。集群内企业之间、企业与相关机构之间的正式或非正式的交流、沟通与接触,形成了有效的创新网络,从而使企业内部产生了一种内生的创新力,推动着集群创新的不断发展。卡佩罗(Capello,1999)[1]通过对特定产业集群的实证分析,提出集体学习与小企业突破性产品创新之间存在显著相关关系,即产业集群有助于提升小企业的创新绩效。

创新系统学派将产业集群作为区域创新系统界定的基础。Asheim 等(Asheim et al.,2002)[2]认为区域创新系统是由支撑机构环绕的区域集群,区域创新系统主要由两种类型的主体以及它们之间的互动构成。第一类主体就是区域主导产业集群中的企业,同时包括其支撑产业。第二类主体就是制度基础结

---

[1] Capello R., Spatial Transfer of Knowledge in High Technology Milieux: Learning versus Collective Learning Processes[J]. Regional Studies,1999,33(4): 353 - 365.

[2] Asheim B. T., Isaksen A., Regional Innovation Systems: The Integration of Local "Sticky" and Global "Ubiquitous" Knowledge[J]. Journal of Technology Transfer,2002(27): 77 - 86.

构,如研究机构和高等教育机构、技术扩散代理机构、职业培训机构、行业协会、金融机构等,这些机构对区域创新起着重要的支撑作用。同时阿歇姆还界定了集群内部构建创新系统的必要条件:一是集群内部产业间更多的创新合作;二是强有力的制度基础结构,并且创新合作中包括更多的知识提供者。

总体上看,新产业区关于产业集群观点的演进主要集中在以下几个方面:

1) 从对规模经济(economy of scale)的强调到对范围经济(economy of scope)的强调。规模经济的主要内容是随着产量的增长即生产规模的扩大,产品的单位成本相应下降;而范围经济是指企业在同时经营多种事业时所产生的一种效果。范围经济也可以分为内部范围经济和外部范围经济。如果同一企业内部能够在生产两种或两种以上的产品时,仍可以引起每一种产品的平均成本都能降低,实现每个产品生产过程中的报酬递增,则可称此时存在内部范围经济;外部范围经济则可以看作是某一行业或区域的内部范围经济,生产系统被分解为许多部分,分散在众多中小企业中,然后,企业之间再通过建立合作的网络关系进行交易,这些专门化的企业联合起来进行多样化产品的生产,并可以形成行业的范围经济(表1-10)。

表1-10 规模经济与范围经济的比较

		规 模 经 济	范 围 经 济
存在基础		一些产品或设备的整体性以及生产活动的不可分割性	某些生产活动的可分割性
衡量标准		固定资产、职工人数、产量、生产能力的大小	产品的种类、生产活动的种类、工艺过程环节的多少、市场地理范围的大小
内部经济	来自企业内部的成本节约	内部规模经济:随着产量的增加,企业长期平均成本下降	内部范围经济:随着产品品种的增加,企业长期平均成本下降
外部经济	来自企业与外部环境联系的成本节约	外部规模经济:在同一个地方同行业企业数增加。多个同行业共享当地的辅助性生产、共同的基础设施与服务、劳动力供给和培训所带来的成本的节约	外部范围经济:在同一个地方,单个企业生产活动专业化,多个企业分工协作,组成地方生产系统。通过企业之间的分工与协作、交流与沟通所引起的成本节约
	空间集聚类型	以大型垂直一体化企业为核心的集聚	中小企业的集聚,或者无核心的大小企业并存的集聚
	经济后果	运输费用的节约	交易成本的减少

资料来源:王辑慈,等.创新的空间——企业集群与区域发展[M].北京:北京大学出版社,2001:39,有删减.

2) 从对物质成本的强调到对交易成本的强调。传统产业区的产业集群观点强调物质成本的降低,包括共享基础设施、降低运输成本、降低信息搜寻成本、共享知识与技术等;新产业区的产业集群观点强调交易成本的降低。产业集群在本质上就是一种能够降低交易费用的中间性经济组织。这种组织方式介于企业科层组织形式和市场组织形式之间,通过集群内企业之间充满活力和灵活性的正式与非正式关系,构成了一种柔性生产综合体,利于节约交易费用、提高经济效益及提高企业抗风险能力。

3) 从对分工水平和效率的强调到对创新能力的强调。传统产业区的观点强调产业集群的效果在于形成产业间分工关系和产业结构,提高分工水平和效率;新产业区的产业集群观点更强调产业集群是培育企业学习能力与创新能力的温床。企业彼此接近,会受到竞争的隐形压力(Peer Pressure),迫使企业不断进行技术创新和组织管理创新。与此同时,这种条件下创新又很容易外溢到附近的其他企业,从而使其他企业也很快地学习到新知识和新技术。集聚在一起的企业通过"干中学"(learning by doing)和"用中学"(learning by using)的方式刺激和强化创新,集聚学习竞争优势就成为一个不断演化下去的相互作用和自我激励的动态过程。

(2) 产业集群的主要特征

综合研究者们的观点,理想的产业集群应该具有以下几个方面的基本特征:

1) 空间集聚性。即大量的相关产业相互集中在特定的地域范围内。

2) 合作网络性。产业集群不是简单的产业的地理集中,而是一种建立在地方网络基础上的产业体系。这种网络结构不仅包括存在前向、后向和水平的产业联系的供应商、生产商、销售代理商、顾客之间的关系,而且还包括企业与当地政府、大学或研究机构、金融机构、中介服务组织等相关支撑体系之间,以及企业之间、企业员工之间的正式及非正式相互关系。

3) 本地根植性(embeddedness)①。集群内企业具有相同或相近的社会文化背景和制度环境,企业经济行为深深根植于共同的圈内语言、背景知识和交易规则,相互信任和满意形成丰厚的社会资本(social capital),促进企业之间的合作以及知识的交流与扩散,降低区域内的交易成本。

---

① "根植性"最早来自卡尔·波兰尼(Karl Polany)的思想,他认为经济过程仅在一个特定的、具体的或者是"制度化"的社会形式中才拥有"真正的实体"。格兰诺维特(Granovettor)用"根植性"来描述那些使交易行为偏离利润最大化目标的非经济因素的社会影响,认为经济行为植根于网络与制度之中,这种网络与制度是由社会构筑并有文化意义的。

3) 文化开放性。集群竞争优势的获得,不仅有赖于区域内各行为主体之间通过频繁有序的互动,实现生产要素的交流、组织学习与知识创新及柔性制度的渗透,达到内部的有机整合(integration);而且要求集群网络的各节点不断与区域外的网络节点发生全方位、多层次的联结,寻找新的合作伙伴,开辟新的市场,拓展区域创新空间,以获取远距离的知识和互补性资源,形成集群的外部链接(linkage)。

(3) 产业集群的优势

产业集群的空间集聚优势主要体现以下几个方面:

1) 外部规模经济效应。集群企业通过共同使用公共设施,减少分散布局所需的额外投资,并利用地理接近性而节省相互间的物质和信息流的运移费用;同时,通过合资、合作或建立联盟等方式共同进行生产、销售等活动(比如大批量购买原材料等,不仅使原材料价格降低,也节约了单位运输成本;通过建立共同销售中心,形成零售、批发市场,降低集群内企业成品的运输、库存费用;等),从而降低生产成本,提高整体生产效率。

2) 交易成本的节约。一方面产业集群作为一种中间性经济组织,能够降低交易成本,提高经济效益;另一方面,区内企业的地理邻近与本地根植性,容易建立信誉机制和相互依赖关系,从而大大减少机会主义行为,促进知识沿空间的扩散和"溢出",减少企业的信息成本。

3) 激励效应。集群增强了竞争,一些在管理或技术水平上达不到集群平均要求的企业,可能影响整个集群在市场上的整体形象,或不能有效地参与集群的整体分工与协作,可能被集群所淘汰,这就迫使企业以更加有效的方式组织生产,不断进行技术创新,不断地发现新的市场机会。因此,集群内的企业比起那些散落在各个地方的企业,更具有竞争优势,更容易通过竞争进入这一行业的前沿地带。

4) 学习与创新优势。构成产业集群的各个行为主体在交互作用与协同创新过程中,彼此建立起各种相对稳定的、能够促进技术创新的正式或非正式关系,频繁地进行着商品、服务、信息、劳动力等贸易性或非贸易性的交易、交流和互动,相互学习,密切合作,共同推动区域的发展和企业的持续创新。

5) 自我增强效应。集群一旦形成就能通过发挥外部规模经济和外部范围经济的优势以及通过区域创新环境弥漫的"产业空气",促进集群内新企业的衍生,同时,增强对集群外部企业进入的吸引力,从而使集群的规模不断扩张,优势持久积累,形成一种路径依赖(path dependency)和累积因果的自我加强过程。

6) 集群竞争力。许多单个的、与大企业相比毫无竞争力的小企业一旦用发达的区域网络联系起来,其表现出来的竞争能力就不再是单个企业的竞争力,而是一种比所有单个企业竞争力简单叠加起来更加具有优势的全新的集群竞争力。

3.2 开发区建设产业集群的重要性

产业区理论的研究对象大都为西方发达国家的产业区域,这些区域通常诞生于独特的地方文化基础之上,具有一种自我发展的内力,当初步的集聚形成之后,会发生自我强化机制(self-reinforcing mechanism)使集聚效应进一步扩大。1995年,Park和Markusen建议将产业区概念一般化,放松对企业本地联系的要求,将第三世界国家依靠出口加工和政府产业政策发展起来的工业区都纳入其中(Park & Markusen,1995)[①]。鉴于这样的分析,Markusen(1996)[②]提出了"卫星平台式产业区"(satellite platform district)的概念,与马歇尔式产业区(Marshallian district)、轮轴式产业区(hub-and-spoke district)和国家力量依赖型产业区(state-centered district)并称为四种典型的产业区形式(图1-7):马歇尔式产业区由小的地方形企业所支配,意大利式产业区为其变体形式;轮轴式产业区由在一个或多个产业中的一个或几个垂直一体化的大企业支配,环绕以较小较弱的供应商;卫星平台式产业区主要由跨国公司的分支工厂组成;国家力量依赖型产业区是公共或非营利的实体,区域内关键的承租者可能是军事基地、国防工厂、武器研究室、大学、监狱或几种的政府办公室。

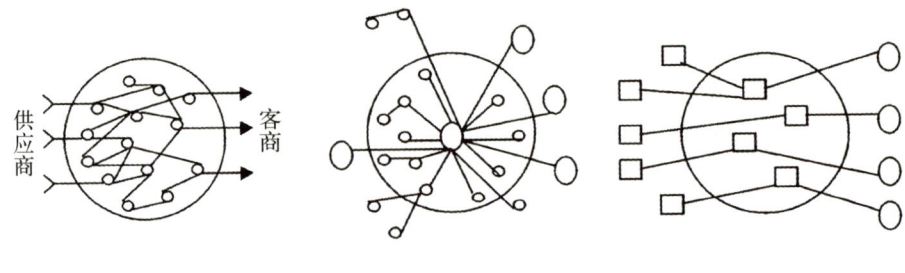

○ 本地小企业　　○ 大型公司在本地的总部　　□ 跨国公司分厂

图1-7　Markusen的三类产业区示意:马歇尔式产业区、
轮轴式产业区及卫星平台式产业区

资料来源:Markusen A., Sticky Places in Slippery Space:a Typology of Industrial Districts[J]. Economic Geography,1996(72):293-313.

---

① Park S. O. and Markusen A., Generalizing New Industrial Districts:a Theoretical Agenda and an Application from a Non-Western Economy[J]. Environment and Planning A,1995(27):84-104.

② Markusen A., Sticky Places in Slippery Space:a Typology of Industrial Districts[J]. Economic Geography,1996(72):293-313.

Knorringa 和 Stamer(1998)[①]以马库森的分析为基础,对马歇尔式产业区、轮轴式产业区和卫星平台式产业区的特征总结如表 1-11 所示。

表 1-11 产业区分类及主要特征

	马歇尔式产业区	轮轴式产业区	卫星平台式产业区
主要特征	以中小企业居多;专业化性强;地方竞争激烈,合作网络;基于信任的关系	大规模地方企业和中小企业;明显的等级制度	依赖外部企业;本土企业以中小企业居多;基于低廉的劳动成本
主要优点	柔性专业化;产品质量高;创新潜力大	成本优势;柔性;大企业作用重要	成本优势;技能/隐性知识
主要弱点	路径依赖;面临经济环境和技术突变适应缓慢	整个集群依赖大企业的绩效	销售和投入依赖外部参与者;有限的诀窍影响竞争优势
典型发展轨迹	停滞/衰退;内部劳动分工的变迁;部分活动外包;轮轴式结构出现	停滞/衰退(如果大企业停滞/衰退);升级,内部分工变化	升级;前向和后向工序的整合;提供客户全套产品或服务
政策干预	集体行动形成区域优势;公共部门和私营部门合营	大企业/协会和中小企业支持机构的合作,从而增强中小企业的实力	中小企业升级的典型工具(培训和技术扩散)

资料来源:根据 Peter Knorringa & Jörg Meyer Stame. ,1998;有改动

开发区作为一种人为创造的独特的经济发展区域,其产业发展与形成的过程中,外来资本的介入以及优惠政策的使用扮演了至关重要的作用。与其他产业区形式相比,开发区是一种典型的卫星平台式产业区。其最大特点在于本地网络与根植性的缺乏两个方面:1) 区内产业之间缺少网络协作关系。卫星平台式产业区的形成与发展高度依赖外部大企业分厂的设立,这些分厂与其母公司之间存在频繁的合作和交流,而与区内的其他企业则几乎可以不发生任何关系。由于缺少企业之间的合作与交流,也大大减少了区内技术创新的发生机会。2) 根植性差。卫星平台式产业区并非产生在独特的地方文化基础之上,各个工厂和设施互不相关而且是外向型的,因而也难以发展新的同一性。工厂的可迁移性加之其他地方同类产业区域的活动可替代性,使这类产业区并不具有 Markusen 所称的空间黏性(sticky)特征,当该地区的劳动力和土地等要素成本

[①] Peter Knorringa & Jörg Meyer Stamer. New Dimensions in Enterprise Cooperation and Development: From Clusters to Industrial Distrcts. 1998(10).

逐渐上升时,很可能导致这类产业区的整体迁移。因此,关于这种类型是否能称为真正的新产业区,研究者之间存在分歧①。

从一般意义而言,建设产业集群有助于区域整体产业竞争优势与竞争能力的提高;而就开发区而言,产业集群建设的重要性更具体地体现在以下几个方面:

(1) 产业集群是开发区引进技术的现实途径

开发区特别是经济技术开发区被赋予的一个重要任务是通过外资的"溢出效应"获得先进的技术与管理。但技术外溢本身是一个互动的过程,需要技术"溢出者"与技术"接受者"的共同作用。显然,外资扮演着技术"溢出者"的角色,而技术"接受者"的角色需要本土企业来承担。从外资的角度而言,其自身战略部署与开发区的技术引进预期是存在差距的。在水平分工形式下,越来越多的生产环节从跨国公司生产价值链上独立出来,通过分工协作专业化于某一环节、某一部件的生产,并在分工中获得小范围的规模经济。每个国家都将依据自身不同的要素优势参与国际分工和国际生产。跨国公司作为国际分工的主导力量和国际生产的组织者,从整合全球资源的角度出发,对其所主导的产品,在价值链内进行重新分工和调整。一方面,跨国公司把产品的研发、设计和品牌经营以及高端生产牢牢地掌握在自己手上;另一方面,又采取垂直型 FDI 或者国际外包的方式,把那些自身缺乏比较优势的、处于产业的相对低端的制造环节逐步转移到其他国家特别是发展中国家,实现价值链的"片断化"与空间重置(朱彦恒等,2006)②(图 1-8)。

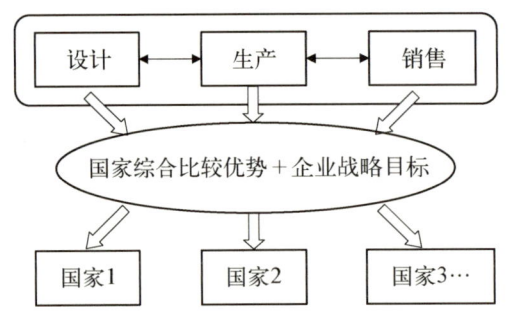

图 1-8 跨国公司的价值链"片断化"与空间重置

资料来源:朱彦恒等. 开发区产业发展的耦合机理[J]. 科学学与科学技术管理,2006(10):67-70.

当开发区仅存在低廉的劳动力、土地以及相关的税收优惠政策等低成本竞争优势的时,跨国公司主要是将开发区作为一个出口平台(Export Platform),中间投入品可以完全通过异地采购的模式来解决,知识和技术的需求则由其设在他国(地区)的研发中心来提供。这种分工模式使得外资对于开发区几乎不存在

---

① 参见王缉慈,等. 创新的空间——企业集群与区域发展[M]. 北京:北京大学出版社,2001:171.
② 朱彦恒,张明玉,曾维良. 开发区产业发展的耦合机理[J]. 科学学与科学技术管理,2006(10):67-70.

技术溢出的意义。只有当跨国公司实现部分原材料、零部件或中间产品采购的本地化时，从而使得本土企业有机会进入跨国公司的全球分工网络时，技术溢出才有可能产生：跨国公司通过本地采购与本土企业建立起合作网络关系，同时依其产品要求对本土企业提出技术质量标准并实施一定的培训和辅导，实现一定的技术外溢。因此，这对于开发区产业的集群化发展提出了要求。否则，仅仅依靠孤立的外资企业个体开发区是无法实现技术引进的目标的。而且，开发区产业集群还能够进一步促进外资企业的进入，形成集群发展的良性循环，因为为了创造出更多的资产，增强竞争力，跨国公司将更倾向于选择产业集群发展较好的地区进行投资以实现资源的优化配置。

(2) 产业集群的根植性能够有效避免开发区产业外迁

开发区最初能够吸引企业进驻，很大程度上是因为低廉的土地和优惠的税收政策措施使开发区相对于开发区以外的其他地区而言成为成本洼地，但这种低成本的优势并不可能一直持续。随着企业的集聚、开发区土地资源的日渐稀缺以及税收优惠程度的日渐减弱，这时如果开发区不能够建立起除低廉土地和优惠政策之外的其他竞争优势的话，开发区内的企业就有再次向其他政策更优惠的地方迁移的可能。事实上，这样的情况已经在珠三角地区的部分开发区内产生，当国家规定的"免二减三"税收优惠期满后，一些企业开始从珠三角向其他地区的开发区转移，以享受新的免税优惠期以及更低的土地、劳动力成本价格，这样的开发区就会面临产业空心化的危险。而如果能够形成具有根植性的产业集群，考虑到产业集群带来的规模经济优势、交易成本优势等，产业外迁的可能将会大大减少；而且，即便这样的产业外迁产生，由于开发区本土具有根植性的企业网络已经形成，外来企业的迁出将不会对开发区的产业发展产生难以弥补的影响。

(3) 产业集群推动开发区内创新要素整合

开发区特别是高新区本身汇集了易于产生创新活动的多种创新要素，包括企业、大学、研究机构、政府、金融机构等。产业集群有助于推动这些创新要素的整合：① 促进大学与研究机构作为知识与技术的源头，以及专业人才的有效供给者，创造新知识与新技术，并通过教育、培训以及成果转化等方式，有效地促进产业集群中知识、信息、技术等的扩散，以及创新人才的有效供给，为企业创新的实现提供智力和人才支持；② 促进政府对企业技术创新提供公共服务；③ 促进中介机构为企业技术创新及时地传递科技信息、市场需求信息；④ 促进金融机构为技术创新提供资金支持以及分担创新风险等；等等。因此，集群化发展将有助于高新区从依靠外力为主的常规技术阶段向依靠内力为主的高技术阶段转变,提升自主创新能力,形成真正意义的高新技术产业化基地。

3.3 开发区产业集群的形成机理

(1) 跨国公司分工网络复制型

就跨国公司而言,通常在其垂直型 FDI 流入东道国之前,就已经存在一个稳定的分工体系和较完善的生产销售网络。当跨国公司垂直型 FDI 流入东道国之后,为了降低投入品的成本,跨国公司有可能将原有的分工网络在东道国进行复制和延伸,从而形成以其为核心的产业集群。一般有两种方式:一种是整体移植。也就是跨国公司带动原有上下游企业的进入跟随进入东道国市场或者将其从零配件-采购-产品生产-销售和服务的整个产业链完整地迁入以维持原有的分工和配套网络。另一种是本地化。跨国公司除进行母国和第三国采购外,在东道国本地进行当地采购,发展自己的供应商网络。在初期阶段,本土企业在技术、管理等方面的落后使得其产品质量往往难以满足跨国公司的需求,需要通过跨国公司培训、辅导与支持以及本土企业的积极学习,逐步渗入跨国公司的全球分工网络,不断减少跨国公司中间产品的进口,并实现本土企业对于技术的吸收和消化,完成产业升级并带动其他产业的发展。

这两种方式所形成的产业集群具有"轮轴式产业区"的特征,由大量配套企业围绕着一家或几家大的核心企业进行配套协作,企业之间的地理接近性和空间的集聚使得企业之间可以有效地采用即时(just-in-time)生产与运输系统,并且促进企业之间的协同创新。但比较而言,整体移植型产业集群一方面与本土企业之间的产业联系非常薄弱,吸引其留在东道国的引力仅仅是东道国的要素优势;另一方面也使得了本土企业加入由外资企业主导的产业链更加困难,随着要素成本的上升,产业集群存在整体外迁的可能性,从而引起当地经济的空洞化。因此,在可能的情况下,应该是尽量减少整体移植型产业集聚而鼓励以本土化方式形成产业集群。不过,受跨国公司本身的战略部署以及本土企业自身技术水平的制约,本地化型往往更多地在低技术型产业或传统制造加工产业产生,因为这些产业在跨国公司母国已经失去比较优势,而且进入的技术门槛较低,本地企业较容易融入跨国公司的分工体系之中。而对于高科技产业来说,跨国公司会尽量保持其对核心技术的控制,加之跨国公司使用的一般是国内空白技术或先进技术,本土企业需要经过比较长的技术扩散和学习过程才能够实现中间产品的本土化,因此,跨国公司会更倾向于采用整体移植型战略。

(2) 本土产业集群培育型

一般而言,本土企业参与跨国公司全球分工协作网络的方式主要有三种(刘志彪,2005)①:① OEM(original equipment manufacture),也就是"委托加工",是品牌拥有者将生产制造业务外包给其他厂家的业务模式。"发达国家品牌商按照一定的设计要求向国外制造商下订单,后者依照产品设计要求自行生产,或者把生产过程进一步分解为不同环节,分包给不同企业,产品完成后加贴发企业品牌出售"。这种方式下本土企业仅具有对产业低技术部分的加工能力,自身缺乏产品设计和研发优势,产品附加值较低,赚取的是低廉的劳务费用。② ODM(original design manufacture),指代工企业除了承担制造活动外,也进行深度加工组装和产品设计等活动。在通过早期的 OEM 或者代工方式后,因为代工企业学习能力不断增强,对上游工序和客户的要求等了解和掌握越来越多,发包者逐渐会交给他们更多的职能和责任,可能逐步承担包括产品设计、进一步深加工、售后服务等在内的更加广泛的工序、环节和职能,这时 OEM 就可能转化为 ODM。在 ODM 模式下,品牌仍然为发包者所有,代工企业进行深度加工组装和产品设计的活动。③ OBM(own brand manufacture),是制造产业升级的一个崭新阶段,表现在制造企业不仅进行深度加工组装和产品设计活动,还拥有并深度开拓自己的品牌。OBM 意味着原来的代工者最终取代了发包者买主的地位,自己从头至尾负责产品的创新、生产和经营。

本土产业集群培育的关键是大量从事 ODM 或 OBM 活动的本土企业诞生,不同企业在某些价值链环节上取得特有的优势,并在各自的价值链核心环节上展开合作,形成整合优势。而这取决于开发区内创新网络环境的培育。

4 本 章 小 结

本章对中国经济技术开发区和高新区的实践渊源进行了系统的梳理分析,简而言之,前者是基于出口加工区的一种变形形式,后者源起于科技园区。国际分工理论和创新理论分别为两者的存在提供了理论依据,这也决定了经济技术开发区与高新区的本质差别。

经济技术开发区与出口加工区的主要不同在于开发区的战略定位不同以及

---

① 刘志彪.中国沿海地区制造业发展:国际代工模式与创新[J].南开经济研究,2005(5):37-44,58.

中国国内市场的吸引力引致了跨国公司的投资博弈,但国际分工理论的内在逻辑同样适用于经济技术开发区,经济技术开发区在发展过程也不可避免地会面临一般出口加工区所面临的一系列问题。如何实现开发区效用的最大化以及适时地进行升级和转型以延展开发区的生命周期,是开发区在发展过程中难以避开的重要问题。

当前的经济发展背景决定了高新区的发展必然会与硅谷、剑桥科技园等世界著名科技园区的发展道路存在差别,在短期内引进外资企业以实现技术引进消化吸收将是一条可行的途径,但高新区毕竟不同于一般的经济技术开发区,国际上决定科技园区绩效的一些重要因素对于中国高新区的健康发展也具有重要的借鉴意义。

开发区作为以产业发展为核心的区域,产业集群理论构成了其发展的重要理论渊源。开发区建设产业集群的重要性体现在:产业集群是开发区引进技术的现实途径;产业集群的根植性能够有效避免开发区产业外迁;产业集群推动开发区内创新要素整合。作为一种典型的卫星平台式产业区,跨国公司分工网络复制是形成开发区产业集群的重要途径,在可能的情况下,应尽量减少整体移植型产业集聚而鼓励以本土化方式形成产业集群。

第 2 章
全国开发区发展概况[①]

1 区位分布

1.1 经济技术开发区

国家经济技术开发区的起步比高新区早,审批的时间跨度较长,批准的次数较多,明显地呈现出从东部地区逐渐向中部地区再向西部地区推进的过程,与国家对外开放由沿海向内地推进的战略部署相吻合:首批 14 个开发区全部位于东部地区;第二批(20 世纪 90 年代)设立的开发区中,仍以东部地区为主,对中部地区和西部地区开始有所顾及;第三批(2000 年以后)设立的开发区中,则以西部和中部地区为主(表 2-1)。第三批经济技术开发区的设立,从某种程度上说,政治意义远大于经济意义(鲍克,2002)[②]。一方面,由于成立时间较晚,这些开发区虽然享受了对外资企业的税收政策,但对开发区意义重大的财政政策没有享受到;另一方面,这些开发区地处经济相对欠发达地区,竞争力较弱,加上前两批开发区集聚效应的出现,客观上使这些新开发区在引资上处于不利的地位。因此,对于它们而言,升格为国家级开发区的主要优势更多在于名声的提升上。

[①] 本章分析中,经济技术开发区数据主要源自:1) 彭森主编. 中国开发区年鉴(2006)[M]. 北京:中国财政经济出版社,2006;2) 商务部"国家级经济技术开发区发展报告"(2005)(2006)(见 http://www.fdi.gov.cn/pub/FDI/gjjjkfq/gjjkfqzl/fzbg/default.htm 中国投资指南网);高新区数据主要源自:1) 科技部关于国家高新区的系列分析报告(见 http://www.chinatorch.gov.cn/yjbg/index.html 科学技术部火炬高技术产业开发中心网);2) 科技部火炬高技术产业开发中心(编). 国家高新技术产业开发区十年发展数据报告(1991—2000);3) 历年"中国高技术产业数据"(见 http://www.sts.org.cn/sjkl/gjscy/index.htm 中国科技统计网);4) 中国火炬计划统计资料(2004)。

[②] 鲍克. 中国开发区研究——入世后开发区微观体制设计[M]. 北京:人民出版社,2002:66-67。

表 2-1　54 个国家级经济技术开发区的区位分布(个)

		东部地区	中部地区	西部地区	合　计
严格意义上的经济技术开发区	20 世纪 80 年代第一批	14	0	0	14
	20 世纪 90 年代第二批	12	4	2	18
	2000—2002 年第三批	1	5	11	17
	合　计	27	9	13	49
享受经济技术开发区政策的园区		5	0	0	5
合　计		32	9	13	54

从总体上看,目前经济技术开发区的分布仍主要集中于东部地区,东部、中部和西部的数量比值为 32∶9∶13,开发区的区位布局如图 2-1 所示。

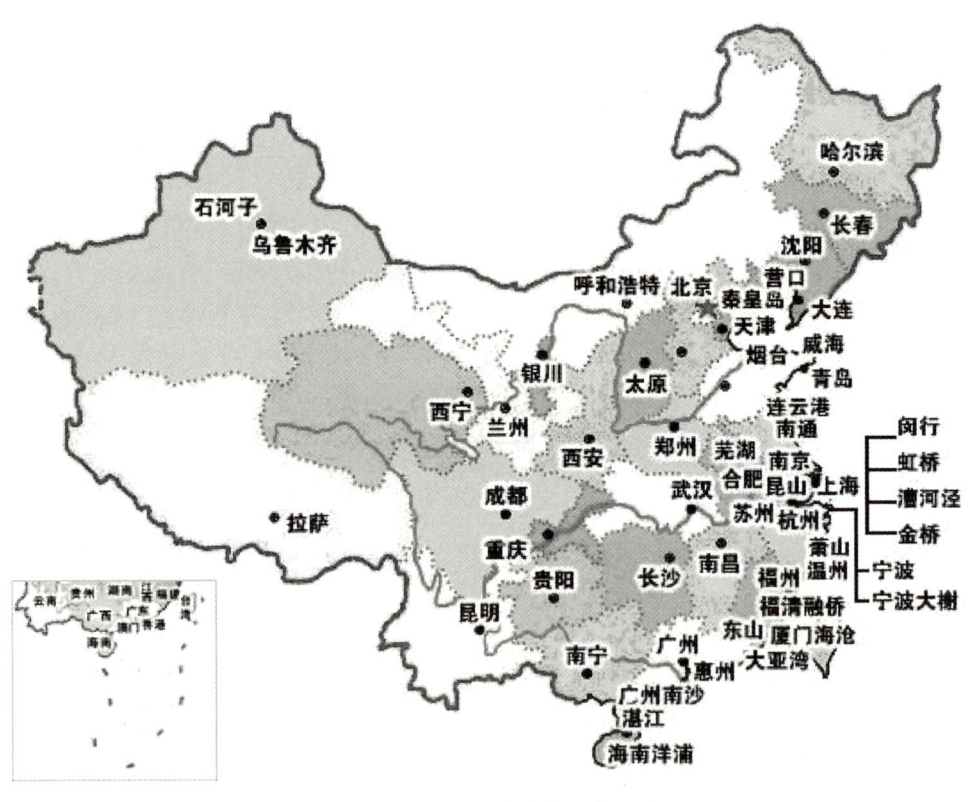

图 2-1　国家级经济技术开发区布局

资料来源:中国国家级经济技术开发区发展报告(2006)

1.2 高新区

高新区主要考虑依托科技资源建立,每次批准的数量多,审批的次数少,时间跨度短且年份集中。1991和1992年分别批准了26和25个国家高新区,在这两个年份之外仅批准了2个国家高新区。目前,开发区设在东部、中部和西部的数量比值为27∶13∶13,开发区的区位布局如图2-2所示。

图2-2 国家级高新区布局

资料来源：http://www.cdz.cn 中国开发区信息网

1.3 两类开发区的综合分布

对目前已经形成的54个国家经济技术开发区和53个国家高新区所属省份和地区的分类归纳如表2-2所示。

表 2-2 中国国家级开发区分布一览表

省区		经济技术开发区		高 新 区	合计
		严格意义上的	实行经济技术开发区政策的		
东部沿海地区	环渤海湾地区	北京	北京		中关村	2
		天津	天津		天津	2
		山东	烟台、青岛、威海		济南、青岛、淄博、潍坊、威海	8
		辽宁	大连、营口、沈阳		沈阳、大连、鞍山	6
		河北	秦皇岛		石家庄、保定	3
	长三角地区	上海	闵行、虹桥、漕河泾	金桥出口加工区	上海	5
		江苏	连云港、南通、昆山、南京	苏州工业园	南京、苏州、无锡、常州	9
		浙江	宁波、杭州、萧山、温州	宁波大榭经济技术开发区	杭州	6
	珠三角地区	广东	广州、湛江、南沙、大亚湾		深圳、广州、中山、佛山、惠州、珠海	10
	其他	福建	福州、东山、融侨	厦门海沧台商投资区	福州、厦门	6
		海南		海南洋浦经济开发区	海口	2
	小　计		27	5	27	59
中部地区		湖南	长沙		长沙、株洲	3
		湖北	武汉		武汉、襄樊	3
		江西	南昌		南昌	2
		安徽	芜湖、合肥		合肥	3
		河南	郑州		郑州、洛阳	3
		山西	太原		太原	2
		吉林	长春		长春、吉林	3
		黑龙江	哈尔滨		哈尔滨、大庆	3
	小计		9	0	13	22

续 表

	省区	经济技术开发区		高新区	合计
		严格意义上的	实行经济技术开发区政策的		
西部地区	云南	昆明		昆明	2
	贵州	贵阳		贵阳	2
	四川	成都		成都、绵阳	3
	重庆	重庆		重庆	2
	陕西	西安		西安、宝鸡、杨凌	4
	甘肃	兰州		兰州	2
	新疆	乌鲁木齐、石河子		乌鲁木齐	3
	内蒙	呼和浩特		包头	2
	青海	西宁			1
	广西	南宁		桂林、南宁	3
	宁夏	银川			1
	西藏	拉萨			1
	小计	13	0	13	26
合 计		49	5	53	107

两类 107 个国家级开发区所涉城市达到 71 个，覆盖除港澳台外的所有 31 个省、自治区、直辖市。其中，共计有 30 个城市(有 25 个为省会城市)内既设有经济技术开发区又设有高新区。

东部地区开发区占全部开发区总量的一半以上。其中广东省、江苏省和山东省的开发区数量为最多，分别为 10 个、9 个和 8 个，而这三省 2005 年也分别以 GDP21 701.28 亿元、18 272.12 亿元和 18 468.3 亿元的总量位居全国各省(不含港澳台，下同)的前三位。

总体上看，开发区基本都设置在省会城市、中心城市或交通枢纽地带，经济发展水平、体制特征和对外开放条件决定了开发区的定点，而科技智力因素并不突出。比如广东省的科技实力并不发达，但国家高新区的数量在全国各省中最多。此外，城市之间的传染效应及地方政府的争取也是一个重要的因素，比如，浙江省内仅设有 1 个高新区，而江苏省在沪宁沿线密集地设置有 4 个高新区。

中西部地区大都在每个省的省会城市同时设置有经济技术开发区和高新区,每个省份的这一级开发区总量一般不超过3个。

2 发展历程

2.1 经济技术开发区

国家级经济技术开发区自建立以来,在经济发展、产业培育、科技进步、土地开发、城市建设、增加出口、创造就业、财政税收等诸多方面都取得了显著成绩,各项主要经济指标一直保持着高于全国平均水平的高速增势。其发展实践可以大致划分为三个阶段:

(1) 创建探索阶段(1984—1991)

1984年至1988年间,国务院批准在沿海12个城市建立了14个国家级开发区。在开发区建设的起步阶段,一方面,国家级开发区白手起家,发展基础薄弱,建设资金短缺;另一方面,外资进入中国总体上尚处于试探和观望阶段。1991年,14个国家级开发区总共实现工业产值145.94亿元,税收7.90亿元,出口11.4亿美元,合同利用外资额8.14亿美元,实际利用外资3.61亿美元,截至1991年底,累计利用外资13.74亿美元。引进项目主要是劳动密集型的中小企业,技术转让或技术转移较少发生。

(2) 高速增长阶段(1992—1998)

1992年,邓小平同志南方谈话后,掀起了对外开放和引进外资的新一轮高

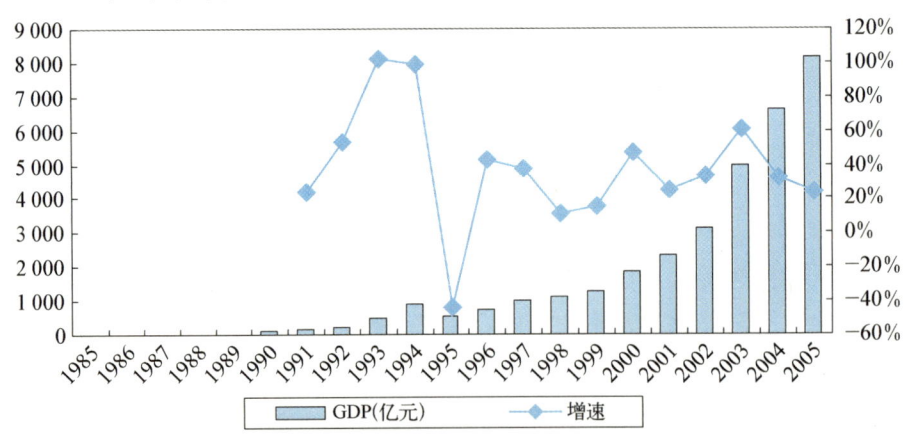

图2-3 国家经济技术开发区历年GDP增长

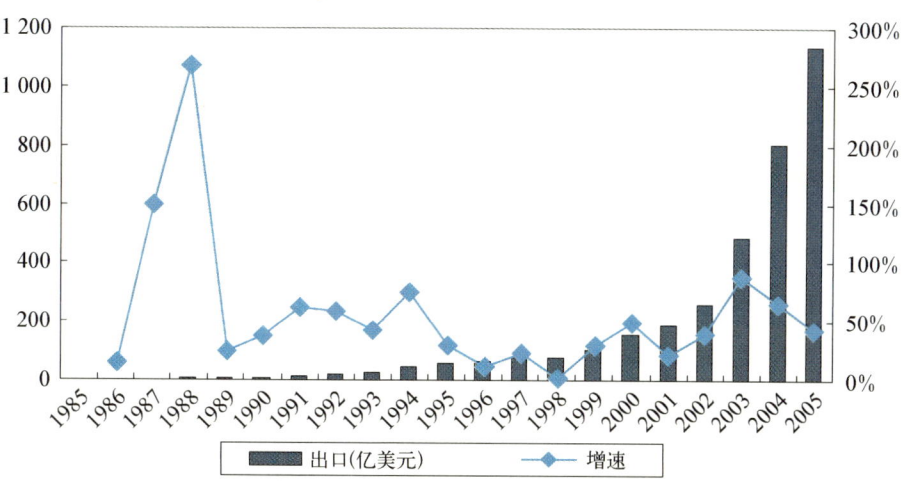

图 2-4 国家经济技术开发区历年出口增长

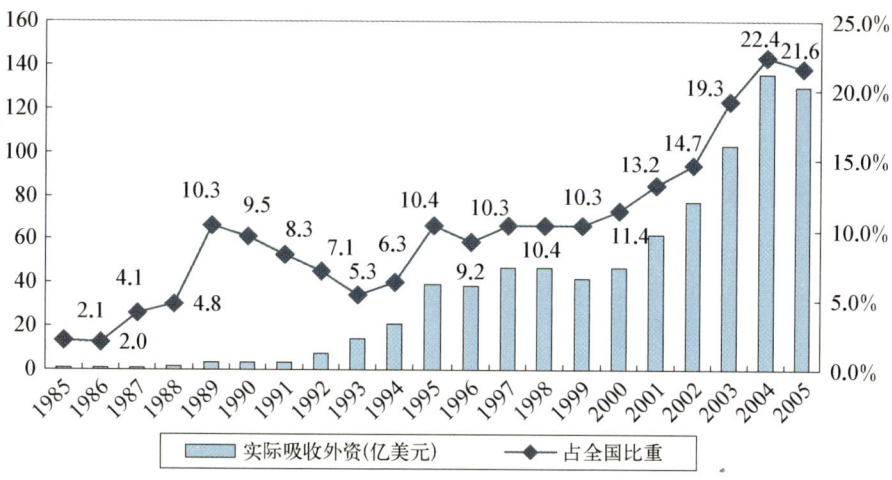

图 2-5 国家经济技术开发区历年吸收外资及占全国比重

资料来源：根据商务部《中国国家级经济技术开发区发展报告》(2005)(2006)；《开发区年鉴》(2003)(2004)相关数据整理绘制

潮。这一阶段，我国的对外开放由沿海向沿江、沿边和内陆省会城市发展，国家新批准 18 个国家级开发区，由特区、经济技术开发区、保税区、高新区、边境自由贸易区、沿江沿边开放地带、省会城市等构成的多层次、全方位开放格局基本形成。借助新的发展机遇，国家级开发区实现了超常规速度发展和质的飞跃，各开发区利用外资的数量和水平大幅度提高，以跨国公司为主体的外资开始取代中小资本成为进入开发区投资的主要力量。

然而开发区的发展进程并非一帆风顺。自1996年起,国家规定外商投资企业进口设备不再免关税和增值税(该政策在1998年又重新调回最初状态);1997年,亚洲金融危机的爆发。在这两件大事的影响下,开发区吸引外资受到了重大影响,从1996年到1999年,开发区吸引外资及其占全国的比重出现了较大的波动。

(3) 稳定发展阶段(1999年以后)

1999年前后,随着对外商投资企业进口设备免关税和增值税政策的恢复,加之亚洲金融危机的负面影响逐渐减弱,开发区的发展进入了稳定发展阶段。

为了改变区域发展不平衡的趋势,我国开始实施西部大开发战略。国家批准了中西部地区省会城市设立国家级开发区,并赋予不同地区开发区以差异化的职能:东部沿海地区的开发区主要是充分发挥在对外开放中的区位优势,不断提升在国际分工中的地位;中部地区的开发区主要是充分发挥承东启西、纵贯南北的区位优势和综合资源优势,并要加大结构调整力度,改造传统产业,加快推进工业化,积极培育新的经济增长点;西部地区的开发区主要是积极发挥当地资源和特色产业优势,按照西部大开发战略的要求,成为西部地区经济和产业发展的重要支撑点。

这一阶段,国家级经济技术开发区的规模大大扩展,多数开发较早的开发区实际开发面积已经超过国务院最初批准的规划面积,一些规模较大的开发区对于城市综合功能的需求日益增加,开始从单纯的工业园区向兼有生产、居住、服务等多种功能的城市新区发展。

表2-3 国家经济技术开发区发展阶段性指标

	GDP(亿元)	工业总产值(亿元)	工业增加值(亿元)	税收收入(亿元)	出口(亿美元)	实际使用外资(亿美元)
1985	0.91		1.26		0.39	0.42
1991	146.0	146.0	6.8	7.9	11.4	3.6
1985—1991年平均增幅	133.1%		32.4%		75.5%	43.1%
1998	1 103.2	2 962.5	756.61	192.6	80.3	47.3
其中:首批14个开发区	—	1 869.09	—	131.16	—	32.52
1991—1998年平均增幅	33.5%	53.7%	96.0%	57.8%	32.2%	44.5%

续 表

	GDP (亿元)	工业总产值 (亿元)	工业增加值 (亿元)	税收收入 (亿元)	出口 (亿美元)	实际使用外资(亿美元)
2005	8 159.2	23 376.9	5 981.4	1 219.3	1 138.0	130.2
1998—2005 年平均增幅	33.1%	34.3%	34.4%	30.2%	46.0%	15.6%

注：由于不同年份开发区的数量不同，因此数据的统计口径不完全一致。
资料来源：根据商务部《国家级经济技术开发区发展报告》(2005)(2006)相关数据整理

2.2 高新区

1992—2005 年间，国家高新区营业收入、工业总产值、净利润、上缴税额、出口创汇年均增长率分别为 46.9%、47.4%、38.2%、47.9% 和 53.9%[①]，各项经济指标的增长速度均大大高于全国平均水平。

在国家没有多少投入的情况下，高新区初创时期主要依靠自身创业和国家的优惠政策进行发展。从历年工业总产值和营业总收入的增长看，在经历了一段时间的高速迅猛增长以后，自 2000 年左右，增速逐渐趋向平缓和稳定(图 2-6、图 2-7)。但高新区盈利能力呈持续下降的态势(图 2-8)；R&D 经费投入占全国 R&D 经费的比例波动较大，2000 年甚至出现绝对值的大幅下降(图 2-9)。

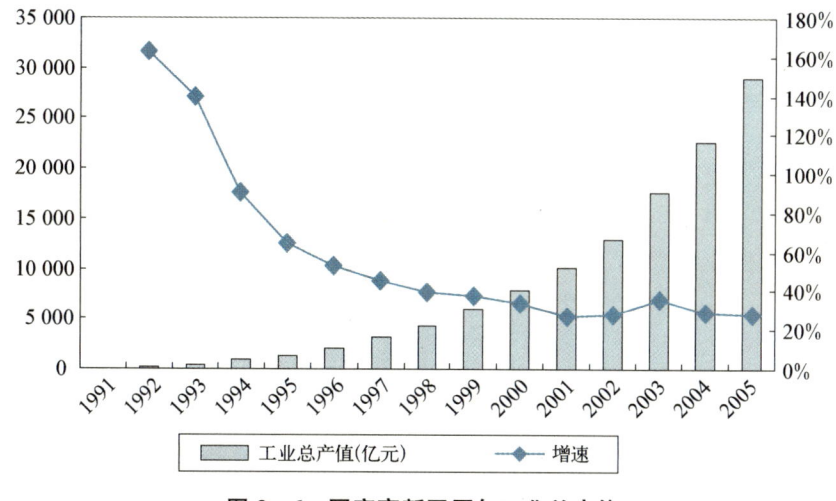

图 2-6　国家高新区历年工业总产值

---

① 杨凌农业高新技术产业开发示范区于 1997 年才成立，因此 1992 年数据为 52 个高新区，2005 年数据为 53 个高新区。虽然口径略有不同，但杨凌高新区占高新区经济总量的比例较小，并不影响大的趋势判断。

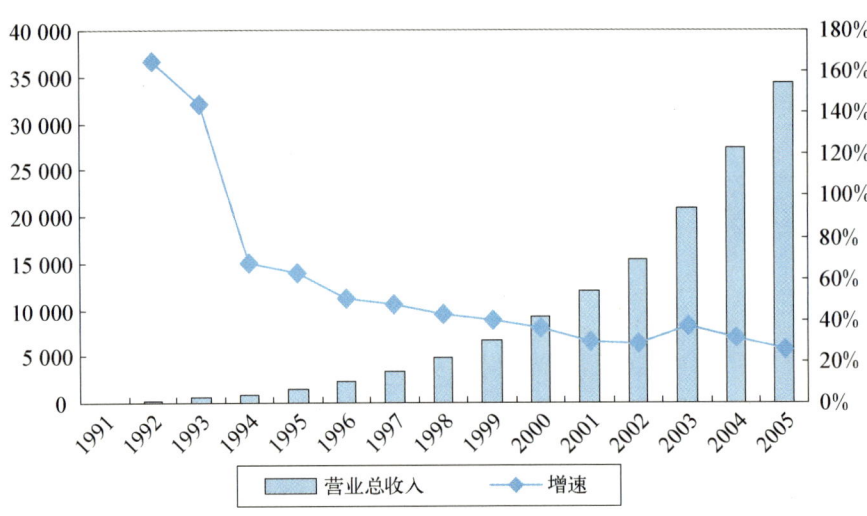

图 2-7　国家高新区历年营业总收入

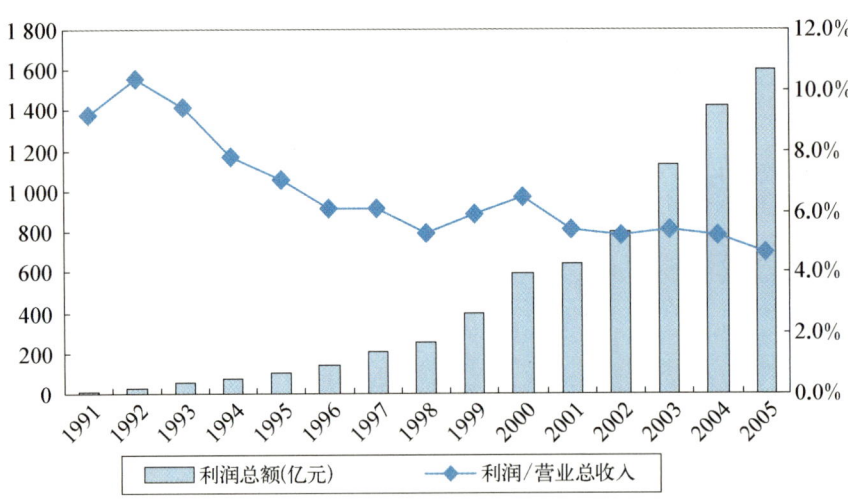

图 2-8　国家高新区历年利润

第 2 章　全国开发区发展概况

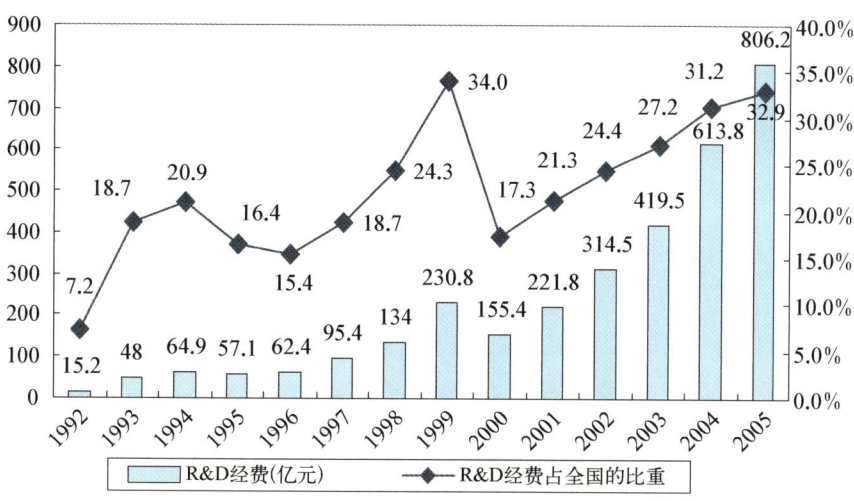

图 2-9　国家高新区历年 R&D 经费及占全国的比重

资料来源：根据科技部《国家高新技术产业开发区十年发展数据报告(1991—2000)》；科技部《中国火炬计划 15 周年发展报告数据集》；科技部《中国高技术产业数据》(2004)(2005)(2006)；及国家统计局、科学技术部编.《中国科技统计年鉴(2006)》相关数据整理绘制.

2001 年 9 月,针对高新区在发展过程中存在的创新能力不足、比较优势弱化、发展空间受限等诸多问题,国家科技部在武汉召开的国家高新区所在市长座谈会上,明确提出了国家高新区要进行"二次创业"的构想,其基本内涵是：从注重招商引资和优惠政策的外延式发展向主要依靠科技创新的内涵式发展转变；从注重硬环境建设向注重优化配置科技资源和提供优质服务的软环境转变；从产品以国内市场为主向大力开拓国际市场转变；从产业发展规模由小而分散向集中优势发展特色产业和主导产业转变；从逐步的、积累式改革向建立适应社会主义市场经济要求和高新技术产业发展规律的新体制、新机制转变。

3　现　实　状　况

3.1　总体绩效：两类开发区均取得了显著的经济成就

(1) 已成为国家和地方重要的经济增长点

两类开发区在发展的历程中均表现出了超常的发展速度,创造了巨大的经济总量,成为国家和地方经济重要的增长点。高新区在经济总量上略超过经济技术开发区,2005 年,高新区实现的工业增加值、税收收入和出口分别为经济技术开发区的 1.14、1.33 和 0.98 倍。

> 经济技术开发区

2005年,经济技术开发区的 GDP、工业增加值、税收收入、出口、进口和实际使用外资占全国的比例已分别达到 4.5%、7.9%、4.0%、14.9%、16.9% 和 21.6%,税收收入所占比例明显低于其他指标所占比例。除实际使用外资指标[①]外,经济技术开发区的 GDP、工业增加值、税收收入、出口金额和进口比上年增幅普遍高出全国平均增幅 10 个百分点以上(表 2-4)。

表 2-4　2005 年国家经济技术开发区主要经济指标及其与全国的对比

	GDP（亿元）	工业总产值（亿元）	工业增加值（亿元）	税收收入（亿元）	固定资产投资（亿元）	进出口（亿美元）	其中：出口（亿美元）	进口（亿美元）	实际使用外资（亿美元）
经济技术开发区	8 195.2	23 376.88	5 981.4	1 219.2	3 473.7	2 252.4	1 138.0	1 114.4	130.2
比上年增幅	24.1%	30.2%	23.2%	30.7%		35.5%	41.7%	29.7%	−4.3%
全　　国	182 321	—	76 190	30 866	88 604	14 221	7 620	6 601	603
比上年增幅	9.9	—	16.4	20.0		23.2	28.4	17.6	−0.5
经济技术开发区经济总量占全国比例	4.5%	—	7.9%	4.0%	3.9%	15.8%	14.9%	16.9%	21.6%
经济技术开发区增幅高出全国增幅百分点	14.2	—	6.8	10.7		12.3	13.3	12.1	−3.8

资料来源:商务部,国家级经济技术开发区发展报告(2006)

GDP 大于 200 亿元的 12 家开发区中(这 12 家开发区合计 GDP 4 912.2 亿元,占全部开发区 GDP 总量的 59.9%),有 8 家占所在城市 GDP 比重达到 10% 以上(表 2-5)。

表 2-5　2005 年 GDP 大于 200 亿元的经济技术开发区占所在城市 GDP 比重

开发区名称	广州	天津	苏州工业园	昆山	大连	青岛
开发区 GDP(亿元)	652.9	642.3	580.7	535.9	450.1	372.3
城市 GDP(亿元)	5 154.2	3 697.2	4 026.5	4 026.5	2 152.5	2 695.8
开发区 GDP/城市 GDP	12.7%	17.4%	14.4%	13.3%	20.9%	13.8%

---

① 实际使用外资出现负增长,一定程度上与"两税合一"政策的不确定性以及自 2003 年以来的治理土地市场秩序和严格的土地管理加剧了部分国家级开发区经济发展与土地供给不足的矛盾有关。

续 表

开发区名称	金桥	漕河泾	烟台	宁波	北京	长春
开发区 GDP(亿元)	367.9	329.8	280	235.3	235	230
城市 GDP(亿元)	9 154.2	9 154.2	2 012.5	2 449.3	6 886.3	1 678.5
开发区 GDP/城市 GDP	4.0%	3.6%	13.9%	9.6%	3.4%	13.7%

注：城市 GDP 按全市口径。
资料来源：开发区数据源自《中国开发区年鉴(2006)》；省会城市和计划单列市数据源自《中国统计年鉴(2006)》；其他城市数据源自各城市统计公报

> 高新区

2005 年，53 个国家高新区的 GDP、工业增加值、税收收入和出口金额占全国的比例分别达到 5.0%、9.0%、5.2%和 14.7%，税收收入比例低于工业增加值及出口比例；工业增加值、税收收入和出口金额比上年增幅均高出全国平均增幅 5 个百分点以上(表 2-6)。

表 2-6　2005 年国家高新区主要经济指标及其与全国的对比

	GDP(亿元)	工业总产值(亿元)	工业增加值(亿元)	上缴税额(亿元)	出口创汇(亿美元)	实际使用外资(亿美元)
高新区	9 130.7	28 957.6	6 820.6	1 615.8	1 116.5	99.4
比上年增幅	27.2%	27.9%	23.1%	30.3%	35.5%	−0.5%
全　国	182 321	—	76 190	30 866	7 620	603
比上年增幅	9.9%	—	11.4%	20.0%	28.4%	−0.5%
高新区经济总量占全国比例	5.0%	—	9.0%	5.2%	14.7%	16.5%
高新区增幅高出全国增幅百分点	17.3	—	11.7	10.3	7.1	0.0

资料来源：全国数据源自国家统计局《2005 年国民经济和社会发展统计公报》；高新区 GDP 数据源自科技部《2005 年国家高新技术产业开发区对地方经济贡献状况》，其他数据源自科技部《2005 年国家高新技术产业开发区综合发展情况分析》

GDP 大于 200 亿元的 11 家高新区中(这 11 家高新区合计 GDP4 829.9 亿元，占全部高新区 GDP 总量的 52.9%)，有 9 家高新区 GDP 占所在城市 GDP 比重达到 10%以上(表 2-7)。

表2-7 2005年GDP大于200亿元的高新区占所在城市GDP比重

高新区名称	张江	中关村	苏州	无锡	成都	南京
高新区GDP(亿元)	996.7	954.9	422.2	375.1	374.0	373.8
城市GDP(亿元)	9 154.2	6 886.3	4 026.5	2 805	2 370.8	2 411.1
高新区GDP/城市GDP	10.9%	13.9%	10.5%	13.4%	15.8%	15.5%
高新区名称	西安	武汉	深圳	长春	广州	
高新区GDP(亿元)	316.1	280.7	270.0	252.2	214.2	
城市GDP(亿元)	1 270.1	2 238	4 950.9	1 678.5	5 154.2	
高新区GDP/城市GDP	24.9%	12.5%	5.5%	15.0%	4.2%	

注:城市GDP按全市口径。
资料来源:开发区数据源自科技部《2005年国家高新技术产业开发区对地方经济贡献状况》;省会城市和计划单列市数据源自《中国统计年鉴(2006)》;其他城市数据源自各城市统计公报

(2) 产业集聚功能显著,已成为现代制造业和高新技术产业的重要基地

推动两类开发区经济增长的主要动力均来自工业发展,经济技术开发区和高新区工业增加值占开发区GDP的比重分别为73.0%和74.7%。两类开发区均已形成一批有影响力的支柱行业,产值比重最高的均为电子信息产业。高新区以高新技术产业和产品为主,经济技术开发区相对而言产业、产品类型更加宽泛,但高新技术产业产值也已经占到接近总产值一半以上。

> 经济技术开发区

开发区主导产业主要集中于电子信息、交通运输设备制造、电气机械及器材、生物医药、化学原料及制品和食品饮料等行业。据不完全统计,2003年国家级开发区以上六个行业的工业总产值为7 931.1亿元,工业增加值为2 182.5亿元,分别占国家级开发区工业总产值和工业增加值的61.2%和60.6%[①]。

2005年,国家级经济技术开发区内的高新技术企业数3 205家,高新技术企业产品的工业总产值、产品销售收入和高新技术产品出口额分别占到开发区总量的46.5%、47.1%和68.0%(表2-8)。

---

① 资料来源:《国家级经济技术开发区的经济发展成就》,http://www.fdi.gov.cn/common/info.jsp?id=CENSOFT0000000008202

表2-8 2005年国家经济技术开发区高新技术企业概况

	工业总产值(亿元)	工业企业产品销售(亿元)	出口(亿美元)
总　　量	23 376.9	23 115.9	1 137.9
高新技术企业	10 860.9	10 887.6	774.3
高新技术企业比例	46.5%	47.1%	68.0%

资料来源：商务部《国家级经济技术开发区发展报告(2006)》

➢ 高新区

2005年，国家高新区内的高新技术企业数为27 293家(其中，规模以上高新技术企业8 687家)，占全部企业总数的65.0%。高新技术企业各项经济指标占开发区总量的比重均在70%以上(表2-9)。

表2-9 2005年国家高新区高新技术企业概况

	企业数(家)	营业总收入(亿元)	工业总产值(亿元)	工业增加值(亿元)	净利润(亿元)	上缴税额(亿元)	出口创汇(亿美元)	产品销售收入(亿元)
开发区总计	41 990	34 415.6	28 957.6	6 820.6	1 603.2	1 615.9	1 116.5	29 088.5
高新技术企业	27 293	25 674.8	21 761.9	5 088.6	1 290	1 135.2	882.6	22 195.2
高新技术企业比例	65.0%	74.6%	75.2%	74.6%	80.5%	70.3%	79.1%	76.3%

资料来源：科技部《2005年高新技术产业开发区区内、区外高新技术企业发展比较》；科技部《中国高技术产业数据(2006)》

高新区内已经形成了一批具有优势和特色的高新技术支柱产业。从产品销售收入构成看，电子信息、新材料、光机电一体化、生物技术和新能源位居前5位，产品销售收入合计占到全部产品销售收入的78.2%(表2-10、图2-10)。电子信息产业的主导地位尤其突出，无论是产品数量还是产品销售收入均高居第一位，占到了1/3以上的份额。而且，电子信息产业几近一半的产品产量具有出口能力，电子信息出口占到全部出口总量的3/4左右。

表2-10 2005年国家高新区各领域产品数量及销售收入

	产品数(个)	比例	产品销售收入(亿元)	比例	产品出口(亿美元)	比例
电子信息	16 610	37.9%	8 935.6	40.3%	568.8	74.8%
生物技术	4 482	10.2%	1 610.5	7.3%	11.8	1.6%

续 表

	产品数（个）	比例	产品销售收入（亿元）	比例	产品出口（亿美元）	比例
新材料	4 663	10.6%	3 183.9	14.3%	39.9	5.2%
光机电一体化	8 964	20.5%	2 664	12.0%	70.2	9.2%
新能源及高效节能技术	1 459	3.3%	949.8	4.3%	70	9.2%
环境保护技术	1 238	2.8%	173.4	0.8%		
航空航天技术	276	0.6%	103.4	0.5%		
地球、空间、海洋工程	96	0.2%	30.1	0.1%		
核应用技术	126	0.3%	26.2	0.1%		
其 他	5 898	13.5%	4 518.3	20.4%		
高新技术产品合计	43 812	100.0%	22 195.2	100.0%	760.7	100%

资料来源：根据科技部《2005年国家高新技术产业开发区企业产品发展状况分析》、《2005年国家高新技术产业开发区综合发展情况报告》相关数据整理

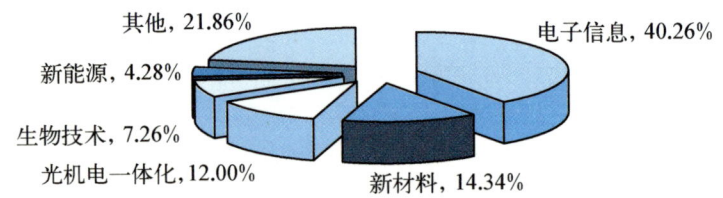

图2-10 2005年国家高新区企业产品销售收入按技术领域分布

资料来源：科技部《中国高技术产业数据(2006)》

（3）发挥了对外开放的窗口作用

作为经济特区之后的第二开放带，开发区外向型特征明显，在我国对外开放进程中发挥了积极的主导作用。

➤ 经济技术开发区

2005年，经济技术开发区实际利用外资130.23亿美元；累计实际使用外资999.32亿美元，占全国累计使用外资金额（6 224.26亿美元）的16%；出口1 137.97亿美元，其中机电产品出口占到72.44%。

截至2005年底，经济技术开发区期末实有外商投资企业19 966家，占全区工业企业总数的50%以上。世界500强企业在国家级经济技术开发区的投资企业数量由2003年915家增加到1 308家，占全部外资企业数量的6.6%。外

资企业完成工业总产值、工业产品销售收入和税收分别占开发区总量的 78.3%、79.6% 和 62.7% (表 2-11)。

表 2-11 2005 年国家经济技术开发区外资企业概况

	工业总产值（亿元）	工业企业产品销售（亿元）	涉外税收（亿元）
外资企业	18 312.86	18 420.56	764.72
全部企业	23 376.88	23 131.20	1 219.2
外资企业比例	78.3%	79.6%	62.7%

资料来源：商务部《国家级经济技术开发区发展报告(2006)》

> 高新区

2005 年，高新区实际利用外资 99.4 亿元；累计实际使用外资 618.8 亿美元，占全国累计使用外资金额(6 224.26 亿美元)的 9.9%；出口 1 116.5 亿美元，其中高新技术企业产品出口 760.7 亿美元，占出口总额的 68.1%。

截至 2005 年底，高新区期末实有外商投资企业 6 269 家，占全区工业企业总数的 14.9%。涉外的三资企业吸纳就业人口和上缴税额均占到 1/3 左右，完成营业总收入、工业总产值和工业增加值均占到 40% 以上，出口创汇所占比例更高达 84.7%(表 2-12)。

表 2-12 2005 年高新区三资企业主要经济指标

	企业数（家）	年末从业人员（万人）	营业总收入（亿元）	工业总产值（亿元）	工业增加值（亿元）	上缴税额（亿元）	出口创汇（亿美元）
全部企业	41 990	521.2	34 415.6	28 957.6	6 820.6	1 615.8	1 116.5
其中：三资企业	6 269	157	15 550.2	14 297.7	2 874.3	572	946.2
三资企业所占比例	14.9%	30.1%	45.2%	49.4%	42.1%	35.4%	84.7%

资料来源：科技部《中国高技术产业数据(2006)》

三资企业中，认定为高新技术企业的 3 612 家，占高新区全部三资企业的 57.6% 和开发区全部高新技术企业总数(27 293 家)的 13.2%。

(4) 智力密集程度较高，研发活动较区外活跃

两类开发区均吸引了大量从业人员，人员素质结构相对较高，尤其是高新

区,具有明显的智力密集优势。高新区内 R&D 投入强度高,研发活动活跃,经济技术开发区也趋于重视研发活动,不少外商投资企业在区内设置研发中心。

➢ 经济技术开发区

2005 年,开发区年末从业人数 417.27 万人。其中,大专以上就业人数 114 万人,占从业人员的 27.34%;中级职称以上就业人数 39 万人,占全区从业人员的 9.35%;高新技术企业从业人员达到 83.08 万人,占全区从业人员的 20%。

2005 年,国家级经济技术开发区 R&D 投入总计 151.74 亿元,以 R&D 支出占开发区 GDP 表示的 R&D 强度①指标达到 1.85%,高于全国平均水平 (1.34%);开发区共投入支持科技发展资金 36.69 亿元,占可支配财力(633.33亿元)的比重为 5.79%;截至 2005 年底,历年累计支持科技发展资金达到 141.62 亿元。区内外商投资企业设立研发中心② 653 个,建成创业投资服务中心(孵化器)总面积 369.84 万 m^2。平均每个经济技术开发区拥有 11 个外资研发中心和 6.85 万 m^2 的创业投资服务中心(孵化器)。

➢ 高新区

2005 年,高新区各类从业人员共计 521.2 万人。其中,大专以上学历从业人员达 211.7 万人,占从业人员总量的 40.6%;各类科技人员 141 万人(具有中高级技术职称人员 75 万人,初级职称 66 万人),占到从业人员总量的 27%;共吸引留学归国人员 2.1 万人(其中获硕士以上学位的 1.43 万人)。

2005 年,高新区科技经费支出总额为 1 338.9 亿元,R&D 经费支出为 806.2 亿元,以 R&D 支出占开发区 GDP 表示的 R&D 强度指标达到 7.8%,大大高于全国平均水平(1.34%)。其中,经认定的 27 293 家高新技术企业 R&D 经费投入 716.6 亿元,占高新区全部 R&D 经费投入的 88.9%。区内科技企业孵化器 534 个,场地面积达到 1 969.9 万 m^2,在孵企业 39 491 家,当年新孵化企业数 9 714 家,累计"毕业"企业数 15 815 家。

全国 43 249 家高新技术企业中有 63.1% 位于高新区。区内高新技术企业的平均经济规模较区外要小,在科技投入上略低于区外企业,但在研发投入上远高于区外企业(表 2-13)。显然,与区外相比,高新区内更加重视高新技术企业孵化功能。

---

① R&D 强度是指 R&D 经费占总产值、销售收入或工业增加值的比例,是测度经济增长质量和经济发展潜力的重要指标。
② 均指投资总额 200 万美元以上的研发中心。

表 2-13 2005 年高新区区内外高新技术企业主要指标比较

	企业数（家）	从业人员（人）	营业总收入（亿元）	工业总产值（亿元）	工业增加值（亿元）	实现利润（亿元）	上缴税额（亿元）	出口创汇（亿美元）	科技经费投入（亿元）	R&D经费投入（亿元）
全部高新技术企业	43 249	1 016	59 714.1	55 781	13 000.1	3 387.5	2 901.1	2 050.9	2 873.8	1 191
区内高新技术企业	27 293	356.3	25 674.8	21 761.9	5 088.9	1 290	1 135.2	882.6	1 190.2	716.6
区外高新技术企业	15 956	659.8	34 039.3	34 019	7 911.2	2 097.5	1 765.9	1 168.3	1 683.6	474.4
区内占总量份额	63.1%	35.1%	43.0%	39.0%	39.2%	38.1%	39.1%	43.0%	41.4%	60.2%

资料来源：根据科技部"高新技术产业数据（2005）""2005 年高新技术产业开发区区内、区外高新技术企业发展比较"相关数据整理。

(5) 空间集聚效益明显，资源集约利用程度较高

➤ 经济技术开发区

截至 2005 年底，54 个国家级经济技术开发区经国务院批准规划面积为 841.72 km²，平均每个开发区批准用地面积约 15.6 km²。开发区历年累积已开发土地面积 1 085.23 km²，其中，已建工业项目用地面积 591.82 km²，占累积已开发土地面积的 54.5%。工业用地地均效益大大高于全国平均水平。2005 年，工业用地地均工业总产值达到 39.5 亿元/km²；而上海市 2005 年工业用地地均工业总产值也仅为 20 亿元/km² 左右①。按规划用地面积计，开发区地均 GDP 为 9.7 亿元/km²；以累积已开发土地面积计，开发区地均 GDP 为 7.6 亿元/km²。

2005 年，国家级经济技术开发区工业企业实现工业增加值 5 981.35 亿元，工业企业综合能源消费量为 3 912.99 万吨标准煤，万元工业增加值综合能耗为 0.65 吨标准煤，只占全国同期万元工业增加综合能耗（2.59 吨标准煤）的 25.1%。

➤ 高新区

2005 年，高新区总计规划面积为 961.47 km²，平均每个高新区规划面积约 18.1 km²；新建区② 累计已开发土地面积③ 为 454.7 km²，占全部规划面积的 47.3%④。按规划面积计，高新区地均 GDP 为 9.5 亿元/km²，与经济技术开发

---

① 上海市 2005 年完成工业总产值 16 876.8 亿元，工业用地面积约 850 km²。
② 新建区指国家高新区内集中连片建设的部分。
③ 新建区累计已开发土地面积可能统计数据存在问题，因根据科技部"高新技术产业数据"（2002）（2003）（2004），2002、2003、2004 年新建区累计已开发土地面积已分别达到 549.3、651.2 km² 和 705.3 km²。
④ 资料来源：科技部《2005 年国家高新技术产业开发区综合发展情况分析》。

区平均水平大体相当。

3.2 分类比较：高新区与经济技术开发区的同质化表现

高新区的初始目标是本土高新技术产业化，属于培育内生型竞争力的开发区，但从高新区的经济指标表现来看，已经出现了明显的向经济技术开发区的功能偏离，而技术创新的优势并不显著。具体表现为：

（1）以大型生产型项目为主，技术性收入比例低

从高新区企业技工贸收入的结构可以看出，高新区内的企业是以产品生产体系为主、以商品流通为辅的结构。1991—1999年间，高新区技术性收入占技工贸总收入的比重持续下降，1999年仅为3.8%；从2000年起逐步回升，但增幅缓慢；同时，产品销售收入占技工贸总收入的比重却持续上升。2005年国家高新区的营业总收入中，技术性收入仅占到6.0%，有84.5%为产品销售收入，5.6%为商品销售收入（图2-11）。

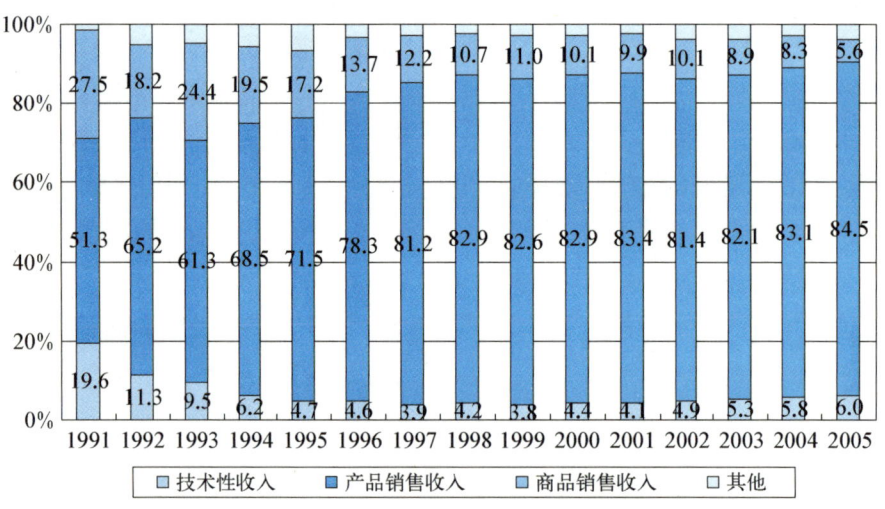

图2-11　1991—2005年国家高新区技工贸收入结构示意

资料来源：根据科技部"国家高新技术产业开发区十年发展数据报告"；科技部"中国高技术产业数据"（2001）（2002）（2003）（2004）（2005）（2006）相关数据整理绘制

高新区内亿元以上经济规模企业占高新区主要经济指标的比例持续上升。2005年，高新区营业收入超过亿元以上3 389家（其中100亿元以上的企业达到42家，50亿元以上67家，30亿元以上73家，10亿元以上377家），虽然仅占高新区企业数量的8%，创造的营业收入、工业总产值和出口却占到全部企业总量

的88.6%、89.9%和95.9%(图2-12)。但亿元以上经济规模企业的技术性收入和商品销售收入的比例要明显低于经济规模较小的企业(图2-13)。

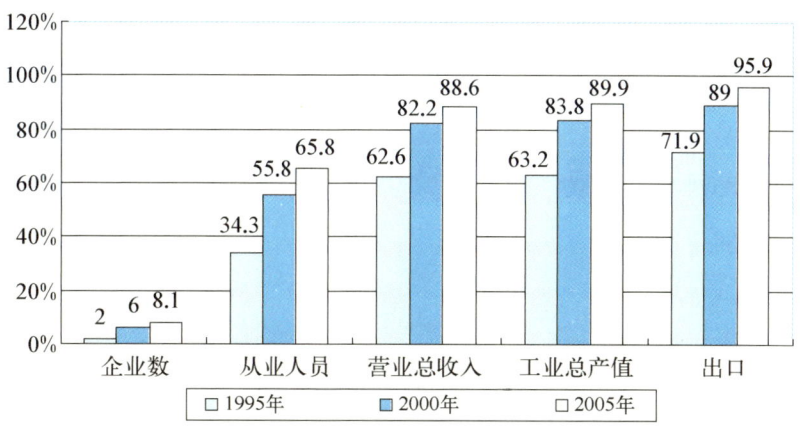

图2-12 亿元以上经济规模企业所占比例变化

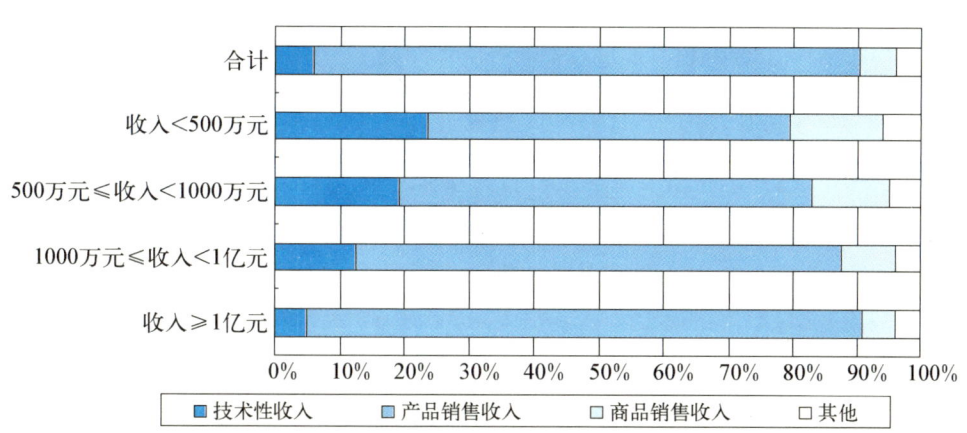

图2-13 2005年不同经济规模企业的技工贸收入结构

资料来源:根据科技部"国家高新技术产业开发区十年发展数据报告";科技部"中国高技术产业数据(2006)"相关数据整理绘制

(2)外资企业比重持续提高,但其对于技术创新的促进并不明显

在高新区发展的初期阶段,由于本土支持新企业启动的条件不足,通过吸引外商投资企业来引进技术,促进高新技术产业发展无疑是一条现实的途径。从历年的发展看,外资企业占高新区全部企业营业总收入的比重持续提高(图2-14)。但从外资企业的经济指标表现来看,外资企业对于高新区的贡献主要在于经济总量的提高和出口创汇方面,而对技术创新的促进并不明显。外资

企业在高技术产业领域主要是通过产品链条内的垂直分工,在我国投资进行低附加值零件的生产和整机装配,同时进口凝聚核心技术的高附加值部件。据全国的数据显示,2005年,外商投资企业高新技术产品出口额为1 919.64亿美元,占全国高新技术产品出口总额(2 182.48亿美元)的比重为87.96%;其中,加工贸易1 801.72亿美元,占外商投资企业高新技术产品出口总额的93.86%①。

图 2-14　外资企业营业总收入所占比重

资料来源:根据科技部"国家高新技术产业开发区十年发展数据报告";
科技部"中国高技术产业数据"(2002)(2004)(2006)相关数据整理绘制

2005年,高新区三资企业R&D投入260.3亿元,占全部高新区R&D投入的32.3%,低于其产品销售收入和营业总收入所占比例10多个百分点;R&D投入占产品销售收入和营业总收入的比重较高新区平均水平低1个和0.6个百分点(表2-14)。

表 2-14　2004年高新区三资企业科技经费投入情况

	R&D经费(亿元)	产品销售收入(亿元)	营业总收入(亿元)	R&D占产品销售比例(%)	R&D占营业总收入比例(%)
三资企业	260.3	14 311.7	15 550.2	1.8	1.7
高新区全部	806.2	29 088.5	34 415.6	2.8	2.3
三资企业所占份额	32.3%	49.2%	45.2%	—	—

资料来源:科技部"2005年三资企业在国家高新技术产业开发区的发展状况分析"。

---

① 资料来源:2006中国外商投资报告。

2004年不同经济类型企业的技工贸收入结构显示,外商投资企业和港澳台投资企业的技术性收入比例分别仅为3.1%和4.5%,低于全部企业技术性收入比例的平均水平(5.8%);而产品销售收入比例则分别达到90.0%和88.1%,为各经济类型企业之最(图2-15)。

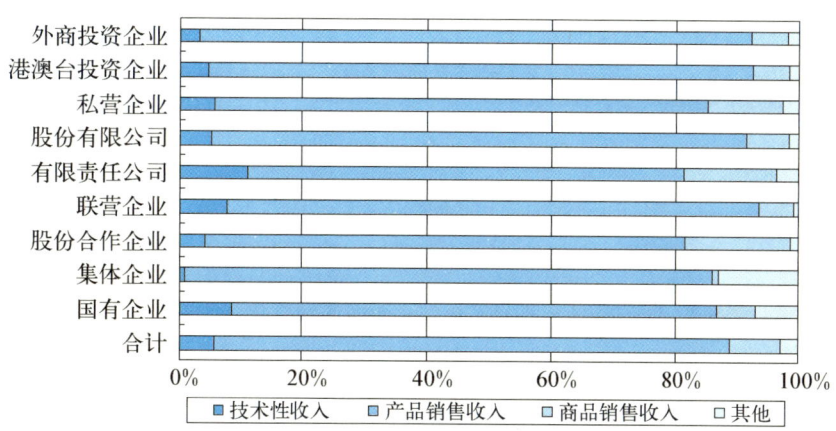

图2-15 2004年不同经济类型企业的技工贸收入结构

资料来源:根据科技部"2004中国火炬计划统计资料"整理绘制

从人力资源的角度来看,高新区港澳台投资企业和外商投资企业大专以上人员所占比例分别为29.7%和35.0%,低于高新区平均水平(39.2%)(图2-16);中高级职称人员所占比例分别仅为7.0%和9.5%,大大低于高新区平均水平(14.5%)(图2-17)。

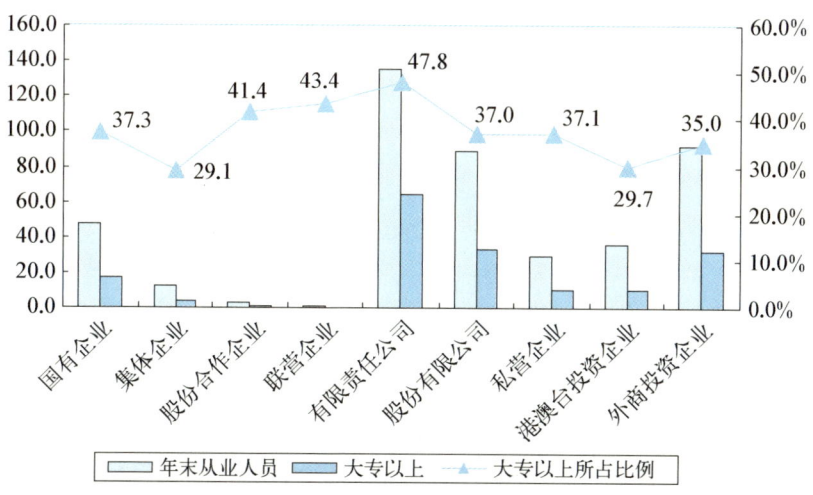

图2-16 2004年各经济类型企业大专从业人员比重

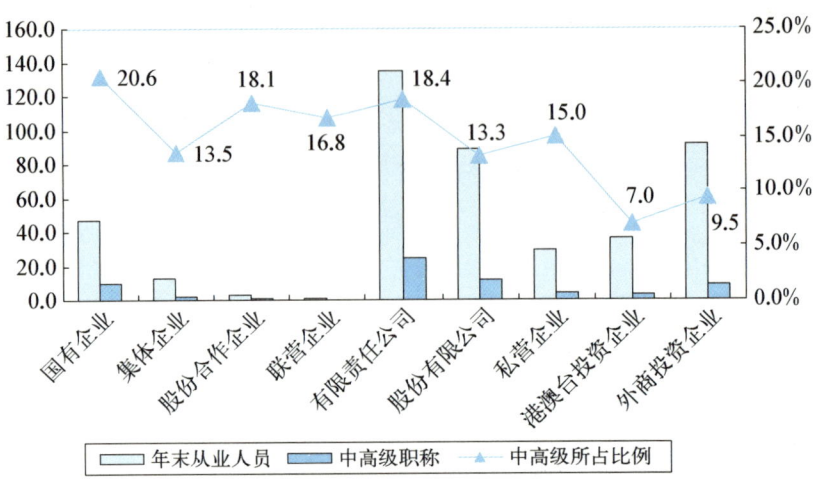

图 2-17 2004 年各经济类型企业中高级职称从业人员比重

显然,高新区内的外商投资企业和港澳台投资企业主要是成型产品和成熟技术的生产型企业,关键的研发活动并不在区内,对从业人员的要求也相对较低,对于提升高新区技术创新能力的作用有限。

(3)研发孵化功能趋于下降和弱化

从研发投入看,国家高新区 R&D 投入从 1992 年的 15.2 亿元增至 2005 年的 806.2 亿元,年均增幅约为 35.7%。但从 1992 年至 2000 年,R&D 投入占产品销售收入的比重呈明显下降趋势,2000 年仅为 2.0%。从 2001 年起,这一比例才开始缓慢回升(图 2-18)。

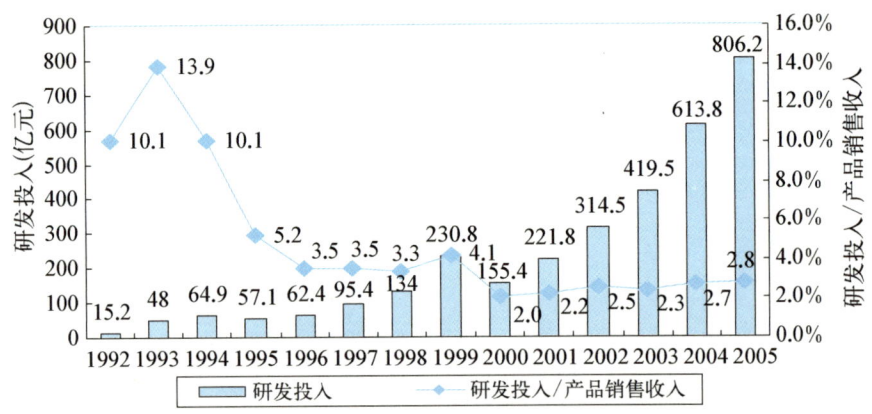

图 2-18 1992—2005 年国家高新区 R&D 强度变化

资料来源:根据科技部"国家高新技术产业开发区十年发展数据报告";科技部 2002—2006 年历年"中国高技术产业数据"相关数据整理绘制

(4) 工业增加值率水平较低

工业增加值率(单位产值的增加值)是直接衡量行业附加值率的重要指标,一般认为,高技术产业具有高附加值的特点,增加值率相对较高。增加值率的高低也反映了一个行业的创新模式和竞争程度。以自主开发为主的创新模式其增加值率一般会高于以引进生产为主的模式;一个国家如果在某个行业具备技术领先优势,那么这个国家该行业的增加值率也会处于领先的水平。另一方面,由于竞争对手的不断进入,导致行业内部的激烈竞争,使得整个行业的平均增加值率下降。理论上讲,高新区作为发展本土高新技术产业的基地,应该具有较高的增加值率。但事实上,2005年高新区高新技术企业的工业增加值率仅为23.4%,不仅与发达国家相比有明显的差距(表2-15),而且甚至低于高新区全部工业企业的平均水平(23.6%)。

表2-15 部分国家高技术产业的增加值率

美国(2002年)	日本(2002年)	德国(2002年)	法国(2002年)	英国(2002年)	韩国(2003年)
43.1%	38.7%	37.6%	26.9%	38.6%	26.8%

资料来源:OECD,结构分析数据库2005和研究与发展统计2005;转引自中国科技统计网,高技术产业数据(2005)

从最近几年的发展来看,两类开发区工业增加值率的变化趋势一致,自2001年起呈不断下降的态势。而高新区的平均水平要明显低于经济技术开发区(图2-19)。这固然与高新技术企业行业竞争加剧有关,但也明显反映出高新技术企业的附加值水平低,自主创新能力严重不足。

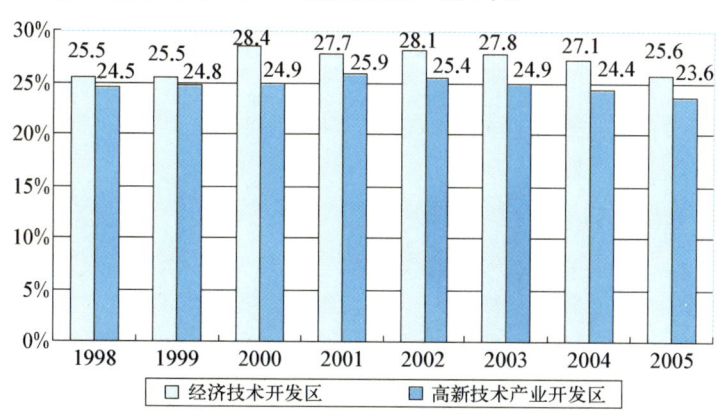

图2-19 两类开发区历年工业增加值率比较

资料来源:根据商务部"国家级经济技术开发区发展报告"(2005)(2006);科技部"国家高新技术产业开发区十年发展数据报告(1991—2000)";科技部2002—2006年历年"中国高技术产业数据"相关数据整理绘制

3.3 分区域比较：东部地区开发区总量占绝对优势，但在增长质量上的优势并不显著

开发区广泛分布于我国沿海和内陆地区的开放城市，各地的资源条件、区位特征以及开发区的经营模式等各不相同，使得不同地区开发区的发展水平存在明显差异。总体上看，东部地区的开发区特别是经济技术开发区因起步较早，地理位置优越，发展明显优于中西部地区，不仅在数量、总体经济规模上占据优势，而且产出上也要大大高于中部和西部地区的开发区。尤其是珠三角、长三角和环渤海湾这三大都市群地区的开发区发展尤为突出。但东部地区开发区在增长质量方面的优势并不显著。

(1) 东部地区开发区总体规模、平均规模及产出效益高于中西部地区开发区

➢ 总体规模

2005年，32个东部经济技术开发区的各项主要经济指标均占到全国经济技术开发区的75%以上；在外向型经济上的表现尤为突出，相关指标占开发区总量的比例达到90%左右。以天津经济技术开发区、青岛经济技术开发区、大连经济技术开发区为代表的环渤海湾9个开发区，以苏州工业园、昆山经济技术开发区、金桥出口加工区等为代表的长三角14个开发区，以广州经济技术开发区为代表的珠三角4个开发区，主要指标占全国开发区的比重约为1/3、1/3强及1/10左右。长三角地区开发区在出口总额指标上的表现极为突出，占全国开发区的比重达到55%（图2-20）。

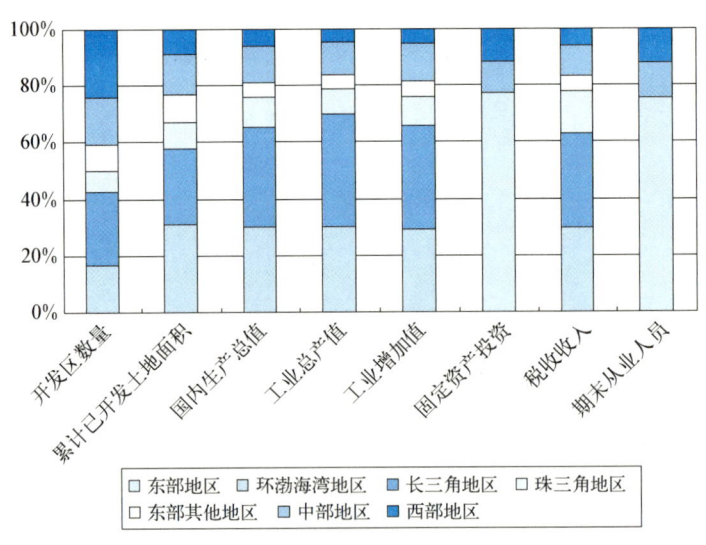

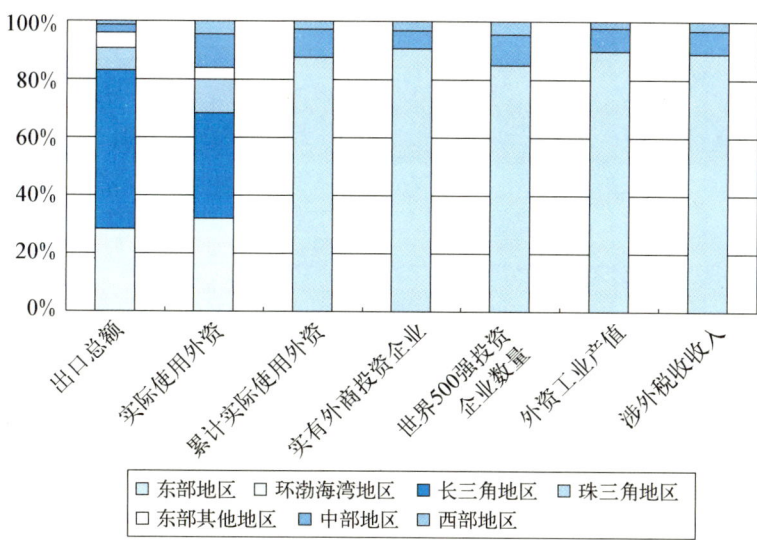

图 2-20　2005 年不同地区经济技术开发区主要经济指标比重情况

资料来源：根据"中国开发区年鉴(2006)"相关数据整理绘制

2005 年，27 个东部高新区的各项主要经济指标均占到全国高新区的一半以上，其中，最高的为出口创汇比重，达到 93.1%；最低的为上缴税额比重，为58.1%。以北京高新区、青岛高新区为代表的环渤海湾地区 10 个高新区，以上海高新区、苏州高新区、无锡高新区等为代表的长三角地区 6 个高新区，以深圳高新区、广州高新区为代表的珠三角地区 6 个高新区，营业总收入、工业总产值、工业增加值、净利润和上缴税额等指标占全国高新区的比重分别约为 1/3、1/5 和 1/10。在出口创汇指标方面，长三角的表现十分突出，占全国高新区的比例接近 1/2；珠三角次之；而环渤海湾地区出口创汇则明显较低。

13 个中部地区高新区的出口创汇仅占全国高新区的 2.9%，但上缴税额占全国高新区的 27.5%，其他指标占全国高新区的比重为 1/5 左右；13 个西部地区高新区除出口创汇指标占全国高新区的比重较低，仅有 4.1% 外，其他指标占全国高新区的比重为 1/10 左右（图 2-21）。

➤ 平均规模

从平均规模上看，无论用地规模、从业人员规模还是经济规模，东部、中部和西部地区开发区均呈现出依次递减的态势（表 2-16）。

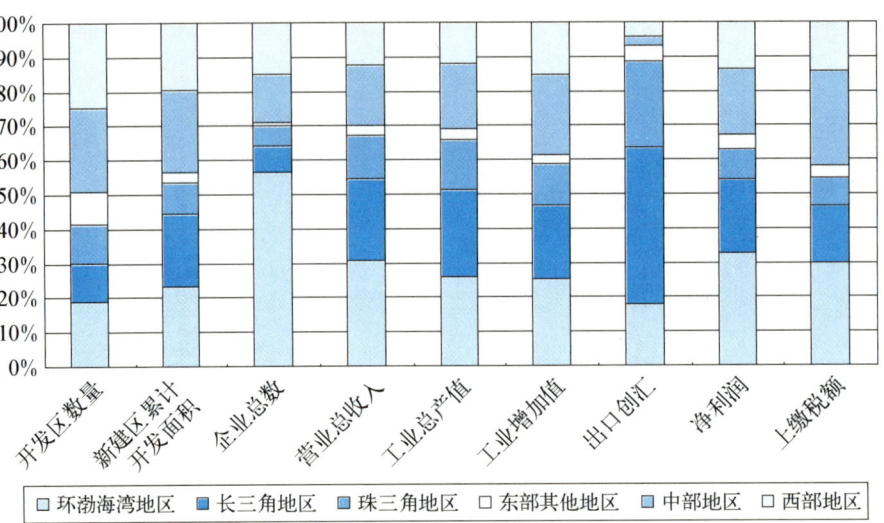

图 2-21　2005 年不同地区高新区主要经济指标

注：新建区累计开发面积为 2004 年数据，其他为 2005 年数据。
资料来源：根据科技部"2004 中国火炬计划统计资料""2005 年国家高新技术产业开发区综合发展情况分析"整理绘制

表 2-16　2005 年不同地区开发区规模概况

		环渤海湾	长三角	珠三角	东部其他	东部地区	中部地区	西部地区	合计平均
经济技术开发区	平均用地规模(km²)*	37.53	20.7	25.4	21.4	26.1	16.9	7.5	20.1
	平均从业人员规模(万人)	—	—	—	—	9.8	5.9	3.8	7.7
	平均经济规模(亿元)	783.3	663.4	508.5	241.5	611.8	302.9	82.5	432.9
高新区	平均用地规模(km²)**	16.5	24.8	10.6	4.1	14.7	13.1	10.5	13.3
	平均经济规模(亿元)	752.5	1 217.7	701.8	192.4	740.9	422.9	265.7	546.4

注：平均经济规模按工业总产值计。＊按 2005 年累计已开发面积计；＊＊按 2004 年新建区累计开发面积计。
资料来源：根据"中国开发区年鉴(2006)"；科技部"2004 中国火炬计划统计资料""2005 年国家高新区综合发展情况分析"相关数据整理

> 高新技术产业投入及产出

2005 年，除创业投资服务中心面积指标外，东部地区经济技术开发区高新技术发展的各项指标占全部开发区高新技术发展指标的 70% 以上，高新技术产品出口的比例甚至高达 97.4%。

表 2-17 2005 年不同地区经济技术开发区高新技术产业发展指标比重

	高新技术企业数量	工业总产值	高新技术产品出口	研发投入	科技发展资金	累计科技发展资金	外商设立研发中心数	创业投资服务中心面积
东部地区开发区	79.3%	84.3%	97.4%	81.5%	78.4%	71.5%	82.8%	64%
中部地区开发区	12.6%	11.7%	1.9%	14.6%	7.4%	20.3%	11.2%	24.6%
西部地区开发区	8.1%	4%	0.7%	4.3%	14.2%	8.2%	6%	11.4%

资料来源：商务部"国家级经济技术开发区发展报告（2006）"。

2004 年，东部地区开发区科技活动人员、科技活动经费支出以及 R&D 支出总量占全部高新区指标的 3/4 左右。其中，环渤海湾地区表现出了较强的实力，科技活动人员、科技活动经费支出以及 R&D 支出等指标占全国高新区的比例均达到 40% 左右，高出其营业总收入、工业总产值、工业增加值、净利润和上缴税额等主要经济指标的相对比重约 10 个百分点（图 2-22）。

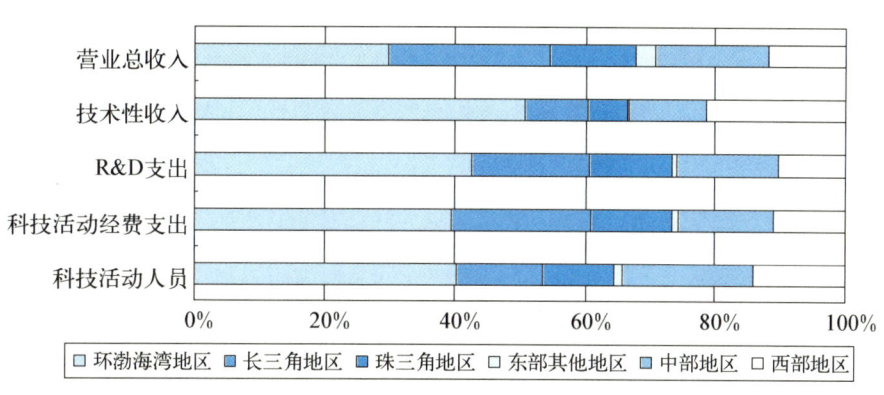

图 2-22 2004 年国家高新区分地区科技活动指标

资料来源：根据科技部"2004 中国火炬计划统计资料"整理绘制

> 地均产出效益及资源利用效率

按批准的规划用地面积计，东部地区和中部地区经济技术开发区的地均 GDP 和地均工业总产值水平接近，均略高于全国经济技术开发区平均值，西部地区则不到东部和中部地区的一半（图 2-23）。西部地区经济技术开发区的地均产出水平明显偏低，除了产业方面的原因外，很大程度上还与西部地区开发区未开发用地所占比例较高有关。2004 年，49 个国家级经济技术开发区（不含 5 个实行经济技术开发区政策的园区）中，中部地区的批准规划用地面积中已开发的用地比例达到 98.6%，几乎全部用尽；东部地区也达到 89.4%；而西部地区仅

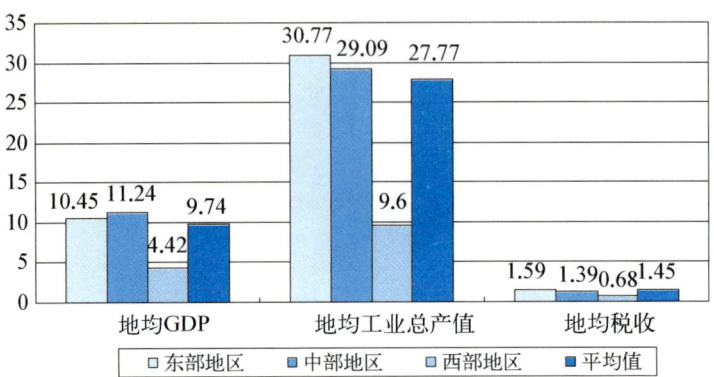

图 2-23　2005 年经济技术开发区分地区土地开发效益

为 54.3%①。

东部、中部和西部地区经济技术开发区每万元工业增加值消耗的吨标准煤呈现出递增的趋势,中部和西部地区开发区的综合能耗均高于全国开发区平均综合能耗水平(表 2-18)。

表 2-18　2005 年东、中、西部地区经济技术开发区综合能耗情况

	工业增加值 (亿元)	能源消费量 (万吨标准煤)	综合能耗 (吨标准煤/万元)
东部地区	4 880.27	3 100.30	0.64
中部地区	787.09	550.99	0.70
西部地区	313.99	261.69	0.83
合　　计	5 981.35	3 912.99	0.65

资料来源:商务部"国家经济技术开发区发展报告(2006)"。

按新建区累计开发面积计,2004 年,东部地区高新区的地均工业总产值分别为中部和西部地区高新区的 1.5 倍和 2.0 倍,地均工业增加值分别为中部和西部地区的 1.2 倍和 1.5 倍(图 2-24)。

(2) 东部地区开发区工业增加值率低于中西部地区开发区

无论是经济技术开发区还是高新区,东部地区的工业增加值率水平均明显低于中西部地区(图 2-25)。这种现象的产生有两种可能:一是东部地区开发区的发展质量偏低,工业产业附加值水平较低;二是东部地区与中西部地区开发区的产业行业结构存在巨大差异。

---

① 资料来源:商务部"国家经济技术开发区发展报告(2005)"。

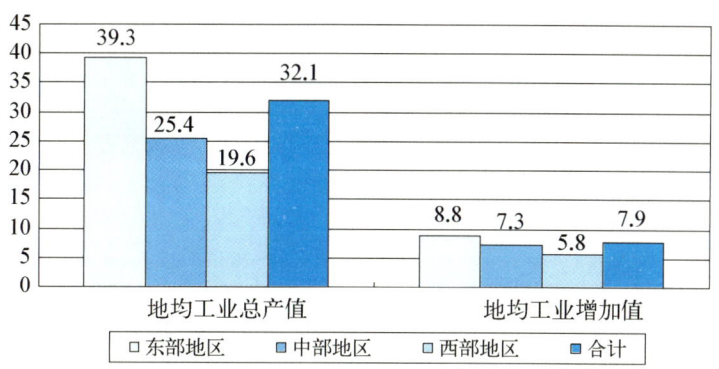

图 2-24　2004 年高新区分地区土地开发效益

资料来源：根据商务部"国家经济技术开发区发展报告(2006)"、科技部"2004 中国火炬计划统计资料"相关数据整理绘制

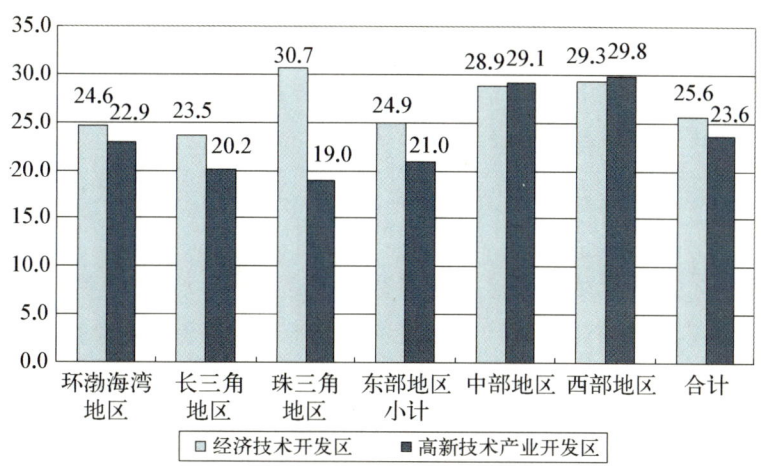

图 2-25　分地区开发区工业增加值率

资料来源：根据商务部"国家经济技术开发区发展报告(2006)"；科技部"2005 年国家高新技术产业开发区综合发展情况分析"相关数据整理绘制

(3) 东部地区经济技术开发区的外资驱动特征明显，高新技术产业发展的优势不明显

与中西部地区经济技术开发区相比，东部地区经济技术开发区表现出鲜明的外资驱动特征。外资企业完成工业总产值和税收收入占全部企业的 83.8% 和 67.2%，大大高于中部地区和西部地区经济技术开发区外资企业完成工业总产值和税收收入所占比例(表 2-19)。

表 2-19 2005 年不同地区经济技术开发区外向型经济发展概况

		工业总产值（亿元）	税收收入（亿元）
东部地区	全部企业	19 578	1 013.4
	其中：外资企业	16 403.9	680.8
	外资企业比例（%）	83.8	67.2
中部地区	全部企业	2 726.5	130.3
	其中：外资企业	1 513.8	61.52
	外资企业比例（%）	55.5	47.2
西部地区	全部企业	1 072.4	75.5
	其中：外资企业	395.2	22.4
	外资企业比例（%）	36.9	29.7
合　计	全部企业	23 376.9	1 219.2
	其中：外资企业	18 312.9	764.72
	外资企业比例（%）	78.3	62.7

资料来源：根据"中国开发区年鉴（2006）"；及商务部"国家级经济技术开发区发展报告（2006）"相关数据整理

从平均投入上看，中部地区经济技术开发区 R&D 强度水平高于东部地区和西部地区经济技术开发区；从高新技术企业实现产值占工业总产值比重看，东部和中部地区经济技术开发区大体相当；从高新技术产品出口占出口总额比重看，东部、中部和西部地区经济技术开发区呈递减态势（表 2-20）。

表 2-20 2005 年不同地区经济技术开发区高新技术投入及产出发展概况

	R&D 投入占 GDP 比重	支持科技发展资金占可支配财力比重	高新技术企业实现产值占工业总产值比重	高新技术产品出口占出口总额比重
东部地区开发区	1.85%	6%	46.79%	68.94%
中部地区开发区	2.1%	3.5%	46.54%	50.81%
西部地区开发区	1.31%	6.7%	40.23%	36.67%
全国开发区平均	1.85%	5.79%	46.46%	68.04%

资料来源：商务部"国家级经济技术开发区发展报告（2006）"。

第2章　全国开发区发展概况

（4）东部地区高新区R&D强度高,但技术性收入比例低

东部地区高新区平均R&D强度明显高于中部和西部高新区,西部地区技术性收入比例要大大高于东部和中部地区(图2-26)。

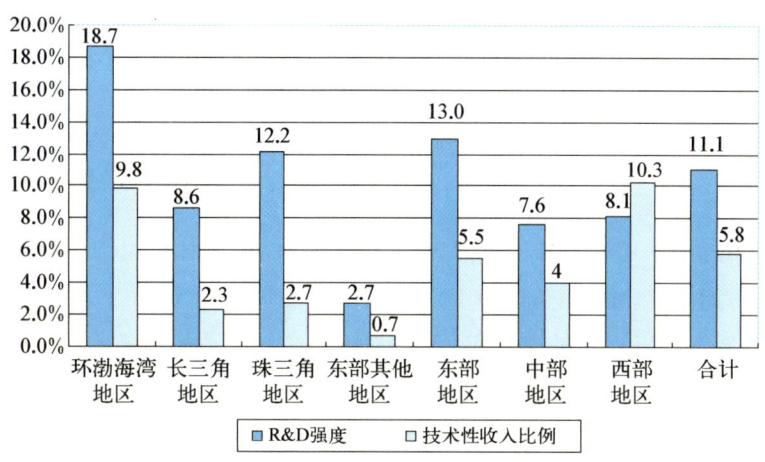

图 2-26　高新区分地区技术性收入比例(2004)比较

注：按R&D支出与工业增加值的比值计。
资料来源：根据科技部"2004中国火炬计划统计资料"整理绘制

（5）中西部地区高新区总体经济规模大于经济技术开发区

中西部地区的省会城市大多同时拥有国家经济技术开发区和国家高新区,除南昌以外,所有这些城市均表现出高新区经济规模大大高于经济技术开发区经济规模的特点(表2-21),尤其是那些2000年之后才设立经济技术开发区的城市。而东部地区同时拥有两类开发区的城市,总体上看,经济技术开发区的经济规模要大于高新区。

表 2-21　2005年同一城市内两类开发区工业总产值比较(亿元)

	北京	天津	青岛	威海	沈阳	大连	上海	南京	苏州	杭州
经济技术开发区	1 101.6	2 305.2	808.5	167.5	625.5	962	—	1 047.6	1 652.8	725.9
高新区	2 604.1	627.4	685.8	361.4	469	525.2	—	1 518.5	1 333.8	587.7
	广州	福州	厦门	海口	长沙	武汉*	南昌	合肥	郑州	太原
经济技术开发区	1 608.2	271.4	464.1	43.3	280.3	384.1	316.7	342.3	53.2	33.1
高新区	728.6	243	582.9	135.9	552.8	629	255.9	387.7	322.7	448.5

续　表

	长春*	哈尔滨*	昆明	贵阳	成都	重庆*	西安	兰州	乌鲁木齐	南宁
经济技术开发区	547.3	416.8	59.2	45.9	84.8	215.9	245.5	28.9	40.7	57.4
高新区	889.6	439	224.6	164.7	716.3	331.5	747.5	153.8	43.2	187

注：广州经济技术开发区数据仅指广州经济技术开发区，不包括南沙经济技术开发区；*代表这些中西部地区经济技术开发区的设立与高新区的设立时间大体相同。

资料来源：根据"中国开发区年鉴(2006)"及科技部"2005年国家高新技术产业开发区综合发展情况分析"相关数据整理

这一定程度上反映了开发区的发展受到设立时间早晚的影响，同时，还可能与以下几个方面有关：1) 中西部地区由于区位的劣势，大大降低了其对于外资的吸引力；而高新区的发展与外资的相关性相对较弱，与本土的科技水平(包括国防科工)的关系更为密切，中西部地区省会城市一般均为全省科技资源的集中地，部分城市如武汉、西安、重庆等的科技资源优势甚至不逊于东部地区，因此，高新区比之经济技术开发区在中西部地区能够得到更快的发展。2) 由于两类开发区的发展存在许多共性的特征，中西部地区那些在20世纪90年代就已经设立的高新区，在经济技术开发区设立尚未普及之时，一定程度上发挥了经济技术开发区的作用。

3.4　个体差异：个体经济规模差异大，但经济规模与技术创新能力的相关性不明显

(1) 开发区个体经济规模差异大

从经济规模看，经济技术开发区的个体差异要大于高新区；东部地区开发区个体差异要大于西部地区开发区(表2-22)。

表2-22　2005年工业总产值最高及最低开发区比较(亿元)

	经济技术开发区			高　新　区		
	东部地区	中部地区	西部地区	东部地区	中部地区	西部地区*
工业总产值最高	广州 2 305.2	长春 547.3	西安 245.5	北京 2 604.1	长春 889.6	西安 747.5
工业总产值最低	福建东山 25.6	太原 33.1	西宁 30.7	海南 135.7	洛阳 205.7	乌鲁木齐 43.2
最高/最低(倍)	90.0	16.5	8.0	19.2	4.3	17.3

*未计入农业开发区杨凌。

资料来源：根据"中国开发区年鉴(2006)"及科技部"2005年国家高新技术产业开发区综合发展情况分析"相关数据整理

第 2 章 全国开发区发展概况

（2）经济技术开发区个体综合经济实力与外资经济比重之间存在明显的相关性

商务部《中国国家级经济技术开发区发展报告(2006)》对 2005 年 54 个国家级经济技术开发区进行了综合评价和排名。评价中共计有 8 个类别指标，分别为：综合经济实力、基础设施配套能力、经营成本、人力资源及供给、社会与环境、技术创新环境、投资软环境、发展与效率指标。超过 4 个类别指标进入前 10 名的开发区共有 10 个，全部位于东部沿海地区；有 1—2 个类别指标进入前 10 名的开发区共有 22 个，东部、中部和西部的比值为 10∶10∶2；没有 1 个类别指标进入前 10 名的开发区共有 22 个，东部、中部和西部的比值为 12∶0∶9（表 2-23）。

表 2-23 2005 年国家经济技术开发区按类指标领先数量对开发区的分类

	个数	东部地区	中部地区	西部地区
多数类指标领先的开发区	10	10 个(天津、广州、烟台、昆山、青岛、漕河泾、大连、北京和上海金桥出口加工区、苏州工业园区)	0 个	0 个
少数类指标领先的开发区	22	10 个(南京、宁波、闵行、沈阳、温州、福清融侨、虹桥、连云港、威海、广州南沙)	10 个(南昌、合肥、长春、武汉、芜湖、长沙、哈尔滨、呼和浩特、郑州、太原)	2 个(重庆、昆明)
没有类指标领先的开发区	21	12 个(杭州、营口、福州、南通、萧山、秦皇岛、惠州大亚湾、东山、湛江、宁波大榭、厦门海沧、海南洋浦)	0 个	9 个(西安、成都、石河子、乌鲁木齐、兰州、南宁、贵阳、银川、西宁)

资料来源：商务部，国家级经济技术开发区发展报告(2006)

根据评价结果，总指数位于前 10 名的开发区分别是天津、苏州工业园、广州、昆山、青岛、漕河泾、烟台、北京、大连和上海金桥出口加工区。这 10 个开发区无一例外位于东部地区三大都市圈内，珠三角、长三角和环渤海湾分别占据 1 席、4 席和 5 席。10 个开发区各项经济指标合计均占到全部开发区总量的 50% 以上（表 2-24）。

表 2-24 2005 年综合排名前 10 名国家经济技术开发区主要经济指标所占比重

国内生产总值	税收收入	工业总产值	工业增加值	出口总额	进口总额	合同利用外资	实际使用外资
50.8%	55.3%	55.6%	53.2%	74.4%	76.8%	53.7%	51.6%

资料来源：根据"中国开发区年鉴(2006)"相关数据整理

这 10 个开发区中,有 7 个开发区外资企业完成工业总产值比重高达 90%以上[①](表 2-25)。开发区内外资经济的发达与否与开发区的综合实力高低存在明显的相关性。

表 2-25 2005 年综合排名前 10 名国家经济技术开发区外资经济比重(%)

开发区	天津	苏州	广州	昆山	青岛	漕河泾	烟台	北京	大连	金桥
外资企业完成工业总产值比重	97.5%	74.6%	94.1%	96.8%	38.2%	93.8%	83.6%	94.1%	95.9%	97.5%

资料来源:根据"中国开发区年鉴(2006)"相关数据整理。

(3) 高新区个体经济规模大小与技术创新能力存在不对称性

2004 年,营业总收入排名前 10 位[②]的高新区中,东部地区占据 7 席,全部位于三大都市圈内,珠三角、长三角和环渤海湾分别占据 2 席、4 席和 1 席;中部和西部地区分别占据 1 席和 2 席。2005 年,这 10 个开发区各项经济指标合计均占到全部开发区总量的 40%以上(表 2-26)。

表 2-26 2005 年营业总收入排名前 10 名高新区主要经济指标所占比例

营业总收入	工业总产值	工业增加值	出口创汇	净利润	上缴税额
49.3	46.2%	42.6%	63.0%	53.0%	43.6%

资料来源:根据科技部"2005 年国家高新区综合发展情况分析"相关数据整理。

但高新区个体经济规模大小并不对应着技术创新能力的高低:① 从 R&D 强度看,北京中关村为最高,达到 47.8%,远远高出其他高新区的 R&D 强度指标,而且 R&D 支出的绝对数量也占到全部高新区 R&D 支出的 28.1%;最低的上海、无锡和西安均只有 6.1%。② 从技术性收入占营业总收入的比重看,10 个高新区中,最高为西安和北京高新区,分别为 21.5% 和 15.2%;而最低的苏州和无锡高新区的技术性收入比例只有 0.1%;仅有北京、西安和成都三个高新区的技术性收入比例高于全国高新区平均值(表 2-27)。

---

① 全国共有 10 个经济技术开发区外资企业完成工业总产值比重达到 90%以上。
② 这 10 个开发区在 2005 年也保持着营业总收入前 10 名的地位。

第 2 章 全国开发区发展概况

表 2-27 2004 年营业总收入前 10 名国家高新区收入构成及 R&D 强度

		R&D 支出（亿元）	工业增加值（亿元）	R&D 强度	营业总收入（亿元）	技术性收入（亿元）	技术性收入比例
1	北京	172.23	360.6	47.8	3 686.8	558.8	15.2%
2	上海	27.56	448.7	6.1	2 540.4	38.2	1.5%
3	苏州	25.22	257.8	9.8	1 200.2	0.8	0.1%
4	南京	21.49	195.9	11	1 167.9	4.5	0.4%
5	深圳	29.19	206.1	14.2	1 080	23.3	2.2%
6	无锡	13.53	221.1	6.1	895.8	1	0.1%
7	西安	10.05	165.9	6.1	849.8	182.5	21.5%
8	广州	19.03	99.3	19.2	831.7	61.3	7.4%
9	长春	19.5	228	8.6	829.3	16.8	2%
10	成都	23.75	190.6	12.5	717.7	58.8	8.2%
全部高新区平均				11.8	—	—	6%

注：R&D 强度以 R&D 支出占工业增加值的比重表示。
资料来源：根据科技部"2004 中国火炬计划统计资料"整理

（4）位居前列的开发区与所在母城的综合竞争能力大致匹配

位居前列的开发区与其所在母城在国内的地位大致是相匹配的：综合竞争能力前 10 名的国家经济技术开发区和营业总收入前 10 名的高新区所在的城市综合竞争力排名[①]几乎都在 20 名以内（表 2-28）。这从某种程度上反映了开发区经济发展与城市经济发展之间的相互促进关系，良好的城市背景为开发区的发展提供了坚实的基础，同时，开发区也对城市经济发展贡献良多。

表 2-28 2005 年综合竞争能力前 10 名经济技术开发区和营业总收入前 10 名高新区所在城市综合竞争力

经济技术开发区	开发区	天津	苏州	广州	昆山	青岛	漕河泾	烟台	北京	大连	金桥
	城市排名	10	7	3	7	12	1	26	4	14	1
高新区	开发区	北京	上海	南京	苏州	深圳	无锡	西安	广州	长春	成都
	城市排名	4	1	16	7	2	8	35	3	13	28

资料来源：中国社科院，2005 年城市竞争力蓝皮书：中国城市竞争力报告 No.3

---

① 城市综合竞争力排名采用中国社科院发布的《2005 年城市竞争力蓝皮书：中国城市竞争力报告 No.3》的比较结果，该报告对 200 个中国城市中(不包括香港、澳门和台湾地区)的城市综合竞争力进行了计量和比较，排名的标准包括人才竞争力、资本竞争力、科学技术竞争力、结构竞争力、基础设施竞争力、综合区位竞争力、环境竞争力、文化竞争力、制度竞争力、政府管理竞争力和企业管理竞争力。

4　本章小结

本章主要基于全国层面的统计数据对开发区的发展历程及经济发展现状进行了简要的分析，基本结论如下：

1) 两类开发区均取得了显著的经济绩效，经济技术开发区与高新区趋同的特征明显，高新区内引进了大量的外资企业（其中57.6%的企业为高新技术企业），经济技术开发区也引进了大量的高新技术。

2) 虽然开发区内高新技术企业的经济规模很大（高新技术企业完成工业总产值占经济技术开发区工业总产值的46.5%和高新区的75.2%），但若综合考察工业增加值率、技术性收入比例、R&D强度等指标，则可发现这种产业结构存在着很大的"虚高"成分。一些企业虽然名义上为高新技术企业，但在开发区内从事的可能仅仅是高新技术产品制造价值链上附加值最低的加工组装环节的经济活动。

3) 高新区出现了明显的向经济技术开发区的功能偏离，因此，两类开发区之间更多的是呈现出同质竞争而非预期的错位发展的关系。

4) 开发区的区域差异巨大，东部地区尤其是三大都市圈地区的开发区因起步较早、区位条件更加优越的原因而在总体经济规模，特别是与外向型经济相关的指标上占据绝对优势，但东部地区开发区本身的发展质量，中西部地区可依托的资源、产业等特点，以及东部地区开发区的经验在多大程度上可被中西部地区开发区借鉴则有待进一步的分析和研究。

第3章
开发区案例研究：
发展动力的多样性与区域差异

基于全国层面统计数据的分析大略地揭示了当前全国开发区发展的总体概况，但由于数据对于现实反映的抽象性，由此建立起的开发区印象仍然是比较模糊和片面的。而深入开发区的个案，则可以发现，各地开发区的实践表现出了丰富的多样性，同样的政策内容植入不同的发展环境之中，形成了各具特色的开发区个体。本章将从案例入手对开发区发展实践展开分析。

1 开发区发展的基本动力

开发区发展的基本动力大致可分为以下三类：

1.1 外部环境作用力

外部环境作用力包括两个方面：一是经济全球化与国际产业转移的外力供给。经济结构的"柔性化"①使得发达国家逐步将劳动密集型的生产制造"模块"外包给劳动力价格低廉的发展中国家的企业，而将技术和知识密集的研发设计"模块"和高利润的营销服务"模块"保留着，以充分利用世界各地不同要素的突出比较优势，重新组合和塑造产品的增值链，获取最大的利润。这也是经济技术开发区诞生的重要背景。自20世纪90年代中期开始，也有一些外资企业因适应中国国内市场的技术结构和需求特点，以及利用中国的科技人才和能力等原

---

① 指一个产业内的某种产品从研发设计、生产制造到销售服务的增值链环节构成了一个个的可以拆分和异地转移的"模块"。参见朱文晖.走向竞合——珠三角与长三角经济发展比较[M].北京：清华大学出版社，2003.

因而加大了在华设立研发机构的力度(江小涓,2002)①。这种趋势能够进一步促进经济技术开发区的发展,同时,也十分有利于高新区的发展。但总体而言,经济全球化与国际产业转移的外力供给对于经济技术开发区的影响要更甚于高新区。

二是特定的外部机遇。比如特定的外来力量拉动,或者中央政府通过政策倾斜、项目支持等干预手段直接干预某个城市或区域的开发区的发展。

1.2 自身禀赋作用力

自身禀赋作用力是开发区自身条件的体现,它决定了开发区吸引外部资本、人流、信息流等的能力。对于经济技术开发区而言,主要的要素包括交通区位条件、自然资源条件、城市产业基础以及人力资源条件等。经济技术开发区承接外部产业转移需要良好的交通可达性、较好的城市产业基础以及人力资源条件作为支撑。这也是东部沿海地区的城市在经济技术开发区建设方面比之中西部地区更具优势的主要原因。此外,特殊的交通区位与自然资源条件则有助于开发区承接或发展某种具有特定需求的产业,比如,发达的港口交通设施十分有利于石化产业的发展,适宜中草药种植的地区具有发展生物医药产业的资源条件,等等。

对于高新区而言,理论上讲决定性的要素为智力密集程度,优越的城市综合环境(包括交通区位条件、城市产业基础以及人力资源条件等)对高新区的发展主要起促进作用,而并非不可或缺。中西部地区不少城市如武汉、西安等的综合环境比如交通可达性、市场经济条件等方面存在不足,在建设经济技术开发区方面与东部地区相比存在劣势,却因智力密集程度较高而具备发展高新区的较好条件。

1.3 地方政府作用力

地方政府作用力是地方政府通过政策供给、环境营造以及规划调控等手段对开发区施加影响。其主要的着力点包括三个层次:一是为企业提供良好的基础设施、优惠的土地价格、税收与信贷,以及服务软环境等等;二是为企业提供产业配套以及生产性服务的支撑等等;三是为产业发展提供良好的区域创新环境

---

① 江小涓.中国的外资经济——对增长、结构升级和竞争力的贡献[M].北京:中国人民大学出版社,2002:63.

与社会文化资本条件等等。第一个层次能够在较短的时间内取得立竿见影的效果,但也很容易被模仿和复制;后两个层次能够形成开发区的核心竞争能力,是不容易被模仿和复制的,但耗时耗力,不能在短期内取得奇效,尤其是第三个层次,需要政府做认真细致的长期努力方能获得,往往较难得到政府干预的青睐。

而经济技术开发区和高新区对这三个层次的需求则不尽相同:对于经济技术开发区而言,第一个层次是基础,第二个层次是延伸,第三个层次具有更进一步的促进的作用;对于高新区而言,第三个层次至关重要,前两个层次主要起辅助的作用。

表3-1 经济技术开发区和高新区作用动力要素构成

		经济技术开发区	高新区
外部环境作用力		经济全球化与国际产业转移;特定的外部机遇;中央政府的干预	中央政府的干预;外资企业在华设立研发机构
自身禀赋作用力	基础层次	交通区位条件、城市产业基础、人力资源	智力资源
	辅助层次	自然资源、智力资源	城市综合环境(包括交通区位、自然资源、城市产业基础、人力资源以及创业环境等)
地方政府作用力	基础层次	良好的基础设施,优惠的土地价格、税收与信贷,以及服务软环境	良好的区域创新环境与社会文化资本条件
	延伸层次	产业配套以及生产性服务的支撑	
	辅助层次	良好的区域创新环境与社会文化资本条件	良好的基础设施,优惠的土地价格、税收与信贷,以及服务软环境;产业配套以及生产性服务的支撑

在实践中,开发区发展是外部环境作用力、自身禀赋作用力和地方政府作用力这三种基本动力复合作用的结果。由于三种动力在不同开发区中强弱表现各不相同,也导致了开发区发展实践的多样性和差异性。当然,这三种动力也并非完全割立的。一般而言,自身禀赋条件越好的开发区越能够取得较好的发展,从而获得更强的外部市场作用,由此形成良性的循环;而政府干预力作为一种人为的调控力量,能够一定程度改变开发区的自身禀赋条件,进而影响到开发区自身与外部市场的互动。

2 经济技术开发区实践案例分析

根据作用于经济技术开发区发展的外部环境作用力、自身禀赋作用力以及地方政府作用力等动力强弱的不同,本节将着重分析经济技术开发区发展实践中的几种典型类型:外资主导型、国企转制推动型、依托重点项目型、立足资源优势型和偶发机遇型等。

2.1 外资主导型

外资主导型的开发区由外资企业作为开发区经济发展的主导力量,东部大部分经济技术开发区都属于这种类型,本节以广州、杭州、天津、大连等地的经济技术开发区为研究案例。

(1) 案例一:广州经济技术开发区[①]

1984年,广州经济技术开发区选址在广州市东部约30 km处,总面积9.6 km²。为了缓解用地空间不足的问题,开发区经历了数次空间扩张与整合,先后与高新区、出口加工区、保税区实现合署办公,成为全国第一个"四区合一"管理模式的综合经济功能区,并最终于2005年完成了向行政区的转变(图3-1)。

早期开发区的空间规划具有明显的工业区规划特征,开发建设也以工业用地的开发为主。直

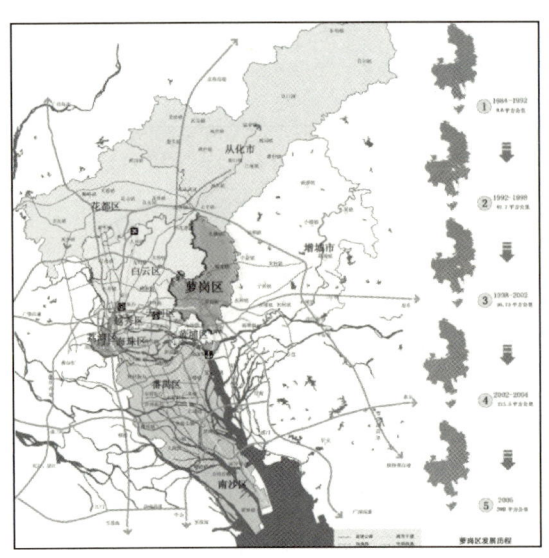

图3-1 萝岗区区位图
资料来源:广州萝岗区区域发展规划(2004—2020)

---

① 本节参考资料主要包括:1) 广州市城市规划勘测设计研究院. 广州开发区区域发展规划(2004—2020)[R];2) 广州市城市规划勘测设计研究院. 广州市萝岗区区域发展规划(2004—2020)[R];3) 广州经济技术开发区地方志办公室(编). 广州经济技术开发区志(1984—1990)(1991—2000);4) 开发区发展报告(2004);5) 广州经济开发区2005年国民经济和社会发展统计公报;6) http://www.getdd.gov.cn/中国广州开发区网;等。文中"全区"数据由广州经济技术开发区和广州保税区汇总,不含广州高新区。

第3章 开发区案例研究：发展动力的多样性与区域差异

至2000年以后，随着广州城市总体发展概念规划研究工作的展开，开始出现对开发区发展宏观层面的考虑。2001年广州市城市总体规划确定了南部、东部为城市发展的主要方向，城市空间发展的基本策略为"南拓、北优、东进、西联"。其中，"东进"策略的主要内容为：以广州珠江新城和天河中央商务区的建设拉动城市发展重心向东拓展，依托广州经济技术开发区和广州科学城，将旧城区的传统产业向黄埔-新塘一线集中迁移，利用港口条件，形成密集的产业发展带。由此，规划形成了自中心城区、珠江新城、黄埔工业带向新塘方向的传统产业"东进轴"（图3-2）。结合总体规划的实施与开发区区划的调整，开发区的发展战略逐步从单一制造业

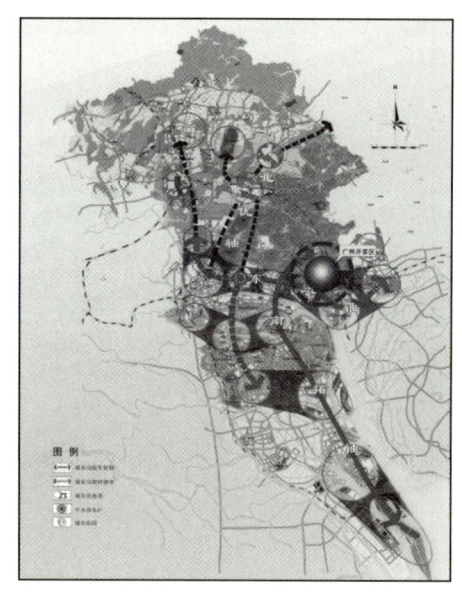

图3-2 广州城市"东进"轴上的开发区

资料来源：广州开发区区域发展规划（2004—2020）

基地向现代化新城区的方向转变。2004年《广州开发区区域发展规划（2004—2020）》确定开发区的总体定位为："华南现代制造业与高新科技产业基地，创新基地；保税加工与现代物流中心；发达的现代服务产业与适宜的城市居住生活区；广州东部新城核心地区。"

目前，萝岗区已建成城市建设用地约28.06 km^2，主要分布在作为原开发区主体区域的西区、东区、永和和科学城四区（图3-3、表3-2）。按城市人口12.5万计，人均城市建设用地224 m^2，工业用地面积1 102.3公顷，占总建设用地面积的39%，居住和公共设施分别只有177和244 hm^2，占6%和8%。由于居住用地以及生活服务设施的建设滞后于工业用地的开发，开发区通勤人口约5万人，本地居住人口较少。

2004年底，萝岗区居住人口26.1万人，其中户籍人口15.3万人，暂住人口10.8万人，暂住人口比例为41.4%。从人口地域分布上看，原开发区主体区域和新纳入区域分别占全区总人口的50%左右，但人口结构存在明显差别。作为过去开发区建设主体的西区、东区、永和和科学城的暂住人口要远多于户籍人口，四区合计暂住人口为户籍人口的1.65倍；而新纳入的萝岗中心城区、黄陂—天鹿湖地区、镇龙镇和九佛镇的户籍人口要远多于暂住人口，前者为后者的3.7

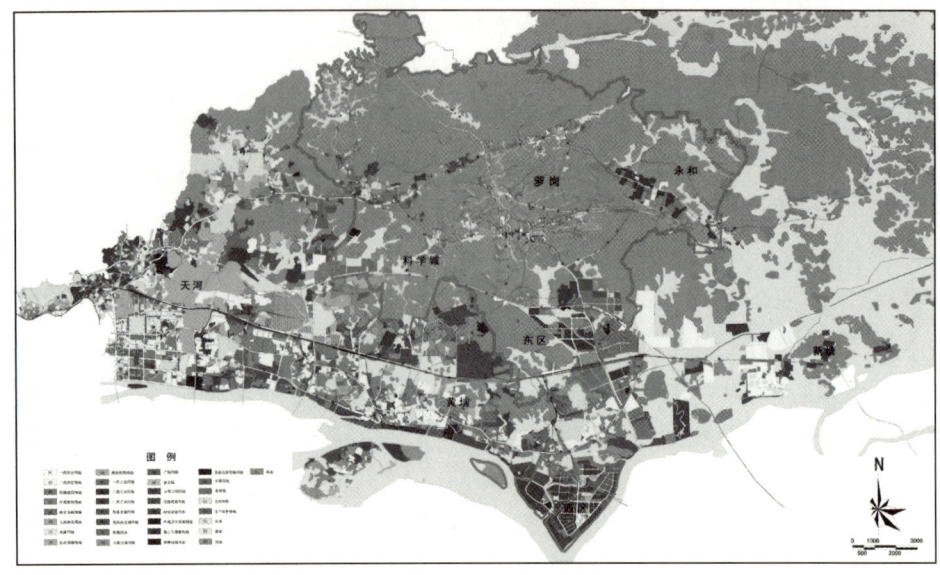

图3-3 开发区建设用地现状(2004)

资料来源:广州开发区区域发展规划(2004—2020)

表3-2 萝岗区现状建设用地分布(2004年)

	西区	东区	永和	科学城	黄陂—天鹿湖	萝岗中心城	镇龙	九佛	全区合计
面积(hm²)	988	394	348	239	116	226	258	237	2 806
比例(%)	35.2	14.0	12.4	8.5	4.1	8.1	9.2	8.4	100.0
其中:工业用地(hm²)	356	210	245	130	0	16	67.8	77.5	1 102.3
居住用地(hm²)	29.3	7	15	0	0	34	51	40.5	176.8

资料来源:广州萝岗区区域发展规划(2004—2020)

倍(表3-3)。全区农村居住人口约14.0万人,城市人口12.1万人(含暂住人口)。户籍人口中,农村人口的比重占到90%左右,主要集中在中部与北部新纳入区域。开发区就业人口以第二产业就业为主,2005年末,全区单位从业人员15.3万人,其中第二产业单位从业人员12.9万人,占全区单位总从业人员84%。

表3-3 萝岗区2004年底人口情况表(人)

		户籍人口	暂住人口	总 人 口
原开发区主体区域	西 区	12 064	31 627	43 691
	东 区	9 047	18 363	27 410

第3章 开发区案例研究：发展动力的多样性与区域差异

续 表

		户籍人口	暂住人口	总人口
原开发区主体区域	永 和	12 000	13 000	25 000
	科学城	15 260	16 900	32 160
	小 计	48 371	79 890	128 261
	占全区比例	31.6%	73.8%	49.1%
新纳入区域	萝岗中心城区	29 056	9 700	38 756
	黄陂—天鹿湖地区	9 832	1 592	11 424
	镇龙镇	35 000	10 000	45 000
	九佛镇	31 000	7 000	38 000
	小 计	104 888	28 292	133 180
总 计		153 259	108 182	261 441

资料来源：广州萝岗区区域发展规划(2004—2020)

外源性工业企业在广州开发区的发展中占绝对主导地位。早期外来投资企业类型以合资企业为主，来源以港资为主，企业规模不大，劳动密集型企业比重大；20世纪90年代，大型跨国公司开始进入，企业规模明显增大，资金来源渠道不断拓宽（图3-4），开发区开始注重项目引进的档次，产业结构逐步改善（表3-4）。2005年，全区外资工业企业424家，累计完成工业总产值1 522.92亿元，出口总额56.66亿美元，占全区总量的94.69%和90.64%。全区外贸出

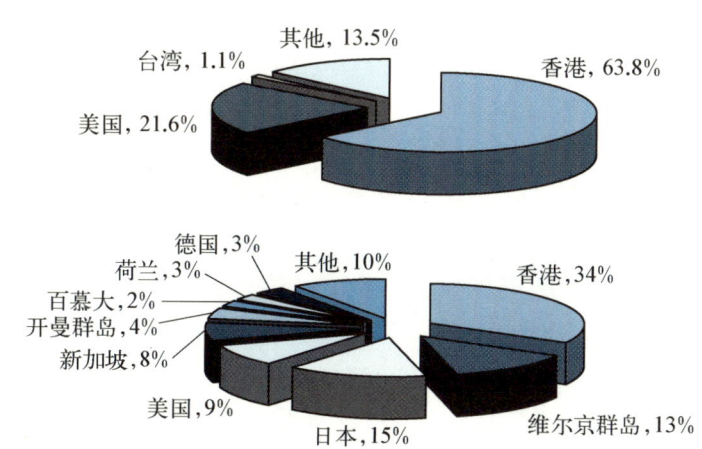

图3-4 广州开发区1990年和2004年实际利用外资外商投资结构比较
资料来源：广州开发区志(1984—1990)，广州开发区发展报告(2004)

口超1亿美元的9家企业中有8家为三资企业。从开发区出口构成看,产品附加值较低的加工贸易实现出口51.8亿美元,占全区出口总额的82.9%。

表3-4 广州开发区工业总产值前5位行业变化情况

1990		1998		2000		2002		2004	
行业	所占比重	行业	所占比重	行业	所占比重	行业	所占比重	行业	所占比重
金属制品	24.1%	化学原料及化学制品	35.5%	化学原料及化学制品	34.0%	化学原料及化学制品	30.8%	化学原料及化学制品	32.7%
化学原料及化学制品	21.5%	食品制造	13.3%	电气机械及器材	13.1%	电子及通信设备	18.5%	通信设备、计算机及其他	29.0%
纺织	12.9%	电气机械及器材	12.6%	食品制造	11.3%	电气机械及器材	13.0%	黑色金属冶炼及加工	6.5%
电气机械及器材	11.0%	金属制品	6.3%	电子及通信设备	9.1%	食品制造	9.5%	电气机械及器材	5.8%
食品制造	3.9%	造纸及纸制品	4.3%	金属制品	5.0%	金属制品	4.0%	食品制造	4.9%

资料来源:广州开发区志(1984—1990);广州开发区发展报告(1998、2000、2002、2004)

在安利、宝洁等跨国公司的发展推动下,广州开发区形成了化学原料及化学制品制造业、通信设备计算机及其他电子业、黑色金属冶炼及加工业、电气机械及器材制造业、食品制造业和通用设备制造业六大产业,2005年合计完成工业总产值1 297.05亿元,占全区总量比重为80.7%。不过,从产值水平分析,总产值居第二位的通信设备、计算机及其他电子业2004年的工业总产值达到386.79亿元,而工业增加值仅为32.04亿元,工业增加值率为8.3%,位居六个主导行业的最末位;劳动生产率也大大低于行业平均水平(表3-5)。

表3-5 广州开发区支柱产业构成(2004年)

	企业单位数数量(个)	年均从业人数(人)	工业总产值		工业增加值		工业增加值率*	劳动生产率(万元/人年)**
			数量(亿元)	百分比	数量(亿元)	百分比		
化学原料及化学制品制造业	58	12 761	436.65	32.7%	275.39	60.6%	63.1%	215.8
通信设备、计算机及其他电子业	41	34 462	386.79	29.0%	32.04	7.0%	8.3%	9.3

第3章　开发区案例研究：发展动力的多样性与区域差异

续　表

	企业单位数数量（个）	年均从业人数（人）	工业总产值 数量（亿元）	工业总产值 百分比	工业增加值 数量（亿元）	工业增加值 百分比	工业增加值率*	劳动生产率（万元/人年）**
黑色金属冶炼及加工业	4	1 200	86.44	6.5%	44.00	9.7%	50.9%	366.7
电气机械及器材制造业	29	9 068	78.02	5.8%	13.89	3.1%	17.8%	15.3
食品制造业	22	8 440	65.81	4.9%	32.04	7.0%	48.7%	38.0
通用设备制造业	18	9 702	48.58	3.6%	15.10	3.3%	31.1%	15.6
小　计	172		1 102.29	82.6%	412.46	90.7%	—	
其　他	222		231.46	17.4%	42.30	9.3%		
总　计	394	118 501	1 333.75	100.0%	454.76	100.0%	34.1%	38.4

注：* 工业增加值率＝工业增加值/工业总产值；** 劳动生产率＝工业增加值/年均从业人员数。
资料来源：根据"广州开发区发展报告（2004）"整理

（2）案例二：杭州经济技术开发区[①]

杭州经济技术开发区1993年经国务院批准建设，选址于城市东北部（图3-5、图3-6）。从1999年起，杭州市政府将江干区[②]下沙镇成建制委托开发区管理，实行开发区带下沙镇管理体制，总面积104.7 km²。

2005年末全区总人口21.18万人，其中户籍人口12.62万人，暂住人口8.56万人，暂住人口比例为40.4%。开发区就业人员共计11.23万人，其中工业企业从业人员7.31万人，占比65.1%。

开发区最初以工业用地开发为主。从1993—2001年，开发区共计有偿出让土地5 km²，年均约0.6 km²；自2002年起，开发区有偿出让土地的速度明显加快，2002—2005年间共出让土地8.42 km²，年均约2.1 km²（图3-7）。目前，开发区原先规划的34 km²土地已基本开发完毕，仅剩零散分布的2.32 km²建设用地。

[①] 本节参考资料主要包括：1) 杭州经济技术开发区经济发展局，浙江大学管理学院. 杭州经济技术开发区先进制造业基地产业发展规划（2006—2010）[R]. 2005.8；2) 2005年杭州经济技术开发区国民经济和社会发展统计公报；3) http://www.heda.gov.cn/杭州经济技术开发区投资网；4) http://www.hedatj.gov.cn 杭州经济技术开发区统计信息网；等。

[②] 杭州市辖上城、下城、江干、拱墅、西湖、高新（滨江）、萧山、余杭8个区，建德、富阳、临安3个县级市，桐庐、淳安2个县。

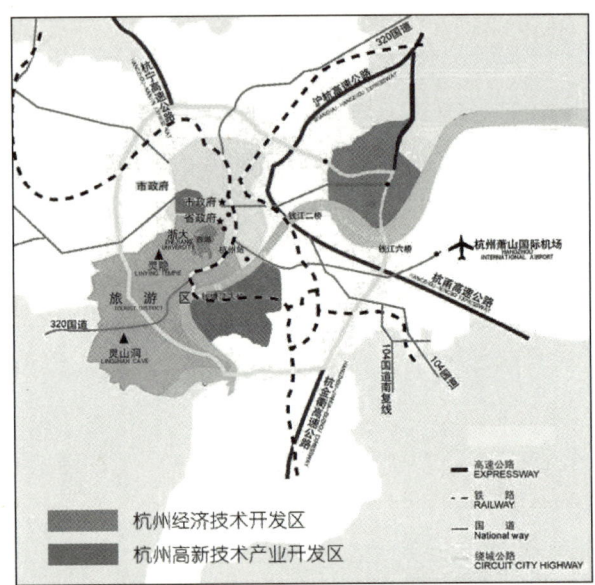

图 3-5　杭州经济技术开发区区位示意

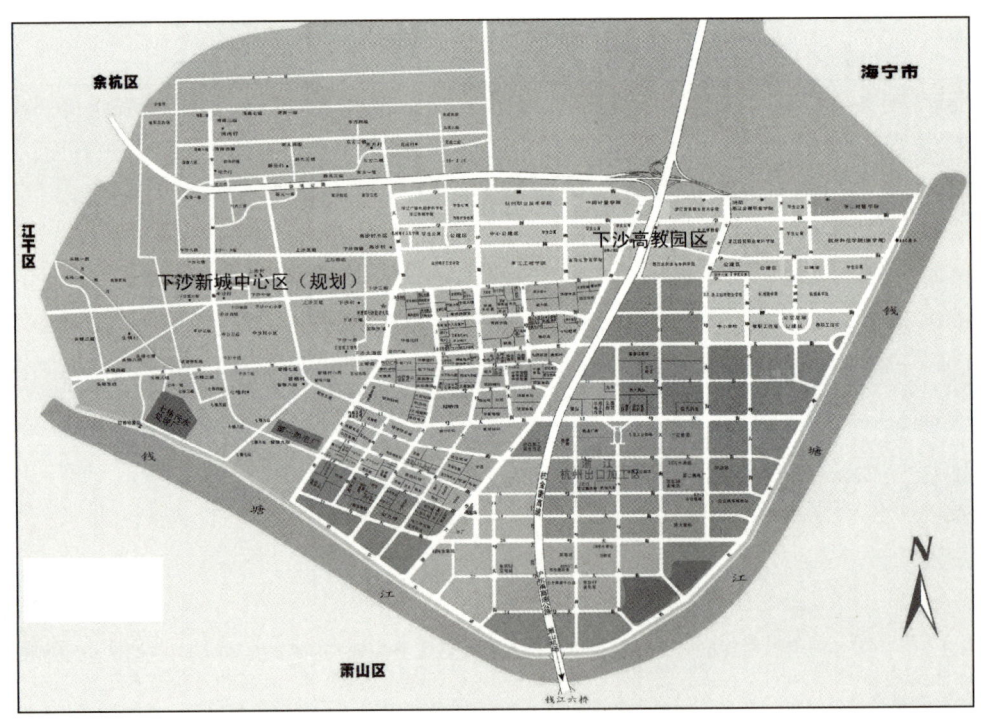

图 3-6　杭州经济技术开发区土地使用现状

资料来源：http://www.ws-digital.com/hz/cn/img/map.gif，略有修改

第 3 章　开发区案例研究：发展动力的多样性与区域差异

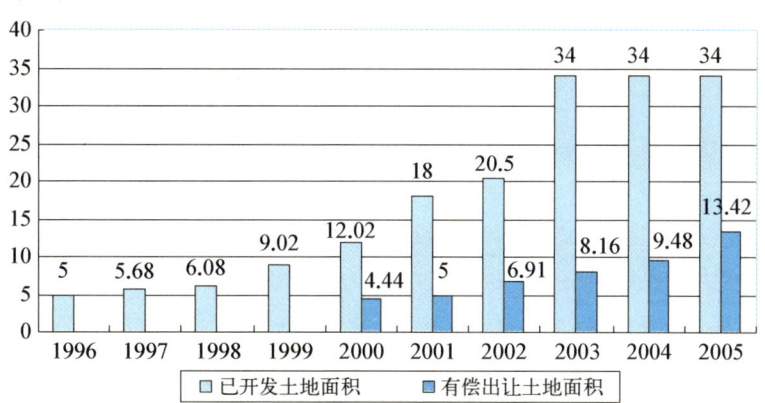

图 3-7　1996—2005 年土地开发及有偿出让情况

资料来源：根据历年杭州市统计年鉴相关数据整理绘制

　　开发区生活配套设施不够健全，公用设施建设滞后。根据 2005 年 5 月开发区经济发展局对东芝信息机器、摩托罗拉等 18 家工业企业进行调研的结果显示[①]，不少企业对开发区的生活环境存在不满，主要问题集中在：① 治安问题：夜间加班、夜间值班的安全受到威胁的可能性较大。② 居住问题：开发区职工集体宿舍不多，企业员工大都居住在下沙农居房内，居住分散，业余生活单调。③ 公共交通问题：目前开发区与市区的通道虽顺畅，但区内公共交通不便，企业员工、客户的进出受影响较大。④ 购物问题：企业附近的商业网点缺少，对正常的生活影响较大，尤其是东部地区，附近几乎没有商业网点。

　　近年来，杭州经济技术开发区逐步明确了从"建区"到"造城"的战略调整，提出依靠"工业兴区、科教强区、环境立区"三大战略，把开发区从原来功能单一的经济功能区建设成为"国际先进的制造业基地、新世纪大学城和花园式生态城市副中心"。开发区内建成了浙江省最大规模的下沙高教园区，规划面积 10.91 km²，安排 15 所高校，在校大学生 16 万人，已全面建成投用。根据《杭州市城市总体规划(2001—2020 年)》，在未来十五年的城市发展空间布局上，杭州市将体现"城市东扩、沿江发展"的新战略。以杭州经济技术开发区为核心的杭州城市东部 178 km² 是杭州大都市的副中心(即下沙新城)，建设目标是以高新技术产业与先进制造业为基础，集合行政商务、教育科研、生活居住等功能的花

[①] 调研工业企业共 18 家，涉及七个产业，主要集中在电子通信、机械制造、食品饮料三大主导产业。参见"2005 年开发区统计分析之四：部分工业企业调研报告(见 http://www.hedatj.gov.cn/IssueShow/InfoDetail.aspx? infoid=3846 杭州经济技术开发区统计信息网)"。

园式生态型现代化新城。围绕这一目标,当前,开发区正全面推进下沙新城行政商务中心区(7.8 km²)、轨道交通、连接主城的快速公路和城市快速公交(BRT)等重大基础设施建设;利用12 km的钱塘江江景资源,规划建设15万人居住规模的沿江大型生态居住区;建设生态湿地公园、沿江大道景观带、高教园区景观带三大高品质景观;完善一批大型商贸设施的建设;等等。

从开发区产业发展看,开发区以食品饮料为代表的传统产业起步,建区初期,工作重点是扩大知名度和吸引企业投资,没有明确的产业结构引导,依赖于娃哈哈、顶园、顶新等大企业所形成的食品饮料行业一枝独秀,其他产业地位并不突出。自2000年开始,在开发区已经形成了一定的规模和实力的基础上,工作重点转移到针对合适的产业和企业的招商,开始倾向于对优势产业的扶持,对环保、资源等方面的顾及也更多。依托杭州东信移动电话有限公司和杭州摩托罗拉移动通信设备有限公司两大企业的带动效应,2000年,电子通信行业发展迅猛,跃升为区内的龙头产业(图3-8)。

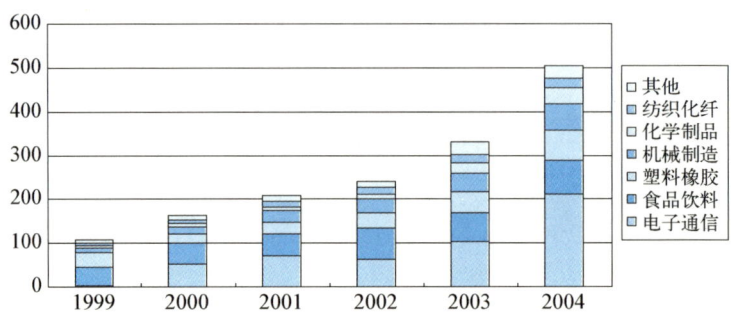

图3-8 开发区近年工业总产值行业结构变化

2005年,全区外商投资企业全年完成产值678.23亿元,占全区工业总产值(725.94亿元)的93.4%;占杭州市规模以上外商及港澳台投资企业完成工业总产值(1 725.04亿元)的39.3%。开发区实现进出口总额67.54亿美元,其中出口39.31亿美元,进口28.3亿美元。外商投资企业完成出口总额38.36亿美元,占开发区出口总额的97.56%;加工贸易出口33.8亿美元,占开发区出口总额的85.98%。

作为"政策招商"的结果,开发区目前基本形成电子信息、食品饮料、塑料橡胶、机械制造四大主导产业(图3-9)。2005年电子信息产业、食品饮料业、机械制造业和生物医药业共实现产值610.41亿元,合计占开发区工业总产值的84.1%。

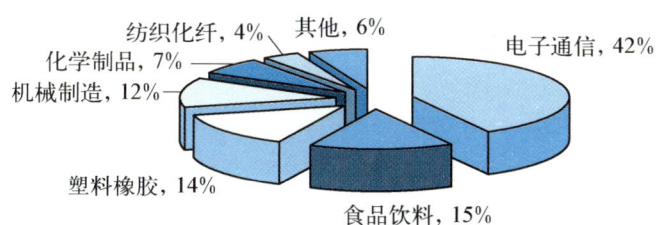

图 3-9　2004 年制造业企业分行业产值情况

资料来源：根据杭州经济技术开发区先进制造业基地产业发展规划（2006—2010 年）相关数据整理绘制

(3) 案例三：天津经济技术开发区[①]

天津经济技术开发区最初选址于天津市东约 50 km 处、当时正大幅限产的塘沽盐场三分场，总面积 33 km²。1996 年前后，随着东区 33 km² 规划范围内可以利用的土地资源日益减少，开发区建立 3 个区外小区：位于武清区的逸仙科学工业园、西青区的微电子工业园和汉沽区的化学工业园。2000 年 6 月，建立西区，形成目前"一区多园"的空间格局（图 3-10）。

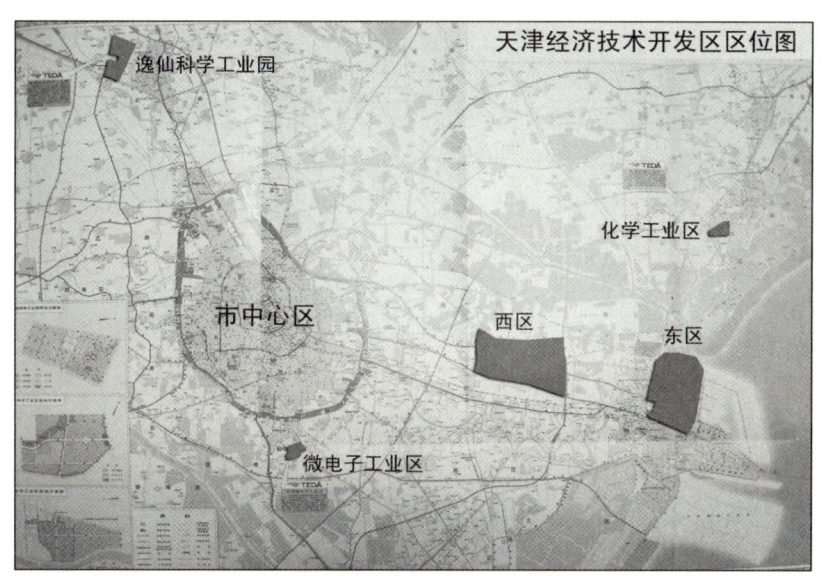

图 3-10　天津经济技术开发区区位示意

---

① 本节参考资料主要包括：1) 天津经济技术开发区地方志编修委员会编.天津经济技术开发区志.北京：中华书局，2004；2) 天津市滨海新区管理委员会.天津滨海新区发展报告（2005）；3) 杨东峰.嵌入繁殖·二元分立·肌理粗化——谈天津经济技术开发区的物质空间模式[J].规划师，2006，22(8)；4) 邢海峰，马玫.城市开发区空间有机生长的规划研究——以天津经济技术开发区为例[J].城市开发，2003(6)：18-21；5) http://www.investteda.org/天津开发区投资网；等.

开发区早期的规划致力于建设外向型工业区,自1996年开始,开发区被纳入滨海新区的范围,开始转向城市综合功能的建设,力图将开发区建设成为天津市的金融、商贸副中心。而由于体制和空间上的约束,开发区实际上很难摆脱"孤岛"的格局。开发区与周边塘沽城区、天津港及保税区的联系微弱,彼此间人、物、资金往来很少。其作为新兴经济功能区,与传统的行政区在土地开发、道路交通规划、水利电力电讯等资源利用,还有管理体制与政策方面有着诸多不协调甚至矛盾。比如,开发区对服务设施的基本需求原本可以通过对塘沽城区原有设施进行改造和在塘沽城区新建得到满足,但开发区却完全另起炉灶,投巨资建设高档次的商务中心、酒店、商场、医院、居住楼和文化体育设施,一定程度上造成了资源的浪费和不合理配置。

从开发区自身而言,由于最初的规划思路是将生活作为满足工业生产需要的附属配套设施置于工业区之外进行开发建设,开发区东区形成了工业区与生活区相对隔离的状态(图3-11)。为了缓解生活区到工业区通行时间长、道路

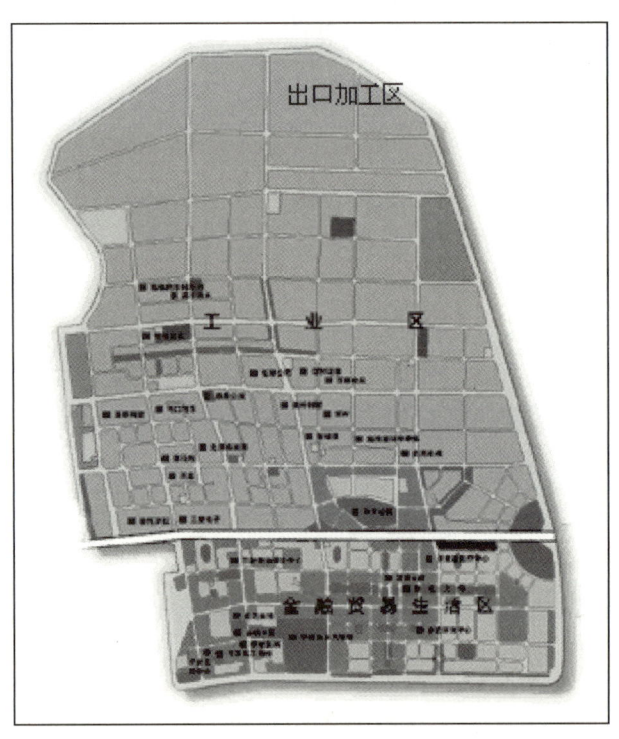

图3-11 天津经济技术开发区东区功能分区示意

资料来源：http://www.investteda.org/qygl/qybj/ckjgq/天津开发区投资网

第3章 开发区案例研究：发展动力的多样性与区域差异

系统交通压力大等问题，自2000年以来，开发区陆续在工业区内利用一些相对完整的地块规划建设了若干"蓝领"社区，以为在附近外资企业工作的大量蓝领工人提供日常居住场所和基本生活服务，虽然在一定程度上缓解了机械功能分区所带来的压力，但也一定程度上造成了蓝领社区的边缘化等问题。

2005年，以摩托罗拉为代表的外资企业完成开发区工业总产值2 247.18亿元，占全区工业总产值（2 305.19亿元）的97.5%。外资企业在电子通讯、机械制造、医药化工、食品饮料4个行业的高度集聚形成了开发区的支柱产业，4大产业共完成工业总产值2 139.91亿元，占全区工业总产值的92.8%（图3-12）。

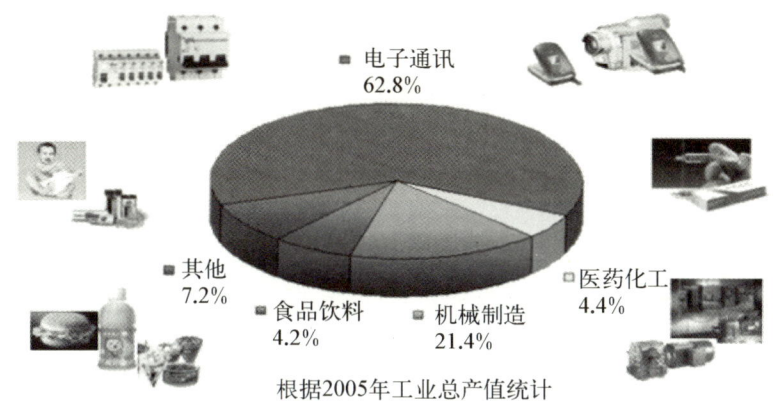

根据2005年工业总产值统计

图3-12 天津经济技术开发区产业构成

资料来源：根据2005年天津经济技术开发区国民经济和社会发展统计公报整理绘制

数量庞大的蓝领工人群体受雇于外资企业，构成了开发区人口的主体。2005年末，天津开发区共有常住人口10.50万人，其中户籍人口2.65万人，暂住人口7.85万人，占常住人口的比例为74.8%。全区共有从业人员28.83万人，其中东区14.89万人，占51.6%；外商及港澳台投资企业20.13万人，占69.8%。

在外资跨国企业的推动下，开发区与周边地区的经济总量呈现出巨大的反差。以塘沽区为例，2005年，开发区的实际利用外资和出口分别为塘沽区的16.3和45.7倍，区县级财政收入、工业总产值、GDP分别为塘沽区的5.2、4.8和1.7倍。若从居民财富增加的角度来看，则当地人民从经济增长中分享的比例非常之小，开发区的从业人员人均报酬甚至低于塘沽区的水平（表3-6）。显然，经济增长所产生的大量利益被跨国公司所获取，留在本地的主要是非常有限的工资性收入。

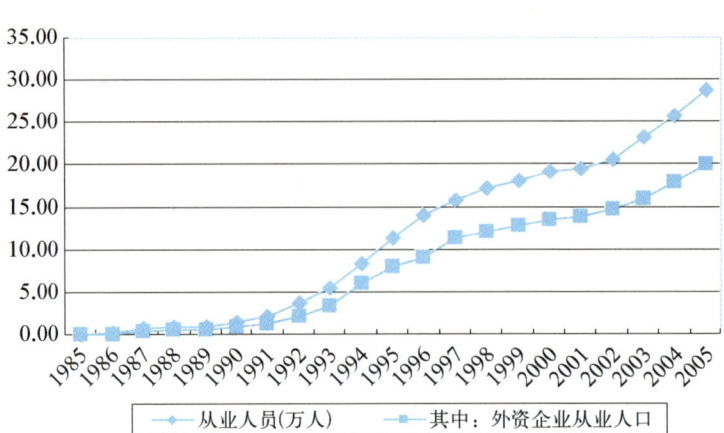

图 3-13 天津经济技术开发区从业人员历年增长概况

资料来源：根据天津经济技术开发区志；2005 天津滨海新区发展报告相关数据整理绘制

表 3-6 天津经济技术开发区与塘沽区经济指标比较（2005）

	GDP（亿元）	三次产业结构	工业总产值（亿元）	固定资产投资（亿元）	区县级财政收入（亿元）
开发区	642.29	0：84.3：15.7	2 305.19	180.32	59.44
塘沽区	368.09	0.6：71.5：27.9	477.20	194.76	11.33
开发区/塘沽区	1.7	—	4.8	0.9	5.2

	合同外资（亿美元）	实际利用外资（亿美元）	出口（亿美元）	社会消费品零售总额（亿元）	从业人员人均报酬（元）
开发区	25.95	12.85	139.91	30.81	24 600
塘沽区	0.82	0.79	3.06	89.49	32 675
开发区/塘沽区	31.6	16.3	45.7	0.3	0.8

资料来源：天津滨海新区发展报告（2005）

2006 年前后，继深圳经济特区、上海浦东新区之后，滨海新区被纳入国家区域发展总体战略部署。根据规划，滨海新区将形成"一轴一带、三个生态城区和八大产业功能区"的总体空间布局（图 3-14）。伴随滨海新区的全面开发开放，开发区面临的将不仅仅是发展空间的扩大以及更多优惠政策的集聚，而是要在大的区域范围内实现区域整合并提升开发区的品质和职能，包括综合性经济形态、城市建设和社会管理等。

第3章 开发区案例研究：发展动力的多样性与区域差异

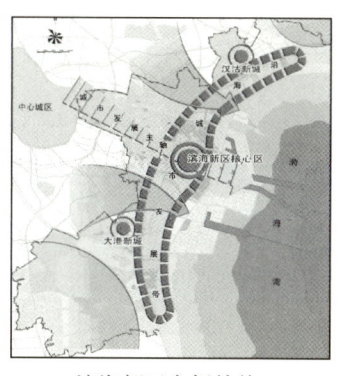
滨海新区空间结构

滨海新区土地使用规划图

滨海新区产业功能区布局

图 3-14 天津滨海新区规划图（2005—2020）

资料来源：左图源自 http://pic.enorth.com.cn/0/01/90/75/1907571_607674.jpg 北方网；中图天津市规划和国土资源局滨海新区分局；右图源自 http://www.bh.gov.cn/bhgl/2006-05/12/content_6966750.htm 滨海新区网

（4）案例四：大连经济技术开发区[①]

大连经济技术开发区于 1984 年选定在大连市区东北部、大黑山南麓的原金县马桥子村沿海一带（图 3-15）。当时国家在开发区附近的大窑湾已开工兴建年吞吐能力为 8 000 万—1 亿吨的国际深水中转港，并确定其为我国四大国际深水中转港之一。大连经济技术开发区的城市布局，也基本上是依托大窑湾港区的建设而展开。

开发区位于大连市金州区[②]境内，建区至今经历了 6 次区划调整。2004 年，大连经济技术开发区、大连出口加工区、大连金石滩国家旅游度假区和大连高新技术产业园区的"双 D 港"园区四区合一，双 D 港工业园区和出口加工区交由开发区管理，旅游度假区管委会和开发区管委会合并，开发区管委会、出口加工区管委会实行一个机构、三块牌子。除大窑湾港区和保税区（约 50.52 km²）单独管理外，开发区用地行政管理基本理顺，总面积约 390 km²（图 3-16）。

[①] 本节参考资料主要包括：1) 中国城市规划设计研究院. 建设绿色新城，昂起振兴东北老工业基地的龙头——大连经济技术开发区城市空间发展战略[R]. 2004.2；2) 大连市城市规划设计研究院. 金港区城市总体规划（2005—2020）——基础资料汇编[R]. 2004.5；3) 上海同济城市规划设计研究院，大连市规划设计研究院. 大连市金港区总体规划[R]. 2006；4) 大连经济技术开发区国民经济和社会发展统计公报（2000）、(2001)、(2002)、(2003)、(2004)、(2005)；5) 大连经济技术开发区国民经济和社会发展第十一个五年规划纲要；6) 大连开发区人口发展和公安建设"十一五"专项规划；等。

[②] 大连市辖 6 个市辖区（中山、西岗、沙河口、甘井子、旅顺口、金州）、3 个县级市（瓦房店、普兰店、庄河）、1 个县（长海县）。

图 3-15 大连经济技术开发区区位示意

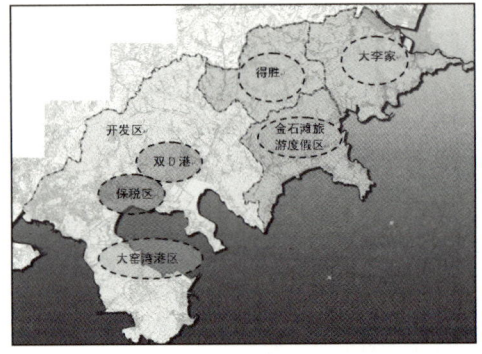

图 3-16 大连经济技术开发区及周边行政管理示意

资料来源：上海同济城市规划设计研究院，大连市规划设计研究院. 大连市金港区总体规划[R]. 2006

开发区最初的功能定位是以港口工业区建设为主要导向。自1992年开始，开发区被纳入城市新区范围内进行统筹考虑，并逐渐成为大连市"双城"结构的重要组成部分。2004年，在国家提出振兴东北老工业基地的战略决策以及将大连建设成为东北亚国际航运中心的战略背景下，大连市提出建设"大大连"的战略决策，开发区被赋予了"新市区"的属性（图3-17）。大连经济技术开发区城

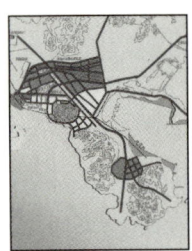

1984年开发区总体规划图

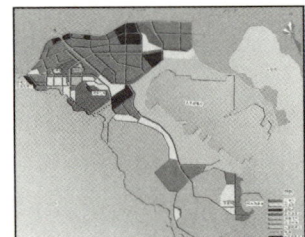

1989年开发区总体规划图

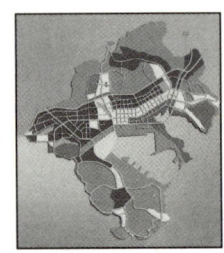

1992年开发区总体规划图

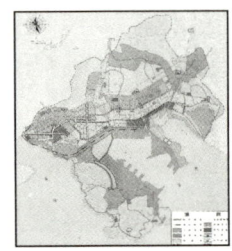

2000年大连市总体规划中新城区规划图

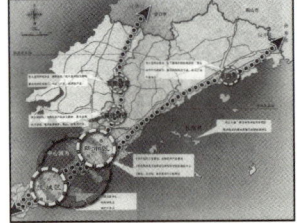

"大大连"城市总体规划市域组团功能定位图

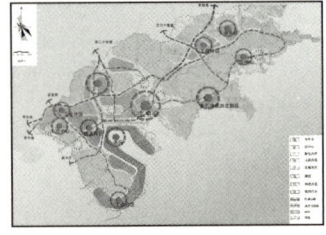

2004年开发区战略空间结构图

2004年开发区土地使用现状

图 3-17 大连经济技术开发区历年相关规划图

资料来源：大连经济技术开发区城市空间发展战略（2004）

第 3 章　开发区案例研究：发展动力的多样性与区域差异

市空间发展战略(2004)确定开发区的城市性质为："大大连"中心城主城区,东北地区物流和信息服务中心。

在开发区空间拓展的过程中,受到保税区、大窑湾港区、双 D 港、金石滩旅游度假区、城山头自然资源保护区、得胜镇、大李家镇等不同等级的各类政府机构进行属地化分割管理的影响,加之对于开发区的空间快速扩张预见不足,在几次规模调整时,对于开发区的整体空间布局均缺乏长远的考虑,采用自然蔓延的方式由金马向大孤山半岛和湾里方向推进。现状城市建设用地约 53.54 km^2,人均城市建设用地面积超过 140 m^2。工业用地的比例较高,而居住用地和公共服务设施用地比例相对不足(表 3-7)。

表 3-7　开发区用地构成

	居住用地	工业用地	公共服务设施用地	其　他	合　计
数量(km^2)	6.43	17.08	4.6	25.43	53.54
比例(%)	12.0	31.9	8.0	48.1	100

资料来源：上海同济城市规划设计研究院、大连市规划设计研究院,大连市金港区总体规划

从空间分布上看,较早开发的西部工业区、日本工业园地等因开发初期行业门槛低,空间布局也不尽合理,产出效益明显较差,而且存在比较严重的环境污染等问题。由于公共服务设施建设滞后,随着开发区规模扩大公共服务需求的增加,一些效益较低的工业企业开始擅自改变用地性质,向公共设施用地转变。

开发区产业发展以工业制造业为主,2005 年三次产业结构比为 2.2：61.8：36.0。外资企业创造的工业产值一直占全区工业总产值的 95% 以上(图 3-18),吸引了 70% 以上的从业人员。2005 年,全区完成进出口总额 100.3亿美元,其中,出口 50.1 亿美元。出口总额中,加工贸易出口 44.58 亿美元,占到 89.0%。

制造业作为开发区的主导性产业,吸纳了本地及外来大量劳动力。2005 年末,全区户籍人口 21.23 万人,全区外来流动人口(已办理登记的)约 16.5 万人。外来流动人口高峰时在 25 万人左右,多于户籍人口数量[1]。制造业从业人员占从业人员总数的比例为 85% 以上。

(5) 简要评析

作为首批国家级经济技术开发区,广州、杭州、天津和大连经济技术开发区

---

[1]　大连开发区人口发展和公安建设"十一五"专项规划。

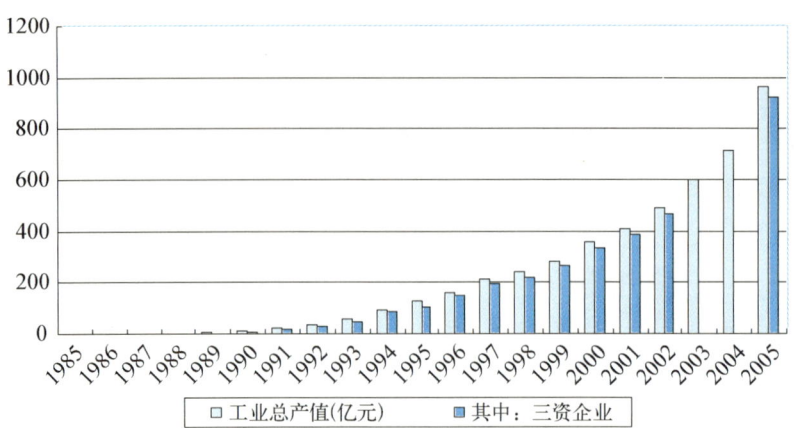

图 3-18 大连经济技术开发区工业总产值历年增长概况

资料来源：根据开发区区志；大连经济技术开发区国民经济和社会发展统计公报（2003）、（2004）、（2005）相关数据整理绘制

的建设发展在全国范围具有较强的代表性。开发区的发展与经济全球化以及国际产业转移背景下的外资 FDI 密切相关，而且往往与某个或几个跨国公司的大型项目投资直接相关，比如宝洁公司之于广州经济技术开发区和摩托罗拉公司之于天津经济技术开发区。这些项目被开发区形象地誉为"锚项目"，其产业性质、技术水平、生产规模和本地化战略直接决定了开发区的整体经济增长，也正是这些项目，让开发区跻身全国开发区的前列——据商务部公布的国家级经济技术开发区 2005 年度投资环境评价结果，广州、杭州、天津和大连经济技术开发区分别位居第 3、第 14、第 1 和第 9 位。但开发区经济增长的质量与此并不直接相关。在这些开发区中，出口加工型的制造业仍然占据主导地位。大进大出的经济联系既表明开发区已经与世界经济紧密相连，成为全球化生产链条的环节；也表现了开发区位居生产价值链的低端、产业结构层次偏低的事实，而由此产生了居民财富增长的不对称性。

　　从空间上看，这些开发区均表现出了不同程度的"飞地"特征。工业企业的集聚推动着开发区空间规模的扩张，开发区主要通过扩区以及行政区划调整等手段以提供更多的增量工业用地，直到最近几年才开始考虑通过提高投资强度门槛，对闲置用地进行处理等手段来缓解土地资源短缺的现实矛盾。而开发区规模的不断扩大和人口的不断增加逐步产生了对第三产业和服务功能的巨大需求，也促使这些开发区逐渐从一个单一的"工业区"向综合性"新城区"的方向演进。

2.2 国企转制推动型[①]

与外资主导型开发区主要依靠跨国资本不同,有一类经济技术开发区主要依靠城市原有国有企业改制进而繁殖、衍生形成产业集聚,典型的为青岛经济技术开发区。

青岛经济技术开发区于1984年经国务院批准成立,开发区的选址当时有三种意见:一是东部崂山一带,二是城阳一带,三是黄岛一带。经综合论证,最终将开发区选址在胶州湾西海岸黄岛区与胶南市之间的区域,与青岛老城隔海相望,海上最近距离约4.2 km,规划面积15 km^2(图3-19)。开发区选址具备港口交通、水电能源、土地充沛等优势条件,而其最大的劣势在于离青岛母城陆路较远,交通不便。至今开发区与青岛老市区的主要交通方式仍为轮渡或快艇,水上航行时间大约为30分钟和12分钟。

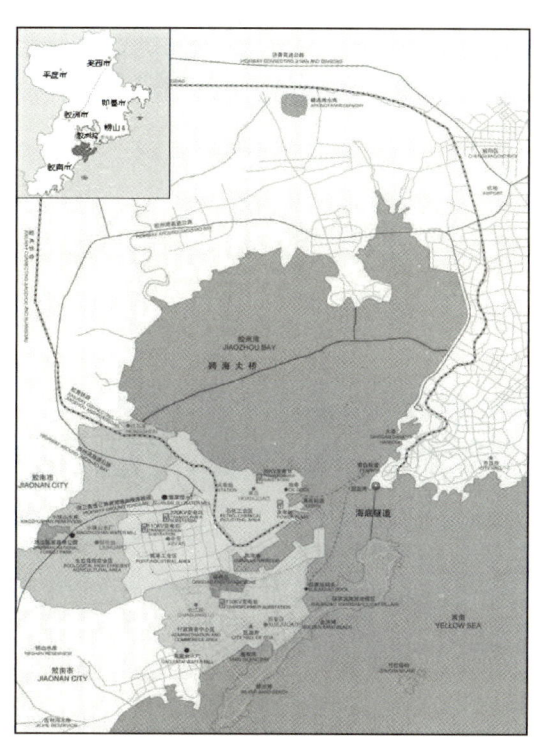

图3-19 青岛经济技术开发区区位图

资料来源:http://www.investok.org/china/tzgaikuang.htm 青岛经济技术开发区网

交通上的不利因素极大地限制了开发区对于外资的吸引力。开发区在20世纪90年代的发展中吸引外资的数量要明显低于周边的天津经济技术和大连经济技术开发区,直到最近几年,这一现象才逐渐改观(图3-20)。与之相应,开发区的发展并非外资推动的结果,而主要与青岛老市区产业转移密切相关。

随着青岛老市区大规模地进行城市布局和产业结构的调整,一大批转制国

---

① 本节参考资料主要包括:1)青岛开发区2005年国民经济和社会发展情况;2)青岛经济技术开发区科技与高新技术产业发展"十一五"规划;3)青岛经济技术开发区管理委员会.青岛经济技术开发区二十年发展历程和未来十年发展展望[OL].2006-02-28[2006-12-31].http://www.qda.gov.cn/news_index2.htm;4)http://www.qda.gov.cn/青岛经济技术开发区网;等等。

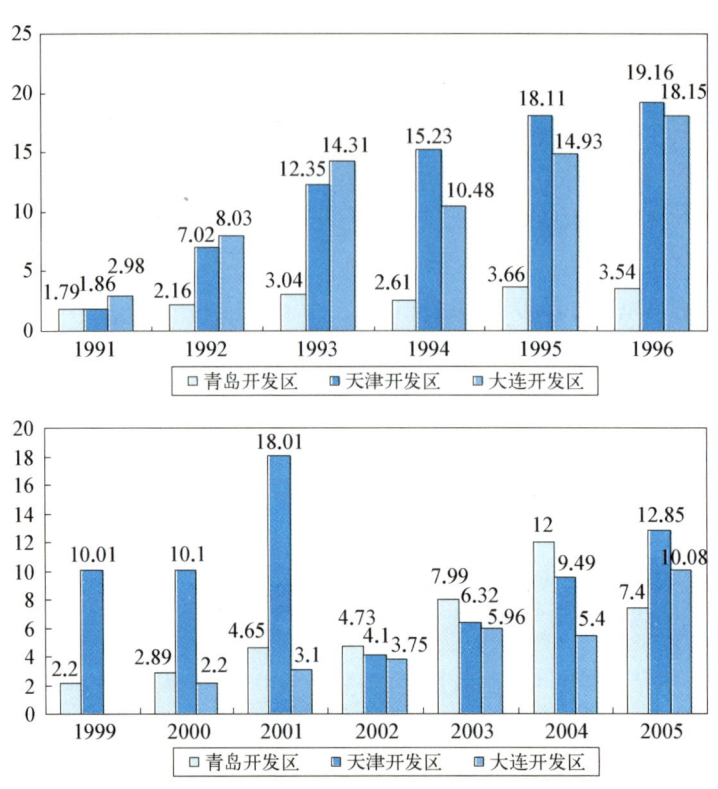

图3-20 青岛、天津及大连开发区外资项目总投资

资料来源：根据皮黔生、王凯，2004：43,55；三地开发区各年统计公报相关数据整理绘制

有企业需要搬迁进行异地改造和扩建。青岛开发区的"软、硬"投资环境的逐渐改善，以及开发区本身在土地、产业扶持政策等方面给予的优惠，使得其成为青岛老市区产业转移的重要基地。海尔、海信、澳柯玛、双星、国风、颐中等大企业相继落户，并在区内投资兴办了一大批现代化的工业园区，不仅极大地壮大了青岛经济技术开发区的经济总量，同时也使这些大企业得以利用土地的级差收益，通过出让原有的场地获得易地改造的资金而得到了进一步的发展，为青岛母城第三产业的发展腾出了空间。

2005年，青岛开发区全年实现工业总产值808.5亿元，工业增加值228.5亿元。其中，外商投资企业完成工业总产值309.2亿元，占全区工业总产值的38.2%，外资企业所占份额在全国前十位经济技术开发区中是最少的。外资企业对开发区经济的贡献主要体现在出口方面。2005年，开发区全年完成进出口总额55.86亿美元，其中，出口总额27.78亿美元，进口总额28.08亿美元。外商投资企业完成出口11.96亿美元,占开发区全部出口的68%。

全区以海尔、海信、澳柯玛等为代表的新型家电产业完成工业总产值432亿元,占开发区全部工业总产值的53.4%,占全国同类家电产品市场份额的20%。

由于是基于本土企业的发展而非外资推动,青岛经济技术开发区具有较强的稳定性和根植性,而且,青岛经济技术开发区是名牌最多的国家级经济技术开发区,拥有"中国世界名牌"1个、"中国名牌"21个、"中国驰名商标"2个、"国家免检产品"23个。2005年,据商务部的评价结果,开发区综合分值名列全国第5位。

另一方面,青岛经济技术开发区当前的产业发展也存在自身的明显不足:一是开发区产业附加值较低。开发区工业经济保持高速增长主要得益于海尔开发区工业园、海信信息产业园及澳柯玛工业园三大家电工业园的强劲拉动。2005年,这三大园区完成工业总产值409亿元,占开发区工业总产值的50.6%。但家电产业总体来说是附加值较低的产业,根据制造业有关专家对家电制造业的经验性技术含量评价,家电制造业是以制冷等传统技术为基础加上电子控制等现代技术形成的一种基本成熟的较为简单的技术结构,附加上的现代技术是"菜单"式的简单组合,其技术含量系数处于整个制造业平均水平偏下的区间(江小涓等,2004)①。2005年,全区高新技术企业用于研究开发的投入只占国内生产总值的0.73%。因此,总体上看,开发区产业经济抗风险的能力较低,最近几年原材料价格的上涨价对家电生产及其配套带来了较大的负面影响。而且,开发区经济的快速增长并没有带来相应的税收增长,2005年宏观税负水平仅为12.2%,大大低于广州开发区的22.4%、天津开发区的20.7%。开发区的产业集聚虽然是基于本土企业而形成,具有较强的根植性,但开发区的产业集聚也存在与其他外资主导型的开发区产业集聚同样的网络合作程度较低的特征。企业之间更多表现在空间上的集中,并未形成相互之间的产业协作关系。

2.3 依托重点项目型②

首批国家经济技术开发区的批准一般都是先于实际的起步开发时间,即批准

---

① 江小涓,等. 全球化中的科技资源重组与中国产业技术竞争力提升[M]. 北京:中国社会科学出版社,2004:307.
② 本节参考资料主要包括:1) 武汉经济技术开发区国民经济和社会发展第十一个五年规划纲要;2) http://www.wedz.com.cn/武汉经济技术开发区网;3) 吴明堂. 正在崛起的汽车城——武汉经济技术开发区[R/OL]. 2007-07-04[2007-07-31]. http://www.whfz.gov.cn/shownews.asp?id=14553 武汉地方志编纂委员会办公室网;4) 2005年国民经济与社会发展报告(开发区建设)[OL]. 2006-11-27[2006-12-31]. http://www.hbinvest.gov.cn:81/publish/20061127/200661260660.shtml 湖北省发改委信息网;5) 关俊波. 武汉经济技术开发区投资环境研究[D]. 华中科技大学硕士学位论文,2005:27-31;等.

后从"零"开始建设,这时的开发区一般没有明确的产业发展导向,处于被动接受产业进驻的状态;而以后的几批则普遍起步早于批准,一些开发区依托某个国家重点项目而启动,在建区伊始即明确了其产业发展的方向,比如武汉经济技术开发区。

武汉经济技术开发区因"车"而建,因"车"而兴。1987 年,东风汽车公司(原二汽)决定建设 30 万辆轿车生产基地,1988 年 1 月经国家计委批准后,在全国范围内招标选择厂址。1988 年 10 月,国务院正式批准二汽轿车总装厂定在武汉。1990 年 12 月 20 日,东风汽车公司与法国雪铁龙公司合资生产 30 万辆轿车项目合同正式签字。同年,武汉市委、武汉市人民政府决定建立武汉轿车产业开发区,并组建开发区管理委员会。1992 年 5 月 18 日,神龙汽车有限公司在武汉挂牌;6 月 30 日,市委、市政府决定"武汉轿车产业开发区"更名为"武汉经济技术开发区"。1993 年经国务院批准为国家级经济技术开发区,面积 10 km²。开发区位于武汉市西南部蔡甸区[①]境内沌口、沌阳两街之间,城市中环线与外环线之间,濒临长江,318 国道横穿全区。已开发 28 km²,远期规划控制面积 90.7 km²(图 3-21)。建区之初,企业设立、审批、纳税等经济活动由开发区提供管理和服务,而在办理土地、供电、户籍等等社会活动时,则需要通过蔡甸区政府。这给企业发展造成了诸多的不便。1996 年,经由武汉市委市政府决定,将蔡甸区的沌口、沌阳两街从行政隶属上划入开发区。

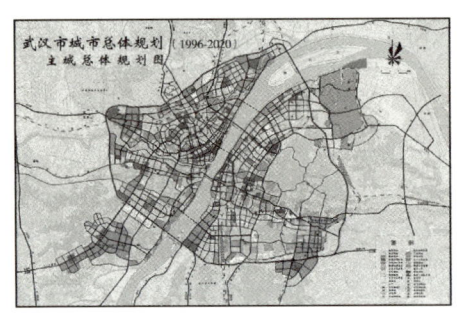 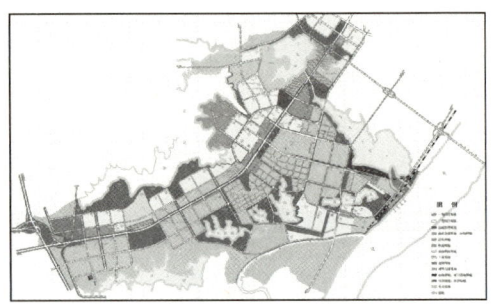

图 3-21 武汉经济技术开发区区位示意及土地使用规划图

资料来源:左图源自 www.whxqtz.com/www/article.jsp?f_articleid=147 武汉新区网;右图源自 http://www.wedz.gov.cn/theme/foreignlanguage/images/t2.jpg 武汉经济技术开发区网

开发区建区时明确其产业发展政策为:充分发挥外向型经济的窗口作用,大力发展汽车、汽车零部件及相关产业,同时发展高新技术产业,积极发展能出

---

① 目前,武汉市辖江岸、江汉、硚口、汉阳、武昌、青山、洪山、东西湖、汉南、蔡甸、江夏、新洲、黄陂 13 个市辖区。

第3章 开发区案例研究：发展动力的多样性与区域差异

口创汇或替代进口且经济效益显著的产业，并支持发展能够促进开发区尽快繁荣的第三产业。在明确的产业政策及项目引进原则指导下，确立了开发区项目发展的三个重点：一是大力发展汽车及零部件项目，二是努力发展那些产业带动面宽、影响面广的大项目入区，三是在大中小项目并举的同时，积极吸引短平快项目，以期尽快产生经济效益和形成经济规模。依托神龙汽车项目这个投资超过100亿元的国家级重大项目，开发区的基础设施建设一开始就处于高起点、高标准的水平上，而项目投产带来的收益及财政收入，又以滚动的方式不断投入到开发区的基础设施建设上。

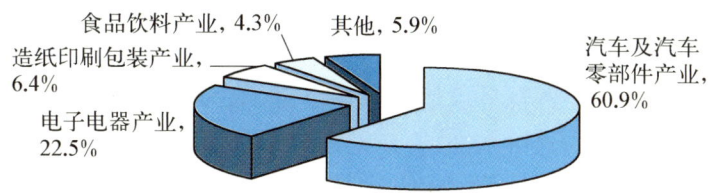

图3-22 武汉经济技术开发区工业总产值行业构成（2005）

资料来源：根据"武汉经济技术开发区的高新技术产业"相关数据整理绘制

20世纪90年代，神龙公司一度为开发区经济增长的主要来源。1999年，神龙公司工业总产值59.81亿元，占全区工业总产值的48%；税收3.06亿元，占全区税收的41.4%。2003年6月，东风汽车公司与日产公司合资组建东风汽车有限公司，总部和销售中心均设在武汉经济技术开发区；8月，东风汽车公司与本田汽车公司决定，通过改组武汉万通汽车有限公司，共同组建东风本田汽车（武汉）有限公司；9月28日，东风总部正式由十堰迁至武汉，法国PSA集团也宣布大幅增资。三大汽车集团在开发区的落户，拉动了汽车零部件产业的蓬勃发展，一些世界著名零部件企业进入开发区投资。截至2005年底，开发区累计入区企业2 170家，其中工业企业655家，外商投资企业231家。外商投资企业完成工业总产值300.98亿元，占全部工业总产值（384.06亿元）的78.4%；高新技术企业完成工业总产值168.75亿元，占全部工业总产值的43.9%。

以神龙汽车、东风本田等为代表的汽车整车厂以及日本理研等120多家汽车零部件企业为代表，形成了开发区汽车产业群。2005年，汽车及汽车零部件产业完成工业总产值233.85亿元，占开发区工业总产值的60.9%。其中，神龙汽车公司完成工业总产值131.63亿元，东风本田汽车公司完成工业总产值52.52亿元，分别占开发区工业总产值的34.3%和13.7%。

随着以汽车产业为主体的工业制造基地的逐渐形成，开发区从关注和支持神龙汽车公司这样的龙头企业中的实践中发现,由于整车企业的带动作用,可以吸引更多的配套企业到开发区投资发展,从而形成整个产业完整的产业链条。为此,开发区政府希望能够在汽车产业以外,再行引进其他行业的龙头企业,通过政府的支持和企业的龙头带动作用,形成新的企业群体,进一步促进开发区的经济发展。这就导致了最终在十五规划中确定重点发展汽车产业和资讯家电这两个行业。

2000年前后,开发区开始同台湾著名显示器制造商唯冠集团[①]接触。与东部沿海地区的经济技术开发区不同,武汉经济技术开发区在发展资讯家电行业方面几乎没有任何优势可言。首先是企业配套不足。当时的开发区乃至武汉市都完全没有电子类企业,也没有相关配套环境,所有的事情必须唯冠集团自行解决,这与当时在东莞和深圳已形成的相对完善的生产和配套环境有天壤之别。再次是人力资源问题。武汉开发区当时没有电子企业的熟练工人,更不用说管理干部了。为了成功引进唯冠集团,湖北省和武汉市两级政府协调国有投资机构出资数千万元,和唯冠集团共同投资,以中外合资企业的方式组建公司,以分散其投资风险,此外,在土地和厂房等方面也给予了大力的支持,包括为企业代建6万m^2的厂房等,使唯冠能尽快投产并形成规模生产能力。

2001年,总投资1 200万美元的武汉唯冠科技有限公司(原名武汉恒冠电子有限公司)终于在开发区落户。唯冠刚开始生产时,所有的零配件都必须从外地采购,大多数是从广东唯冠的生产基地运来,在武汉组装。为尽快解决企业生产配套问题,武汉唯冠提出了分步走的计划。对于体积大,不利于长途运输的配件,如显示器机壳、保利龙(显示器装箱时用于衬垫的泡沫材料)以及包装纸箱需要首先在本地解决配套,自己投资兴建了注塑车间和保利龙车间,逐步将从外地采购这些大型配套件转为自行配套生产。而对于印刷电路板,特别是技术含量较高的多层印刷电路板的生产,因投资规模大,对市场容量有较高的要求,又因其产品价值高、体积小,便于运输,因此,唯冠长期从广东采购,也鲜有企业愿意到武汉开发区来生产。直到2005年9月,武汉开发区最大的外商独资企业项目——名幸电子(武汉)有限公司正式开工,至此,武汉开发区电子电器行业配套的环境才开始得到改善。在人力资源方面,唯冠集团从其东莞和深圳的生产基地,整建制的将工人和管理人员调来武汉,组织生产,并在此基础上招募员工,提

---

① 当时的唯冠集团为全球第4大显示器提供商,始创于1989年的唯冠科技(台北)有限公司,历经多年发展,形成生产各类电脑显示器1 000万台/年的能力,成为年销售额超过百亿元、总资产逾25亿元、员工逾7 000人,拥有香港、台湾2家上市公司的大型跨国IT企业集团。2000年台湾唯冠集团成功收购台湾著名显示器高端品牌"美格",从单一的代工生产,转向代工生产与自有品牌共同发展的新阶段。

第3章 开发区案例研究：发展动力的多样性与区域差异

供培训后上岗,才逐渐解决了工人短缺问题。开发区也建立了免费为求职者和用人单位服务的劳动力市场,努力改善开发区的用工环境。

唯冠集团的进入和发展,起到了良好的示范效应,带来了众多同行企业在武汉开发区投资。目前,以唯冠科技、冠捷电子、武汉海尔、武汉美的为代表的电子电器产业已经取代造纸、食品饮料等成为开发区的第二大产业群。2005年完成工业总产值86.39亿元,占比22.5%。

开发区产业的快速发展带来了人口的集聚以及相关公共设施的需求,从1996年开始,开发区提出了要在建设制造业基地的同时,建设武汉新型城区的规划。近年来,开发区建设了大量的居民新区,社区建设涵盖了居住、农贸、餐饮、文教、娱乐、社会公益事业、社区管理等方面。文化体育建设方面,江汉大学和武汉商业学院落户开发区,武汉体育中心建成,还开发建设了1.65 km²的旅游基础设施。到2008年为止,已形成了能容纳约20万人居住、生活的新城区。

2004年初,武汉市委市政府决定举全市之力开发建设武汉新区。武汉经济技术开发区与汉阳区以及蔡甸区、汉南区的一部分被纳入武汉新区统筹考虑。新区由"两江一路"(即长江、汉水和外环线)合围而成,规划面积368 km²,规划人口100万。根据规划,新区定位为"辐射武汉乃至整个华中地区的现代制造业基地、生产性服务中心、市级文化旅游中心和风貌独特的现代化商住新城",武汉经济技术开发区将重点承担现代制造业基地的职能(图3-23)。

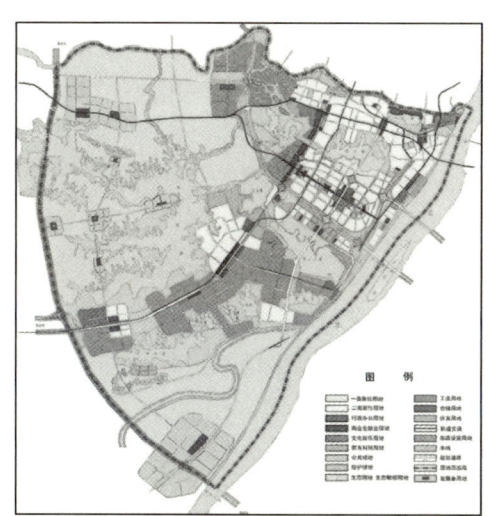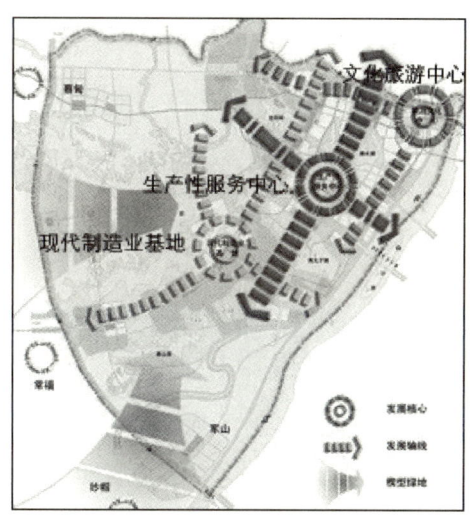

图3-23 武汉新区总体规划土地使用规划及规划结构图

资料来源:http://www.whxqtz.com/www/article.jsp? f_articleid=147 武汉新区网

2.4　立足资源优势型[①]

区位与市场的优势使得东部地区经济技术开发区总体来说对于外商投资具有较强的吸引力,而对于中西部地区经济技术开发区而言,大部分既缺少沿海开发区的区位优势,又缺少强大的科技力量及相对雄厚制造业产业基础,显然不可能在承接外资加工制造业转移方面卓有建树。西宁经济技术开发区正是这样一种类型,它结合自身的资源优势,逐渐地走出了一条完全不同于东部地区经济技术开发区的道路。

西宁经济技术开发区2000年7月经国务院批准成立。开发区位于西宁市东部,总规划面积12.79 km^2。2000年9月,经省政府批准,成立西宁经济技术开发区管委会。开发区最初遵循"以工业项目为主,以利用外资为主,以出口创汇为主,致力于发展高新技术产业"的建区方针,实际并未形成明确的发展思路及产业导向。尽管区内实行非常优惠的投资政策,但由于自身先天条件的制约以及定位不明确,开发区的发展十分缓慢,园区内产业入驻的门槛低,产业门类杂乱。

2006年,青海省政府调整了经济技术开发区的管理体制,成立了新的西宁(国家级)经济技术开发区管委会,并重新整合开发区的发展空间。新组建的西宁经济技术开发区管委会,下辖东川工业园、甘河工业园、生物科技产业园等多个工业园,形成"一区多园"的发展格局。各园区结合自身优势形成了明确的发展定位:东川工业园为高新技术和新型材料产业园;生物产业园为生物医药、农畜产品深加工和保健食品产业园;甘河工业园重点发展铅、锌、铜等有色金属冶炼和加工及下游相关产业。

由于明确了建设资源型专业化园区的产业定位,开发区逐步开始走向良性发展。2007年3月,投资9 980万美元千吨级多晶硅项目在东川工业园区开工奠基。由亚洲硅业有限公司与青海新能源研究所有限公司投资组建的中外合资企业亚洲硅业(青海)有限公司负责该项目的建设、运营。项目建设规模年产6 000吨多晶硅[②],规划占地0.4 km^2,其中一期建设年产1 000吨多晶硅项目。

　　[①]　本节参考资料主要包括:1) http://www.qh.xinhuanet.com/economyxn/西宁经济技术开发区网;2) 同济大学建筑城规学院课题组. 北川经济带发展战略及布局研究(讨论稿)[R]. 2006.12;等。

　　[②]　多晶硅材料是以金属硅为原料,经提纯后达到一定纯度的电子材料。它是硅产品产业链中的一个极为重要的中间产品,是制造硅抛光片、太阳能电池及高纯硅制品的主要原料,因而成为信息产业和新能源产业最基础的原材料。从国际上来看,2004年开始,由于太阳能产业的发展,太阳能用多晶硅供不应求,导致全球多晶硅供应紧张。在国内,多晶硅生产长期不能满足国内市场需要,严重依赖进口。

预计一期项目建成投产后,可实现销售收入 10 亿元,吸纳 300 多人就业。生物产业园以藏药为特色的产业群也基本成型。

2.5 偶发机遇型

大部分开发区最初所面临的外部环境作用力是基本一致的,开发区自身禀赋的强弱和地方政府的作用决定了开发区发展的程度和水平。但也有这样一类开发区,它们因偶发外部机遇而获得了意料之外的发展,并表现出一些有别于其他开发区的特质,比如苏州工业园区和中信大榭开发区。

（1）案例一：苏州工业园区——中新合作[①]

➤ 苏州工业园区的诞生

苏州工业园是中国与新加坡两国政府间重要的合作项目。新加坡是亚太地区吸引外资的先行者,早在 20 世纪 60 年代中期,刚刚独立不久新加坡就提出了"出口导向型"的工业化战略,吸引外资,发展制造业和金融业。由于其优越的区位条件、良好的语言环境、廉价的土地与劳动力,在全球经济重组的大背景下,20 世纪 70 年代早期就有大量外资企业如德州仪器、通用电气、惠普、飞利浦等相继进入。这些跨国公司带来的资金、技术以及新市场,推动了新加坡经济的快速成长,使得新加坡迅速完成了从不发达国家到发达国家的转变。"新加坡的工业化历史甚至很大程度上可以归结为一部 FDI 在新加坡的发展史（Kwong Kai-Sun 等,2001）"。

在吸引外资方面,1980 年之前,新加坡的直接竞争对手很少,其时,周边的马来西亚、泰国、印度尼西亚等周边地区都在集中精力搞"进口替代型"的工业化战略。但进入 20 世纪 80 年代之后,新加坡经济发展步入成熟阶段,工业化的进程推动了工资的快速上涨与资源的迅速消耗,而与此同时,周边各国也在全球化的影响下逐步得到发展,加入争夺外资的竞争之中。国土面积狭小的新加坡显然不可能继续在低成本的吸引外资竞争中获得成功。为此,新加坡开始了新的战略转变,于 1990 年提出了"战略性经济计划（Strategic Economic Plan）",其中一个核心的思想就是"区域化（Regionalization）",即通过参与到整个亚洲经济发

[①] 本节参考资料主要包括：1) Alexius A. P., State Collaboration and Development Strategies in China: the Case of the China-Singapore Suzhou Industrial Park(1992 - 2002)[M]. RoutledgeCurzon, 2003; 2)江苏省城乡规划设计研究院. 苏州工业园区规划调整(2002)[R]; 3) 苏州工业园区首期开发区总体规划报告[R/OL], 苏州工业园第二、三区总体规划报告[R/OL], 苏州工业园区首期开发区详细规划报告[R/OL]. [2006 - 12 - 31]. http://www.dpchina.com/ziliao.asp 苏州工业园规划建设网-资料中心; 4) http://www.sipac.gov.cn/苏州工业园区网;等。

展中建立起与国内经济互动的外部经济。"区域工业园（regional industrial parks）"计划正是这一战略的组成项目之一。所谓"区域工业园"，就是新加坡以其高质量的软件服务参与到欠发达国家的工业园建设中，形成一个既具有廉价劳动力、土地等低成本优势、又具有良好的工业基础设施和管理服务的园区，从而提高园区的综合竞争能力；新加坡则从该园区的成功营销中获取收益分成，实现低级生产要素提供者向区域中较高级生产要素提供者的角色转变。的确，新加坡在招商引资的经历中已经摸索出了一套工业房地产开发、管理与推广的成功经验，而这，正是其他欠发达国家在招商引资中所严重稀缺的优势。

1989年，首个区域工业园在印度尼西亚的巴丹（Batam）开始建设，巴丹与新加坡仅有一个小时的船程，而1990年的劳动力成本和人力成本仅为新加坡的1/4。虽然新加坡政府从巴丹工业园的具体获益不得而知，但许多迹象表明巴丹工业园正在通过工业地产销售及厂房租赁以及管理收费等获得收益。1992年，新加坡经济发展局（Singapore Economic Development Board）建议新加坡政府可以考虑在其他国家建立类似的工业园区，并相信这类园区将因新加坡高质量的工业基础设施开发与管理经验的注入而比其他的工业房地产更具吸引力；园区的设立不仅能为新加坡带来经济利润，而且，还能有效地密切邦交关系，实为一举多得之事。

其时，正值中国改革开放初建成效，首批14个国家级经济技术开发区吸引外资的发展思路正在开始向其他地区推广。1992年春天，邓小平同志在南方谈话中曾明确提出，要学习借鉴新加坡经验，这引起了新方的兴趣与关注。两国政府基于FDI的发展战略在合作开发工业园区中找到了共同的利益着眼点。新方政府和中方政府都相信，双方之间合作性的吸引外资项目将远比竞争性的吸引外资项目收益更大，新加坡工业基础设施开发、建设与管理的专业经验与中国丰富而低廉的生产要素这种互补性的结合，必将带来双赢的局面。

经过多次磋商，1994年2月26日，中国国务院副总理李岚清与新加坡内阁资政李光耀分别代表两国政府签署《中华人民共和国和新加坡共和国政府关于合作开发建设苏州工业园区的协议》，苏州工业园区由此诞生，作为一项跨国合作方案，苏州工业园区将中国的"经济技术开发区"和新加坡的"地区工业园"糅合在一起，使得新加坡实现了"新加坡在苏州"的事业，中国则建设了一个"苏州的新加坡"。

合作工业园区的定位十分明确，就是要吸引外资。为了找到一处合适的选址,曾进行过多轮的选址方案比较。新方在选址上有如下两方面的原则性考虑:第一,要有产生集聚经济的潜力;第二,交通条件良好。关于这两点,上海浦东似乎是不错的选择,但考虑到选址在浦东将有可能使园区建设很快面临成本上升的压力以及有可能受到上海市强势政府的较多限制,浦东方案很快被排除。其他经济较为发达的几个省份如山东、广东和福建,虽然这两方面条件的条件也比较符合,但考虑到山东已有不少日本、韩国公司集聚,广东、福建则有不少港澳台公司集聚,有可能会影响竞争优势的发挥,也先后被排除。江苏则被认为是比较理想的选择,因其不仅历来是中国最为富庶的地区之一,而且,人力资源水平较高。在城市的比选中,苏州因交通方面的优势以及其良好的城市美誉度最终在与南京、无锡的比较中脱颖而出。

在明确了在苏州建设园区之后,在苏州的哪个区域建设摆上了议事日程。苏州古城不到 5 km^2,为了"保护古城风貌",苏州市政府从 1990 年开始在古城以西建设苏州新区,到 1992 年,新区的建设已接近 10 km^2 左右,并被国务院批准为国家高新区。苏州市政府曾经提出将园区选址在苏州新区的方案,但新方并未采纳,认为选址在新区将不得不花费大量的时间与精力去与新区已建成部分进行协调,与其这样,不如选址在当时还是一片农地的古城东翼,而且这一区域与上海的距离更近。园区最终选择在城东金鸡湖畔,其时,苏州进行了行政区划调整,将郊区的娄葑乡,吴县的跨塘、斜塘、唯亭、胜浦四个镇划归苏州市人民政府直接管辖,由苏州工业园区管委会行使行政管理职能。由此,园区的辖区范围约 208 km^2,其中,中新合作区规划面积 70 km^2。以后 2002 年、2004 年和 2005 年在原辖区基础上先后进行 3 次局部行政区划调整。至今,园区行政区域面积为 288 km^2,下辖三个镇,户籍人口 26 万(图 3-24)。

> 发展中的波折

园区的管理与开发建设实行政企分开。管理上,园区共有三个层次的管理框架,最高层是中新联合协调理事会,由两国副总理分别担任理事会中新双方主席,中国外交部、商务部、发改委、财政部、国土资源部、建设部、海关总署和新加坡外交部、贸工部、国家发展部、环境部、经发局等有关部门及江苏省政府和苏州市政府的负责人为理事会成员,定期举行会议,及时协调解决园区发展中的重大问题;第二层是由苏州市政府和新加坡裕廊工业区裕廊镇管理局组成的双边工作委员会,定期开会;第三层是由苏州工业园借鉴新加坡经验办公室和新加坡贸工部软件项目办公室组织的管理委员会,经常碰头开会,解决日常问题(图 3-25)。作为苏州市政府的派出机构,管委会在行政辖区范围内全面行使主权和行政管理

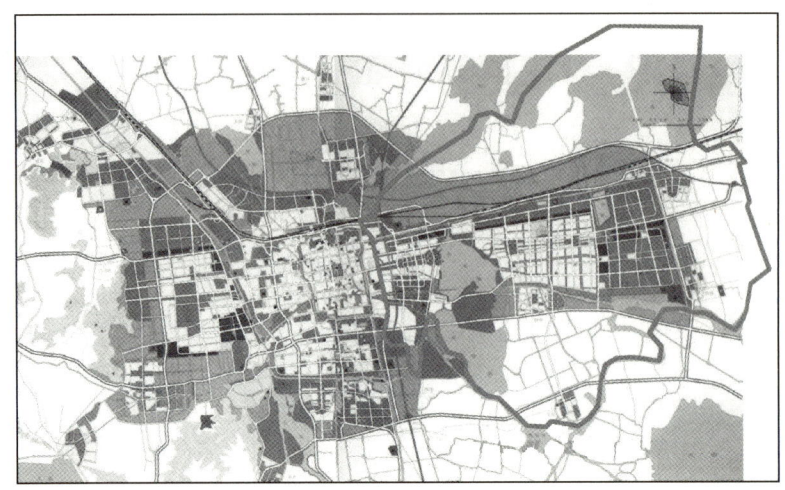

图 3-24　苏州工业园区位

资料来源：根据苏州行政区划在苏州总体规划图上绘制

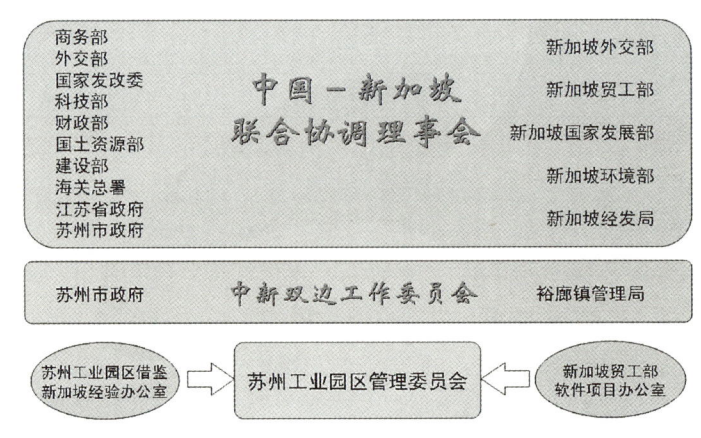

图 3-25　苏州工业园区组织架构

资料来源：http://www.sipac.gov.cn/yqjj/t20031219_1771.htm 苏州工业园区网

职能。管委会下设 15 个职能局(办)，工作人员面向全国招聘，为副地市级建制。其主要职能包括：根据国家法律法规和上级行政部门的授权，自主地行使园区周边地区行政管理和经济管理权；自主地、有选择地借鉴新加坡经济和公共管理经验；监督检查工业园区经济发展规划的实施；制定并组织实施园区周边地区经济和社会发展规划；加强社会管理职能，创造良好的社会发展环境，保证工业园区经济和建设的正常运行。

第3章 开发区案例研究：发展动力的多样性与区域差异

园区的开发主体为中新苏州工业园区开发有限公司（CSSD, China-Singapore Suzhou Development），该公司由中新双方财团合资组建，新方为大股东。参加中方财团的有中央和省市的国有企业 14 家，参加新方财团的有新加坡和欧美日等国的 24 家公司[①]。公司的主要职能包括基础设施开发、招商引资、物业管理、项目管理、咨询服务、产业开发、风险投资等业务。

苏州工业园的开发建设得到了中新两国政府的高度重视和全力推动。在项目审批、外事管理、海关物流等方面，苏州工业园被授予了国内独一无二的管理权限，形成了"不特有特、特中有特"的政策优势[②]；同时，园区建设吸收了新加坡多年来在城市规划、经济发展、公共管理和社会保障机制等方面的经验，营造出了非常成功的投资环境。

1994 至 1997 年，苏州工业园区一度成为中国最成功的吸引外资的园区。园区的 FDI 以年均 20% 的速度增长，并带来了园区的高租售率。到 1997 年，首期开发的用地仅有 10% 还未售出。然而，1997 年亚洲金融危机对园区发展造成了严重的影响。工业用地难以租售，承租者减少就意味着 CSSD 的收益减少，而不能获取收益，实际代表着新方的利益将难以兑现，这大大背离了新方的合作初衷。事实上，亚洲金融危机应该说是一个导火线，最主要的原因在于中新双方对于苏州高新区的分歧上。

从区位优势上看，苏州高新区几乎与苏州工业园不分伯仲，包括邻近上海、交通方便、依托苏州老城等等，同时，苏州高新区也曾多次到苏州工业园学习新加坡经验，并从中吸取了大量的体制建设等方面的操作经验。在苏州工业园快速发展时期，苏州高新区也得到了迅猛的发展。然而，苏州工业园一直并未把苏州高新区作为一个竞争对手。一位新加坡的官员这样比喻："工业产业的区位选

---

① 2005 年，CSSD 完成了增资扩股工作，增资 2500 万美元，使注册资本达到 1.25 亿美元。新增资本由 3 家新股东认购，即港华投资有限公司、新工集团私人有限公司、苏州新区高新技术产业股份有限公司。增资后，中方财团为第一大股东，持股 52%，新方财团为第二大股东，持股 28%，3 家新股东共持股 20%。

② 主要包括：(1) 拥有上不封顶的自行审批特权，凡符合国家产业政策的外资项目，园区均可自行审批。而一般地区一级的只能批准 1000 万美元以下的项目；投资额在 1000 万—3000 万美元的项目，需由省政府批准；投资额在 3000 万美元至 1 亿元的项目，需由部委批准；投资额在 1 亿美元以上的项目，需由国务院批准。(2) 拥有灵活高效的外事管理权。享有公务出境任务审批、颁发公务护照、向外国驻华使领馆申办签证及签发境外人员入境签证通知函电等管理权限。(3) 拥有快速的物流通关优势。苏州工业园区是中国率先进行通关作业制度改革和现代物流试点的区域。目前，园区不仅拥有独立的海关、高效的绿色通道、具有内陆口岸功能的进出口货物分流中心，而且经国务院批准还可在区内设立现代物流园、允许成立外商独资或中外合作经营的国际物流公司，上海机场监管仓库可直接延伸至园区，从而大大提高了通关效率。

择就像买车一样,尽管都是四个轮子,但有的人买奔驰而有的人买经济型的车。"也就是说,苏州工业园与苏州高新区定位的目标各不相同。在市场足够大的情况下,这种差别化战略是易于成功的,但在金融危机的影响下,两个园区不得不开始争夺一个有限的外资群体。相比之下,苏州高新区的优势则开始显示出来。其中最关键的一点是苏州高新区的土地价格低。据统计,1996—1999年间,苏州高新区的土地价格约为 $30\sim40$ 美元$/m^2$,苏州工业园的土地价格约为 $50\sim70$ 美元$/m^2$(同期浦东新区的土地价格为 $80\sim100$ 美元$/m^2$),苏州高新区每单位土地价格比苏州工业园约低 $20\%\sim40\%$。从市场的角度看,苏州工业园土地价格高于苏州高新区很正常,因为园区的确提供了更高质量的服务,比如:苏州工业园地势低洼,为了妥善解决水患问题,新方坚持将土地整体填高95厘米,超过百年一遇洪水位,而非采用更经济的筑堤围堰方法。1999年,苏州遭遇百年一遇特大洪水,苏州古城以及新区均遭水患,而苏州工业园内则安然无事。当然,填土的工程成本也必然要反映到土地价格上。但令苏州工业园难以接受的是,考虑到解决就业等方面的因素,苏州高新区在特定的情况下可以为了引资的成功而不惜将土地亏本甚至无偿出让。而对于苏州工业园CSSD这样具有硬预算约束的开发主体而言,这是不可想象的。在市场大环境较差的情况下,苏州工业园区实际利用外资大幅下降(图3-26),严重影响到了CSSD的效益。事实上,CSSD首期开发的 $8~km^2$ 的土地是用成片开发的模式,初期土地销售以利润微薄的工业用地销售为主,但是每年财务费用和管理费用较大,因此在2000年底前年年亏损,累计亏损达到了7 512万美元,资产负债率一直居高不下[①]。

苏州高新区的低成本竞争引起了新方的不满,新方认为苏州市把更多的精力放在中方控制与管理的高新区,对中方占股35%工业园区的重视程度不够,使得资源被分散,并建议撤销苏州高新区,以便减轻园区的压力。而中方则认为与苏州高新区相比,苏州工业园拥有更优惠的政策,而且,高新区是在工业园区之前建立的,没有理由将其撤销。此外,双方合作的过程还出现了一些其他方面的分歧。比如,中方曾擅自动用了两块应转让给新方控股的中新苏州工业园区开发有限公司的土地,影响了公司的经济效益。虽然后来中方补办了向公司转让那两块土地的手续,并从苏州市其他区域调集了一批精兵强将充实园区管理,但矛盾仍然没有化解。

---

① 徐广蓉,吴迪.苏州工业园上市招募资金预超二亿,拆招土地运营[N].21世纪经济报道,2005-01-27.

第 3 章　开发区案例研究：发展动力的多样性与区域差异

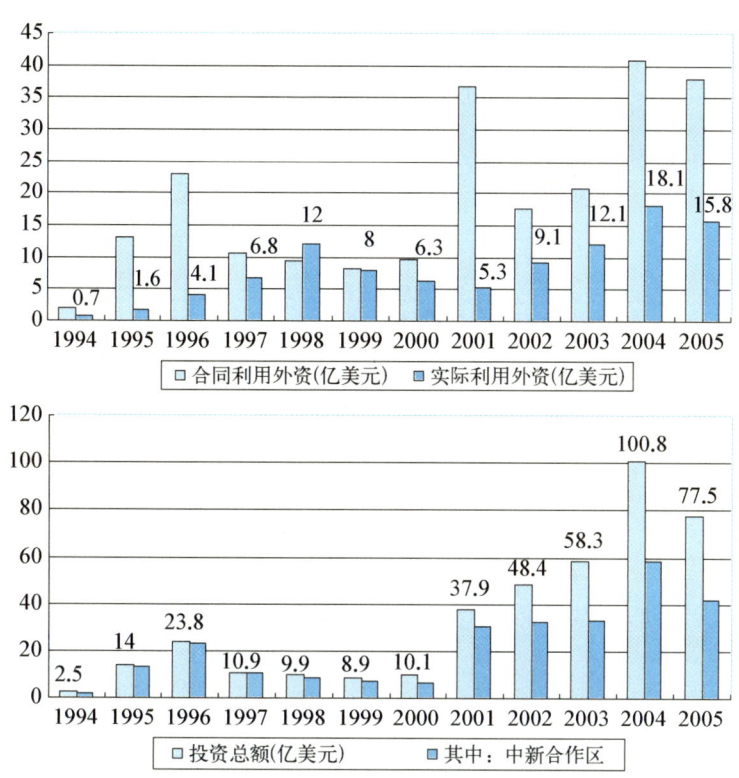

图 3-26　苏州工业园历年利用外资及投资总额

资料来源：根据 http://www.sipac.gov.cn/（苏州工业园区网）相关数据整理绘制

双方经过一年多的协商，终于得出了一个比较满意的解决方案。1999 年 6 月 28 日，新中两国政府代表签订谅解备忘录，宣布从 2001 年 1 月 1 日起，新加坡不再是苏州工业园区开发公司的大股东，园区的主要管理权将移交中方。

自 2001 年开始，全国房地产热开始兴起。园区住宅价格单价由 1 500 元/m² 迅速涨至 2005 年的超过 5 000 元/m²。CSSD 在 2001—2003 年间分别实现净利润 760 万元、1 106 万元、7 063 万元，到 2003 年底已经彻底消除累计亏损，净资产恢复到 1 亿美元，首次实现分红 100 万美元，2004 年上半年，CSSD 实现当年赢利 1 008 万美元[①]。

截至 2006 年 9 月，园区外资企业完成工业总产值 1 117.5 亿元，占全部工

---

① 徐广蓉，吴迪. 苏州工业园上市招募资金预超二亿，拆招土地运营[N]. 21 世纪经济报道，2005-01-27.

业总产值(1 477.2 亿元)的 75.6%。投资上亿美元项目超过 60 个,53 家世界 500 强企业在区内投资了 85 个项目。电子信息是全区的第一大产业,2005 年该行业固定资产投资占全部制造业比例的一半左右(图 3-27)。园区已成为中国最大的液晶面板出货基地和芯片封装测试基地,大型客车和芯片产能均居全国前三位。

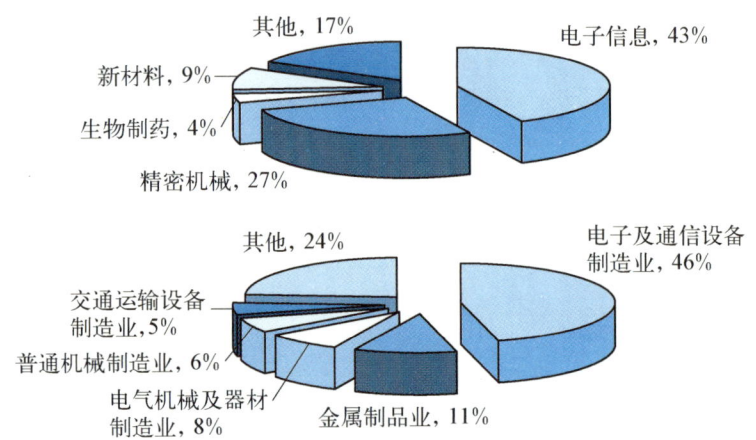

图 3-27 苏州工业园产业构成及固定资产投资完成情况按行业分类(2005)

资料来源:根据 http://www.sipac.gov.cn/(苏州工业园区网)相关数据整理绘制

▶ 苏州工业园的规划

苏州工业园的规划不仅是一份漂亮的图纸,而且为苏州工业园良好投资环境的创造起到了重要的作用。其中的一些规划理念,至今看来仍旧极富新意。具体而言,有以下几个方面:

1) 定位具有前瞻性。虽然苏州工业园诞生于中新双方合作吸引外资的思路,但园区的规划一开始就明确了其发展目标之一是"作为 60 万人口的家园",而不是一个单纯的工业区,与之相应在策略上提出了"提供足够的和种类多样化的住屋""提供良好的社区设施"等等(表 3-8)。根据这一定位,园区对 70 km² 中新合作区内的工业、住宅、绿地、商务等用地按 32%、22%、14%、2.4% 的比例做出了明确规定。此外,规划借鉴了新加坡邻里中心的建设经验,以有效地实现人居空间与产业空间的同步协调发展。由于一开始就明确了"新城"而非"工业园区"的发展思路,园区在发展过程中有足够的弹性应对因规模的不断扩大带来的城市综合功能的需求。

第3章 开发区案例研究：发展动力的多样性与区域差异

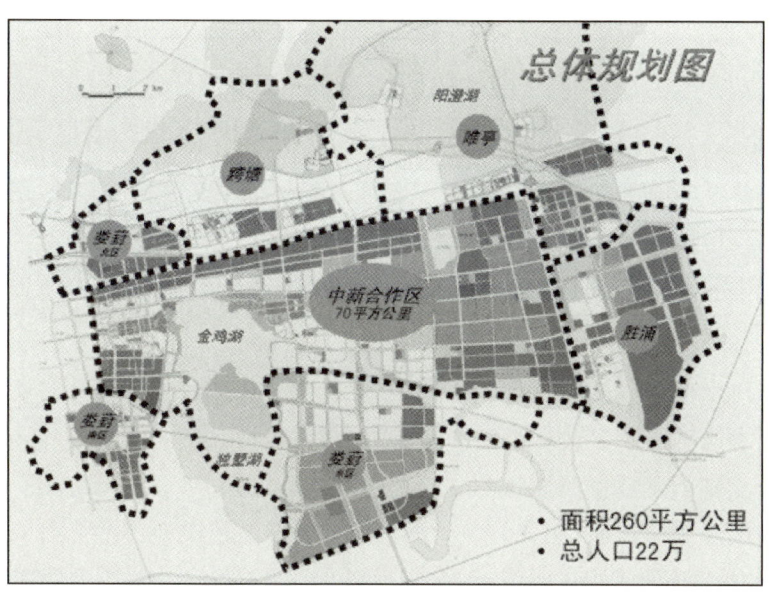

图3-28 苏州工业园总体规划图

资料来源：http://www.sipac.gov.cn/tzhj/t20031212_1246.htm 苏州工业园区网

表3-8 苏州工业园的目标与策略

目　　标	策　　略
加强具有历史意义的苏州市的地位	向城市的东部延伸，以平衡城市的扩展形式
	在现有的城市旁建造一个现代化的新商业中心，减轻古城所面对的发展压力，从而辅助这个历史城市继续扮演苏州的文化和行政中心的角色
作为60万人口的家园	创造一个良好的居住与工作环境
	提供足够的和种类多样化的住屋
	提供良好的社区设施和基础设施，从而改善居住环境
在商业、文化和其他功能方面为新园区及更广大的地区提供机会与服务	为60万人口和范围更大的苏州地区提供工业、商业、康乐和文化发展
	提供良好的基础设施，以加强商业投资的环境
为人民和商业提供高效率的运输	通过对土地使用进行合理的规划，减少不必要的交通
	设计市内和与其他城市之间的公路和轻轨交通网络，并考虑到自行车交通以及将来会增加的车辆交通问题

续 表

目　　标	策　　略
创造一个健康、充满活力和独特的城市环境	在对土地使用项目和基础设施分配地段时,考虑并减少空气、水源和噪声的污染
	利用独特的水域特色如湖泊和河道,加强"水城"的形象
	通过设计独特的道路格局和街景,并配合翠绿的环境,从而创造一个具有视觉吸引力的城市环境

资料来源:苏州工业园区首期开发区总体规划报告

2)与城市的空间结构关系良好。园区明确了其与苏州古城的关系为"在现有的城市旁建造一个现代化的新商业中心,减轻古城所面对的发展压力,从而辅助这个历史城市继续扮演苏州的文化和行政中心的角色",以一条东西向的主轴线与古城区和新区连通(图3-29)。因此,园区不仅是作为一个拥有"现代化商业中心"的独立城市组团,而且,轴线的串联使得园区与古城之间形成了良好的功能、空间、交通关系。在园区开发的初期,园区可以依托古城而启动;而在园区建设过程中,又可以有效地吸引古城内居民、工业企业向园区转移;最终,园区与古城之间可形成各具特色、互为补充的功能组团。

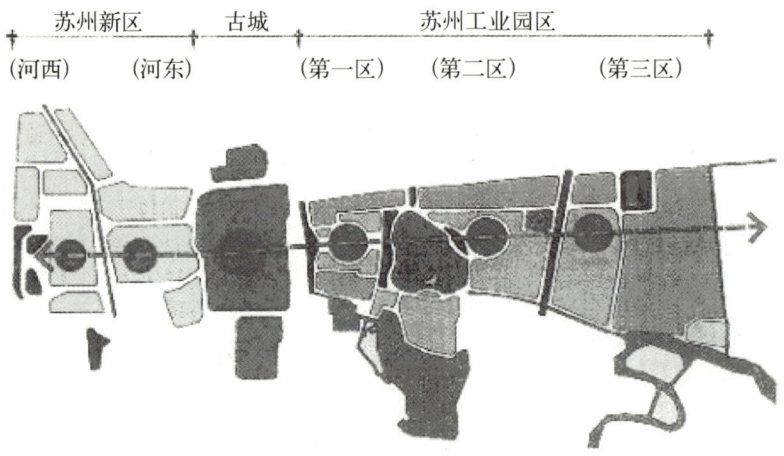

图3-29　苏州工业园与苏州古城、新区的结构关系示意
资料来源:苏州工业园第二、三区总体规划报告

3)园区内合理的空间布局。苏州工业园区从西向东共分为三期地段:"第一期为拥有平衡的居住和工业用地的新式和现代的商业中心;第二期为科技中

第3章 开发区案例研究：发展动力的多样性与区域差异

心,水域沿岸的环境和翠绿的景色,提供一个从事研究及开发活动的高科技工业园,以及具有高素质湖滨居住空间的优良环境;第三期为自给自足的新镇。""商业中心分层次进行规划,在第一区地段内的商业核心区同时为园区和整个苏州市服务,在第二和第三地段内的卫星镇中心为个别的卫星镇服务,所有三个地段内均设置邻里中心,为邻里居民服务"。

在第一期地段内,采用了一种独特的功能布局结构。商业区居于中心地带,其南北两侧,由内向外依次是居住区和工业区(图3-30)。这种布局结构不仅使得工作地点和公共设施靠近居住,有利于减少交通出行;而且工业区运输量大,重型车辆多,被布置在园区的外围紧靠交通干线,可以自然地实现交通分流,重型交通与轻型交通、居民上班和逛街的人流分开。此外,在开发时序上,明确了由外向内、由产业区开发到商住用地开发,再到中心服务区开发的功能空间开发序列。目前,产业用地的开发已经基本完成,居住用地和商业用地的开发不同程度地展开。显然,这种开发时序不仅符合园区开发建设的市场发展规律,而且有效保证了开发主体因城市开发带来的土地升值收益的最大化,实现了城市功能、结构与土地价值在时空上的统一。

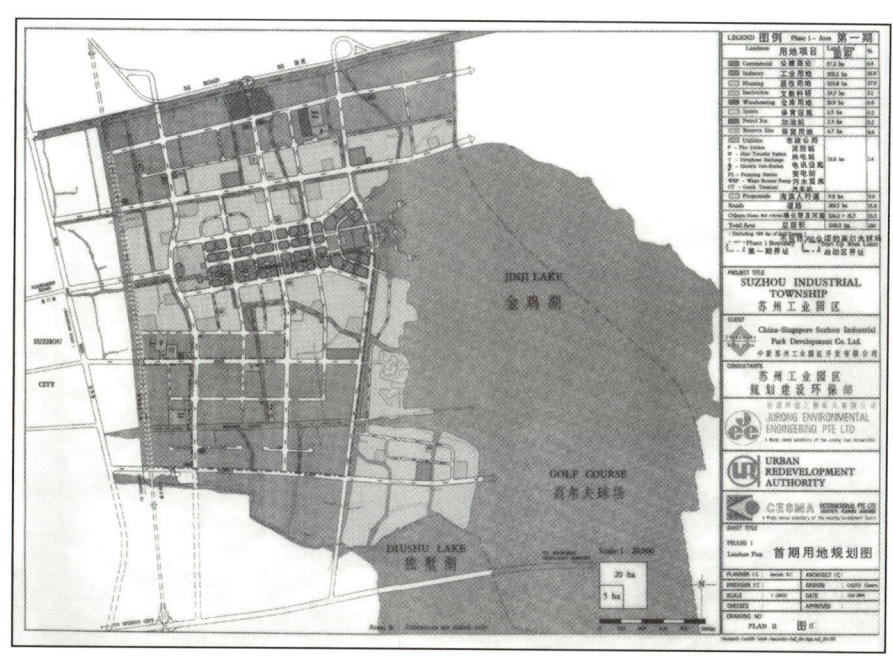

图3-30 苏州工业园首期用地规划图

资料来源：苏州工业园区首期开发区详细规划报告

实践证明,在苏州遵循"全面保护古城风貌",古城内的建设活动受到严格控制的形势下,苏州工业园的适时高品质开发不仅提供了市区工业空间调整的场所,满足了苏州旧城改造和老企业的资产重组、民营企业的迅速发展的空间需求,而且吸引了许多城市要素向园区的转移,包括大量城市商务职能的转移与开发等。目前,园区住宅的平均价格甚至已经高于市区平均价。

(2) 案例二:大榭开发区——中信的战略投资①

大榭原是北仑区的一个海岛乡,浙江省宁波市东部,距宁波市中心约40 km(图3-31)。1992年4月,时任全国人大常委会副委员长、中国国际信托投资公司董事长的荣毅仁考察了宁波市,酝酿参与宁波开发;7月,经市政府同意,北仑区人民政府通过中信宁波公司推荐开发大榭岛;11月,中国国际信托投资公司(后更名"中国中信集团公司",以下简称"中信公司")与宁波市人民政府签订了《关于宁波市北仑区大榭岛土地成片开发协议书》,规定宁波市将其管辖的大榭本岛及附近岛屿的土地使用权有偿出让给中信公司,由浙江省人民政府与中信公司共同报国务院审批。1993年3月,国务院《关于浙江省宁波市大榭岛土地成片开发建设问题的批复》(国函[1993]27号)原则同意中信公司成片开发大榭岛,"将大榭岛建成一个以出口加工、新技术产业为中心,以国际贸易、货物中转、仓储运输为支柱,第三产业较为发达,功能齐全、环境优美、布局合理,具有世界一流水平的大型国际港口和外向型经济区"。开

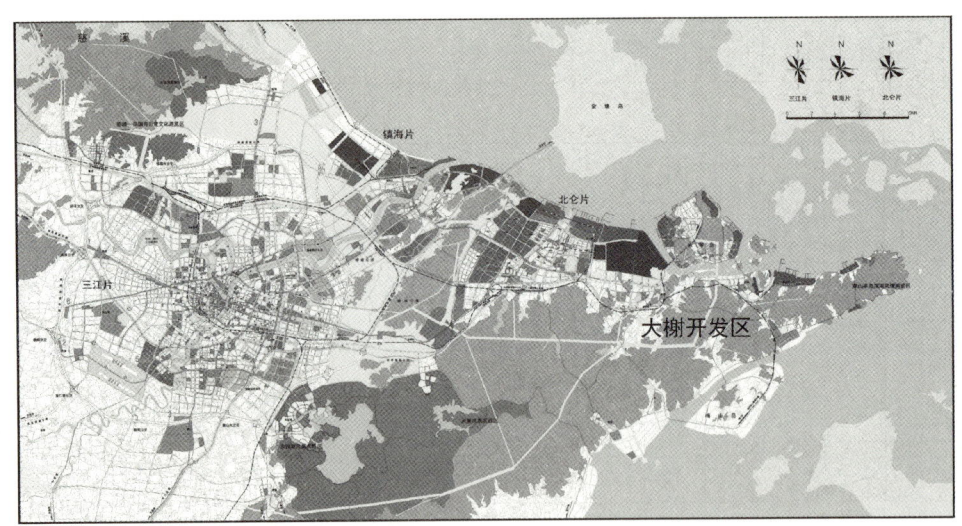

图3-31 大榭开发区区位图

---

① 本节参考资料主要包括:1) 宁波大榭开发区管理委员会. 宁波大榭开发区2006—2010年经济和社会发展规划[R]. 2006.8;2) http://www.citic-daxie.com 大榭开发区网;3) 2005年大榭开发区统计年报;等.

第3章 开发区案例研究:发展动力的多样性与区域差异

发区内实行经济技术开发区的政策,包括从批准之日起五年内新增财政收入全部留用,用于基础设施的投入,享有3 000万美元以下项目立项审批权等等。

1993年10月,大榭开发区成立管理委员会,作为宁波市政府的派出机构,代表市政府行使管理职能;1994年4月,设立了中信大榭开发公司,代表中信公司具体负责大榭的开发建设工作;同时,中共宁波市委建立大榭开发区工作委员会;三家合署办公。1998年10月25日,国土资源部作出《关于宁波市出让大榭岛建设用地的批复》(国土资函[1998]318号),一次性批准大榭土地成片开发出让,项目用地无须再行上报审批。开发区包括大榭本岛和周围十三个小岛,规划面积35.8 km²。其中大榭本岛面积30.84 km²,离大陆最近处约500米。开发区拥有海岸线26 km,其中深水岸线10.7 km,20—30米的等深线离岸不到100 m,建港条件得天独厚,具有发展临港大工业和港口运输业的优良资源禀赋。

2002年,开发区的建设目标修改为"把大榭建成一个以港口为依托,以工业为基础,以出口加工、内外贸易、仓储运输为支柱,第三产业发达、功能齐全、环境优良的港口经济贸易区",并载入《宁波大榭开发区条例》。

大榭开发区开发建设采取的是企业化治理模式。在管理运作上,由中信大榭开发公司负责开发区的开发建设工作,开发区管委会将获准开发的土地转让给开发公司,开发公司开发后进行招商转让。管委会只负责行政管理事务,主要是制定规划,制定制度规范和落实政策,提供公共服务,不直接参与经营。公司的"政府化"特征明显,开发公司的总经理和管委会主任为同一人,开发公司和开发区管委会中很多职能机构是"两块牌子,一套人马"。

在财政体制上,1993年,宁波市人民政府与中信公司签订《关于大榭岛成片开发管理体制及有关问题协议书》中明确,"按国家对经济技术开发区实行的财税政策,管委会所管辖范围内一切财政收入,除原大榭乡上缴的财税收入,以1992年实际的上缴额为基数,以后每年通过原渠道按年递增10%上缴外,均返回'大榭开发区',用于大榭岛开发建设"。

整个"九五"期间,大榭开发区的发展十分困难,几乎难以招到合意的项目。而"十五"期间,开发区进入了快速迅猛的发展阶段(图3-32)。这很大程度上与国内外经济宏观形势以及国家战略重点向能源方面的转变密切相关。国内方面,受经济较快增长的影响,城乡居民消费需求结构发生变化,由满足吃穿和一般日用消费为主开始转向购买住房和汽车消费,需求结构的变化增加了对重化工业产品的需求;同时,城镇化的进程逐步加快,城镇人口平均每年增加一个百分点,即1 300万人左右,各地政府纷纷扩大城区面积,加快旧城改造和城市基础设施建设,从而增加了对钢材、建筑材料等的需求。高耗能的重化工业的快速发展也使得能源工业成为投资建设的重点。国际方面,世界经济发展加快,对石油和化工产品的需求稳定增加,良好的国际形势为国内石油和化学工业的进出口繁荣创造了有利的条件。国内产品积极的市场走势、巨大的市场潜力以及宽松的环境限制条件等促使世界众多跨国石油和化工企业纷纷新建或扩建产能,在国内掀起新一轮石油和化工投资热潮。

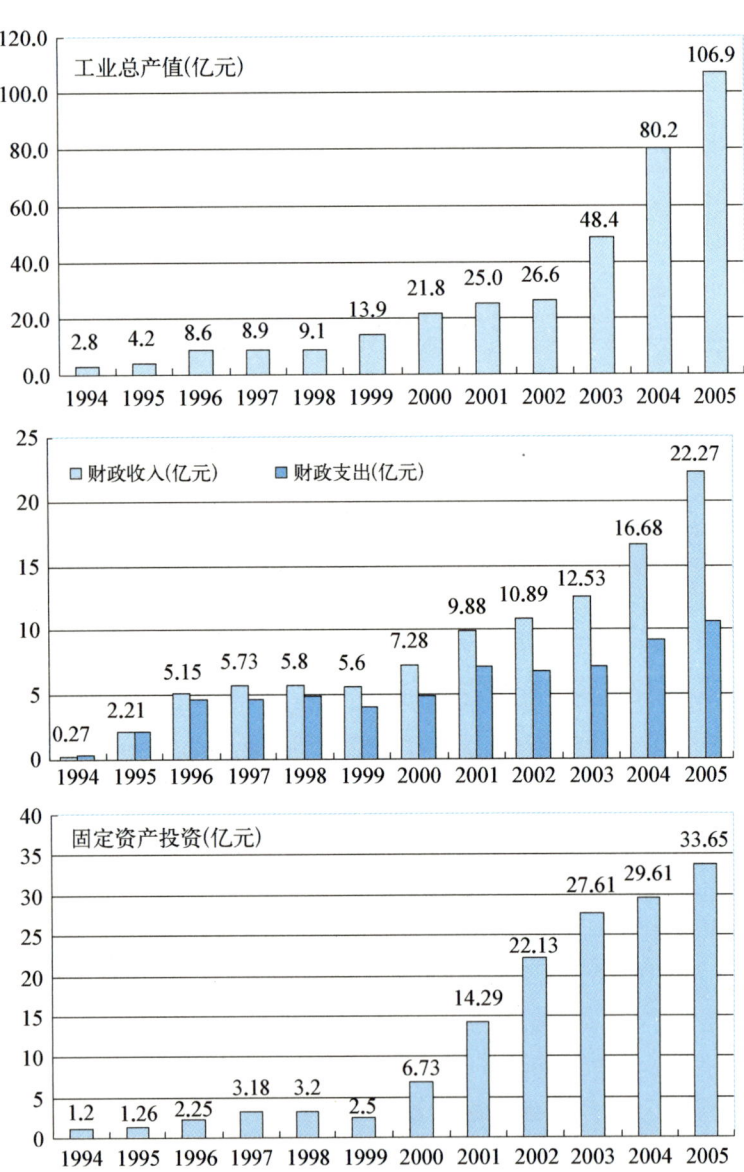

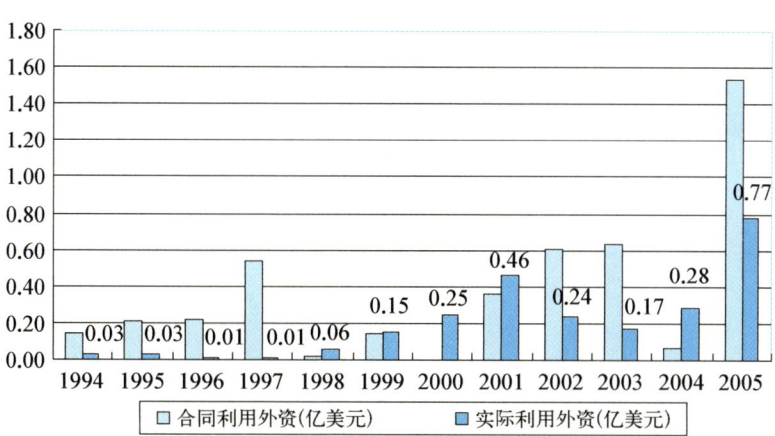
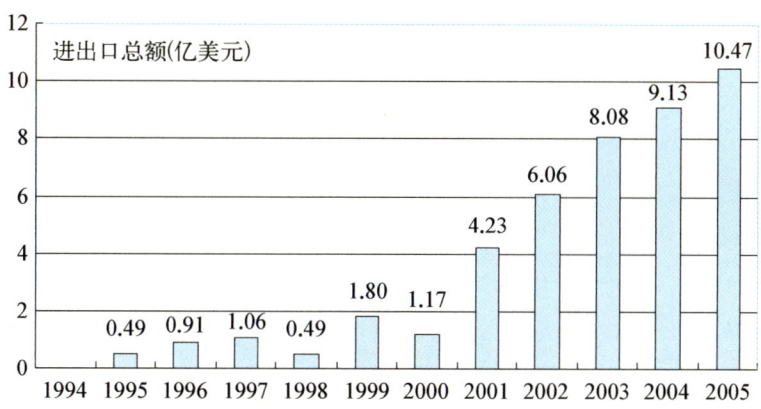
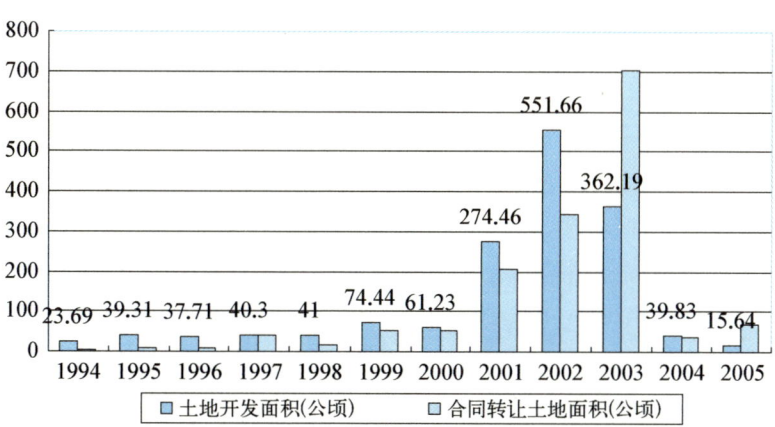

图 3-32　宁波大榭开发区部分经济指标历年增长

资料来源：根据 2005 年大榭开发区统计年报整理绘制

2005年，开发区完成工业总产值106.94亿元，其中，外商投资企业完成85.83亿元，占比80.2%。已有英国BP、香港招商局、日本三菱化学、伊藤忠、三菱商事等跨国企业和中石化、中海油、中国石油、烟台万华等国内外知名企业投资兴业。开发区初步形成了港口物流、临港石化和能源中转三大产业基础，已成为国内最大的MDI生产基地、原油和LPG仓储中转基地。

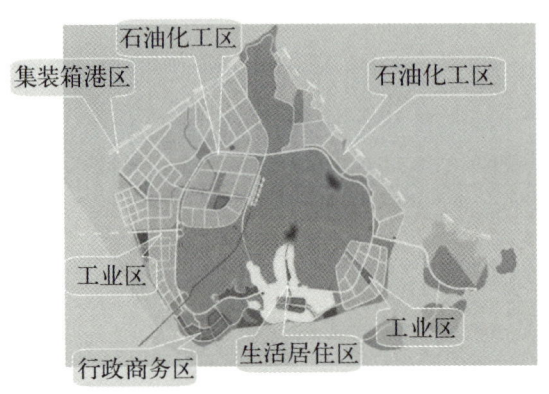

图3-33 大榭开发区总体规划

资料来源：http://www.citic-daxie.com 大榭开发区网

图3-34 大榭开发区现状

资料来源：google-earth

开发区全区规划工业和港口仓储用地面积12.8 km^2。截至2005年底，已使用建设工业和港口仓储用地7.27 km^2，占比56.8%。开发区年末总人口4.06万人，其中户籍人口2.42万人，登记暂住人口1.64万人，暂住人口占总人口的40.3%。

(3) 简要评析

苏州工业园是全国开发区中的佼佼者，据商务部评价，2005年苏州工业园区的得分仅次于天津开发区列第2位；国内有不少开发区则将其视之为学习的楷模。而这一切，与苏州工业园全面承接新加坡经验密不可分。可以说，中新合作的背景使得苏州工业园的发展从一开始就带上了鲜明的印记，呈现出一些与其他开发区不同的特征。通过吸收和借鉴新加坡在相关方面的有益经验，苏州工业园不仅自身取得了快速的发展，而且，为中国开发区的发展积累了宝贵的经验。而其发展过程中的波折以及其所取得的经济绩效，实际上是开发区发展与其所处政治、经济、社会等背景环境互动的一个生动的缩影。在苏州工业园的发展中，中央政府不只是中介角色，更是直接涉入的主角之一，国家行政与国家资本同时介入其中。然而，尽管中央政府具有上述的重要角色，但从实际运作的情形观察，地方政府才是真正的运作者，拥有相当大的自主发挥空间（张家铭等,2001)①。对于地方政府而言,税收等实际的利益更加真实和触手可及。苏州工业园区发展中出现的一些波折,实际上是在中国特定的体制环境背景下,地方政府与中央政府博弈过程的反映。

大榭开发区的开发建设可以被认为是中信公司在20世纪90年代的一次极富眼光的长远战略投资。但随着开发区的快速发展,企业化治理也必然地面临着一系列的问题。在早期,中信公司可以通过销售房地产、厂房等资产取得的利润弥补基础设施的建设,修建的基础设施数量越多、质量越好就越能带动房地产、厂房等资产的销售。但目前,随着开发区的土地基本用完,开发公司不能继续通过销售房地产、厂房等资产的收入弥补基础设施成本,如果工业性项目的税收没有很大的增幅,开发区的财政将出现困难。此外,开发区内社区发展、社会事业建设等方面不可能长期依赖开发公司来进行管理。宁波市与中信公司关于大榭岛的开发协议并未涉及建成之后的大榭开发区的去向问题,而就开发区自身的发展而言,长期由企业来进行治理显然是不合适的。

3 高新区实践案例分析

根据作用于高新区发展的外部环境力、自身禀赋力以及政府作用力等动力强弱的不同,本节将着重分析高新区发展实践中的几种典型类型:强禀赋型、政府强力推动型、城市环境相关型、国家科技政策驱动型和军工企业嫁接型等。

3.1 强禀赋型

强禀赋型的高新区从自身禀赋上看具备通常意义上发展高新区的基础条件,所在城市科技力量较为雄厚、产业基础发达,高新区的选址近城市的智力密集区。本节以北京中关村科技园区、上海张江高新区和天津高新区为案例进行分析。

(1) 案例一:北京中关村科技园区②

中关村科技园区起源于20世纪80年代初的"中关村电子一条街"。1988

---

① 张家铭,邱释龙. 全球化与中国大陆苏州外向型经济发展——以四个经济技术开发区为例[C/OL]. 全球化、苏南经济发展与台商投资研讨会,2000-10-31. [2006-11-15] http://www.nhu.edu.tw/~society/e-j/11/11-6.htm.

② 本节参考资料主要包括:1) 2006年中关村科技园区高新技术产业发展综述;2) 北京市"十一五"时期中关村科技园区发展规划;3) 2006年中关村产业发展报告;4) http://www.zgc.gov.cn 中关村科技园区网。

年5月,国务院批准了北京市政府制定的《北京市新技术产业开发试验区暂行条例》即18条该条例第2条第1款规定,"以中关村地区为中心,在北京市海淀区划出100 km² 左右的区域,建立外向型、开放型的新技术产业开发试验区",建立了第一个国家级高新技术产业开发区。1997年,经过反复论证,北京高技术产业开发试验区在我国首创了"一区多园"的发展模式,增加了昌平园和丰台园,形成了一区三园的发展格局。其重要理念之一就是充分发挥海淀园科技资源丰富的优势,将海淀园产生的大量科技成果在昌平园、丰台园等区域实现产业化。

1999年6月,国务院批复科技部、北京市《关于实施科教兴国战略加快建设中关村科技园区的请示》,标志中关村科技园区正式成立。根据相关规划,中关村包括中心区、发展区、辐射区三大功能区,除原有海淀园、昌平园、丰台园之外,新增电子城和位于北京经济技术开发区的亦庄,形成了中关村"一区五园"的空间布局。其中核心区包括中国科学院、北京大学、清华大学和中关村西区;发展区包括海淀区山后地区、清河地区以及昌平县的西三旗地区、回龙观地区;辐射区包括电子城、亦庄园、丰台园和昌平园。2002年和2003年,经过北京市政府批准,德胜园和健翔园先后加入。2006年,经过国家相关部门批准,新增雍和园、石景山园、大兴生物医药产业基地、通州光机电一体化基地、国家环保产业基地等四个新园区。新增的园区基本上都是以专业化园区的方式加入,例如:健翔园以孵化、会展为主要功能,雍和园以文化创意产业为发展重点,通州光机电一体化基地、国家环保产业基地、大兴生物医药产业基地则从名称上就已显示其专业方向。

目前,中关村科技园区涵盖了北京大部分高新技术产业集聚区,规划总面积达到232.5 km²,形成了"一区八园"的空间布局(图3-35):海淀园13 306公顷、丰台园818公顷、昌平园1 148.29公顷、电子城(包括健翔园)1 680公顷、亦庄园(通州光机电一体化基地和国家环保产业基地)4 128公顷、德胜园(包括雍和园)864公顷、石景山园345公顷、大兴生物医药产业基地963公顷。

作为我国第一个国家级高新技术产业开发区,中关村科技园区覆盖了北京市科技、智力、人才和信息资源最密集的区域。园区内汇聚了众多的知名高校、国家重点实验室、国家工程中心、国家工程技术研究中心。园区聚集了500多位两院院士,在校大学生40余万人,每年毕业生超过10万。

第3章 开发区案例研究：发展动力的多样性与区域差异

图3-35 中关村科技园区规划范围示意

资料来源：http://www.zgc.gov.cn/yqjj1/31655.htm 中关村科技园区网

表3-9 中关村科技基础设施(截至2005年底)(单位：个)

	中关村	北京市	全国	中关村占北京	中关村占全国	备 注
本科以上高等院校	28	67		41.8%		
国家重点实验室	51	66	182	77.3%	28.0%	
国家工程研究中心	22	32	100	68.8%	22%	
国家工程技术研究中心	20	39	101	51.3%	19.8%	
国家企业技术中心	20					
国家专业基地	11					
跨国公司设立独立研发机构	39					
中关村开放实验室	8					第一批
中关村公共技术支撑平台	7					截至2006.05
中关村园区孵化器	46					截至2004年底
大学科技园	11					9个为国家级
专业园	9					
产业基地	7					

资料来源：根据"2006年中关村科技园区高新技术产业发展综述"及"2006年中关村产业发展报告"整理

中关村自成立以来,一直是我国规模最大的高新区,其经济总量在全国高新区中的比重保持在七分之一左右。和我国其他高新区相比,中关村在主要经济指标和经济总量方面处于明显优势。

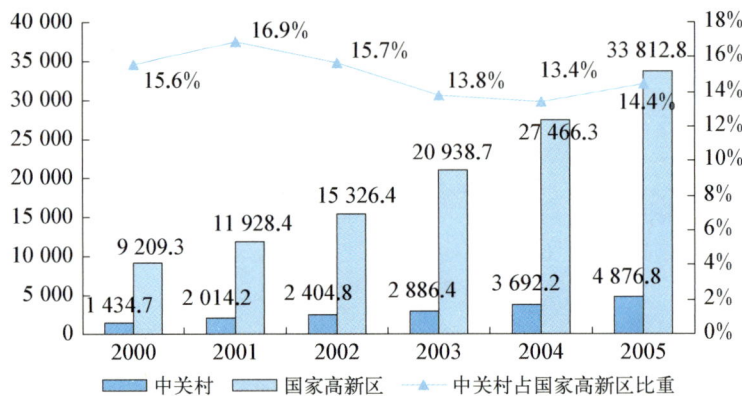

图 3-36　中关村与国家高新区总收入比较(亿元)

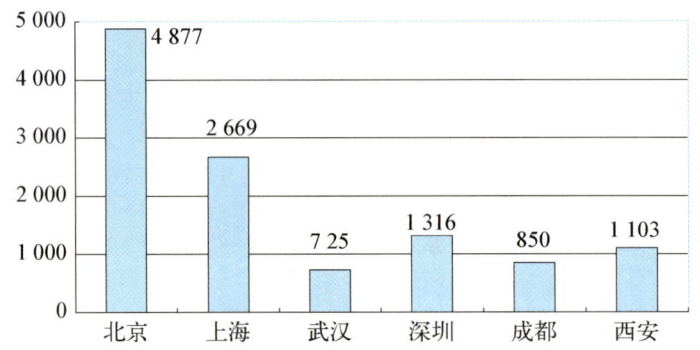

图 3-37　中关村与五大高新区经济总量比较(亿元)

资料来源:2006 年中关村产业发展报告

截至 2006 年底,园区中已开展生产经营活动的企业达 18 149 家,从业人员总数达 79.2 万人。2005 年数据显示,园区 69.1 万从业人员中,具有博士学历的有 9 147 人,具有硕士学历的有 53 180 人,具有本科学历的有 258 325 人,具有大专学历的有 142 247 人,总计具有大专以上学历的占到 67%,比国家级高新区平均水平高出 27 个百分点。

从园区总收入的组成结构看,园区以产品销售收入为主;从空间区域上看,海淀园为中关村的首要组成部分,随着其他园区的发展,海淀园在经济总量比重等指标方面有小幅下降,但其支柱地位仍十分明显。

第3章 开发区案例研究:发展动力的多样性与区域差异

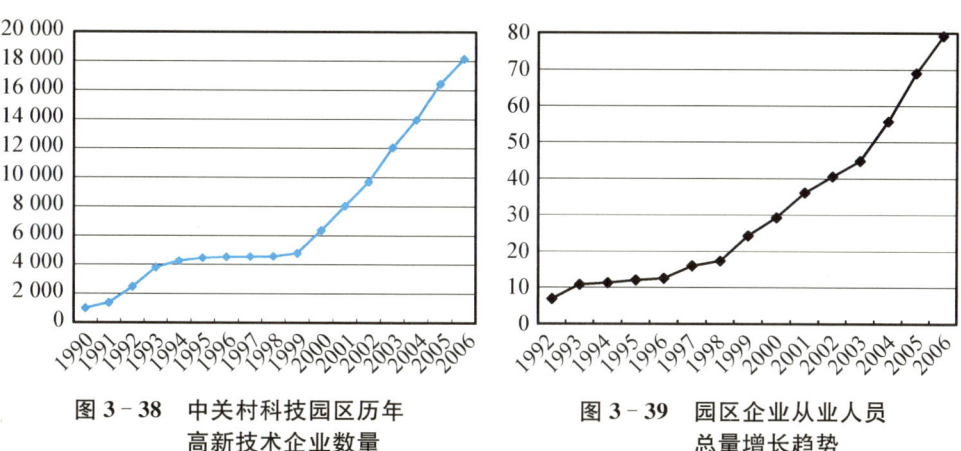

图3-38 中关村科技园区历年高新技术企业数量

图3-39 园区企业从业人员总量增长趋势

资料来源:2006年中关村科技园区高新技术产业发展综述

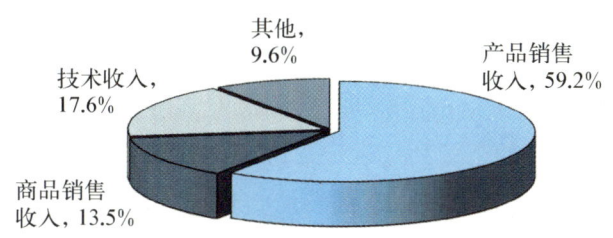

图3-40 总收入按来源分(2006)

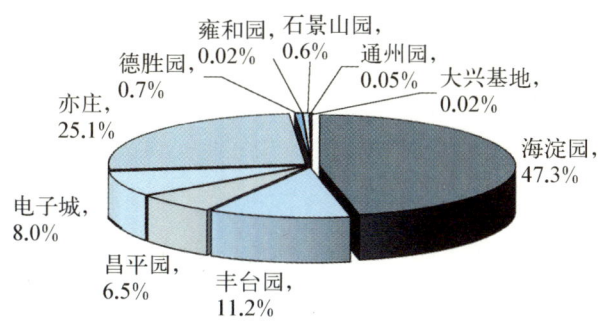

图3-41 总收入按区域分(2006)

资料来源:2006年中关村科技园区高新技术产业发展综述

—175—

表 3-10 2005 年各园区主要经济指标和科技活动指标情况

	企业个数（个）	当年新入园企业数（个）	总收入（亿元）	上缴税费（亿元）	从业人员（人）	科技活动经费支出（亿元）	R&D经费支出（亿元）	专利申请数（件）	专利授权数（件）
海淀园	11 875	3 498	2 489.2	114.6	425 746	233.8	176.6	4 444	2 519
丰台园	1 534	345	602.4	16.3	84 159	23.6	12.8	654	241
昌平园	1 584	200	335.2	11.3	62 855	13.1	9.8	410	232
电子城	687	182	411	19.9	70 192	29.6	19.2	1 471	346
亦庄园	369	91	999.1	10.1	34 465	13.9	3.6	79	28
德胜园	301	71	27	1.2	10 845	3.7	2.6	129	106
健翔园	102	47	12.9	0.5	2 536	0.7	0.3	16	5
合　计	16 452	4 434	4 876.8	173.8	690 798	318.4	224.9	7 203	3 477

资料来源：2006 年中关村产业发展报告

从企业规模结构上看，上亿元企业对园区经济增长的贡献作用明显。2006 年，园区总收入上亿元的企业共有 706 家，实现各项经济指标均占到园区总量的 70% 以上（图 3-42）。其中，超 10 亿元的企业 103 家；超百亿元的企业 5 家。5 家百亿元企业——诺基亚通信有限公司、联想（北京）有限公司、北京神州数码有限公司、诺基亚（中国）投资有限公司、富士康精密组件（北京）有限公司——共实现收入 1 576.7 亿元，占园区总收入的 23.4%。

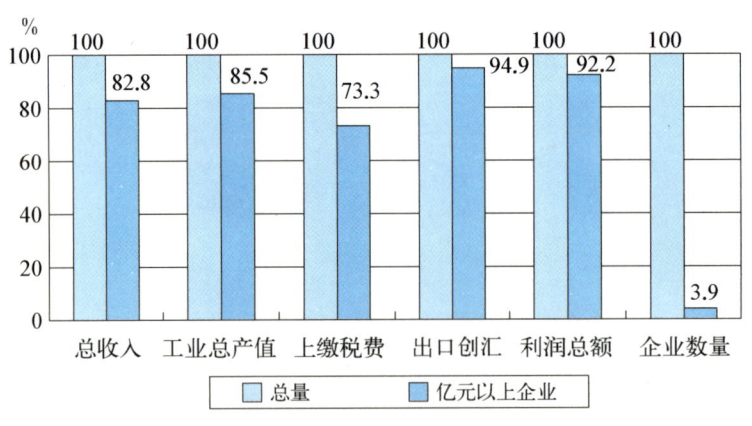

图 3-42 亿元以上企业主要经济指标与总量的比例

第 3 章 开发区案例研究:发展动力的多样性与区域差异

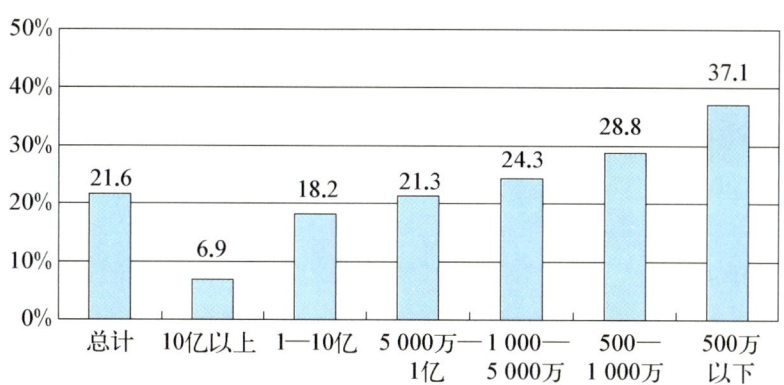

图 3-43 不同规模企业研发人员比例

资料来源:2006 年中关村科技园区高新技术产业发展综述

但在研发方面,中小企业的表现更为突出。不仅企业研发人员比例与企业规模大小成反比(图 3-42),而且,在研发支出方面,总收入在亿元以下的众多中小企业总收入虽然只占园区整体的 17.2%,但其科技活动经费支出和研究与发展经费支出占园区整体的比重却分别达到了 41.5% 和 41.6%,技术收入占园区整体的 33.3%。

在已开展经营活动的 18 149 家企业中,2006 年技术收入占其总收入比重达 50% 以上的企业共有 5 892 家,其中,总收入在 500 万元以下的企业有 4 318 家,占其比重为 73.3%;从业人员少于 50 人的企业有 5 020 家,占其比重为 85.2%。此外,这类企业从业人员总数 22.9 万人中,博士以上学位、硕士、大学本科人员分别为 3 734 人、21 802 人和 97 110 人,占其总数比重分别为 1.6%、9.5% 和 42.3%,分别比园区平均水平高 0.4、2.4 和 9.7 个百分点。

园区三资企业的主要经济指标占总量比重较高,2006 年三资企业实现总收入、工业总产值、上缴税费及利润总额分别占到园区总量的 44.7%、58.3%、40.0% 和 39.1%,出口创汇更是占到园区总量的 80.6%。但在研发方面,内资企业从业人员比例要明显高于外资企业。

从行业结构上看,电子信息是中关村龙头产业,无论是从总收入、销售收入,还是从增加值、出口创汇来看,均占据整个园区总量的半壁江山。目前,以软件、集成电路、计算机、网络、通信等为代表的重点产业群初步形成,其中台式 PC 机国内市场占有率达到 40% 以上,笔记本电脑达到 25% 以上,软件和集成电路设

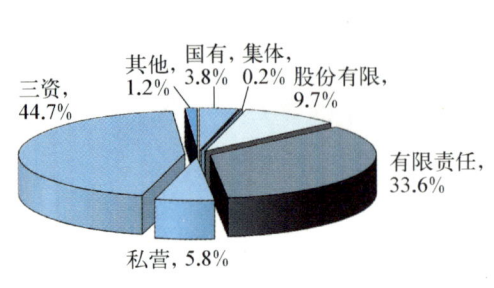

图 3-44　园区企业总收入按注册类型分　　　图 3-45　内、外资企业研发人员占从业人员比例

资料来源：2006 年中关村科技园区高新技术产业发展综述

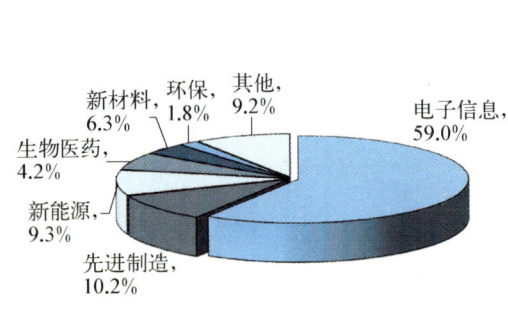
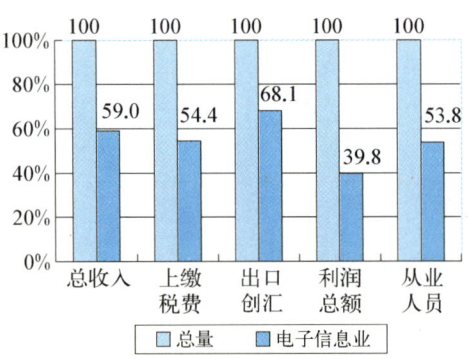

图 3-46　各技术领域在总收入中的分布　　　图 3-47　电子信息主要经济指标与总量的比例关系

资料来源：2006 年中关村科技园区高新技术产业发展综述

计业占全国三分之一，软件出口占全国总额二分之一，星光系列多媒体芯片打入海外市场，国际市场占有率达到 60%。

高技术服务业出现了加速发展的势头。尽管在出口创汇方面，制造业所占的比例仍继续增大，但在企业数量、企业总收入和上缴税费等多个方面，高技术服务业的比重都在逐渐加大。目前，在中关村十大行业当中，制造业和服务业已经各占到五个。高技术服务业总收入占到园区总量的 42% 以上。从企业数量上看，2005 年，中关村十大行业当中高技术服务业企业数量 9 114 家，占到十大行业全部企业数量 72% 以上。

第3章　开发区案例研究：发展动力的多样性与区域差异

表3-11　中关村十大行业总收入(亿元)

		2004年	2005年
高技术制造业	电子及通信设备制造业	1 089.3	1 490.1
	专业设备制造业	149.9	177.4
	电器机械及器材制造业	104.3	132.8
	仪器仪表及文化办公制造业	135.0	124.2
	医药制造业	92.5	106.2
高技术服务业	计算机服务业	428.3	523.7
	软件业	258.5	395.0
	专业技术服务业	181.9	260.4
	科技交流和推广服务业	97.1	186.9
	电信和其他信息传输服务业	76.2	112.5
合计	十大行业总计	2 613.0	3 509.2
	中关村总收入	3 692.2	4 876.8
	十大行业占中关村总收入的比例	70.8%	72.0%

注：这十大行业是依据国民经济行业分类进行统计得到，其中部分行业统计范围(如软件等)与中关村重点产业统计口径存在一定差异。
资料来源：2006年中关村产业发展报告

年轻人是园区企业的主力军，29岁以下的人员和30—39岁的人员合计占总人数比例达到的76.9%。园区的人才流动比较频繁，企业从业人员在3年内调换工作的频度较高。

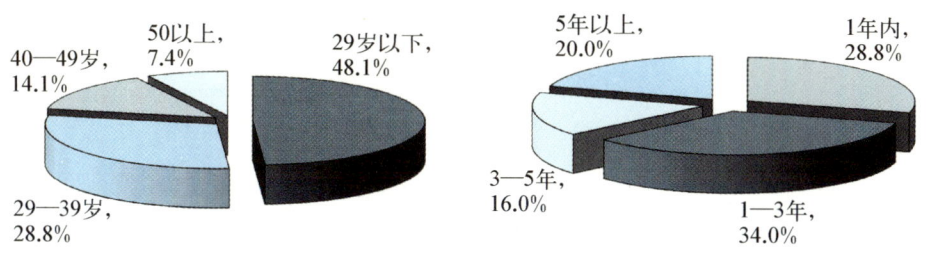

图3-48　企业从业人员年龄结构图　　图3-49　企业从业人员工作年限分布图

资料来源：2006年中关村科技园区高新技术产业发展综述

园区企业研发投入占销售收入的比重达到4.7%，高出全国企业平均水平约4个百分点。2006年，在园区已开展生产经营活动的18 149家企业中，在研项目共有17 308项，以应用研究和试验发展研究为主。

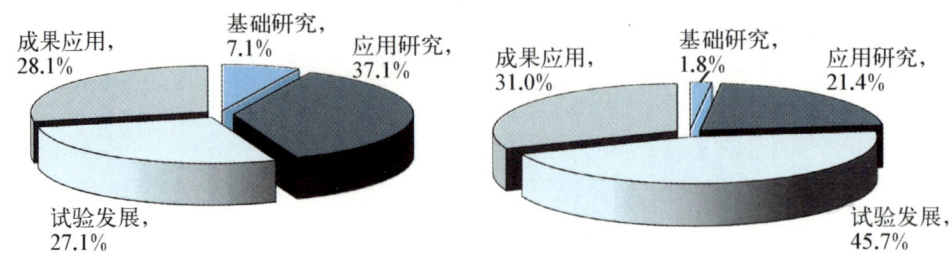

图3-50 园区企业在研项目数按活动类型分布

图3-51 园区企业在研项目经费支出按活动类型分布

资料来源:2006年中关村科技园区高新技术产业发展综述

中小企业是园区技术创新最活跃的企业群体,2006年园区收入亿元以下的中小企业共申请专利5 096件,占总量的54.2%;其中,收入亿元以下企业申请发明专利3 357件,占园区总量的55.8%。此外,2006年园区企业获得专利授权4 137件,上述中小企业获得1 696件,占41.0%;在获得授权的专利中,形成技术标准287项,上述中小企业有143项,占总量的49.8%;园区企业目前拥有发明专利4 080件,上述中小企业拥有2 356件,占总量的57.7%。

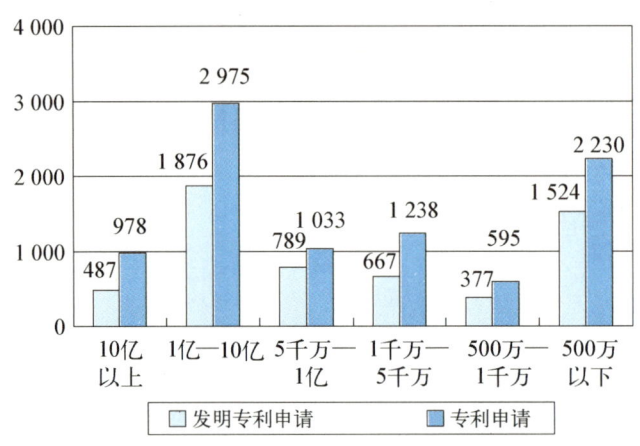

图3-52 2006年不同规模企业专利申请与发明专利申请

资料来源:2006年中关村科技园区高新技术产业发展综述

此外,入驻园区的跨国公司研发中心也在逐年增加。高新技术企业共建技术联盟和产业联盟、与跨国公司共建研发机构、与大学和科研院所联合开展研发,成为技术创新的新形式。截至2006年11月,中关村共有19家产业联盟,分布在IT、新材料、环保、生物医药等多个领域。

目前,园区承接的国家"863 项目"占全国的 25%,"973 项目"占全国的 36%。五年来,高新技术企业获得国家科技进步一等奖 5 项,累计已达到 9 项,在软件、集成电路、数字音视频、疫苗、新材料、环保和新能源等国家重点领域的技术和产品处于领先地位,一些企业开始凭借核心专利参与创制国家和国际标准。据不完全统计,企业拥有国际标准达 9 项,国家标准达 98 项,行业标准 114 项,中关村平均每 100 家高科技企业中有 13 家参与了各类标准的制定工作。

(2) 案例二:上海张江高新区①

上海高新区始建于 20 世纪 90 年代初。1991 年 3 月,上海漕河泾新兴技术开发区成为首批国家级高新区之一,规划面积近 6 km²;1992 年国家科委首次使用"上海高新区"的名称,并确定上海市高新区由张江高科技园区和漕河泾新兴技术开发区两部分组成。

1999 年 8 月,上海市委、市政府制定"聚焦张江"的战略决策,确定以张江高科技园区为重点的科技园区发展目标,把张江高科技园区建设成为技术创新和科技成果转化、产业化的示范基地;产学研结合综合改革的先试先行基地;创新型人才、研发机构和高新技术企业的集聚与辐射基地;与市场经济和知识经济发展相适应的科技服务基地。重点发展生物医药和信息技术两大高科技产业,并积极发展新材料产业和环保产业,集中体现研发创新、孵化创业、转化辐射和机制创新四方面的主体功能。

2006 年国务院批准"上海高新技术产业开发区"更名为"上海张江高新技术产业开发区"(简称上海张江高新区),包括张江高科技园区、漕河泾新兴技术开发区、金桥现代科技园、上海大学科技园、中国纺织国际科技产业城、嘉定民营科技密集区,形成"一区六园"的格局:

1) 张江核心园。位于浦东新区中部,由原来的 5 km² 扩大到 25 km²,分为技术创新区、高科技产业区、科研教育区、生活区等功能小区。重点发展生物医药和信息技术两大高科技产业,并积极发展新材料产业和环保产业。

2) 漕河泾新兴技术开发区。是国务院批准的全国首批 14 个国家级经济技术开发区之一,1991 年又被批准为国家级高新技术产业开发区。开发区位于上海市西南部,周边有上海交通大学、华东理工大学、上海师范大学等 20 余所高等院校,以及中科院上海分院、中科院上海生物工程研究中心、中科院上海微电子

---

① 本节参考资料主要包括:1) http://www.sh-hitech.gov.cn 上海张江高新区网;2) http://www.zjpark.com 上海张江高科技园区网;3) http://www.caohejing.com 上海漕河泾新兴技术开发区网;4) http://www.pdjq.com.cn 金桥开发区网;等。

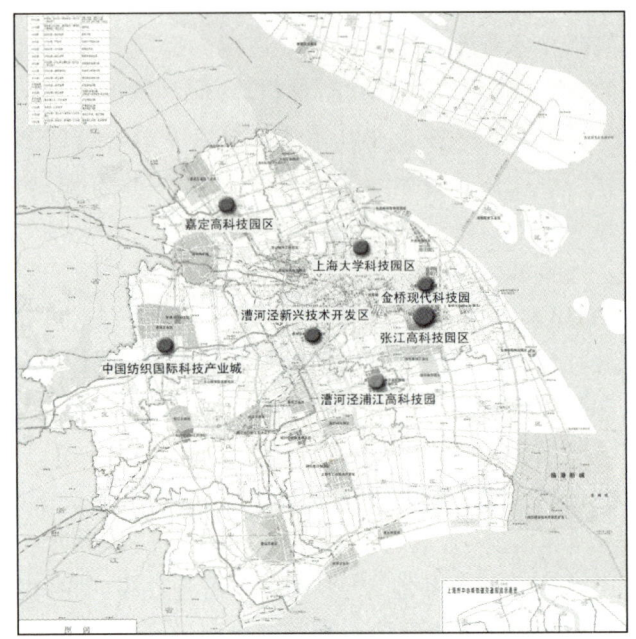

图 3-53　上海市主要开发区及张江高新区区位示意

资料来源：根据 http://www.sh-hitech.gov.cn 上海张江高新区网，底图源自 http://www.smert.gov.cn 上海外经贸网

研究开发基地等各类研究所 120 多个。在漕河泾开发区原规划面积已基本完成开发建设基础上，目前，经国务院批准漕河泾开发区扩区 8.3 km²（规划面积），开发建设"浦江高科技园"。

3）金桥现代科技园。金桥开发区为 1990 年经国家批准成立的国家级经济技术开发区，总规划面积 27.38 km²。1998 年 4 月，经科技部批准在上海金桥出口加工区内高新技术密集的 6 km² 建立金桥现代科技园。

4）上海大学科技园。创建于 1992 年 9 月，由上海大学科技园区孵化基地（0.4 km²）、上海大学市北工业园和莘莘学子创业园（面积各 0.3 km²）组成，主要依托上海大学，为科技成果转化和产业化提供服务。

5）中国纺织国际科技产业城。1993 年 10 月，中国纺织总会选址上海青浦，创办以发展高科技产业为特征的高科技园区，规划面积 2.133 km²。1994 年 2 月，经国家科委批准，纳入上海市高新技术产业开发区。2001 年 3 月资产重组，成为青浦工业园区全资子公司。同时，为配合青浦新城区开发建设，将 1 km² 用于产业用地，1.13 km² 为新城配套生活用地，纳入青浦工业园区 56.2 km² 规划

第3章 开发区案例研究：发展动力的多样性与区域差异

中。园区重点发展现代纺织和新材料产业。

6) 嘉定民营科技密集区。创建于1994年。1998年4月，经国家科委批准，纳入上海市高新技术产业开发区，规划面积2平方公里，由三部分组成：嘉定高科园（0.54 km^2）依托上海嘉定卫星城，重在培育留学生企业和民营科技企业，优先发展新材料、信息技术、光机电一体化、新兴医保技术；复华高科园（1.2 km^2）以复旦大学为背景，以新材料、新能源、机电一体化和先进制造技术为发展重点；中科高科园（0.26 km^2）为中国科学院高科技产业化计划实施基地，光通讯、光电新材料、新能源、传感器及光机电一体化产品为园区重点引入发展的领域。

2005年张江高新区"一区六园"实现工业总产值2 462.9亿元，占全市的15.6%；创汇146.3亿美元，占全市的16.1%；实现利税273.4亿元。截至2005年底，"一区六园"共有进驻企业3 171家，其中经认定的高新技术企业535家。区内经认定的高新技术企业的工业总产值1 682.2亿元，占高新区总量的68.3%，占全市高新技术企业总产值的40.1%；总收入1 912.9亿元，总利税147.3亿元，出口创汇128.2亿美元。截至2005年底，园区累计吸引外资353.2亿美元，区内共有外商投资和港澳台投资的高新技术企业138家，有外资研发机构84家。2004年和2005年全国53个高新区综合评比，上海高新区均名列前茅。

表3-12 2005年各园区主要经济指标情况

	核心园	漕河泾园	金桥园	上大园	中纺城园	嘉定园
规划面积(km^2)	25	5.984	6	1	2.133	2
已开发面积(km^2)	17					
注册企业(家)	4 297					
入驻企业(家)	1 064	650		448	21	
国内生产总值(亿元)		330				
销售收入(亿元)		930.7				
工业总产值(亿元)	243.69	836	1 320	19.04	33	86.91
实缴税费(亿元)	29.93			8.8		2.8
税收收入(亿元)		20			2.7	
出口交货(亿元)	132.65		419			
出口总额(亿美元)		83.1		0.85		7.4
进口总额(亿美元)		65.4				

续　表

	核心园	漕河泾园	金桥园	上大园	中纺城园	嘉定园
经认定高新技术企业(个)	268	164	89	17	6	23
高新技术企业产值(亿元)			727			
申请专利(项)	1 830	581	1 133	33	8	142
专利授权(项)	551	482	511	25	1	87
企业研发机构(家)	87					

注：表中规划面积数据小于经济指标数据对应的面积口径，如金桥园经济指标数据对应整个金桥开发区(27.38 km²)范围。在上报科技部的数据中，也是采用这种不对应的口径模式。

资料来源：根据 http://www.sh-hitech.gov.cn 上海张江高新区网整理

作为张江高新区的主体，张江核心园自实施"聚焦张江"战略以来，技工贸总收入、工业总产值、税收总额年均增长分别高达 75.58％、51.23％和 59.23％，已经构筑了国家上海生物医药科技产业基地、国家信息安全成果产业化基地、国家软件产业基地、国家软件出口基地、国家半导体照明工程产业化基地、国家微电子产业基地、全国文化产业示范基地、上海研究生联合培养基地、国家网络游戏动漫产业发展基地以及上海市银行卡产业园等基本框架。园区重点发展集成电路、软件和生物医药三大主导产业。目前，集成电路产业占据了国内半壁江山，成为全国最大的软件产业基地之一；形成了国内最密集的生物医药研发创新基地。截至 2007 年底，园区人才总量 117 057 人，其中博士 2 843 人，硕士 16 925 人，专科以上学历 79 725 人，分别占比 2.4％、14.5％和 68.1％。35 岁以下年轻人占到 80％以上。

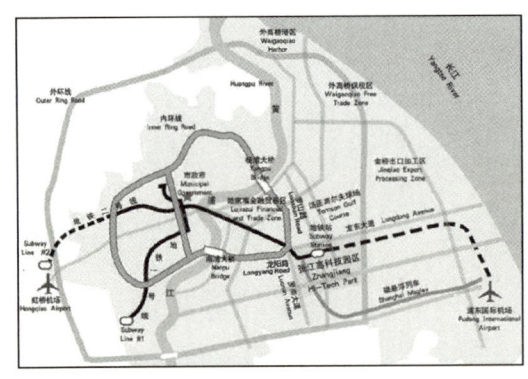 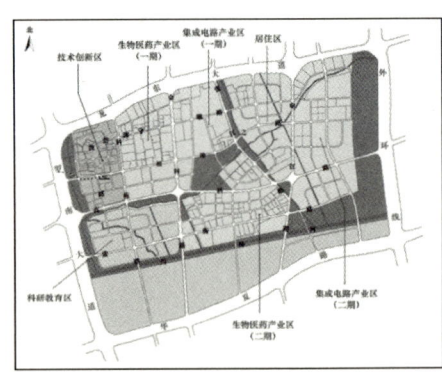

图 3-54　张江核心园区位条件及用地规划

资料来源：http://www.zjpark.com/Item.aspx?infoitem_id=15 上海张江高科技园区网

漕河泾园集聚了中外高科技企业 1 400 多家,其中外商投资企业近 500 家,世界 500 强跨国高科技企业 60 多家。累计投资总额 34.1 亿美元,合同外资 12.4 亿美元。园区形成了以信息业(包括微电子、光电子、计算机及其软件)为主导的产业格局。园区单位面积产出超 150 亿元/平方公里,在全国处于领先地位。根据国家商务部《中国国家级经济技术开发区发展报告(2005)》,漕河泾开发区在全国国家级经济技术开发区投资环境总指数排名中居第 5 位。

金桥园依托金桥出口加工区,集聚了电子信息及现代家电、汽车及零部件等产业的一批大企业。目前,已有 47 家世界 500 强企业在金桥投资了 79 个项目;累计引进先进制造业和科技开发项目 522 个;金桥入围上海市工业 500 强排名的企业达到 37 家。

(3) 案例三:天津高新区[①]

天津高新区的前身为天津市委、市政府 1988 年批准的天津新技术产业园区,1991 年经国务院批准为国家级高新区。园区面积 21.85 km^2,由三部分组成:① 华苑产业区,位于市区西南部;② 政策区(南开科技园),位于天津市南开区;③ 京津塘高速公路产业带辐射区,包括武清开发区、北辰科技工业园及塘沽海洋科技工业园。

高新区设天津新技术产业园区管理委员会,代表天津市政府对园区实行统一管理。园区管委会的职责主要包括:① 制订园区高新技术产业发展规划和行政管理规定并组织实施;② 初审和认定园区内高新技术企业;③ 依法管理园区的财政、税务、工商、劳动和人事等事务;④ 管理园区有关地域内土地和规划建设事务,并按照市人民政府规定的权限,审核、批准和管理相应地域内固定资产投资项目;⑤ 负责园区内火炬计划项目和新产品项目的申报;⑥ 审核园区内高新技术企业进出口货物免税的申请,并报有关部门批准;⑦ 市人民政府授予的其他职权。园区实行"一区三制"的管理体制:① 在华苑产业区内,由园区管委会实行全面行政管理。② 在政策区内,园区管委会履行前述除第 4 项以外的其他职责;并负责科研基地、服务基地内的土地、规划建设管理和限额内固定资产投资项目的审核、批准及管理事务;其他行政管理事务由政策区所在地的区人民

---

① 本节参考资料主要包括:1) 天津新技术产业园区发展"十一五"规划;2) http://www.thip.gov.cn/天津新技术产业园区网;3) 天津新技术产业园区发展迅猛[OL]. 2006-07-12[2006-12-31]. http://business.sohu.com/20060712/n244227371.shtml 搜狐财经网;4) 天津新技术产业园区 ISO14000 国家示范区工作经验交流材料[OL]. 2006-05-25[2006-12-31]. http://www.sepa.gov.cn/tech/ISO14000/rzjg/200605/t20060525_76833.htm 国家环境保护总局网;等。

政府负责。③ 在辐射区内,园区管委会履行前述除第3项和第4项以外的其他职责;其他行政管理事务由辐射区所在地的区、县人民政府负责。

华苑产业区是园区管委会实施全面行政管理的核心区,规划面积 11.58 km²,横跨天津市外环线,由环内和环外两部分组成,环内面积 2 km²,环外面积 9.58 km²(图 3-55、图 3-56)。华苑产业区左侧邻近正在兴建的天津第三高教区,周边高等学院包括天津大学、南开大学、医科大学、中医学院、理工学院、天津广播电视大学、南大国际商学院、天津农业院、天津城建学院等。

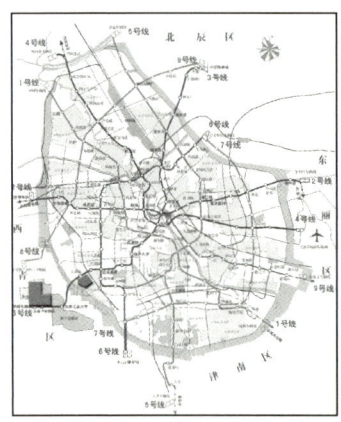

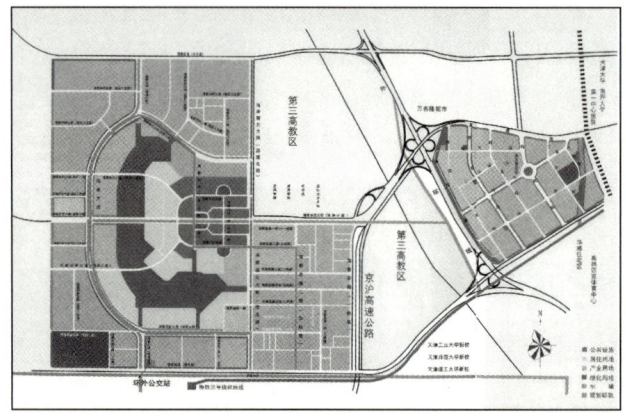

图 3-55 华苑产业区区位示意　　　图 3-56 华苑产业区规划图

资料来源:右图源自天津新技术产业园区招商手册(2006)

园区企业以入驻孵化器和各类工业园为主。1997 年,园区只有大宇宙一家企业,如今环内 2 km² 已经基本摆满,环外起步区 2.1 km² 已经开发。园内已创建了六个投资主体多元化并各具特色的科技园(企业孵化器),包括:园区国际创业中心、华苑软件园、海泰创业园、鑫茂民营科技园、南开大学科技园和华科科技园,其中有综合性孵化器,也有以华苑软件出口基地为代表的专业型孵化器,还有留学生创业园等面向特殊创业对象的孵化器。2005 年,国际创业中心有六项指标位居全国第一①,被誉为"国内最好的孵化器"之一。

2005 年,园区全年完成地区生产总值 188.6 亿元,出口创汇 26.7 亿美元,全社会固定资产投资 49.6 亿元。核心区华苑产业区全年完成生产总值 58.38

---

① 分别是:每万平方米孵化面积获国家及地方立项无偿资助资金,每万平方米孵化面积所创造的产值、利润和税收,每万平方米孵化面积的在孵企业项目立项数和专利持有量,每万平方米孵化面积实现的毕业企业数量,每万平方米孵化面积中建立产业化基地、购地及安排就业人员数量,以及每万平方米孵化面积中孵化企业实现企业融资额度。

亿元；工业总产值258亿元；外贸出口值7.36亿美元；财政收入14.3亿元。全区R&D经费占增加值的比重为8%。

园区以电子信息和绿色能源产业为主导。华苑软件园被认定为国家级软件出口基地，入园企业已经超过350家，人员规模超过1.2万人；累计通过认定的软件企业150家，占全市总数的65%；计算机软件著作权登记当年新增125件，占全市总数的58%；软件产品认定当年新增86个，占全市总数的72%。绿色能源产业以镍氢电池和锂离子电池为代表，已被命名为国家化学与物理电源产业化基地。和平海湾电源集团已经发展为目前国内唯一同国际先进镍氢电池制造体系接轨、生产规模最大、技术工艺体系最完整的国家镍氢电池示范基地；力神公司目前已建成了年产1 000万只各类圆柱形锂离子蓄电池的自动生产线，并成为摩托罗拉公司的合作供应商，占据着国内绝大部分市场份额。

（4）简要评析

高新区的发展对于智力资源提出了较高要求，此外，城市优越的开发性技术条件、信息资源、体制与政策环境、生产和生活条件都能给予高新区以良好的支撑。北京中关村科技园区、上海高新区和天津高新区这三个高新区无论是在智力资源方面还是城市环境方面均拥有明显的优势。目前，北京中关村科技园区和上海高新区基本上代表了国家高新区的最高水平，天津高新区的排名也十分靠前：2004年，北京中关村科技园区、上海高新区和天津高新区经济规模总量（按营业总收入计）分列全国高新区的第1、第2和第11位；R&D支出分列全国高新区的第1、第3和第7位。

但三地高新区的发展与理想预期中的科技园区似存在较大差距。从空间规模上看，中关村科技园区的面积已达数百平方公里；张江高新区和天津高新区均有数十平方公里，实际操作中的高新区面积则更大——因这数十平方公里为上报科技部的面积口径，要明显低于实际。而且，均表现为"一区多园"的发展模式。地理范围的规定与空间规模的巨大，二者之间本身就蕴藏着矛盾。在如此巨大的空间规模中，显然很难预期其内的大部分企业都与创新密切相关。事实上，中关村科技园区中三资企业占经济总量的比重几近一半；亿元以上企业占总收入的比重达到80%以上，而研究与发展经费支出所占比重则要低出20个百分点左右；张江高新区2004年的技术性收入比例仅为1.5%。这从一定程度上反映出两地高新区的发展表现出较强的经济技术开发区的特征。

据对天津高新区的访谈了解，天津市每年的各行政区经济发展排名考核也包括了天津经济技术开发区与天津高新区,同样以 GDP、招商引资等为主要考核指标。这迫使高新区为保住经济名次以及完成规定的相关经济任务,而不得不采取与经济技术开发区类似的运作模式,大力招商引资以及发展生产制造型项目。因此,高新区内实际上也有着大量非高新技术项目存在,这些项目对于高新区经济总量的扩张起着至关重要的作用。

因此,从这些特征来看,这些高新区不俗的经济成绩的获得,更多地与北京、上海以及天津良好的城市综合环境——包括交通可达性、高素质人力资源丰富以及产业基础较好等等——相关,从而使得它们具有更好地吸引外来投资或者发展生产制造项目的条件;而与三地高新区与智力资源比如高校集中区、科研机构等的邻近性这一要素的关联并不显著。此外,这三个高新区所在的城市也都同时还拥有国家级经济技术开发区,但从经济发展特征上很难明确区分。

3.2 政府强力推动型

有相当部分的高新区从自身禀赋上看就不具备智力密集的条件,它们的批准设立以及迅猛发展很大程度上与地方政府的强力促进密切相关。由于先天的不足,这些高新区的主体以经济技术开发区的形式存在,但也有一小部分区域具有较强的创新孵化职能。

(1) 案例一:无锡高新区[①]

无锡市于 1991 年 1 月在市区东南部建立外商投资区,规划总用地面积为 5.45 km^2,首期启动 0.53 km^2;1992 年初更名为无锡经济技术开发区;1992 年 11 月,经国务院批准为无锡国家高新区。1995 年,为进一步拓展发展空间,无锡市进行了区划调整,成立无锡新区,与无锡高新区实行合而为一的管理体制。2002 年和 2005 年先后经过两次区划调整,目前辖区面积 220 km^2。(图 3 - 57)

工业是推动新区经济增长的主导力量。2005 年,无锡新区 GDP 三次产业结构比为 4.1∶71.4∶24.5,从业人口三次产业就业结构比为 2.8∶76.3∶20.9。全区实现工业总产值 1 210 亿元,规模以上工业总产值 1 136.8 亿元。从

[①] 本节参考资料主要包括:1) http://www.wnd.gov.cn/无锡新区网;2) 无锡新区统计资料(1992—2001)、(2002)、(2003);3) 无锡新区国民经济和社会发展第十一个五年规划纲要;4) 上海同济规划设计研究院,无锡新区管委会.无锡新区综合发展规划[R].2005.1;5) 无锡新区管委会,深圳市城市规划设计研究院.无锡新区总体发展规划(2005—2020)[R];6) 李桂林.无锡高新区,自主创新托起经济高地[N/OL].中国高新技术产业导报,2006 - 04 - 29[2006 - 12 - 31].http://www.ce.cn/kfq/gxjskfq/dt/200604/30/t20060430_6865581_2.shtml 中国经济网;等。

第 3 章　开发区案例研究：发展动力的多样性与区域差异

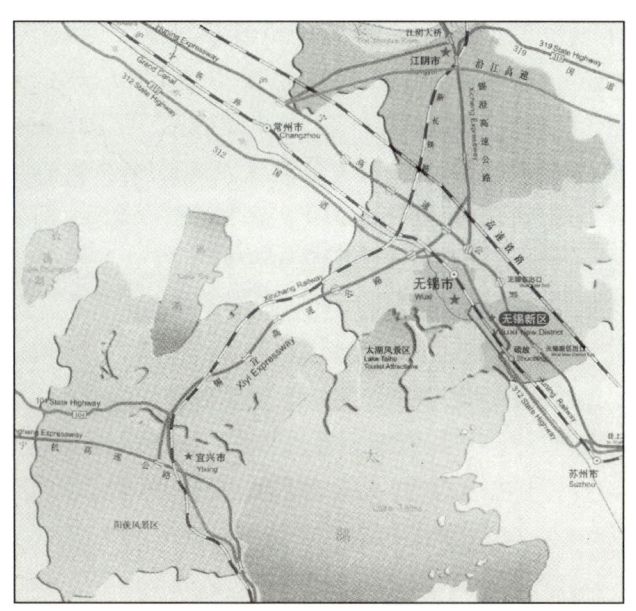

图 3-57　无锡新区位图

资料来源：无锡市规划局. 新区规划, 2006

产业构成上看，电子信息产业、精密机械及机电一体化这两大产业群占规模工业产值 68% 左右，其中，电子信息产业年产出额为 580 亿元，占全部规模工业的比重为 51.1%（图 3-58）。

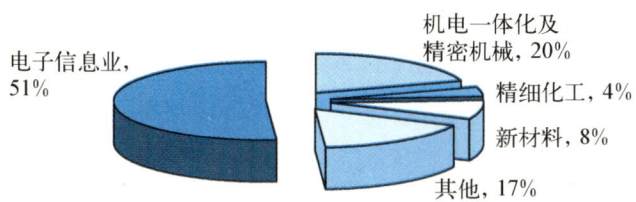

图 3-58　无锡新区支柱产业构成（2003）

资料来源：根据"无锡新区统计资料（2003）"计算得出

区内虽然拥有尚德太阳能、永中科技等民营高科技企业明星，但这些创新型的产业集聚仅占据极小的空间范围和经济规模，无锡新区的经济实力主要是由区内的外资加工型企业所支撑的。新区的发展承接了苏州工业园"亲商服务"（probusiness）的理念，这帮助无锡新区在多轮引资竞争中获胜，比如 2003 年在引进 LG 机械时与长三角其他城市的竞争，2006 年在引进海力士项目时与上海的竞争，均以无锡新区的胜出而告终。当然，在并不拥有绝对优势和核心竞争力的情况下,无锡新区的胜出还以土地、税收和厂房等地方优惠政策的付出作为代价。比如,拥有6 000名员工、2003年上半年以8亿美元的出口额位居江苏省第一的希捷公司,曾于1997年、2001年和2003年三次公开声称要在无锡撤资,以期望达到政府延长其原优惠政策或索取更多的政策扶持的目的①。

2006年,三资企业完成工业总产值及工业增加值均占到全区工业总产值的70%以上。区内利用日资规模较大,成为国内著名的"日资高地"(图3-59)。2006年,无锡新区全区完成进出口总额225亿美元,其中出口110亿美元,进口115亿美元。在出口总额中,外商投资企业出口107.3亿美元,占出口总额的比例高达97.5%。仅希捷公司一家即完成出口23.1亿美元,占总量的21.0%;加工贸易82.7亿美元,占出口总额的75.2%。

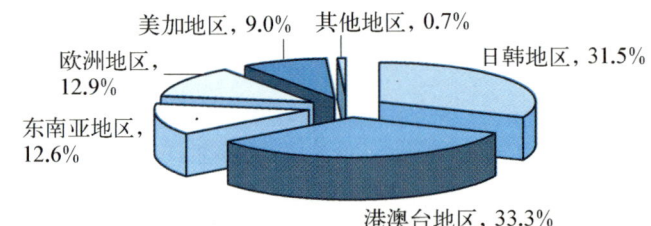

图3-59 无锡新区外商投资企业按投资额地区来源分类(2003)
资料来源:根据"无锡新区统计资料(2003)"计算得出

2005年,无锡新区高新技术产业完成工业总产值755亿元,工业增加值189亿元,出口73亿美元,分别占全区总量的62.4%、70.5%和90%。但大部分高新技术企业主要以加工贸易为主,研究设计开发和销售"两头在外",原材料和产品销售价格完全由境外的总公司控制。规模以上工业企业高新技术产业增加值率仅为15.7%。

以外资加工型企业为主的发展模式决定了无锡新区的人口结构与空间拓展。2005年,无锡新区全区总人口51万,其中户籍人口27万,流动人口24万,流动人口占比47.1%。

从空间拓展上看,大量生产制造企业的不断进入促使城市建设空间不断地向外蔓延,每一次行政区划的调整,其实质都是在已有空间资源消耗殆尽之时,为新区的招商引资再开辟一个新的战场(表3-13、图3-60)。

---

① 罗昌平.长三角招商局滋生"候鸟企业"[N].中国商报,2004-02-24.

第 3 章　开发区案例研究：发展动力的多样性与区域差异

表 3-13　无锡新区不同年份空间发展重点

年份	产 业 空 间 重 点	年份	产 业 空 间 重 点
1993	国家批准的 5.45 km² 范围	2001	22 km² 高新区 A 区
1994	以 5.45 km² 为基础向外围拓展	2003	50 km² 高新区 A 区+B 区
1999	22 km² 高新区 A 区	2005	22 km² 太湖国际科技园

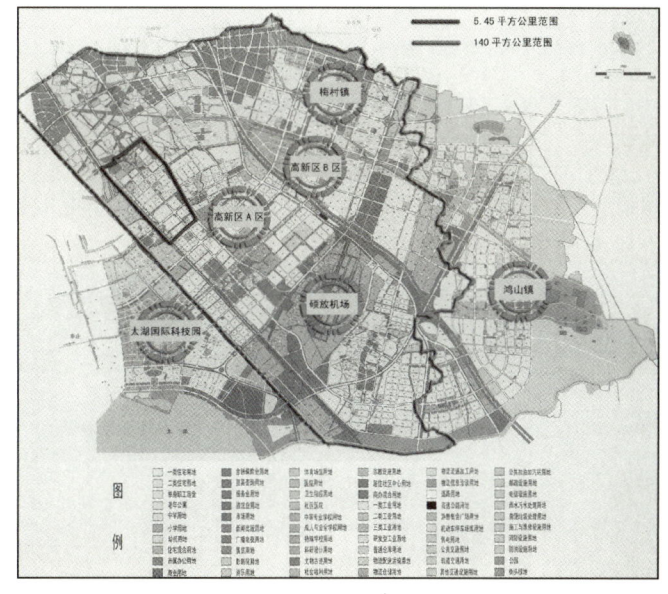

图 3-60　无锡新区片区划分示意

资料来源：无锡市规划局. 新区规划，2006

　　据统计，1993—2001 年期间，无锡新区以年均 129 公顷的速度出让土地，而自 2002 年起，新区进入土地出让的高峰期。2002 年和 2003 年出让土地分别达到 758 和 1 441 公顷；2006 年，出让土地 1 039.3 公顷（其中，工业用地 578.4 公顷，占比 55.7%；商业用地 210.1 公顷，占比 20.2%）（图 3-61）。虽然行政扩区为新区增加了用地空间，但若按这样的出让速度，土地供应很快又将出现瓶颈。

　　而与用地的快速消耗并存的是工业用地的低强度开发。图 3-62 所示是位于高新区 A 区范围内的已经发展成熟的地块，总建筑面积 1 497 989 m²，建筑密度 21.9%，容积率 0.41。详细数据如表 3-14 所示。从数据分析可以看出：

— 191 —

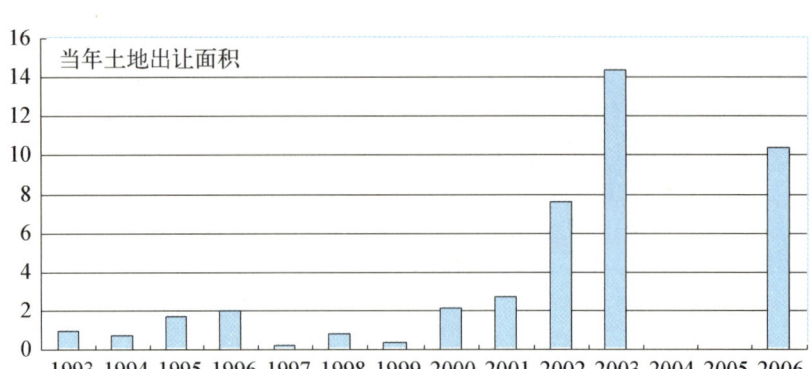

图 3-61　1993—2006 年无锡新区土地出让情况

资料来源：无锡新区管理委员会国土局，http://www.wnd.gov.cn 无锡新区网

① 建筑层数偏低，工业建筑除了少量 4 至 5 层的标准厂房，主要以单层专业厂房为主。② 建筑密度 21.9%，主要是由于单层厂房的大体量和大进深所形成。不少企业为了发展的需要，采用了分期建设的模式，空置用地比较多。③ 容积率仅为 0.41，明显较低。

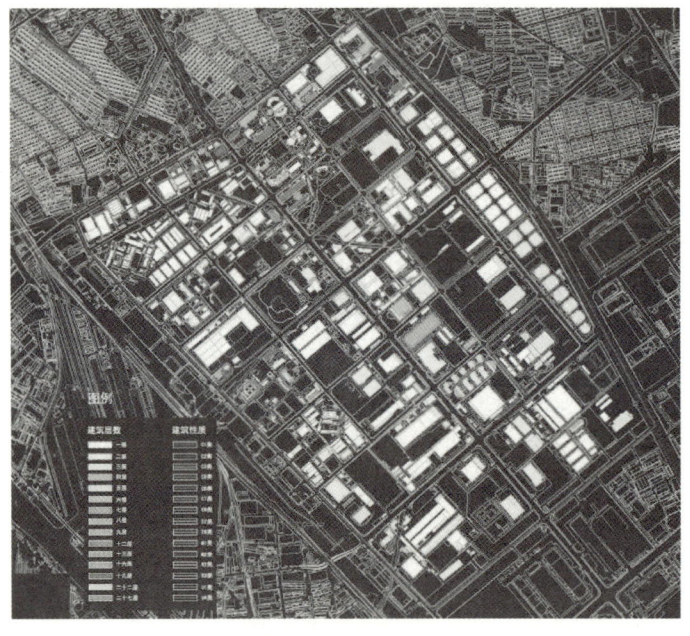

图 3-62　典型地块

资料来源：无锡新区总体发展规划(2005—2020)

第3章 开发区案例研究：发展动力的多样性与区域差异

表3-14 地块使用性质及强度概况

建筑类型	C			M		R	U		合计
	C1	C2	C6	M1	M2	R2	U1	U4	
建筑面积(m^2)	30 142	36 159	149 998	999 901	244 853	33 496	3 178	262	1 497 989
底层面积(m^2)	10 212	12 707	32 304	560 217	175 711	2 595	1 111	144	795 001
平均层数	3.0	2.8	4.6	1.8	1.4	12.9	2.9	1.8	1.9
	\multicolumn{3}{c}{4.6}		1.7	12.9	0.3		

资料来源：无锡新区总体发展规划（2005—2020）

由于在很长时期内新区一直遵循"单纯"工业区建设的原则，目前新区内生活功能发育不足。虽然新区在明确"新城"建设目标之后加大了中心商贸区以及社区建设的力度，但总体来说，与产业空间的迅猛发展相比，新区的人居空间建设仍然处于滞后的状态。2005 年，新区除沪宁铁路以西的太湖科技园外的198.3 km^2 内，总建设用地（含农村建设用地）为 104.8 km^2，按 51 万人计，人均建设用地 205.5 m^2/人（表3-15）。从用地结构上看，工业用地明显比例较高。而由于人居空间开发的滞后，目前，在新区工作的不少人口仍旧居住在市区，造成了典型的上下班钟摆式交通现象。长江路作为目前最主要的与市区联系的道路，已经出现比较严重的上下班交通拥挤。

表3-15 2005年无锡新区建设用地现状

	居住用地	村镇建设用地	工业用地*	公共服务设施用地	其他	总建设用地**	水域、农地、林地、备用地等	总用地
面积（公顷）	1 043.1	1 674.9	4 449.9	484.2	2 827.5	10 479.6	9 349.0	19 828.6
占比		25.9%	42.4%	4.6%	27.1%	100%		
人均(m^2)***		53.3	87.3	9.5	55.4	205.5		

注：*不含已批未建用地；**含农村建设用地；***人口按51万人计。
资料来源：无锡新区总体发展规划（2005—2020）

2001年起，无锡新区明确提出了"新城"的建设发展方向。《无锡新区总体发展规划（2005—2020）》提出新区的总体定位为"以产业特点鲜明、区域功能完善、人文环境优越、经济社会和谐为主要特点的长三角示范、国内领先、国际一流的创新型国际化科技新城"；核心战略定位分解为"四区"："国际先进制造业集聚区、国家科技创新先导区、苏南国际物流集散区、和谐宜人新无锡样板区。"（图3-63）

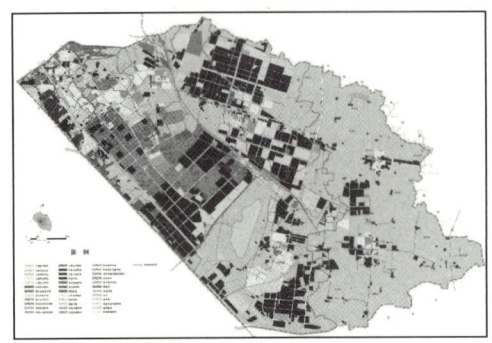
土地利用现状图

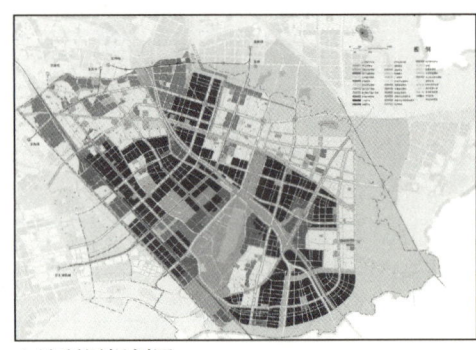
土地利用规划图

功能结构规划图

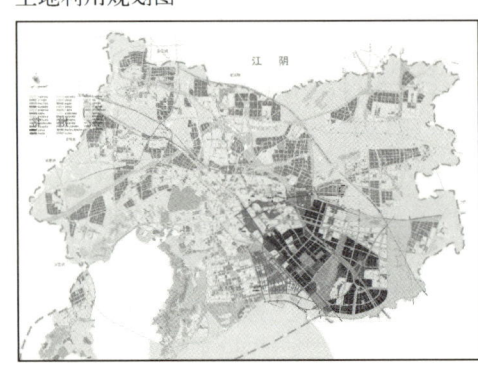
总体规划衔接图

图 3-63 无锡新区总体发展规划(2005—2020)

资料来源：http://www.wndjs.gov.cn/ghxx.php?type=13 无锡新区规划建设环保局网

(2) 案例二：常州高新区[①]

1990 年代初，常州市在市区北部建立了规划面积 0.5 km² 的天安工业村，主要为科技产品的研发、孵化和生产提供服务，并为产品的市场化过程提供过渡空间。1992 年，常州市在天安工业村基础上建立城北开发区，同年，被国务院批准为国家级高新区，开发区规划产业用地面积为 5.63 km²，配套用地 3.23 km²。1993 年，基于良好的引资发展态势，开发区扩大至 30 km²。1995 年，为进一步拓展开发区的发展范围，在常州高新区基础上整合周边乡镇成立了常州新区，与

---

① 本节参考资料主要包括：1) 常州新区年鉴(1992—1998)；2) 常州新北区、国家高新区年鉴(1999—2002)；3) 常州市新北区统计(2001)、(2002)、(2003)、(2004)、(2005)；4) 常州市规划局新北分局，常州市规划院.高新区存量土地控制性详细规划[R]；5) 常州市规划设计院，常州市规划局新北分局.新北区次区域(总体)规划调整(2004)[R]；6) 同济大学，上海财经大学，常州市规划局新北分局，常州市新北区经济发展局.现代服务业的发展趋势与空间形态——常州市新北区空间发展研究[R]，2006.1；7) 同济大学，常州市规划局新北分局，常州市新北区经济发展局.常州市新北区现代制造业空间发展研究[R]，2006.9；等。

第3章 开发区案例研究:发展动力的多样性与区域差异

开发区实行两块牌子一套班子的管理体制。2002年,在新区基础上成立新北行政区,辖区面积扩展至439 km²(图3-64)。

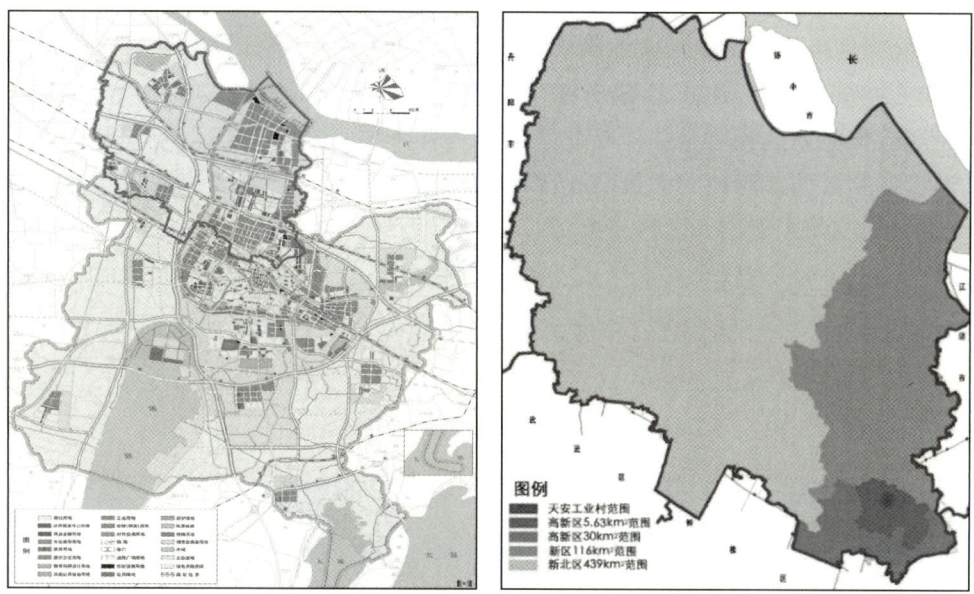

图3-64 常州新北区区位及各发展阶段示意图

资料来源:常州市新北区规划实施回顾与展望

与无锡新区一样,工业推动着新北区的经济增长。2005年,新北区三次产业结构比为3.4:71.3:25.3。但新北区外向型经济特征并不明显,主导产业也并不太明确(图3-65)。2004年,新北区372家规模以上企业中,外资和港澳台资企业的数量为94家,占全部规模以上企业数量的25.3%;完成工业总产值59.2亿元,占全部规模以上企业数量的39.4%。区内R&D活动也不活跃。据

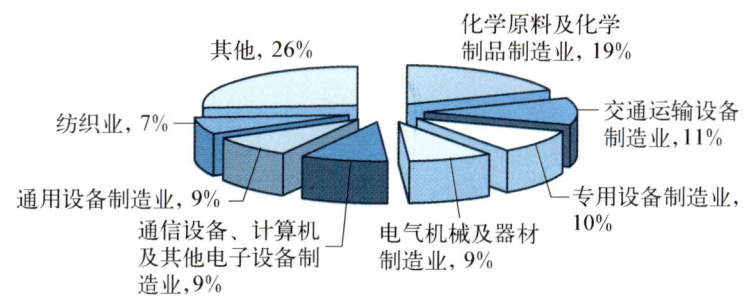

图3-65 新北区工业总产值主导产业构成(2004)

资料来源:根据经济普查资料整理绘制

经济普查资料 2004 年新北区规模以上工业企业中有科技活动企业数仅占全部企业数的 13.5%,有 R&D 活动企业数仅占全部企业数的 9.8%;R&D 经费支出 18 845 元,仅占工业增加值的 2.1%。

外向经济不够活跃极大地影响了新北区在苏锡常三地开发区中的地位。从历史发展过程来看,1990 年代初期三地开发区基本上处于同一水平线上,苏州工业园、无锡新区相对于常州新北区的优势并不明显。常州新北区与苏州工业园、无锡新区的差距拉大大致出现在 1997、1998 年,随后新北区的经济增长速度明显慢于苏州工业园和无锡新区(图 3-66)。

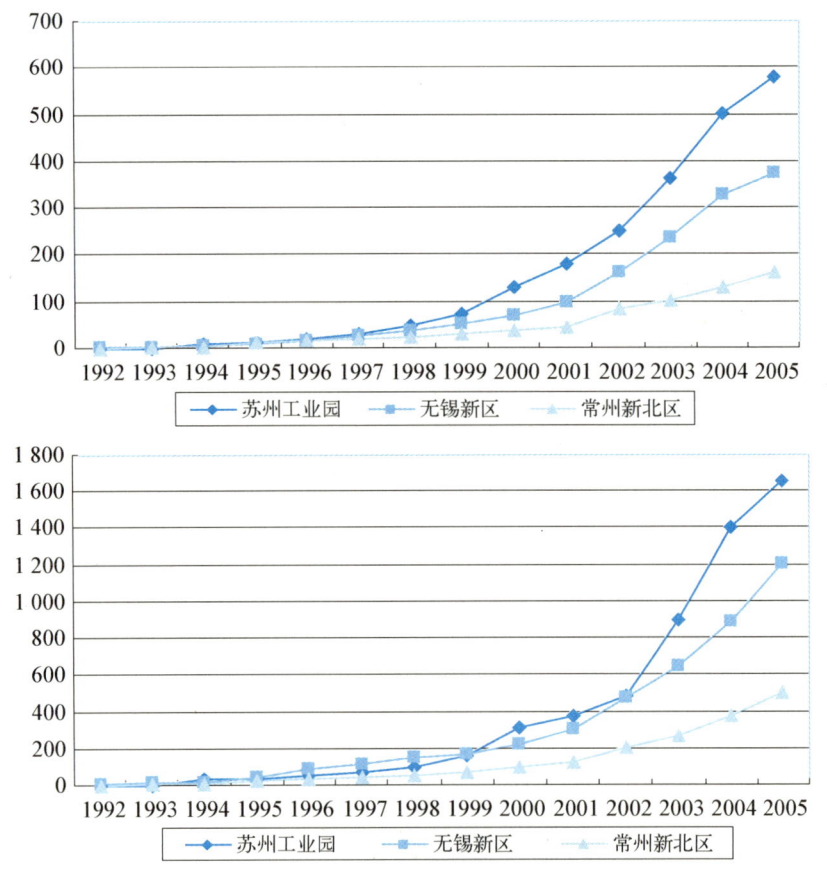

图 3-66 苏锡常三地历年国内生产总值、工业总产值变化

分析新北区外向经济不够活跃的原因,主要可能有两个方面:一是区位因素。苏州、无锡和常州三个城市地处两个大城市上海和北京之间,根据引力模型的粗略测度,苏州、无锡和常州三地受两大城市的综合影响呈逐步递减的态势

第3章 开发区案例研究：发展动力的多样性与区域差异

(冯晓星、赵民，2004)[①]。在吸引外资的发展导向下，常州新北区明显处于相对的劣势。二是开发区领导层的决策。1995年前后，受南方一些城市发展经验的影响，开发区领导层的发展思路向"以贸兴区"倾斜，产业发展一度从大力发展制造业转向发展商贸产业，并在条件尚不够成熟情况下规划建设了大量以金融商贸功能为主的高层建筑。其时正值大量的国际资本进入长三角地区，周边同类开发区如无锡新区、苏州工业园区、苏州高新区、昆山经济开发区等地抓住机遇，大力吸引外资制造业企业。相比之下，新北区未能有效把握住机会，在这一轮发展中被拉开了距离。尽管此后新北区一直力图赶超苏锡，甚至出现"铁本事件"这样的违规操作[②]，但一直难以改变经济总量位居末位的现实。

从空间上看，三次具有重要意义的规划奠定了开发区空间拓展的基础：一是《城北分区规划(1990—2010)》，该规划明确了开发区建设初期的发展目标，并得到了很好的贯彻实施，规划地区的空间结构至今几乎保持未变；二是《常州城市总体规划(1996—2010)》，在行政边界从 30 km² 迅速扩大至 116 km²、开发区无论是就其在整个常州市的地位还是其自身的整体结构都发生了剧变之时，该规划重构了开发区的空间形态，形成"三区合一"的空间布局结构，并一直延续至今；三是《新北区次区域(总体)规划调整(2004)》，该规划首次从新北区 439 km² 范围内对新北区的发展方向、空间结构等进行了全面整体的探讨，为进一步空间范围扩大后的城市整体发展指明了方向(图 3-67、图 3-68、图 3-69)。

---

① 冯小星，赵民.论苏、锡、常经济技术开发区的协调发展[J].城市规划汇刊，2004(1)：18-24.

② 江苏铁本钢铁有限公司是一家私营企业，注册资本为 3.02 亿元。从 2002 年 3 月开始，铁本公司开始筹划在常州市新北区魏村镇(后行政区域调整为春江镇)和镇江扬中市西来桥镇建设新的特大型钢铁联合企业项目。项目设计综合能力 840 万吨钢，概算总投资 105.9 亿元，2003 年 6 月进入现场施工。2004 年 4 月，由国家发改委、监察部等九部委联合组成的国务院专项检查组经过实地勘查，认定该项目存在工商注册及外方出资、项目审批、土地征用、环保、税务和银行贷款六个方面的问题。其基本结论是：地方政府越权审批，铁本公司违规违法操作。在项目审批方面，按照国家规定，地区一级的只能批准 1 000 万美元以下的项目；投资额在 1 000 万—3 000 万美元的项目，需由省政府批准；投资额在 3 000 万美元至 1 亿元的项目，需由部委批准；投资额在 1 亿美元以上的项目，需由国务院批准。为使项目能迅速审批成功，铁本公司将其分拆成 22 个子项目，分别报地方政府审批。其中，由常州高新区管委会经济发展局批准将国力、国茂、国昌、恒泰 4 个合资公司的建设工程拆分为 12 个项目，每个项目的总投资均为 9 800 万元。这 12 个项目均没有实际建设内容，主要是为了化整为零，向国土部门申报项目用地。在土地使用方面，按照国家规定，建设用地需要占用农田的，必须先办理农用地转用报批手续，经过省级以上国土部门批准，向具体项目实施供地后，才能由国土部门代表政府与村级组织签订征地补偿安置协议，然后企业才能进场施工。但 2003 年 5 月，在没有办理用地申报手续的情况下，有关地方政府即决定实施铁本项目土地的征用和拆迁工作。随后相关部门对铁本项目非法占地补办了相关手续。由于区级政府批地的权限只有 38 公顷，即 570 亩，对于涉及铁本项目在常州的 5 988 亩用地，新北区分三批共 14 个批次申报至常州市国土资源局；常州市国土资源局随后分三批上报给江苏省国土资源厅。12 月 19 日和 20 日，省国土资源厅分 42 个批次批准了常州市 2.1 万亩农用地转用和土地征用，这其中有 14 个批次就是铁本项目所涉及的用地。从而使得铁本项目的非法占地实现了合法化。参见李军杰，周卫峰.基于政府间竞争的地方政府经济行为分析——以铁本事件为例[J].经济社会体制比较，2005(1)：49-54.

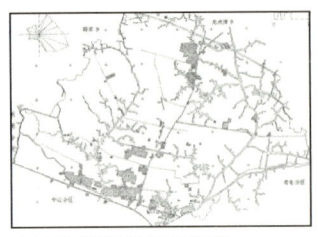  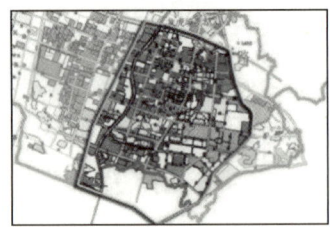

土地使用现状图(1990)　　功能结构图(1990—2010)　　用地现状(2004)

图 3‑67　城北分区规划图(1990)及发展现状(2004)比较

资料来源：城北分区规划(1990—2010)

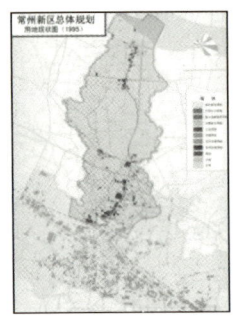  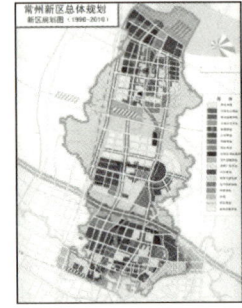 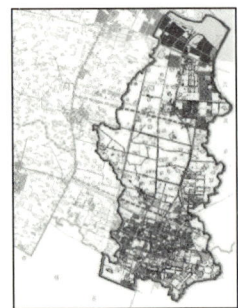

土地使用现状图(1995)　　功能结构图(1996—2010)　　土地使用规划图(1996—2010)　　用地现状(2004)

图 3‑68　常州新区总体规划(1996)及发展现状(2004)比较

资料来源：常州市总体规划(1996—2010)

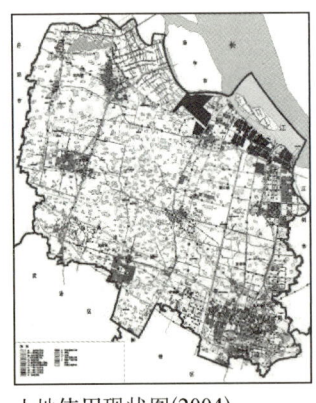 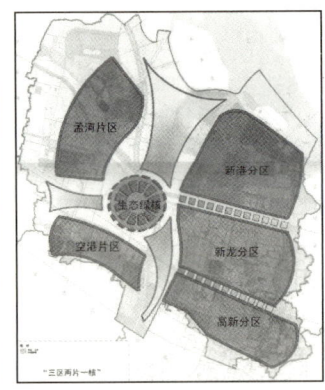 

土地使用现状图(2004)　　功能结构图(2004—2020)　　土地使用规划图(2004—2020)

图 3‑69　新北区次区域(总体)规划图

资料来源：新北区次区域(总体)规划调整(2004)

第3章 开发区案例研究：发展动力的多样性与区域差异

与无锡新区一样，新北区最初也遵循发展"单纯"工业区的思路。工业的发展推动了新北区人口的增长。1992 年，城北分区总人口数为 3.7 万人，其中非农人口 1.2 万人；到 2004 年，整个新北区年末总人口 52.35 人，其中户籍人口 40.21 万人，暂住人口 12.14 万人。户籍人口中非农人口 11.46 人，占户籍人口的比例为 28.5%。暂住人口中，约有 75% 的暂住人口是因为务工而来，主要来自内地，港澳台和国外暂住人口比例仅占 0.8%。暂住人口中有 43% 的人口采用租赁房屋的居住形式（图 3-70）。

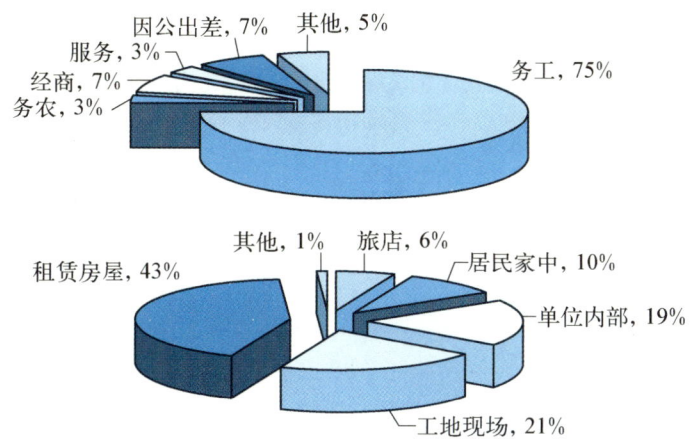

图 3-70　暂住人口事由及居住住所分布

资料来源：新北区公安分局人口及变化统计年报表(2004)

注：数据以获取建设用地规划许可证的数据进行统计，其中未列入道路征用土地。

到 2003 年末，整个新北区建设用地总面积达到 48.3 km²，按非农人口 11.6 万计，人均城市建设用地超过 400 m²。从开发区历年批准建设用地的性质上看，除 1994 年"以贸兴区"的思路下批准公共设施用地比例较高外，各年工业用地的批准均占据绝对主导地位（图 3-71）。目前，工业用地占总建设用地的比例达到 48.8%；居住用地和公共设施用地比例的两者之和占总用地比例的 22.4%（表 3-16）。

新北区也同样存在用地消耗过快与土地资源低效使用并存的现象。2000—2002 年间，平均土地出让速度达到 4.99 km²/年，而 1993—1999 年间仅为 1.33 km²/年（图 3-72）。2004 年对发展相对成熟的高新分区的调查显示，45% 的用地建筑密度低于 20%，闲置土地占已批工业用地的 25% 左右[①]。

---

① 资料来源：高新区存量土地控制性详细规划，常州市规划局新北分局及常州市规划院联合编制

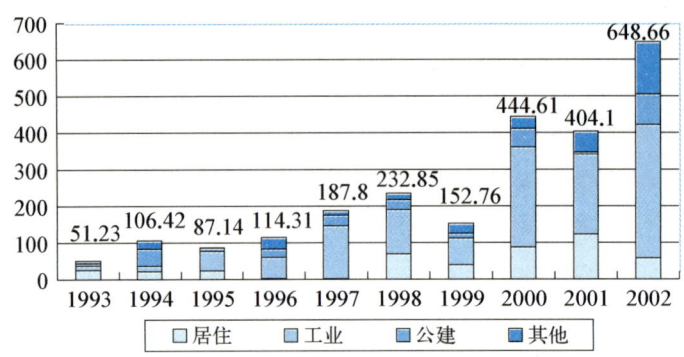

图 3-71　新北区历年批准建设用地数量及性质(单位：hm²)

资料来源：根据"新北区次区域(总体)规划调整(2004—2020)"相关数据整理绘制

表 3-16　城市建设用地构成概况(2003)

	居住用地	工业用地	公共设施用地	其他	城市建设用地	村镇居住用地	水域及耕地	总用地
面积(hm²)	615.6	2 357.2	468.7	1 389.2	4 830.7	3 938.8	35 146.5	43 916
所占比例	12.7%	48.8%	9.7%	28.8%	100%			
人均(m²/人)	53.1	203.4	40.4	119.8	416.4			

注：现状人口按11.6万非农人口计
资料来源：新北区次区域(总体)规划调整(2004—2020)

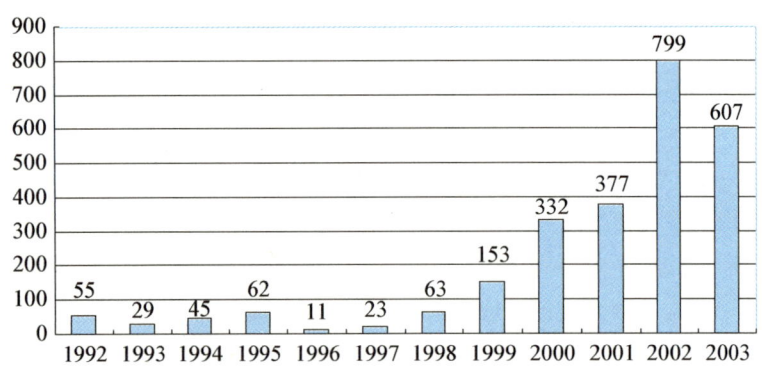

图 3-72　新北区历年土地出让数量

资料来源：土地出让数量根据《常州新区年鉴(1992—1998)》《常州新区统计(2001)》《常州市新北区统计(2002)(2003)》

第3章 开发区案例研究:发展动力的多样性与区域差异

高新区最初的空间拓展主要集中在东部偏南的原高新区起步区周边——高新分区的范围;1995年新区的成立使得空间范围剧增,随着高新分区30 km²的开发范围基本被开发完毕,开发区空间拓展出现了结构性的变化,呈现跳跃式发展,东部偏北的新港分区由于邻近长江港口的区位优势而先于中部地区得到开发,定位为滨江化工区,也由此形成了当前新北区建设用地布局分散、相对集中于高新分区和新港分区的格局:高新分区南和新港分区北之间的距离达到约19 km;高新分区和新港分区两者合计的工业用地占到全部工业用地总量的64%,高新分区更是承载了全部居住用地和公共设施用地的70%左右。

根据常州市总体规划,高新组团已被纳入主城区"一体两翼"①的"一体"之中(图3-73)。新龙组团被《新北区次区域(总体)规划调整》确定为"城市北翼的中心"。

图3-73 常州市规划城市空间结构

资料来源:常州城市总体规划(2004—2020)

---

① "一体"由图中中心、高新、城西、城东、湖塘五个组团构成,"两翼"中北翼包括图中的新龙、新港组团,"南翼"主要为图中的武南组团。资料来源:常州城市总体规划(2004—2002)

(3) 案例三:珠海高新区[①]

在珠江三角洲的6个高新区中,珠海高新区当前的经济规模仅次于广州高新区和深圳高新区,但珠海高新区超越其他三个珠三角高新区实际上只是最近几年的事情。

珠海高新区1992年经国务院批准成立,园区选址在远离市区30 km的三灶区,总面积9.8 km^2,实行与三灶管理区合署办公的体制。园区最初的发展十分缓慢,1994年,国家科技部以"无所为"给予第一次黄牌警告。1998年,全国53个国家级高新区的平均产值达到580亿元,而珠海高新区总产值仅为20.5亿元,区内被认定的高新技术企业仅有3家,产值2 000万余元,仅占全市高新技术企业产值的0.2%。而与此同时,高新区之外的地区却涌现了一大批在国内外享有盛名的高新技术企业,形成了高新技术产业"区外发展比区内快"的强烈反差。为此,国家科技部以该区经济总量小、结构差、高新技术产业和具有自主知识产权的企业少对珠海高新区再次予以警告。

1999年,珠海市委、市政府推出"功能区带动"战略,从六个方面重新构建高新区发展体系:① 调整区位。经科技部批准将高新区原9.8 km^{2}的面积由集中变分散,由分设在三个行政区域内的南屏、三灶、白蕉、新青科技工业园及广东珠海高科技成果产业化示范基地组成,形成"四园一基地"的格局。② 调整机构。高新区与三灶管理区分离,重新建立管委会,在管理上推行"园镇互动",每个园区设一个管委会,管委会的主任由园区所在的乡镇书记兼任,园区内具体管理服务工作由园区管委会负责,园区内税收亦归所在乡镇财政所收。③ 调整政策。市委、市政府出台了《珠海市经济功能区经济管理权限暂行规定》《珠海国家高新区科技工业园管理办法》《关于加快高新区发展的若干规定》等,以营造投资"洼地"。④ 调整投入机制。由市财政承担基础设施开发费用,每年不低于8 000万元,5年内保持不低于10%的速度增长[②]。⑤ 调整受益机制。高新区对项目实行"谁投资、谁引进、谁收益"的原则,高新区管委会只负责服务,不参与经营,也不分享利益。⑥ 调整管理权限。将国家授予高新区的市一级经济管理权限进一步下放给科技工业园管委会,各科技工业园实行"一个窗口对外、一站式管理、

[①] 本节参考资料主要包括:1) 珠海高新区变中取胜[N/OL].经济日报,2003-05-23[2006-12-31].http://www.getdd.gov.cn/upload/template_resource/0401/f2.jsp?content_id=16402&lang_id=0 广州开发区信息网;2) http://www.zhuhai-hitech.com 珠海国家高新区信息网;3) http://www.zhjingan.gov.cn 珠海新青科技工业园网;4) 十年缔造发展"神话"——珠海新青"伟创力经济圈"发展启示录之一[N].珠海特区报,2006-08-17;5) 井岸崛起珠海电子"第一镇"——珠海新青"伟创力经济圈"发展启示录之二[N].珠海特区报,2006-08-18;等。

[②] 2003年市政府下发150号文件,决定从2004年1月1日起园区的基础设施建设改为由各行政区投入。

第3章 开发区案例研究：发展动力的多样性与区域差异

一条龙服务"，以简化办事程序，提高办事效率。

2000年3月，珠海市又出台了俗称"25条"的优惠政策，对入园企业施以税收、水电费等一系列优惠。2000年8月，为提高高新区的科技创新能力和水平，市政府与科技部火炬中心签署共建珠海科技创新海岸框架协议，地域设置在珠海唐家、金鼎一带，面积 1.4 km^2，与南屏、三灶、白蕉、新青科技工业园一起形成了高新区"四园一海岸"的发展格局（图 3-74、图 3-75）。

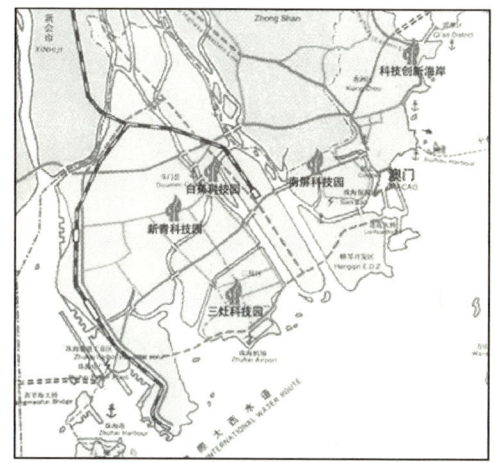 

图 3-74 珠海高新区科技工业园区位分布　　**图 3-75 珠海市土地使用现状（2005）**

资料来源：http://www.zhuhai-hitech.com/display2.asp?skin=&id=69&open=0 珠海国家高新区信息网；珠海城市空间发展战略（2005—2030）

这些措施实际上是一个既有优质资源重组的过程，它将全市范围内具有较好发展潜力的几个"极点"集中到高新区的名下，而并未增加和创造新的优质资源。但这的确为珠海高新区的发展带来了转机。区位的调整使得高新区具有了城市依托；"园镇互动"的体制避免了高新区工业园区与所在行政区的摩擦，调动了当地政府机构的积极性；投入机制为高新区的发展提供了财力支持。1999—2004 年间，珠海市政府累计投入了 12 亿元，用于各科技工业园的基础设施建设，使近 10 km^2 的土地全部完善了填土、通水、通电、通路、排水、排污、通讯、路灯、绿化等基础设施建设，为项目进入和发展提供了良好的硬件条件。园区因此而获得高速发展，期间各项主要经济指标的增幅超过 55% 以上（图 3-76）。2004 年科技部按照工业产出、发展速度、创新环境、高新技术产业四个大项、数十个细目的综合评价标准，珠海高新区在全国 53 家综合评价中排名上升到第 16 位。1998 年，珠海高新区的工业产值仅占珠海市的 3.7%，至 2005 年，实现工业总产值638.6亿元,占到全市工业总产值的40%;其中高新技术产品产值407亿元,占高新区总产值的63.7%,占全市高新技术产品产值的67%。珠海市2005年度的科技奖励的工业项目几乎全在高新区。

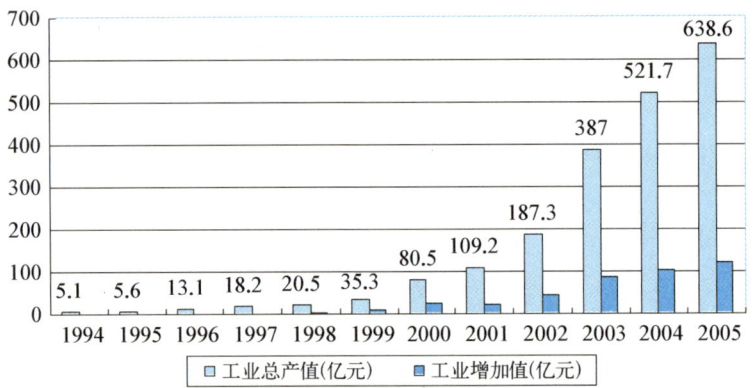

图3-76 珠海高新区部分经济指标历年增长

从各园区的经济发展来看,新青科技工业园的工业总产值、工业增加值等多项指标均占到高新区的一半以上,高新技术企业表现尤为突出,虽然高新技术企业数量只占全部高新区企业的14.2%,但高新技术企业和产品的产值占比均高达80%左右(图3-77)。

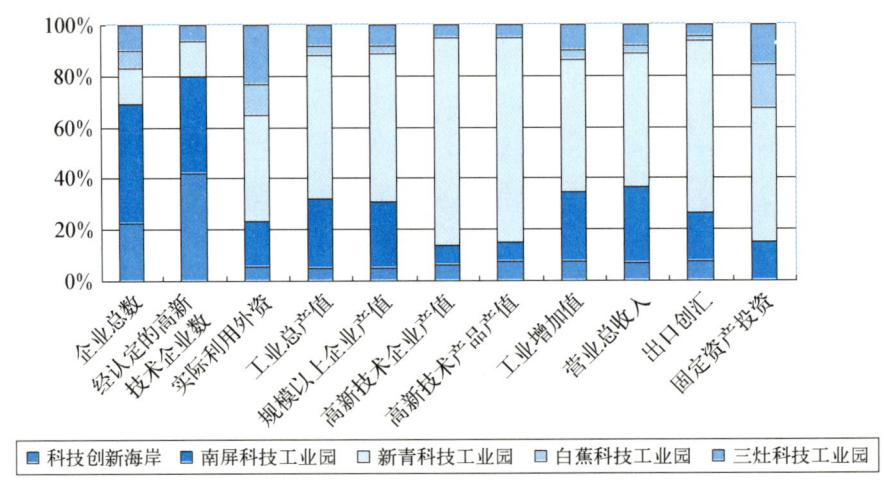

图3-77 珠海高新区分园区经济规模概况(2005)

资料来源:"国家高新区十年发展数据报告(1991—2000)","中国火炬计划统计资料(2001、2002、2003、2004)","2005年国家高新区综合发展情况分析"。珠海高新区管委会科技服务处。高新区合计数据与上报科技部数据存在一定出入,考虑到各园区比较研究需要,按原始数据录入。

第3章 开发区案例研究：发展动力的多样性与区域差异

新青科技工业园之所以对整个高新区的经济发展具有巨大贡献，主要与伟创力集团在新青科技工业园的落户有关。伟创力是一家致力于为汽车、工业制造、医疗及科技企业提供创新性设计与制造服务的世界级电子制造服务供应商，以贴牌加工为主。1996年，伟创力在新青科技工业园投资成立第一家外资企业伟创力科技有限公司，当时投资总额为3 000万美元，1997年8月建成投产后当年的销售总额仅为75万美元。10年间，伟创力已由原来的一家公司扩展为十多家，包括：伟创力实业（珠海）有限公司、伟创力科技（珠海）有限公司、伟创力电脑（珠海）有限公司、伟创力精密注塑（珠海）有限公司、伟创力物流（珠海）有限公司、伟创力制造（珠海）有限公司等。目前，伟创力集团在园区内的12家企业中，有9家跨入珠海税收50强行列。2005年珠海伟创力集团工业总产值360亿元，占珠海全市（1 610.53亿元）的22.3%；出口额29亿美元，占珠海全市的31.1%。

在伟创力的带动下，除2003年受到国际经济形势影响有所回落之外，新青科技工业园的工业总产值一直都保持着快速增长的态势，从1998至2003年间，年均增幅达到90%以上（图3-78）。2005年，伟创力集团工业总产值和出口产值占整个斗门区的80%以上。

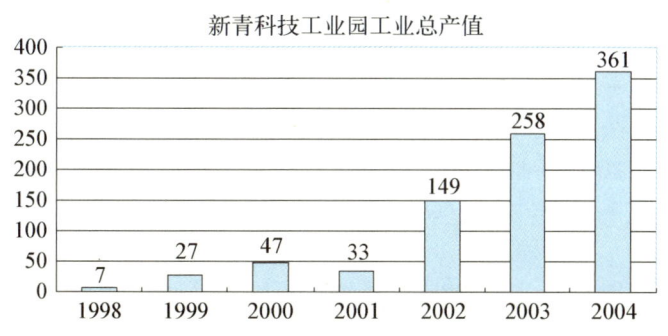

图3-78 新青科技工业园工业总产值变化

资料来源：根据"新青科技工业园简介[OL].[2006-12-31]. http://www.zh-jingan.gov.cn/xqgyy/neiye.html 珠海新青科技工业园网"整理绘制

不过，虽然伟创力产值规模巨大，所生产的产品也属于高科技产品，但其在高新区内的经济活动却并非技术密集型活动，以手机为例，伟创力将各供货商提供的零部件在园区内进行最后的装配，手机成品全部在海关的监管下通过园区的物流公司直接运抵欧美市场，其中部分手机进口返销至香港以及内地。而伟创力之所以选择在新青科技工业园落户,主要取决于园区优惠的税收政策和土地价格[①],以及珠海的口岸优势。

(4) 简要评析

无锡、常州和珠海在高新区建设方面有着先天的不足,但这些城市却具有建设经济技术开发区所需要的吸引外资和发展生产制造项目的宏观区位优势。苏南地区历来有着强势政府的传统,无锡和常州两地的政府均较深地介入了高新区的发展,目前已经分别形成准行政区和行政区的发展格局;珠海市则是通过优势资源的重组使珠海高新区实现了从后进到先进的跃迁。在地方政府的强力促进下,三地高新区很大程度上承载了经济技术开发区的职能。

在吸引投资项目方面,三地高新区最重要的砝码是土地价格和优惠政策。无锡和常州高新区1990年代工业用地出让的均价在12万元/亩左右,而1999年之后的连续三年内,在各地开发区激烈的招商引资竞争环境中,工业用地出让的平均价格持续走低;直至2003年加强土地宏观调控以及对工业用地出让设定每亩8万元的最低保护价格后,工业用地价格才逐步回升。而据访谈了解,开发区在土地出让之前,通常需要完成土地的征用、付清国家的有关规费,以及进行土地的场地平整和道路、水、电、气等基础设施建设;如果新增建设用地指标超过当年的计划控制标准,政府还需要额外向其他地区购买耕地指标,并交足耕地复垦费以在全省范围内实现耕地"占一补一"的平衡。上述程序全部完成的总投入分摊到每亩土地至少在16万～17万元[②]。工业用地的均价远不能与土地的开发成本持平。在土地价格极低的情况下,大部分企业粗放利用土地而节约建造成本,自建工业厂房以1—2层为主,开发强度普遍较低。

从高新区自身的角度出发,引资的获胜可能是一种收益高于成本的选择,但

---

① 园区内实行非常优惠的土地及税收政策:1)土地价格方面。电子科技企业,投资超过3 000万美元,"三通一平"土地可免费赠送;超过1 000万美元,"三通一平"土地最低为1美元/m²;超过800万美元,"三通一平"土地最低为3美元/m²。普通类企业"三通一平"土地9美元/m²封顶,最低为1美元/m²。2)税收方面。享受经济特区的优惠政策、国家高新区的优惠政策、珠海市的优惠政策、园区制定的特殊优惠政策等四重优惠。主要包括:外商投资企业所得税率为15%,获利年度为二免三减;各类软件、数据通信、网络企业获利年度为三免三减;各类企业专利发明产品,3年内增值税地方留成部分和所得税100%返还;固定资产投资超过200万人民币的各类科技型企业4年内增值税地方和所得列收列支返还企业。见 http://www.zh-jingan.gov.cn 珠海新青科技工业园网。

② 据访谈了解,该成本目前还在持续攀升,已达到30万～40万元/亩。

得到更多实惠的显然是投资企业。比如,无锡新区的海力士项目入驻①实际上是韩国现代遭遇美国和欧洲惩罚性关税之后寻找新市场的结果,无锡新区的各种优惠让渡对于该项目投资中国并非是决定性的,而仅仅是起到了"锦上添花"的作用;就开发区而言,在一定程度上是人为地提高了外商讨价还价的能力。

3.3 城市环境相关型②

部分高新区从自身禀赋看不具备通常意义上科技园区选址所要求的智力资源密集的条件,但特殊的城市环境使得其在高新区的发展方面具有独特的优势。深圳高新区即是这样一种类型。

深圳高新区的前身是深圳科技工业园,1985年7月由深圳市政府与中国科学院合作创办,是中国大陆第一个科技工业园。由于工业园总公司以公司运作为主,政府的作用相对较弱,1985至1995年十年间,深圳科技工业园的发展速度缓慢。到1995年,园区的总收入和总产值仅为37亿元,在全国52个国家级高新区中名列第13位,不仅大大落后于北京、上海,也排在南京、西安、沈阳、武汉、哈尔滨等城市之后。1996年深圳市市政府报科技部批准,以原深圳科技工业园(1.2 km²)为基础,将中国科技开发院、京山民间科技工业村、深圳市高新技术工业村、深圳国家电子技术应用工业性试验中心等几个分别隶属于不同主管部门的独立片区组合了起来,成立"深圳市高新技术产业园区",位于深圳经济特区西部,规划面积11.5 km²(图3-79)。

---

① 海力士项目是由韩国现代海力士半导体公司(占股2/3)和欧洲意法半导体公司(占股1/3)共同投资的超大规模集成电路项目。据市场研究公司iSuppli的市场调查报告显示:现代半导体2003年的销售收入为25.48亿美元,在全球内存芯片市场上占有14.7%的市场份额,排名第四,仅次于韩国三星、美国美光科技和德国英飞凌;意法半导体2003年的销售额为78.5亿美元,是全球第六大半导体厂商,占据了全球半导体市场4%的市场份额。2003年6月份,美国商务部宣布,美国将对韩国现代出口到美国的内存芯片征收约45%的惩罚性关税。而在此后不久,欧盟也宣布对现代出口到欧盟的内存芯片征收33%的惩罚性关税。这实际上断绝了现代从韩国向美国和欧盟市场出口半导体产品的可能,现代必须寻找新的市场,而邻近的中国市场显然是一个最好的选择。在中国建厂不仅可以为现代的产品提供另外一个巨大的市场,同时也可以为该公司的产品重新进入美国和欧盟市场提供新的可能。此举既可以获得进入中国国内市场的契机,同时还将获得中国政府针对半导体产品11%到17%左右的退税优惠政策。参见顾建兵. 从上海到无锡:现代、意法15亿芯片大单拐弯[N]. 21世纪经济报道,2004-11-19.

② 本节参考资料主要包括:1) 于维栋. 深圳高新区发展之路[J]. 中国科技产业,2001(10):26-28;2) 杨文利. 深圳高新区自主创新产品撑起半壁江山[OL]. 2005-09-12[2006-12-31]. http://www.ship.gov.cn/index.asp?bianhao=7070 深圳高新区(产业带)网;3) 深圳高新区经济发展图解[OL]. 2006-11-29[2006-12-31]. http://www.cdz.cn/www/NewsInfo.asp?NewsId=15727 中国开发区信息网;4) 深圳市工业用地布局研究与规划[R/OL]. [2006-12-31]. http://www.szplan.gov.cn/main/csgh/zxgh/gybjgh.pdf 深圳市规划局网;5) http://www.ship.gov.cn/深圳高新区(产业带)网;等。

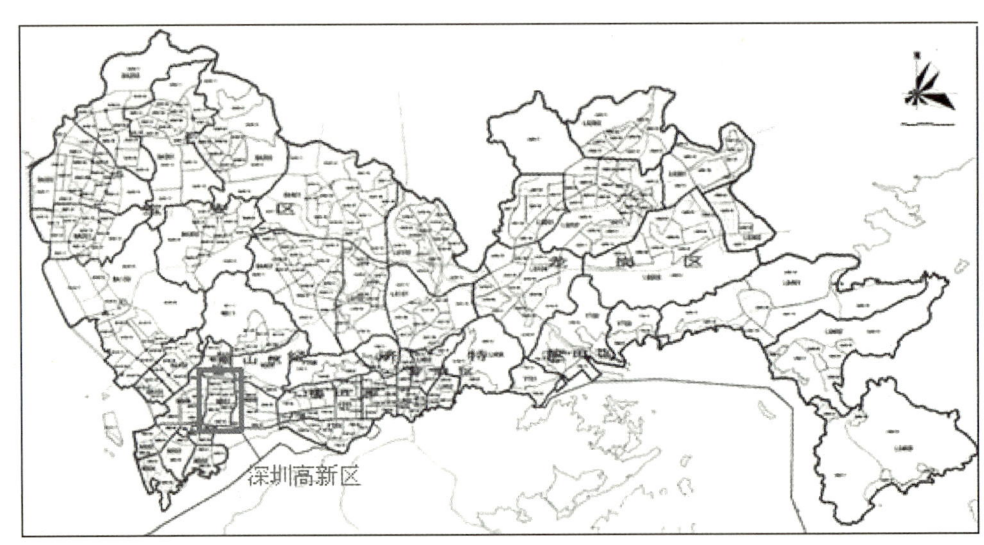

图 3-79 深圳高新区区位图

资料来源：http://www.ship.gov.cn/index.asp?bianhao=2034 深圳高新区（产业带）网

作为新兴城市，深圳的大学和科研机构并不发达，但深圳有两个独特的优势：一是具有良好的创业氛围。深圳是一座名副其实的移民城市，外来人口占了总人口的百分之九十以上。不同地区的人才，带着不同的人文背景，不同的风俗习惯来到深圳，多元地方文化的交叉融合有利于创新创业文化的形成，从而使得深圳成为一座孕育各种新思想、新观念、新机制的大熔炉，形成了高新技术产业发展的良好人文环境背景。二是毗邻香港，香港的国际信息中心和国际贸易中心地位，也使得深圳更容易获得各种科技研究与开发所需的信息、原材料、元器件和技术资料，可大大缩短高新技术的研究与开发时间，降低高新技术产品的开发及生产成本，并利于深圳市高新技术企业的产品通过香港迅速进入国际市场。

高新区在管理体制上采取了一种独具特色的开放式管理模式，由"决策层-管理层-服务层"三级体系构成：决策层为市政府设立的高新区领导机构——高新区领导小组；管理层为市政府设立的行政管理机构——高新区领导小组办公室，是高新区领导机构的办事机构和市政府的派出机构；服务层为"高新区服务中心"和"虚拟大学园管理中心"，在园区领导小组办公室领导下执行服务、监督和其他具体任务。开发区没有项目审批权，出让土地、审批项目都是由深圳市相关行政主管部门负责。开发区高新办的主要职能是规划、协调和监督检查政策

第3章 开发区案例研究：发展动力的多样性与区域差异

落实情况，为企业提供服务。

与大部分高新区以实质性的税收优惠、土地优惠等形成了企业投资的"洼地"不同，深圳高新区采取的是一种"示范区"的形式，高新区区内区外实行统一的政策，设立高新区的主要目的不是为了实行优惠政策，而是创造高技术园区品牌，提高入区企业的素质，提升地区产业结构。进入高新区的企业必须达到一定标准，高新区会定期对园区内企业进行评定，如果企业达不到要求的标准，则要迁出高新区。通过这种动态控制的办法促进企业不断进行研究开发和创新，提高自身的竞争力和水平。企业进驻园区，不仅是因为园区的位置和设施较好，更重要的是为了获得高技术产业开发区企业的无形品牌。

为了弥补智力资源的不足，高新区以多种措施来吸引高科技人才，包括建立起比较完善的高级经理人才市场、科技人才市场和激励人才积极性、创造性的利益机制等。此外，还首创了"虚拟大学园"的建设。"虚拟大学"原为网络大学的意思。1996年，深圳市政府和清华大学合作在深圳高新区成立了深圳清华大学研究院，又和北京大学、香港科技大学合作在深圳高新区成立"深港产学研基地"。在合作取得明显效益的基础上，深圳市和许多名校协商，决定在深圳高新区建立一个"深圳虚拟大学园"，为各大学提供集中的、良好的人才培训及科技成果转化环境。一个大学驻深机构相对集中密集的区域已初步形成。虚拟大学园采用虚实结合的方式：一方面是通过网络和各大学连接，另一方面在深圳高新区集中在一个地方与企业进行面对面的交流。为此，深圳市政府在深圳高新区内为每一所入园大学各提供一间 $25\sim32\ m^2$ 的房间作为工作场地，无偿或以优惠价格提供相关办公设施及服务等。经过六年的发展，目前已形成了高层次人才培养、大学成果转化和产业化基

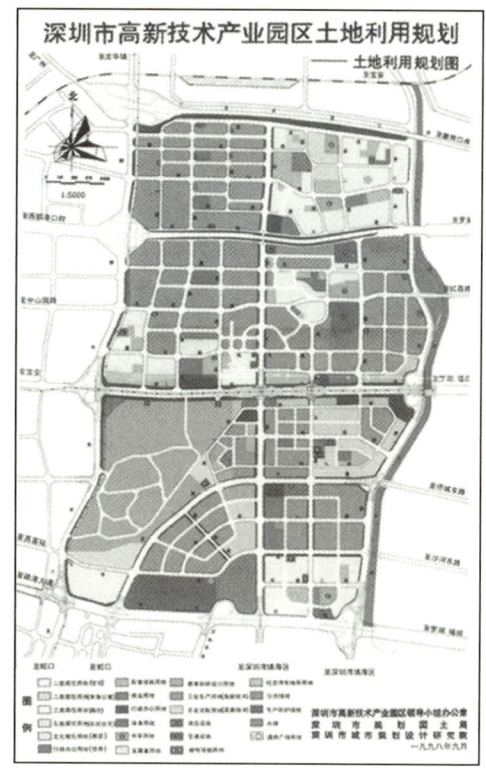

图 3-80 深圳高新区土地利用规划图

资料来源：http://www.ship.gov.cn/index.asp? bianhao=2034 深圳高新区（产业带）网

地,在深培养硕士以上研究生15 000余人,创办企业276家,成果产业化项目222个。

2005年,高新区实现高新技术产品产值1 324.3亿元,占全部工业总产值(1 367.6亿元)的96.8%。电子信息技术领域的产业发展始终是深圳高新区中各高新技术产业发展的龙头,2005年该领域工业总产值、技工贸总收入、上缴税额、出口创汇、净利润及研发经费支出均占到高新区总量的80%以上。电子信息技术领域内形成了两大产业群:① 从移动通信、程控交换到光纤光端、网络设备的通讯产业群;从配件、部件到整机的计算机产业群;② 从集成电路设计、嵌入式软件到系统集成软件的软件产业群。

表3-17 2005年深圳高新区企业各技术领域产业分布

	电子信息	光机电一体化	新材料	生物医药	其他	合计
工业总产值(亿元)	1 268	48.5	26.4	19.7	5	1 367.6
占比	92.7%	3.5%	1.9%	1.4%	0.4%	100%

资料来源:深圳高新区经济发展图解

外资企业完成工业总产值占高新区工业总产值的73.8%,但外资企业主要是集中在高新技术的产业化制造加工环节,利用中国廉价的劳动力和高新区的政策优势完成产品的加工组装,然后利用口岸优势把产品分销到各个国家。区内主要的技术创新活动集中在以华为、中兴、联想、长城、TCL、创维、海王等为代表的本土企业。

区内现有市级以上企业研发中心24个、技术中心13个、重点实验室22个、企业博士后工作站16个。至2006年2月,区内企业共申请各类专利5 582项,其中发明专利3 962项,发明专利授权1 260项,占全市授权总量的55.5%。2005年深圳高新区的科技活动经费支出达61.9亿元,其中研发经费支出为39.7亿元,均列全国高新区前5位。区内从事科技活动的人员近3万人,主要分布在企业之中,目前,高新区"90%以上研发机构设立在企业,90%以上研发人员集中在企业,90%以上研发资金源于企业,90%以上发明专利出自企业"。由于企业进行R&D活动是以接近市场、追求更大利润为目的,高新区科技经费支出以试验发展为主,提供研发平台。大部分科技活动在企业内部进行,这一方面表明园区企业比较独立的完备的科研能力,另一方面也反映出园区企业相对封闭的科研环境和科研交流氛围。高新区内开展科技活动的企业中,民营企业相

第3章 开发区案例研究：发展动力的多样性与区域差异

对最活跃，是研发活动的主力军，而外资企业的R&D活动不够活跃。外商投资企业和港澳台投资企业的R&D经费支出占R&D经费总量的21.1%，与其占工业总产值的比例(73.8%)相比，低了53个百分点。

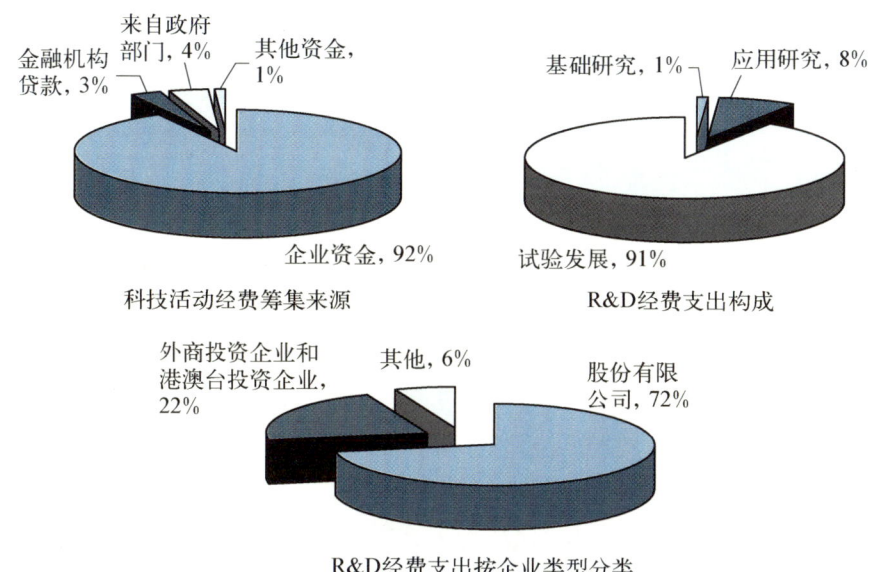

图3-81 深圳高新区科技活动来源及支出构成分析(2005)

资料来源：深圳高新区经济发展图解

从空间拓展上看，高新区也并未定位为一个特定的封闭空间区域，而是作为城市的一个重要组成部分，其就业、居住与城市其他区域统筹考虑。根据规划，区内南片重点发展电子信息产业，也是全区的管理、会展、金融等综合功能服务中心，其中，深圳大学为培养人才、从事科研开发的基地，与其他科研机构（含技术培训、研究开发、产品试制）一道，共同构成对高新区的技术服务支撑体系；中片为以新材料、计算机、生物医药工程为主的高新技术产业区；北片配合对原第五工业区的清理，以安置大型生产型高新技术企业为主，东片安排生活居住与综合服务功能地块。截至2005年，高新区已开发的净科研工业用地面积2.24 km²，占规划工业用地的80%。工业用地内大多为4—5层的多层工业厂房，1—2层的工业厂房较少，使得有限的工业用地得到了充分的利用。

由于深圳特区内的土地资源有限，土地开发已经趋于饱和，在特区内已很难找到比较大的土地空间集中发展高技术产业。而在特区外，各区县均设有自己的开发区,但建设基本处于分散孤立的状况,由各主管部门和各区镇独立进行,出现了功能定位不清、相互竞争甚至拆台的局面。为了防止分散竞争,加强对产业布局的引导,促进高技术产业发展,发挥深圳市的整体优势,2001 年 7 月,深圳市提出建设深圳高技术产业带的设想。一方面把各县区正在建设的开发区纳入产业带的统一规划;另一方面,又新划出一部分特区外的土地,以构建高新技术产业带①。

3.4 国家科技政策驱动型②

高新区建设是国家火炬计划的组成部分,一些高新区的发展直接与国家科技政策的推动息息相关,武汉东湖高新区是一个典型案例。

东湖高新区位于武汉市东南部的三湖六山③之间,跨洪山、武昌、江夏三区。开发区创建于 1988 年,1991 年国务院批准为首批国家级高新区。2001 年,被原国家计委、科技部批准为国家光电子产业基地,即"武汉·中国光谷"。

高新区新老城区交错,彼此联系紧密。区内科研基础设施发达,人力资源丰富。区内有各类高校 42 所,1 个国家实验室,13 个国家重点实验室,13 个国家工程(技术)研究中心、43 个部委重点(专业、开放)实验室、36 个省级重点实验室,24 个省级工程技术研究中心,20 个国家级高新技术产业化基地,4 个国家级高新技术企业研发中心。另外区域内有 50 名院士及 20 多万专业技术人员。

高新区在建设的前几年主要是抓项目,抓火炬计划的实施,基本上没有新建区和基础设施建设。自 1992 年开始,高新区开始集中力量建设关东、关南 2 个工业园区;1999 年,出于解决新建工业园区与周边农村地区矛盾的需要,武汉市政府将原属洪山区的 9 个村划归开发区"托管"。开发区管委会作为市政府的派出机构,享有市级经济管理权限,在政策区主要行使对高新企业的经济管理,在新建区实现统一规划和管理。

---

① 根据规划,高新技术产业带西起南山前海湾,东到龙岗大鹏镇,全长 100 多千米,由高新、光明南、留仙洞、石岩、观澜、坂雪岗、宝龙—碧岭、葵涌、大鹏和龙岗大工业区 10 大园区构成,规划用地总面积 130.8 km^2。产业带内主要分布六大产业:超大规模集成电路产业、软件产业、电子信息(其他)产业、光机电一体化产业、生物技术和新材料产业、生态农业。截至 2004 年,现状建设(包括)已出让面积 89.93 km^2,剩余可建设用地 29.36 km^2,主要集中在大工业区和碧岭片区。见"深圳市工业用地布局研究与规划"。

② 本节参考资料主要包括:1) 2005 年武汉东湖高新区统计报告;2) 武汉东湖高新区经济和社会发展"十一五"规划纲要;3) 武汉东湖高新区"十一五"城市发展规划;4) 武汉东湖高新区"十一五"产业发展规划;5) 武汉市人民政府东湖新技术开发区总体规划,2004 - 06 - 01;6) http://www.wehdz.gov.cn 武汉东湖新技术开发区政务网;等。

③ 三湖为东湖、南湖和汤逊湖,六山为珞珈山、南望山、喻家山、马鞍山、伏虎山和狮子山。

2005年,东湖高新区工商注册企业累计9893家,其中高新技术企业1846家。大型企业以及民营企业构成了高新区经济发展的主体:营业收入过10亿元的企业有4家,过亿元的企业75家。这些企业实现营业收入639亿元,占高新区营业总收入(724.97亿元)的88.1%;以凯迪电力、长飞、楚天激光等为代表的民营企业实现总收入420亿元,约占总收入的60%。

高新区产业发展以光电子信息产业为主导(图3-82),在光通信和激光两大核心领域的发展处于国内领先地位。2005年,光电子信息产业完成产值205亿元,分别占武汉市(282亿元)的72.7%和湖北省(515亿元)的39.8%。光传输系统技术达到了世界先进水平;光纤光缆的生产规模居全球第三位,国内市场占有率50%,国际市场占有率12%;光电器件的国内市场占有率40%,国际市场占有率6%;激光产品的国内市场占有率50%左右,并进入国际市场。目前,高新区已建起了国内最大的光通信技术研发基地、国内最大的光电器件生产基地、国内最大的光纤光缆生产基地、国内最大的激光技术研发和产业化基地。

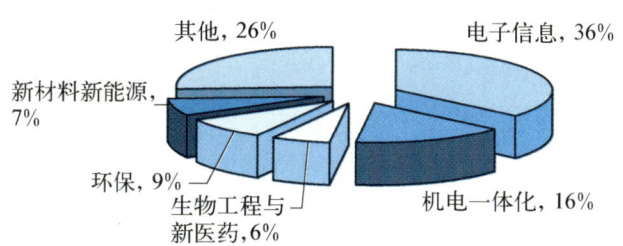

图3-82 武汉东湖高新区营业总收入行业构成(2005)

资料来源:根据"2005年武汉东湖高新区统计报告"整理绘制

2005年,高新区出口贸易额3.45亿美元。按照产业结构划分,出口额最多的为光电子信息产品,占产品出口额的52.7%;其次为机电一体化产品,占到产品出口额的12.9%。按照出口产品技术水平划分,本企业自有技术的产品出口额最高,占总出口额的39.9%;其次是国外技术产品出口额,占总出口额的29.4%;再次是引进消化创新技术产品出口额,占总额的18.1%。属于发明专利产品的出口额占出口总额的40.8%;实用新型的出口额占18.0%;低附加值的外观设计类出口产品额占总出口额的2.7%;无专利类产品出口占38.5%。

东湖高新区光电子信息产业的迅猛发展,与国家"863计划"的大力支持密不可分。光电子产业包括信息光电子、能量光电子、消费光电子、军事光电子、软件与网络等领域,由于光电子技术不仅全面继承兼容电子技术,而且具有微电子无法比拟的优越性能和更广阔的应用范围,光电子产业被誉为"21世纪最具魅力的朝阳产业"。为了在竞争中占据制高点,西方发达国家纷纷加紧策划实施光电子产业发展计划:继美国以亚利桑那大学为中心的图森布地区成为全球关注的第一个"光谷",启动了"激光核聚变"计划之后,法国、英国、德国、日本也相继启动了关于"光"的计划——法国在阿尔卡特研究中心内建立光电子学研究开发中心,简称"光电谷";英国在实施"阿维尔计划";日本在实施"激光研究五年计划";德国则在实施"激光2000"国家发展计划。

我国在"863计划"实施伊始就高度重视光电子技术的研究,将光电子器件及其集成技术选为信息领域的三个主题之一,并专门成立了光电子主题专家组——307专家组。"十五"计划中,"光电子成果转化产业基地的建设"被列为"863计划"50项重大产业化项目之一。在"863计划"支持下,307专家组与地方政府、企业及投资公司一起联手加大了光电子成果转化的力度,在武汉、深圳、北京、上海、长春和石家庄建立了六个光电子成果转化产业基地。这六个基地中包括了在863计划的支持下成长起来的、在光电子领域研究开发方面具国内优势的大部分单位。2003年6月,总投资为4.8亿元的光电国家实验室落户东湖高新区,该实验室是科技部着手国家实验室建设的试点之一,也是新中国成立以来首次试建国家实验室,其目的是要建设多学科交叉融合的大型科学研究平台,带动我国光电产业创新、升级,大幅提高光电制造业的竞争力,并推动科学研究的原始性创新。

国家科技战略的支持为东湖高新区的发展注入了持久的活力。目前,东湖高新区承担了国家"863计划"光通信领域80%的重点课题。其中烽火科技集团承担了43项,该企业五年来申请国内专利283件、国外专利16件,获中国专利98件、美国专利2件,提出的3项IP网络技术标准被国际电联批准为国际标准,这也是国际电联首次批准的由中国人提出的技术标准。

伴随高新区产业的扩张,以 8 km² 东湖高新科技工业园(包括关东科技工业园和关南科技工业园两部分)、14 km² 汤逊湖大学科技产业园(分为武汉大学、华中科技大学、武汉理工大学、华中师范大学等大学科技园,以及中科院科技园、长城科技园6个科技园)、4 km² 软件产业基地和 1.8 km² 光电子科技商贸服务区为主体,高新区基本完成了 50 km² 范围的城市化建设(图 3-83)。根据武汉市空间发展的战略安排,未来将以东湖高新区为主体,沿武黄公路继续向东,形成区域面积约 130 km²,人口 60 万的武汉科技新城(图 3-84),并定位为武汉市的城市副中心、大武汉都市圈的科技产业核心和区域创新动力源。

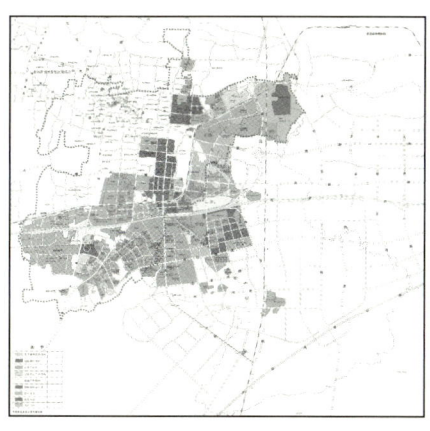

图3-83 武汉东湖高新区土地利用现状图

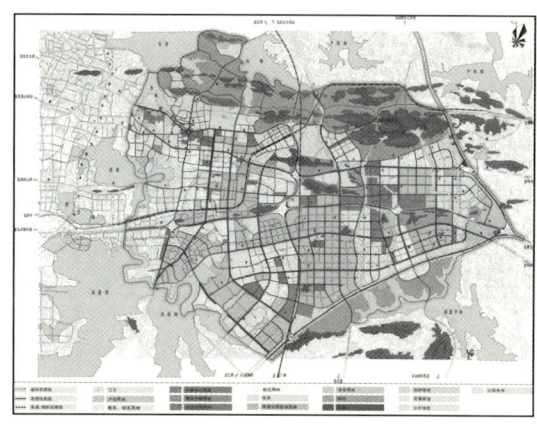

图3-84 武汉科技新城用地规划图

资料来源：http://www.wehdz.gov.cn/html/_info_3_001_/_AWEI0D_3001_7553_wehdz_18_/2006-09-06/FZGH 武汉东湖新技术开发区政务网

3.5 军工企业嫁接型[①]

改革开放以前,中西部地区曾经是全国经济发展的重点区域,进行过两次大规模的开发,即"一五"和"三五"时期(董志凯、吴江,2000)[②]。目前,中西部地区的西安、成都和贵阳等地尚有大批国防军工企业,及大量的工程师和技术人员,这些城市的高新区通过新的投资与传统军工企业的技术优势和生产优势相结合,形成了特殊的国防工业嫁接型的发展形式。本节以西安高新区为案例进行

---

① 本节参考资料主要包括：1) 西安高新区发展报告(2005);2) 西安高新区2006年度经济与社会发展报告;3) 西安高新区经济和社会发展"十一五"规划纲要;4) http://www.xdz.com.cn 西安高新区网;等。

② 两次大规模的开发分别为：1) "一五"(1956—1960)时期以156项建设项目为核心对中西部地区的建设。第一个五年计划期间,出于生产力均衡布局以及国家经济安全的考虑,中国政府把苏联援建的156项工程和其他限额以上项目中的相当大的一部分摆在了工业基础相对薄弱的内地。考虑到资源等因素,将钢铁企业、有色金属冶炼企业、化工企业等,选在矿产资源丰富及能源供应充足的中西部地区;将机械加工企业,设置在原材料生产基地附近。在最后投入施工的106个民用企业中,除50个布置在东北地区外,其余均布置在中西部地区;44个国防企业中,除有些造船厂必须摆在海边外,布置在中部地区和西部地区的有35个。这些项目实际完成投资196.1亿元,其中,东北投资占实际投资领的44.3%,中西部地区投资占到52.9%。2) "三五"(1966—1970)时期开始的以"三线"建设为核心而进行的开发。"三线"地区的范围包括四川、贵州、云南、陕西、甘肃、青海、宁夏七省(区)的全部或大部分地区,以及河南、湖北、湖南、山西四省的西部地区。1966年开始的第三个五年计划,在面临苏联巨大军事威胁的国际形势下,以加快"三线"建设特别是国防工业建设为中心,在这些地区布局了大量的能源、原材料工业和大批的军工企业。1965—1975年的11年,是"三线"建设投资比较大的时期。1966—1975年的"三五"、"四五"期间,"三线"建设投资额占全国基本建设投资的比重分别高达52.7%和41.1%。两次大规模的西部开发基本奠定了西部地区经济发展的产业基础,确定了西部地区作为我国重要的能源、原材料工业基地的地位。董志凯,吴江. 我国三次西部开发的回顾与思考[J]. 当代中国史研究,2000(4):81-87.

分析。

西安高新区是1991年3月经国务院首批批准的国家级高新区。高新区在高校、科研单位比较密集的西安南郊划出19 km²作为高新区的政策区,以充分利用这一区域内的科技资源优势;同时,在西安的西南郊,规划集中新建区,按照"集科技研发、生产、支撑服务和科技人员居住、生活服务等为一体的现代化科技新城区"的目标予以发展(图3-85、图3-86)。目前,新建区完成开发配套面积约35 km²。

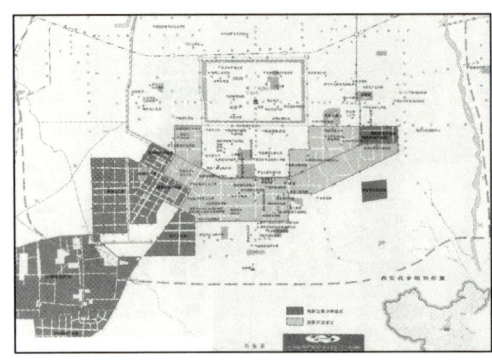 

图3-85 西安高新区集中政策区及新建区示意   图3-86 西安高新区集中新建区规划

资料来源:http://www.xdz.gov.cn/program/issue/news/index1.asp? intNewId=667&intSortId=1 西安高新区网;http://www.xdz.com.cn/system/_owners/xaportal/_webprj/newweb/zwgk/sys_content.jsp? infoid=ABC00000000000029004 西安高新区网

西安高新区不是一级政府,没有自己的行政区域,其政策区范围跨越了西安市雁塔、碑林、新城、莲湖四个行政区。为调动各个行政区的积极性,把市、区经济的发展结合起来,确立了"一区多园"的建设模式,即集中新建区由高新区管委会代表市政府进行开发管理,同时,又建立了雁塔、碑林、新城、莲湖四个科技产业园,享受高新区的优惠政策,由各个行政区进行管理。

2005年,高新区累计经认定的高新技术企业1 833家,占累计注册企业数量的23.1%。高新技术产业分别占全区营业收入的80%、税收91%、工业总产值的97%。全区有经认定的高新技术企业1 833家,累计转化重大科技成果6 000多项,列入国家各类产业计划1 009项;创建国际标准2项,国家和行业标准72个。据赛迪顾问公司发布的《2006年中国开发区科技创新竞争力研究报告》显示:西安高新区科技创新竞争力位居全国107个开发区中的第三位,排在前两位的分别是北京中关村和上海张江高科技园区。

高新区主要产业为电子信息、装备制造、新材料和生物医药,2006年四大产业合计占全区营业收入的84.4%(图3-87)。电子信息以集成电路、通讯、软件为核心。集成电路产业聚集了德国英飞凌、美国爱尔、美光、应用材料、西岳电子等40多家企业,正在形成以集成电路设计业为基础、加工制造业(含封装测试)为支撑的产业群。通讯产业形成了以大唐电信、海天天线、华为、中兴、嘉载通讯、西电捷通、宇龙等企业为代表,以NEC、富士通、电信十所、电信四所等研究机构为支撑的产业群。装备制造业则以比亚迪、法士特、庆安冷机、大金庆安、兄弟标准等企业为代表。

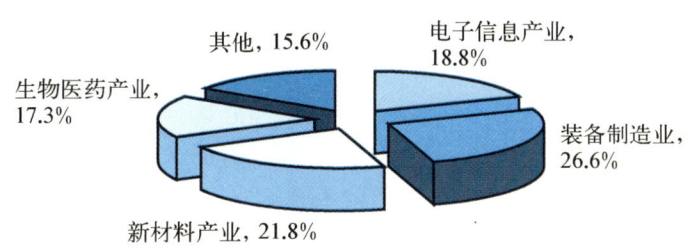

图3-87 西安高新区行业构成(2006)

资料来源:根据"西安高新区2006年度经济与社会发展报告"整理绘制

西安高新区经济发展的成就,既是西安市雄厚的高校科技力量的吸引力所致,也与业已存在的国防科技资源聚集优势密切相关。

"一五"、"二五"和"三线"建设时期,国家把陕西作为建设重点,进行了大规模投入,建设了以机械、航空航天、纺织、电子、医药、能源、食品为主体,门类齐全的工业体系,军工企业规模居全国第一。中国第一台运载火箭发动机,第一颗人造卫星的星载控制、通信设备,第一块集成电路与第一批电力半导体器件等诸多第一都诞生在西安。众多的军工科研企业沉淀了相当的设备潜力,一些企业具有很强的精密机械加工能力,但随着军品生产的调整,这些企业面临"吃不饱"的窘境。而高新区则作为新的机制和有效的载体,为军工企业转向民品开发创造了新的机遇。

西安高新区的电子工业园的创立就有军工的背景。原来国家三线建设的时候,一些军工企业和军工研究所被放到山里去,20世纪80年代以后,一些军工所陆续回迁西安市,在此聚集,从而形成了一个军工及科研院所比较多的地方,后来交给高新区管委会统一规划、统一管理。根据西安高新区十一五规划,作为西安高新区的6个功能园区之一,电子工业园将利用业已形成的国防科技资源聚集优势和在电子元器件领域初步形成的产业聚集优势,紧跟军工科研的发展趋势,大力提升电子元器件产业的规模和水平,建设成为国内一流、国际知名的国防科技工业成果转化基地和新型电子元器件科研、试制、生产基地。为此,高新区还提出要建立高效的军民互动合作协调机制,大力促进"民进军,军转民",实现"寓军于民、军民结合"。

这些"深藏不露"的优质资源一旦与当地经济发展密切融合,就可能带来不可估量的活力。以高新区装备制造业领域的龙头企业庆安冷机为例,该企业为庆安集团所有。庆安集团隶属于中国航空工业第一集团公司,是原航空工业总公司确立的现代企业制度试点单位之一,于1994年改建为国有独资的有限责任公司;2001年12月,经国家批准由中国航空工业第一集团公司与中国华融资产管理公司共同出资重新设立了庆安集团有限公司。作为"一五"时期的156项重点建设项目之一,中国航空工业第一集团公司拥有强大的科技实力,是我国航空工业最大的机载设备研制、生产厂家;建有国家级企业技术中心,主要承担航空航天机载设备(机载武器、机械、液压、气动、电子、电气装置及控制系统)系列产品的研制和生产。2008年,庆安集团共有9个控股企业和7个参股企业,资产总额18.8亿元。设在西安高新区的庆安制冷工业园具备年产各型空调压缩机400余万台的生产能力,是国内领先的空调压缩机研制、生产、服务基地之一。而装备制造业领域的另一核心企业法士特则是在重型汽车工业迅速发展的机遇下,由老军工企业陕西汽车齿轮总厂整体改制,成功转型为一家现代化的变速器和齿轮制造企业。

军工企业的科研技术优势也吸引了国际相关企业的合资合作。合资的目的对于外商而言,在于充分利用国有企业的技术优势和生产优势,进一步扩大在中国市场的占有率,于国内企业而言,在于利用低成本优势加快拓展国际市场的步伐。大金庆安是这一发展模式的典型代表。西安大金庆安压缩机有限公司是庆安公司与日本大金工业株式会社合资建立的一家企业。1996年,庆安公司与日本大金株式会社共同出资在高新区建立西安大金庆安压缩机有限公司,生产涡旋式空调压缩机,填补了国内空白。目前公司压缩机国内市场占有率已达40%。类似的由国企与国外大公司合作设厂的生产性企业还有数十家,其中不少是高新区生产性出口创汇的骨干企业。

4 本章小结及引申

4.1 小结

本章从影响开发区发展动力的角度入手,基于案例研究,对国家级开发区的实践进行分类。研究的主要结论如下:

第 3 章　开发区案例研究：发展动力的多样性与区域差异

（1）开发区作为一项政策驱动的伟大实践，取得了显著的成效。各地的开发区都不同程度地扮演着地区经济增长点的角色；同时，开发区的发展实践还衍生出了多样的副产品，不少开发区的发展已经与城市化以及城市新区开发等紧密结合在一起。

（2）因外部环境作用力、自身禀赋作用力以及地方政府作用力强弱的不同，各地开发区呈现出丰富的多样性。对于本章中各类开发区的发展动力总结归纳如表 3-18 所示。

表 3-18　不同类型的开发区发展动力总结

		外部环境		自身禀赋						地方政府		
				经济技术开发区				高新区				
		国际产业转移	特定外部机遇	交通区位	资源条件	产业基础	人力资源	智力密集	城市综合环境	税收/土地优惠	产业配套与生产服务	创新环境营造
经济技术开发区	外资主导型	●		★		★	★			★	△	
	国企转制推动型					●	★			★	△	
	依托重点项目型	△	●			★				★		
	资源优势型				●					★		
	偶发机遇型		●	★	△		★					
高新区	强禀赋型	△						●	●	★		△
	政府强力推动型	★						★	●	△		△
	城市环境相关型							★	●	★		△
	国家科技政策驱动型		●					★	△	★		△
	军工企业嫁接型					★	★	★				

注：表格中列出影响各类型开发区发展的主要作用力量，"●★△"所代表的作用力大小按强弱递减。

（3）开发区呈现出一定的地域差异性。作为改革开放前沿的东部地区因良好的区位优势以及相对完善的市场经济环境而在建设经济技术开发区方面具有明显的优势，特别是十分有利于出口加工型企业的发展，因此出现了不少外资主导型的开发区。中西部地区开发区在区位与市场等方面的不足使得它们不可能像东部沿海的广州、苏州、天津等地的开发区那样，凭借口岸优势和依靠外商直接投资，大力发展加工制造业而迅速扩大经济规模。但中西部地区开发区具有自然资源丰富的先天条件，一些开发区开始结合自身的资源优势来寻找适合自己的发展道路。在发展高新技术产业方面,武汉、西安和成都等地拥有非常雄厚的科技力量,大专院校、科研院所和教学科研人员的数量排名位居前列,不逊于东部地区的大多数城市,此外,西安、成都和贵阳等地因历史原因大批军工企业中及大量的工程师和技术人员,可以通过合理地引导和利用以转化为地方优势。

(3) 高新区与经济技术开发区的发展出现了明显的趋同。虽然高新区政策设计的初衷是"培育创新型企业,发展民族高新技术产业",但在各地的发展实践中,大部分高新区出现了向经济技术开发区的功能偏离。与之相应,自身禀赋条件对于高新区发展的影响并未主要以智力密集程度的差别来决定:大部分紧邻智力密集区的高新区都获得了较好的发展,但很大程度上是因为智力密集的城市往往具有更好地吸引外来投资或者发展生产制造项目的条件,而不是因为高新区临近智力资源的缘故;而一些从区位上看完全不具备智力密集条件的高新区,也可能因为其所在城市具有较好的吸引外来投资或者发展生产制造项目的条件,以及地方政府的强力推动等,而获得经济总量的快速提升。

(4) 开发区政策目标出现一定程度的异化。政绩导向的开发、政策空间的泛化、公共利益的流失以及不可再生资源的大量消耗在各地开发区中普遍地存在。

4.2 引申

基于上述结论,对于开发区研究的方法论形成如下两点认知:

(1) 基于个案的调研十分重要,单纯从统计数据分析很难对开发区发展的实情有准确的把握。目前有不少研究基于全国层面的统计数据而展开,但这种研究方法很可能会忽视开发区实践的丰富性和多样性且形成误导。首先,统计数据本身存在选择偏向性。主要表现在:① 以经济发展指标为主,缺少社会发展、空间拓展等方面的指标。② 侧重经济总量、速度指标,反映经济质量的指标不足。其次,有些发展现实是难以通过量化指标来反映的。再次,这些统计数据侧重总量、速度指标,对指标所对应的空间范围不甚关注。而从本章的分析可以看到,虽然国家层面对于开发区的范围有明确的界定,但在实践中,不少开发区采取了"一区多园"或者政区合一/准政区合一的形式,大大突破了经由国家确认的空间范围,加之非属地的"注册型"公司的业绩,上报的统计数据在口径上存在很大程度的混乱,指标不具可比性,评估结果的可信度也就大打折扣。相比之下,案例研究较能把握实情。

(2) 移植借鉴外来理论经验时需要充分了解中国开发区发展的现实状况。

中国的开发区建设受到国际上出口加工区和科技园区建设的启发和影响,移植和借鉴外来理论和经验对于中国的开发区实践具有重要的意义。但中国的开发区有着特定的发展环境、发展阶段和发展现实,忽视这一特定条件势必会影响到对于开发区实践的深切认知。比如,针对高新区空间规模的扩大以及土地的低效使用,一些研究者们展开了关于高新区"合理规模"的探讨,但事实上,当前高新区的发展已经偏离了单纯的科技园区的定位,而更多地带有经济技术开发区的特征;而且,随着空间规模的不断扩大,高新区已经从开发区建设进入综合性新区建设的阶段。我国当前高新区的规模与国外的科技园区的规模本身已经就不具有可比性。而所谓高新区的"合理规模",在十多年前高新区建设之初时参考国外科技园区的建设规模进行这样的探讨无疑是有必要的,但基于现在的发展势态,再进行这样的讨论显然已经没有意义,合乎适宜的命题应该是"绩效"而非"规模"。

第 4 章
开发区建设运行模式

纵观各地开发区的发展实践,虽然主要的驱动力各不相同,但其作为特殊政策区域的共性是存在的,这使得开发区的发展表现出异于城市其他区域的特征;同时,开发区的发展也逐渐显示出自身的规律与问题。本章将从产业、空间、社会和管理体制方面展开研究。

1 产 业 发 展

1.1 开发区产业发展的一般特征

(1) 产业结构:二、三产业的非均衡性

作为以产业发展为核心的城市区域,除了极少数以商务服务为主的开发区如虹桥经济技术开发区外,大部分开发区都呈现出有别于城市其他区域的一个重要特征,即以制造业为主导,第二产业占经济总量的比重明显高于城市平均水平(表4-1)。而相比之下,服务业的发展十分不足,既表现在总量上的占比极低,也表现在结构层次偏低上:以内需为主的传统商品零售等消费服务业占据主导地位,为企业提供中间服务的专业服务业如国际贸易、物流、金融保险、不动产及信息服务业则很不发达。服务业特别是生产性服务业发展的相对滞后制约了开发区制造业的竞争能力,一些企业持续停留在OEM的思维模式之下,以赚取加工费用为目标,产业结构升级乏力。

表 4-1 部分开发区三次产业结构及其与城市平均水平比较

广州萝岗区	0.2∶79.3∶20.5	广州市	2.4∶40.7∶56.9
杭州经济技术开发区	1.0∶87.3∶11.8	杭州市	5.0∶50.9∶44.1
杭州高新区	1.3∶68.7∶30.0		

续　表

天津经济技术开发区	0∶84.3∶15.7	天津市	3∶56∶41
大连经济技术开发区	2.2∶61.8∶36.0	大连市	8.6∶46.2∶45.2
青岛经济技术开发区	1∶67.9∶31.1	青岛市	6.5∶51.9∶41.6
武汉经济技术开发区	0∶93.1∶6.9	武汉市	4.9∶45.5∶49.6
西宁经济技术开发区	0∶45.1∶54.9	西宁市	5.6∶53.2∶41.2
宁波北仑区	2∶62∶36	宁波市	5.3∶55.3∶39.4
苏州工业园	0.3∶74.6∶25.1	苏州市	2.0∶66.8∶31.2
西安经济技术开发区	0.2∶78.9∶20.9	西安市	5.0∶42.5∶52.5
无锡新区	4.1∶71.4∶24.5	无锡市	2.2∶57.6∶40.2
常州新北区	3.4∶71.3∶25.3	常州市	4.3∶61.1∶34.6

注：苏州工业园为2006年数据，无锡市为2004年数据，其他均为2005年数据。
资料来源：城市数据来自各城市统计公报

(2) 规模结构：对于核心企业的高度依赖性

不少开发区产业群的企业组织结构均明显地表现为对核心企业的高度依赖，核心企业和外围企业间实力悬殊，中小企业的发育相对不足。比如，广州经济技术开发区工业总产值排名前50名的工业企业（产值全部超亿元）产值合计占全区的79.0%；天津经济技术开发区31家产值过10亿元的工业企业产值合计占全区的76.5%；大连经济技术开发区产值超亿元的78家企业产值合计占全区的79.6%；宁波北仑区86家年产值超亿元的企业产值合计占全区的82.1%；北京中关村科技园区上亿元企业完成营业总收入占全区的82.8%；深圳高新区上亿元企业各项经济指标占全区总量的90%以上；武汉高新区亿元以上企业实现营业收入占高新区总量的88.1%；等等。这些核心企业对开发区经济发展产生强大的拉动作用，但过于依赖大企业不利于开发区的长远发展。一方面，若未及时培育起大中小企业共同发展的产业网络，当大企业出现产业转移时容易造成开发区产业的空心化；另一方面，对于不少开发区的经济分析都显示，往往中小企业比大企业更多地承担了技术创新的职能。事实上，国外的新产业区大多由数量众多的中小企业支撑构成。而2005年硅谷指数报告则显示，2000—2002年间该地区共创建新公司23 800个，平均规模为7名员工[1]。

---

[1] Silicon valley index 2006.

(3) 行业结构：外资主导型集聚的行业同构性与产业发展的低附加值特征

大部分开发区都设定了其产业发展的导向，以电子信息等为代表的高新技术产业无可厚非地成为各开发区不遗余力追求的引资对象。目前，电子信息类产业在开发区尤其是东部地区开发区中占据着非常突出的地位。除青岛经济技术开发区、宁波北仑区和宁波大榭开发区等少数开发区结合本地区的特定优势形成具有地域特色的主导产业外，大部分东部沿海地区开发区如广州经济技术开发区、杭州经济技术开发区、天津经济技术开发区、大连经济技术开发区、苏州工业园、北京中关村科技园区、上海张江高新区、深圳高新技术产业园区、无锡新区以及武汉高新区等均以电子信息类产业为首要主导产业(表4-2)。而且，这些开发区大都外资企业完成工业总产值比重较高。

表 4-2 部分开发区主导产业概况

开发区	外资企业比重*	超过10%的行业			
广州经济技术开发区(2004)	94.1%(2005)	化学原料及化学制品制造业(32%)	通信设备、计算机及其他电子业(29%)		
杭州经济技术开发区(2004)	93.4%(2005)	电子信息(42%)	食品饮料(15%)	塑料橡胶(14%)	机械制造(12%)
天津经济技术开发区(2005)	97.5%	电子通信(62.8%)	机械制造(21.4%)		
大连经济技术开发区(2003)	95.9%(2005)	通信设备、计算机及其他电子业(25.9%)	电器机械及器材制造业(11.4%)	通用设备及专用设备制造业(10.5%)	
青岛经济技术开发区(2005)	38.2%	家电电子(60.0%)			
武汉经济技术开发区(2005)	78.4%	汽车及汽车零部件(62%)	电子电器(22%)		
苏州工业园(2005)	74.6%	电子信息(43%)	精密机械(27%)		
宁波大榭开发区(2005)	80.3%	石化(76.3%)			
宁波北仑区(2006)	73.1%(2005)	石化(17.3%)	钢铁(12.1%)		

第4章 开发区建设运行模式

续 表

开发区	外资企业比重*	超过10%的行业			
西安经济技术开发区(2003)	25.6%(2005)	石油化工(28%)	电力电子(16%)	食品饮料(12%)	生物医药(11%)
北京中关村科技园区(2006)	44.7%	电子信息(59.0%)	先进制造(10.2%)		
上海张江高新区(2005)		集成电路	生物医药		
天津高新区(2005)		电子信息	绿色能源		
无锡新区(2003)	>70%(2006)	电子信息(51%)	机电一体化及精密机械(20%)		
常州新北区(2004)	39.4%	化学原料及化学制品制造业(19%)	交通运输设备制造业(11%)	专用设备制造业(10%)	
深圳高新技术产业园区(2005)	73.8%	电子信息(92.7%)			
武汉东湖高新区(2005)	<42%	光电信息(36%)	机电一体化(16%)		
西安高新区(2005)		装备制造(22.0%)	电子信息(19.0%)		
杭州高新区(2005)		通信设备制造业(63.5%)	软件(18.5%)		
青岛高新区(2005)		电子家电产业(89.0%)			

注：*指外资企业完成工业总产值占全区工业总产值比重，括号内为年份，未特殊注明的与"开发区"一栏中的年份一致。

表面上看，这一行业结构特征显示了开发区高新技术产业规模的不断扩大[1]，但事实上，除了北京中关村科技园区和上海张江高新区等少数开发区具备

---

[1] 根据2002年国家统计局印发的《高技术产业统计分类目录的通知》，航天航空器制造业、电子及通信设备制造业、电子计算机及办公设备制造业、医药制造业和医疗设备及仪器仪表制造业等被确定为我国的高技术产业的统计范围。

一定的创新环境,电子信息产业的附加值相对较高外;大部分开发区并不具备发展电子信息产业高附加值环节的基础,以电子信息为主导的行业结构的形成,与开发区所在城市的传统产业也几乎完全没有关联,是随着某一个或者几个大型跨国公司的进入而形成的。电子信息产业增长中的技术含量极低。从以下两个方面可见一斑:

1) R&D强度水平低。2000—2004年间,电子信息行业的R&D强度总体水平呈现上下波动的状态,三资企业的R&D强度要明显低于全行业平均水平(表4-3)。而总体上看,电子信息行业的研发投入不仅远低于美国、日本等发达国家,也大大落后于韩国等新兴工业化国家[①](表4-4)。显然,这种电子信息行业与真正意义上的高新技术产业存在不小的差距。大部分开发区的电子信息行业以低附加值活动环节为主,尤其是在一些外资企业主导型的开发区,外资企业主要是将电子信息行业的加工组装等经济环节放在开发区。

表4-3　2001—2004年电子信息产业R&D强度

	2000	2001	2002	2003	2004
行业平均	4.1%	5.6%	5.4%	4.6%	5.0%
三资企业	2.3%	2.7%	3.2%	4%	3.2%

资料来源:中国社会科学院工业经济研究所(编).中国工业发展报告(2006):科学发展观与经济增长方式转变[R].北京:经济管理出版社,2006:318.

表4-4　部分国家电子信息产业R&D经费占增加值比例

中国 (2004)	日本 (2002)	美国 (2001)	法国 (2002)	德国 (2001)	英国 (2002)	意大利 (2002)	韩国 (2003)
5	55.4	37	36.5	32	14.7	14.1	13.9

资料来源:同上:313.

2) 以加工贸易方式进行的产品出口长期占主导地位。2002年,以进料加工和来料加工贸易方式出口的电子信息产品额占行业出口的89.8%,而一般贸易

---

① 全世界的电子信息行业大致分为三个层次:第一层次是美国,生产的是高附加值的芯片和软件,英特尔和微软垄断全世界大部分的芯片和软件市场,在全世界电子行业所获取的利润占60%左右;第二层次是日本和韩国,生产电脑和一些电子器件中的关键性器件,利润占20%左右;第三层次是真正能分到发展中国家的,只是进行组装和贴牌,赚取不到10%的利润。中国的电子信息产业在国际产业大转移和国内市场需求带动下得到了快速的发展,但在全球产业分工体系中处于末端地位。

仅占 7.7%；2005 年，加工贸易的比重为 89.2%，一般贸易为 7.8%。因此，虽然全国电子信息产品出口总额已经达到 2 682 亿美元，居各行业之首，但这种出口成绩基本上是建立在单纯"数量"累积基础上的，质量改善对电子信息产品增长的贡献微乎其微。

这些特征使得开发区的行业结构呈现出典型的"虚高"特征。在产业增长技术含量低的情况下，行业结构的类似使得各开发区之间必然形成激烈的引资竞争。大型跨国公司的进入决定着开发区支柱产业的形成以及开发区的经济增长，同样，跨国公司的外迁也将会对开发区的经济增长形成致命的打击。这促使各开发区不得不努力通过各种手段维持其低成本竞争能力以在招商引资中获胜，同时避免可能的已有跨国公司的外迁。

比较而言，中西部地区开发区因发展较晚，不少开发区尚未形成稳定的产业结构，行业结构呈现出多样化和差异化的特征，比如武汉经济技术开发区重点发展汽车产业，西宁经济技术开发区依托资源优势重点发展绿色能源以及藏药等。这很大程度上与中西部开发区受制于区位条件的约束，难以与东部地区开发区在吸引外资企业方面抗衡，而只能更多地从自身条件出发寻找适合自身的发展道路或者为谋发展而被动接受其他产业相关。但在现实的发展中，东部地区开发区作为先行者或多或少地为中西部地区开发区的发展树立起了"榜样"的作用，有不少中西部地区开发区正在效仿东部地区开发区的发展模式。而从发展条件来看，除了少数开发区如武汉、西安高新区和高新区等地的开发区有密集的科教资源作为支撑，大力发展电子信息有一定的基础和优势外；其他开发区于自身资源优势之外不切实际地提出大力发展电子信息产业等产业导向，前景令人担忧。

1.2 开发区产业集群建设

产业集群建设能够有效地推动开发区核心竞争能力的形成，但在现实的发展中，大部分开发区主要依靠政府给予的土地、税收、信贷等方面的优惠政策起步，创造出低成本的要素生产环境，吸引资本、技术、人才等的集聚，并逐步产生规模经济效应。开发区的发展表现出较强的数量集聚特征，而离产业集群尚有不小的距离。主要表现为：

（1）企业之间及与其他主体之间的低度关联性

建设开发区在物质环境上为产业集聚提供了一个较好的成长空间，但大部分企业选择开发区的主要原因是为了享受优惠的政策，而非受到开发区产业集聚效应的吸引。洪银兴等(2003)①2002年对苏州工业园区外商投资企业投资战略与经营行为的问卷调查显示,以下6项构成了企业投资苏州工业园区的主要决策要素(按得分多少排序):1)苏州所处的有利地理位置;2)优惠的税收和投资激励政策;3)土地工厂等成本因素;4)充分的电力等基础设施和高效的分销系统;5)商业条规的透明度和可预测性;6)熟练工人等人力资源因素。郑江淮等(2004)②对江苏省31家沿江开发区的问卷调查也显示,支柱企业在对影响其进驻开发区的各种因素相对重要性的评价中,依次是:1)当地政府提供的税收优惠;2)土地优惠;3)开发区的基础设施水平;4)国内市场潜力;5)当地劳动力比较优势;6)产业配套能力。

目前,仅有少数较早起步发展、已经积累一定的产业基础的开发区通过大型外资企业的进入以及相关配套企业的跟进形成了"整体移植性"的产业集群,比如天津经济技术开发区摩托罗拉的落户吸引来了美国的绿点公司、模泰公司、英国的BOC集团、韩国富川、新加坡富裕、日本三井高科技等,为摩托罗拉提供零部件。大部开发区企业集聚仍属于互不关联的企业个体的集聚,开发区内企业之间的互动很少,企业与其他主体的关联程度也很低。不少开发区虽然邻近一些相关的大学或研究机构,这些研究机构也都有相当的研究开发能力,但由于缺乏良好的合作机制,这些大学或科研机构并未成为开发区创新的重要来源。大部分开发区具有竞争力的项目都不是来自邻近的大学或科研机构。2000年的一次全国性的研发调查统计显示,在中国企业总共27亿美元的研发费用中,93%用于企业内部的支出,只有2%用于与大学的合作项目,与国内其他企业的合作费用则不到1%(乔治·吉尔博伊)③。

(2) 外资技术溢出的有限性

自20世纪90年代以来,外资企业独资化趋势显著。目前,外商独资企业占在中国的外国直接投资总额的已达到70%以上(表4-5),成为使用外资的最主要形式。而与合资企业相比,独资企业更不愿意向中国企业转让技术,而且独资企业也没有像外资企业那样受合同约束而必须与中国合作者分享技术。为了外资企业在开发区内的投资多以独资的形式出现,为了保持对先进技术的垄断,一

---

① 共收回211份有效样本。洪银兴,刘志彪.长江三角洲地区经济发展的模式和机制[M].北京:清华大学出版社,2003:186.

② 有11家开发区返回问卷调查表,其中有63家支柱企业(绝大多数都是转移来的国际制造业资本)返回问卷调查表。郑江淮,高春亮,张宗庆,刘健.国际制造业资本转移:动因、技术学习与政策导向——以江苏沿江开发区产业配套为例的实证研究[J].管理世界,2004(11):29-38,46.

③ 乔治·吉尔博伊.对中国经济发展奇迹的反思[J].曾爱平,译.国外理论动态,2005(3):29-32.

般情况下,外资企业的核心技术都是在其本国研究开发,然后直接移植到我国的开发区进行生产。他们的技术创新与改造仅与本国的母公司发生纵向联系,而不与当地企业发生横向联系,从而大大制约了外资企业的技术溢出。如位居 2004 年广州经济技术开发区工业企业产值首位、占地 0.9 km^2 的安利公司,其生产设备、多种先进的分析仪器均是来自欧美等地的原装进口产品;工厂的调配工艺来自美国,产品的配方均由美国总部提供;产品的最终质量审核也是由美国安全检测实验室(UL)和英国标准协会(BSI)进行;产品销售大部分是供应国外市场;在国内完成的仅有程序化的生产过程及部分的产品销售(王建军,2004)[1]。全国统计数据显示,外资企业加工贸易占全国加工贸易总额的比重持续上升,成为国内加工贸易的主要力量(表 4-6)。

表 4-5 中国利用外商投资方式所占比重(%)

	2004 年			1982—2004 年		
	项目个数	合同外资	实际使用外资	项目个数	合同外资	实际使用外资
中外合资	26.50	18.01	27.03	73.05	60.21	59.49
中外合作	3.08	5.07	5.13	2.26	5.14	7.64
外商独资	70.33	76.41	66.34	24.67	34.29	32.25
外商股份制	0.10	0.50	1.28	0.03	0.35	0.62
全国总计	100	100	100	100	100	100

资料来源:商务部.中国外商投资报告(2005)见 http://www.fdi.gov.cn 中国投资指南网

表 4-6 外商投资企业加工贸易出口占全国加工贸易出口的比重

	1995	2000	2005
全国加工贸易出口(亿美元)	737	1 377	4 165
其中:外商投资企业(亿美元)	421	972	3 579
外商投资企业所占比例	57.1%	70.6%	85.9%

资料来源:1995、2000 年数据转引自江小涓,2002:84;2005 年数据引自 2006 中国外商投资报告

从外资企业与本土企业的关系上看,外商在制造业领域投资的分布以高新技术产业、设备制造业等为主[2],而这些行业本土企业的技术程度与外资企业之

---

[1] 王建军.珠江三角洲跨国公司网络生长与空间差异研究[D].中山大学博士学位论文,2004:148-149.

[2] 按实际使用外资金额及占同期全国吸收外资总量比重排序,2005 年,外商投资最为集中的前三位行业分别为通信设备、计算机及其他电子设备制造业(77.11 亿美元,占 12.78%)、交通运输设备制造业(38.42 亿美元,占 6.37%)和电气机械及器材制造业(29.40 亿美元,占 4.87%)。见"2006 中国外商投资报告"。

间存在巨大差距,因而外资企业与本土企业实际上在不同的市场操作,外资企业生产高端产品并占领中国的高端市场,而本土企业主要生产中低档产品,技术和生产水平的不相衔接阻碍了技术溢出的产生。也有一些开发区跨国公司企业积极在开发区内以及开发区周边寻求配套企业,但是由于外资企业对配套企业的技术能力要求较高,评估、培养配套企业需要一个较长的过程,所以总体上看开发区跨国公司国际生产网络的供给商大都由外资企业担任,这些外资企业或者为境外的母公司,或者是跨国公司原有的配套企业由境外迁移而来,本土企业直接向境外跨国公司进行配套生产的情形仅占很小的比重。即使进入跨国公司分工网络的本土企业,也大多位于产业群内价值链的低端,与外资企业之间的网络联系薄弱。

2 空间拓展

2.1 开发区空间拓展的一般特征

(1) 空间规模迅速扩大,出现"一区多园"以及辖区扩张等现象

国家最初批准的开发区的规模一般都比较小。经过 20 多年的发展之后,几乎所有开发区的规模都已经突破了原定范围,并且仍继续保持着迅猛扩张的势头。据官方的统计资料,至 2005 年,国家经济技术开发区国务院批准面积为 841.92 km^2,平均每个开发区约 15.6 km^2;而历年累积已开发土地面积已达到 1 085.23 km^2,平均每个开发区约 20.1 km^2;国家高新区规划面积为 961.47 km^2,平均每个高新区约 18.1 km^2。但这还只是各开发区上报的面积情况,实际实行开发区政策的面积则远不止此。由于国家规定的开发区地理限界限制了开发区的空间扩张,开发区除了通过申请扩区来取得经过国务院认定的空间范围扩大之外,还通过"一区多园"以及扩大辖区等手段进行变相的空间扩张,主要手段包括:① "一区多园"。城市区域不同开发区通过互惠"结盟"形成"一区多园",一般是高等级大开发区"收编"低等级开发区,高等级开发区成为"主区"而较低等级开发区成为下挂"子园"(王慧,2006)[①]。这样,不仅扩大了高等级开发区的"管区"范围以及优惠政策范围;同时,还能使低等级小开发区能够提升自身形象以及避免被"清理"。② 扩大辖区。有一些开发区,如无锡高新

---

① 王慧.开发区运作机制对城市管治体系的影响效应[J].城市规划,2006(5):19-26.

区、常州高新区、广州经济技术开发区等在开发区基础上设立"新区"或行政区,并实行管理合一,从而使得开发区的地理界限逐渐模糊或泛化。在政府官方网站以及相关新闻媒体的报道中,通常以新区或行政区指代开发区或者以开发区指代新区或行政区。2005年,国土资源部实施对开发区"划桩订界"、"落实四至范围",但"上有政策、下有对策",这些界限范围对于大部分开发区并没有任何实质性的意义。

(2) 产业空间与人居空间开发的不对称性

与一般的出于疏解人口或截流人口的城市新区建设不同,开发区在设立之初即明确了产业开发的基本要求,政策驱动与外来投资构成了开发区空间拓展的核心动力,由此形成了开发区空间拓展以产业空间为重的特征,而人居空间的发展则相对滞后。工业用地占据开发区空间拓展的绝对主导地位(表4-7)。

表4-7 部分开发区城市建设用地构成概况

	居住用地	公共设施用地	工业用地
广州萝岗区(2004)	6.3%	8.0%	39.3%
无锡新区(2005)	25.9%(含村镇建设用地)	4.6%	42.4%
常州新北区(2003)	12.7%	9.7%	48.8%
宁波北仑区(2005)	21.7%	4.2%	39.3%
大连经济技术开发区(2004)	12.0%	8.0%	31.9%
国家城市标准	20%~32%	—	15%~25%

此外,产业空间与人居空间开发的不对称性还表现在土地价格方面。开发区的土地市场实际上细分为两个层次:一是低价供应的工业用地,二是招拍挂供应的经营性用地,二者之间的价格存在巨大差距(周涛,2006)[①]。为了招商引资,工业用地基本上是微利甚至低于成本价供应。尤其是长三角地区,迫于激烈的引资竞争,大部分开发区在2000—2003年前后进入土地出让数量的高峰期和土地出让价格的低谷期,这不仅给开发区带来了巨额的债务,而且使得投资企业面临着极低的土地成本约束,客观上鼓励了承租企业粗放使用土地。考虑到今

---

① 根据国土资源部的数据,2005年,全国共出让土地面积16.32万hm²,出让价款5 505.15亿元。其中,招拍挂出让面积虽然只有5.72万hm²,占全部出让面积的1/3左右,但出让价款却达到3 920.09亿元,占总收入的七成以上。周涛等.房价飙升背后,地方政府是最大操盘手[N/OL].经济观察报,2006-05-28[2006-12-31]. http://www.china.com.cn/chinese/MATERIAL/1222181.htm 中国网.

后土地有可能升值等因素,一些企业选择将其二期甚至三期的土地一次性购入,哪怕是备而不用;并且,为减少开发成本,企业倾向于选择1—2层的低容积率开发方式。

(3) 土地使用的集约度及产出效益不高

开发区 GDP 的高速增长总体来说是以土地、能源等的大量甚至过快消耗为基础的。开发区土地使用集约度低,空间的快速扩张以量的增长为主,并未伴随着产出效益的提高。

从现实的土地使用看,一是工业用地的开发强度偏低,除深圳高新区等少数开发区外,大部分开发区的工业建筑以1—2层为主,并且,致力于建设"花园式"工厂,建筑密度较低。毋庸置疑,在工业园区建设中,控制一定的绿地,重视环境营造是必要的,这将有益于塑造园区形象和吸引投资。但同时也需要意识到,在划定的工业园区,不是建筑容积率、建筑面积率越低越好。土地资源的低效利用与生态可持续的目标是背道而驰的。相对于中国土地资源紧张的现实而言,现实的开发强度明显偏低。二是工业用地开发存在比较明显的闲置现象。即使在那些发展较好的开发区中开发最早、成熟度最高的区块,也仍存在着大量的空地,"占而不用"的现象比较普遍。三是不少开发区由于前期统筹考虑不足,用地分散不连续,造成基础设施的低效使用。四是在事实上的土地开发"买方市场"情况下,投资者的选址要求一般都能得到满足甚至迁就,不同区域内交通便利、区位优越的地块总是首先被选中,土地的级差地租规律并未得到体现。

从产出效益看,尽管我国开发区的整体空间效益在逐步提高,并高于全国工业用地的平均水平,但与国际上先进开发区相比较,空间效益水平极为低下。国家经济技术开发区 2005 年工业用地产出率(工业增加值/已建工业项目用地面积)平均为 10.1 亿元/km^2;国家高新区 2004 年[①]工业用地产出率平均为 13.1 亿元/km^2。该数值分别仅为新加坡裕廊管理局所辖工业园区工业用地产出率的 14% 和 18%(表 4-8)。王兴平等(2003)[②]的比较研究也显示,综合实力排名靠前的苏州新区其工业用地单位面积投资、单位面积销售额、单位面积研发投入仅为同期新竹科学园区的 8%、6% 和 2%。考虑到如前所述官方统计数据工业用地面积小于实际的工业用地开发面积,真实的产出率水平应更低。

---

① 因对 2005 年新建区累计开发面积数据存在疑问,故以 2004 年数据进行比较。
② 王兴平,崔功豪. 中国城市开发区的空间规模与效益研究[J]. 城市规划,2003(9):6-12.

表4-8 工业用地产出率比较

	工业增加值（亿元）	工业用地面积（km²）	工业用地产出率（亿元/km²）
国家经济技术开发区（2005）	5 981.4	591.82	10.1
国家高新区（2004）	5 542.1	423.18	13.1
新加坡裕廊管理局所辖工业园区	—	—	73.8

资料来源：国家高新区工业用地面积按新建区累计开发面积（705.3 km²）的60%折算；新加坡裕廊管理局所辖工业园区数据来源于"JTC Official Statistics 2005"，原值为900美元/m²，按1∶8.2的汇率，折合人民币73.8亿元/km²

2.2 开发区空间拓展与城市空间的关系

（1）对城市空间形态的影响

中国的开发区空间拓展带动了城市规模的迅速扩大，并事实上形成了一种独特的"城市蔓延"状态。大部分开发区不仅行政辖区的空间规模十分可观，而且实际的开发建设规模也已相当巨大，不少开发区十多年来形成的空间规模几乎超过了历经数百年形成的旧城的规模，极大地改变了城市的空间形态。同时，开发区的规划存在着对既定城市总体规划的不同程度的突破，并主要体现在工业用地的总量和布局方面。这种以开发区为主导的"城市蔓延"是因低密度工业用地在城市建成区边缘的快速扩张而引致，与北美因小汽车主导的交通方式造成居住就业向郊区蔓延的现象存在明显的动因区别，但在特征上存在诸多相似之处（表4-9），"蔓延"所带来的土地资源过快消耗、生态环境恶化以及征地拆迁带来的相关社会问题等已成为城市空间发展中令人困扰的问题。

表4-9 北美郊区化形势下的"城市蔓延"与中国以开发区为主导的"城市蔓延"特征比较

	北美郊区化形势下的"城市蔓延"	中国以开发区为主导的"城市蔓延"
诱因	居住用地低密度扩张	产业用地低密度扩张
方式	牺牲城市中心的发展进行城市边缘区的开发，农业空间和开敞空间消失	从与中心区隔离的小范围开发到快速扩张与城市中心区连为一体，并侵占周边农业空间
形态	"蛙跳式"或零散的扩展形态	用地布局不连续，存在土地占而不用现象

续　表

	北美郊区化形势下的"城市蔓延"	中国以开发区为主导的"城市蔓延"
尺度	大尺度的建筑、街区和宽阔的道路；缺少细部	产业区大尺度的工业建筑、街区和宽阔的道路；不适合人的步行尺度
交通	小汽车导向，缺乏步行、自行车及公共交通的环境和设施	货运交通导向，公共交通滞后
消极影响	无节制的土地消耗；增加市政基础设施投入；高居不下的车公里数；不佳的土地利用形态；就业岗位和人口空间分布的不匹配以及由此带来的社会问题	无节制的土地消耗；生态环境恶化；征地拆迁带来的相关社会问题

（2）对城市空间结构的影响

除了苏州工业园等极少数开发区外，大部分开发区在建设初期并未从城市空间结构上统筹考虑开发区与城市的结构关系，基本上是着眼于"孤立、单一的工业区建设"的思路。不少开发区虽经多年发展，城市综合功能仍严重缺失，人居空间严重滞后于产业空间的开发。随着开发区规模的扩大以及大量生产要素和经济活动在开发区集聚，城市化功能不足逐渐成为妨碍开发区健康、持续发展的障碍。包括：对母城造成巨大的通勤压力和居住压力，增加开发区与母城的交通负荷；同时，降低开发区的吸引力，影响开发区的经济建设，等等。面对这些问题，部分开发区已开始积极推进开发区从工业园区建设向新区建设的转型，但由于初期的考虑不足，开发区拓展人居空间的需求往往因为可达性等原因而难以有效地得到满足。

2.3　开发区空间拓展过程中的城市规划调控

开发区空间拓展的过程，本质上是开发区所在区域的政治、经济、社会演化的过程，城市政府、企业、社会组织等是动力主体，城市规划虽不是直接的社会动力，但其作为利益主体的机制协调者，对于开发区空间拓展具有重要的引导和控制作用："引导城市向预期的目标发展，引导投资特别是市场投资向希望的地域、地区和项目投入；控制或避免市场投资向不希望的领域、地区或项目投入，或在不希望的时间投入，以保证城市健康、可持续地发展。"（王红，2005）[1]但就过去开发区空间拓展的历程来看，城市规划与开发区的空间拓展的关系，在很大程度

---

[1]　王红. 引入行动规划、改进规划实施效果[J]. 城市规划，2005(4)：41-46.

上是一种被动适应而非主动控制与引导的关系。

（1）目标层面：招商引资和经济增长为主导

"城市规划作为公共政策"的观点正在成为共识；新颁布的《城市规划编制办法》明确表述了"城市规划是政府调控城乡空间资源、指导城乡发展与建设、维护社会公平、保障公共安全和公共利益的重要公共政策之一"。但在开发区空间拓展的过程中，城市规划并未充分体现其作为公共政策的基本属性，相反，一度成为地方政府追求经济效率、实现经济利益最大化的工具。典型的表现包括：

1）为招商圈地而编制规划。一些开发区编制规划时力图做到"满覆盖"，其实质却是在于为了在当时招商引资快速发展形势下满足开发商建设项目选址和获取不同区位土地的各种可能性（陈锋，2004）[①]。

2）当规划与招商引资发生冲突时，迁就招商引资的要求而改变规划。市场与规划在土地资源的配置方面往往存在矛盾，市场强调的是单个土地使用的利益最大化，而规划主要是从城市的整体利益出发考虑资源配置问题。当矛盾发生的时候，城市规划迫于压力而妥协，土地无序开发等现象就难免会发生。

3）关注的对象高度集中于产业空间，对于人居环境的创造重视不足。开发区规划的主要目标是服务于招商引资的需求，也就是以经济目标为主，对于其他诸如社会、环境等方面的考虑必定不足，不少开发区仅仅是将生活性用地作为产业用地的配套性用地对待，很少从战略高度对开发区的经济、社会、生态、空间等各个领域进行整体考量和综合安排。

（2）技术层面：空间拓展规模、构成和效益的控制引导不足

基于优化土地使用配置、节约有限土地资源的价值考虑，宏观层面城市规划的技术要点至少应包括对开发区空间拓展的总体规模、结构、效益、区位等的分析，微观层面至少应包括对不同地块的性质、强度等的合理规定。但在实际的操作中，城市规划却难以为其提供科学的、具有说服力的技术方案。

1）空间拓展的总体规模与结构方面。开发区的规划一般按照国家标准规范《城市用地分类与建设用地标准（GBJ 137-9）》来确定，而无视开发区作为城市产业开发和外向型经济集中地域，产业发展、人口结构、用地规模、交通出行等各个方面都与一般的城市地域有着显著不同的特征，其结果必然是两者之间出现巨大差距。比如按照国标规定，新建城市的规划人均建设用地指标宜为 $60.1 \sim 120 \text{ m}^2/\text{人}$，而不少开发区的现状人均建设用地指标达到 $200 \text{ m}^2/\text{人}$，远

[①] 陈锋. 转型时期的城市规划与城市规划的转型[J]. 城市规划，2004(8)：9-19.

远超出规定标准,其中工业用地的人均建设用地指标过大是最主要的原因,工业用地占城市建设用地的比例(不少达到 50% 左右)也一般要大大高于国标的上限(25%)。

2) 空间区位分布与产出效益方面。理论上讲,合理的产业空间布局能够促进产业之间的相互协作以及聚集效应的发挥,提高整体产出效益;此外,城市规划还能够通过设定产业进入的投资强度、产出效益等门槛积极引导产业的升级发展。然而,实践中城市规划对于各产业之间的相互关系以及不同产业类型的土地使用规律的研究十分缺乏。各专业化园区的分布格局往往是拍脑袋甚至是招商圈定的结果;而当一些开发商在囤积土地的动机驱使下"漫天要地"时,城市规划由于缺少基本的数据支持,只能按"需"给与,由此,城市规划很大程度上失却了防止空间无序拓展以及积极引导产业升级的调控功能。

3) 地块的开发强度方面。据案例调查,一些开发区[①]采用的工业用地的规划设计条件为:建筑密度≤40%,容积率≤1.2,建筑高度≤24 M,绿化率≥30%——这也是控制性详细规划中通行的指标限制方式。从这一规定来看,对于建筑密度、容积率以及建筑高度最大值的限定以及对于绿地率最小值的限定显然是为了保证开发强度限定在一定的范围之内,这种规定形式对于倾向于最大限度地利用土地以获取最高商业利益的经营性用地来说自然无可厚非,但对于工业用地这一规定本身的合理性则值得商榷。事实上,对于一些并无特殊技术工艺要求限制的工业企业而言,相对于当前土地资源紧缺的现状,1.2 的容积率甚至可以说是偏低的规定,加上这一规定不设下限,从而在客观上起到了不鼓励提高开发强度以节约用地,相反鼓励工业企业浪费土地的作用。

3 社 会 发 展

3.1 开发区建设作为一种特殊的城市化方式

开发区内产业的集聚创造了大量的就业机会,带动了当地农村剩余劳动力的转化,吸收了大量区外、省外的自发性迁移人口,开发区自身区域整体城市化水平在短期内得到了大幅度的提升;同时,开发区日益大规模的开发建设和不断增长的综合实力通过扩散作用带动了周边农村地区的道路交通等基础设施建

---

① 笔者对江苏、浙江、广州等地若干开发区的调查。

设，使得这些地区第二产业、第三产业经济活动显著增加，推动了社会环境的改善、生活质量的提高以及城市化的进程。开发区的创设与发展过程客观上已经形成"当代中国卓有成效而又极富特色的城市化模式之一"（张弘，2001）[①]。

与其他城市地域相比，开发区城市化发展的特色突出地表现为以下两个方面：

（1）城市化的快速性和跳跃性

开发区一般是城市内经济最为活跃、经济增长速度最快的区域，这也决定了开发区城市化的高速度特征。大部分开发区进行过多次行政区划的调整以期拓展产业发展空间，而每一次区划调整都伴随着开发区面积的跳跃性增长，从而使得开发区的城市化过程呈现出明显的跳跃性。

（2）城市化的外驱性和工业先导性

开发区的启动并非区域内部自发动力作用的结果，而是在相关政策引导下，主要依托外部资金等要素投入而进行的。其发展的过程也强烈依赖于外来资金、技术、人才等要素的集聚，而这些经济要素的主导权往往不在开发区的内部，它们的流动受到许多外界因子的干扰。因此，开发区发展的城市化过程也带有鲜明的外驱性特征。开发区吸引外来投资的状况决定着开发区城市化的速度以及质量。此外，由于开发区发展的核心目标是工业开发，这使得开发区的城市化通常是以第二产业先起步、随后带动房地产业的发展，因此，开发区的城市化方向呈现明显的工业经济先导特征。

3.2 开发区人口构成特征

从人口集聚的角度来看，开发区的人口集聚主要以两种方式展开：一是就业吸引人口集聚。开发区第二产业的迅猛发展以及相关服务业的发展，创造了大量的就业机会，成为带动人口集聚的主要动力，既推进了区域城市化发展的进程，也吸引了大量外来人口的进入。二是空间拓展引起的被动式人口集聚。大部分开发区的最初选址区域相对比较独立，位于城市边缘甚至离开城市母城区一定距离，周边基本为农村地域所包围。开发区空间规模的急剧扩大不可避免地伴随着对周边乡村的兼并和改造，由此带来的征地及拆迁工作也促使相当部分主观上尚未做好城市化准备的农民被迫放弃农业生产方式和乡村生活方式，

[①] 张弘.开发区带动区域整体发展的城市化模式——以长江三角洲地区为例[J].城市规划汇刊，2001(6)：65-69.

融入城市化进程,形成人口的"被动城市化"(章光日、顾朝林,2006)[①]。

在上述两种集聚方式作用下,开发区的人口构成具有以下两个方面的明显特征:

(1) 人力资源多元化,贫富分化严重

区位优势和政策扶持使得开发区一般为所在城市经济发展最快、吸引和孵化企业最多的城市空间。开发区内大量外资企业尤其是大型跨国公司企业以及高新技术企业集聚的特征使得开发区所吸引的就业人口就素质而言呈现多元化的状态:既有境外企业驻华代理人、高级管理人员、企业家、专业技术精英等高收入工作岗位的增加;同时,也诞生了大量的低素质劳动力的就业机会。随着外资投入的资本密集型和技术密集型产业比重不断扩大的情况下,劳动力市场逐渐显示出结构性的供给失衡——高素质的劳动力严重不足而低素质劳动力供给过剩。这种失衡促进了两者之间收入的极化,拥有知识和技术的高素质劳动力因具有稀缺性而收入很高,而低端的劳动力则伴随外来人口的大量涌入而使得供给过剩,收入较低[②]。

(2) 外来人口增长速度快,占总人口的比例高

开发区所创造的就业岗位带来了大量外来人口的增加。几乎所有的开发区都表现出外来人口的增长速度大大高于户籍人口增长速度的特征;反映在人口结构上,开发区呈现出明显的暂住人口比例较高的特征(表4-10)。

表4-10 部分开发区人口构成概况

	总人口(万人)	户籍人口(万人)	暂住人口(万人)	暂住人口占比
广州萝岗区(2004)	26.1	15.3	10.8	41.4%
无锡新区(2005)	51	27	24	47.1%
常州新北区(2004)	52.35	40.21	12.14	23.2%
杭州经济技术开发区(2004)	19.77	11.71	8.05	40.7%
宁波北仑区(2005)	54.8	32.6	22.2	40.5%

---

① 被动城市化是指农民主观上不愿意被城市化或还没做好城市化的准备,但由于受各种客观原因的影响而不得不放弃农业生产方式和乡村生活方式,最终被融入城市的过程。章光日,顾朝林. 快速城市化进程中的被动城市化问题研究[J]. 城市规划,2006(5):48-54.

② 据调查,在苏南开发区的外资企业中,普通工人的工资一般欧美企业仅为800多元,日资企业和台资企业甚至更低。见"苏南外企新生代产业工人处境尴尬",中国工业新闻网 http://www.cinn.cn/show.asp?classid=101&ID=14389&ArticlePage=1

续 表

	总人口（万人）	户籍人口（万人）	暂住人口（万人）	暂住人口占比
宁波大榭开发区(2005)	4.06	2.42	1.64	40.4%
天津经济技术开发区(2005)	10.5	2.65	7.85	74.8%
青岛经济技术开发区(2005)	49.5	30.03	19.47	39.3%
大连经济技术开发区(2004)	37.9	18.3	19.6	51.7%

3.3 开发区社会空间矛盾

在经济增长作为开发区发展核心的思路指导下，社会事业发展从来就不是开发区建设的主要关注点，或者说仅是"附属于"开发区产业发展的。在开发区起步建设阶段，社会问题并不突出。随着开发区经济总量的扩张和空间规模的扩大，开发区的社会空间矛盾日渐突出。

(1) "被动城市化"引发诸多社会问题

开发区空间的快速扩张造成了大量的农村人口被动进入城市化进程，由此引发了多种形式的社会问题：

1) 征地伤农问题。按照《土地管理法》规定，目前我国的耕地补偿标准偏低，加上各地普遍存在的不规范甚至违规、违法的操作和管理，一些开发区失地农民的合法权益往往得不到有效的保障。在浙江省进行的一项调查表明，被征土地的收益分配大致是：地方政府占20%～30%，企业占40%～50%，村级组织占25%～30%，而农民仅占5%～10%。从成本价到出让价之间所生成的土地资本巨额增值收益，大部分被开发商和地方政府获取[1]。

2) 城中村问题。从住房的角度来看，针对失地农民目前存在两种最基本的安置模式——保留安置和拆迁安置。保留安置是指农民的生活用地保留，村民的房屋不拆迁，居住模式不改变。拆迁安置是指农民的生活用地被征用，农民的住房全部拆迁，农民的居住形式发生变化，并根据不同的情况对村民采取不同的安置措施。温雅(2005)[2]以广州经济技术开发区为案例，系统地比较了这两种安置模式的特点及存在问题，相关的结论整理如表4-11所示。

---

[1] 陶然，徐志刚. 城市化、农地制度与迁移人口社会保障——一个转轨中发展的大国视角与政策选择[OL]. [2006-12-31]. http://www.usc.cuhk.edu.hk/wk_wzdetails.asp?id=4153 香港中文大学中国研究服务中心网.

[2] 温雅. 城市化进程中失地农民住房安置研究——以广州开发区为例[D]. 中山大学硕士学位论文，2005.

表 4-11　保留安置和拆迁安置比较

	保 留 安 置	拆 迁 安 置	结　论
村民满意度比较	虽然绿化情况和卫生情况并不让人满意,楼距间隔极其狭窄,但由于村民们早已习惯了这种生活方式,因此并没有对这些问题表现出太多的不满;房屋出租给村民带来了稳定的收入来源,虽然没有工作,但他们也安于现状,没有太多的不满情绪	村民们对于小区的绿化、卫生环境等硬件设施很满意,但对于一楼多户式的城市型小区生活普遍表示不适应,一是长期以来形成的农村生活习惯难以在短期内完全改变,二是对新的生活方式下的生活成本的提高(如物业管理费用及水、煤气等)存在担忧,甚至对新的居住环境产生抵触情绪	保留拆迁各有优劣,拆迁安置居住环境较好,而保留安置更符合村民的生活习惯
住房经济价值比较	房屋出租成为最主要的家庭收入来源。村民们都热衷于房屋建设,把房屋建设作为最主要的资产投资,并不惜向朋友、亲人贷款,使自家的楼房建得更高、更大,以期获得更多的收益	村民们不能够像以往在农村的时候任意加建或重建房屋,在房屋的建设上少了许多随意性。搬迁安置时的一次性投资决定了今后的房屋资产数量,购买的房屋面积大,套数多的,今后可以出租或经营的房产就多,购买房屋面积小的,套数少的,今后可以出租或经营的房产就少	保留安置更具灵活性
发展前景比较	由于房屋出租成为家庭最主要的收入来源,村民不断将收入投资到房屋建设中,房屋密度不断加大,容积率不断增高,居住环境愈加恶劣,与城市化的要求相距更远。其存在的时间越长,累计的乡村建设资金就越多,将来城市化改造过程中需要花费的成本就越大。只要村落不拆迁,村民们在生活质量上永远达不到城市化的要求	村民们在生活习惯上短期内还存在多少的不适应,但从长期而言,村民具备了实现农民市民化转换的物质基础。农民在生活方式上和居住条件上已经和城市接轨,待以时日,只要在村民就业和村民素质教育上有所提高,村民就可以融入城市生活,真正实现农民市民化	拆迁安置更利于农民市民化
共同点	就业问题是房屋建设的导火索,村民失业后,就业压力增大,房租收益在村民总收入中的比重增加,村民不得不通过房屋建设来增加房屋面积,增大房屋出租收益	失业问题给村民带来了生活上的困扰,激化了村民对小区相对较高的生活成本的不满,影响了村民对生活环境的感受和评价	就业问题对住房安置影响大

资料来源:根据温雅.城市化进程中失地农民住房安置研究——以广州开发区为例[D].中山大学硕士学位论文,2005:整理.

长三角地区的开发区较多地采用了拆迁安置的模式①，而珠三角地区开发区在建设初期为了避免较高的安置成本，在部分地区采取了"遇到村庄绕道走"的方式，保留安置的比例较大，促成了大量"城中村"的产生，产生了用地功能紊乱、出租屋经济畸形发展、社区观念淡化、剩余劳动力人口的"弱质化"等诸多问题，成为社会治安问题的"重灾区"(闫小培等，2004)②。

3) 农民再就业问题。比较而言，拆迁安置应该成为失地农民安置的主要趋势，但拆迁安置面临着较大的就业压力。虽然开发区能够为失地农民提供一部分就业岗位，但由于农民文化素质偏低，缺少必要的技能，他们从事的大都只能是较为低端及报酬低廉的工作；而且，由于与外来人口相比，本地居民就业的经济成本相对较高，也大大限制了他们就业的途径，从而使得相当部分的剩余劳动力不能适时地转化为二、三产业的职工和城市居民。在城市社会保障体系还不健全、失地农民收入得不到提高，而生活成本和消费支出却明显增加的情况下，部分"农转非"人口不仅生活方式难以同步实现向城市居民的转变，甚至沦为城市中新的贫困弱势群体。

(2) 城市居住空间分异和社会极化

随着国家和单位推出住房管理分配的舞台，市场在居住空间重组中成为主要的决定力量：收入在很大程度上决定了居民的居住选择。开发区人口素质多元化对应着收入的多元化和相应的需求多元化，并由此形成了比较明显的开发区居住空间分异，构成了多个单体均质而整体异质的社会空间。具体而言，可大致可分为以下几类：

1) 以高收入群体为主的高档商品住宅。形式上包括外商公寓、国际社区、别墅及高档公寓等等。一般占据开发区内城市景观的精华地段和基础设施便利地区，成为国外大中型公司企业驻华代理人、高级管理人员、企业家、专业技术精英等组成的"精英社区"。

2) 以中等收入群体为主的一般商品住宅。一般位于开发区较好或一般的

---

① 以无锡新区为例，无锡市于 2002 年下发了《无锡市新区征地拆迁办法》(锡新管发[2002]137号)，按照办法规定，被拆迁户可在每人 30 m² 内，按 450 元/m² 基准价购买安置房屋，超过安置标准 30 m² 面积部分，超出 5 m² 以内部分按 450 元/m² 结算，超出 5～10 m² 以内部分按 800 元/m² 结算，超出 10～15 m² 以内部分按 1 080 元/m² 结算，超出 15 m² 以上部分按商品房价格结算。按这样的拆迁补偿标准，一般平均每户可低价获得两套住宅，其中一套自住，另一套则用于出租，既为外来务工人员的集聚创造了条件，也成为失地农民的重要收入来源之一。新区目前已累计建设农民公寓 584 万多 m²，95% 以上的农村居民"一户双宅"，不仅满足了自身居住，而且拥有可观的物业收入。

② 闫小培，等.快速城市化地区城乡关系协调研究[J].城市规划，2004(3)：30-38.

区位地段,与前述高档商品住宅存在差距,但总体来说,仍属于开发区内居住条件较好的空间。由于这一类住宅相比市中心同类住宅而言,自然环境较好而价格较低,因此,对并非在开发区内工作的城市居民也有一定的吸引力。

3) 以农转非居民和外来务工人员为主的安置公寓。这一类居住空间为安置因开发区空间扩大而导致的失地农民而产生,无论是从宏观的区位还是微观的环境建设上都较之前一类住宅存在差距,因而价格也相对偏低。同时,由于安置中余量住宅的存在,也成为低收入务工人员的聚居区。

4) 以原住村民和低收入外来务工人员为主的城中村。为规避村民安置的巨额经济成本和社会成本,一些开发区采取了"获取农村耕地、绕开村落居民点及居民"的迂回发展思路,从而形成大量"城中村"地带。这一类居住空间宏观区位条件较好但内部微观建设环境较差,建筑密度极高且各项基础设施缺乏。由于优越的地理条件以及相对低廉租金价格,"城中村"成为外来低收入务工人员的主要聚居地,形成了本地人口与外来低收入"异质共生"的现象。因建筑密度高,部分"城中村"内外来人口甚至为原住民的数倍。

5) 以低收入外来务工人员为主的集体员工楼。这一类居住空间又分为集中建设与分散建设两种。集中建设一般靠近数个厂区及交通便利的地方,为周边数个厂区的普通员工提供居住。该方式有利于节约用地,而且便于厂区工人的管理与配套。分散建设为各企业在厂区内自发建设,由于存在配套服务、城市景观方面的问题,以及可能的工业用地向经营性用地转变以获取暴利现象的产生,目前许多开发区已经不允许此类住宅建设。

居住空间的分异使得城市空间资源的分配极不平等:高收入的城市精英们占据着城市最好的空间资源;而动拆迁居民以及低收入群体的居住空间被边缘化,生活环境质量较差,并存在公共安全及治安方面的隐患。同时,居住空间分异使得不同的阶层之间形成封闭的交往网络,对代际流动尤其是低收入人口向上流动的社会网络的畅通,也加剧了贫富阶层之间的矛盾与不和谐。

(3) 大量外来人口集聚引发"外来-本土"社会空间矛盾

外来人口已经构成开发区人口的一个庞大的群体,这一群体大多为进城农民工,从事的也多是报酬低廉且不稳定的工作,收入上的差距决定了其很难真正融入城市生活,不少人打算务工赚钱再"解甲归田"、回到农村老家谋划生活,存在一种明显的"城市过客"意识(米庆成,2004)[①]。城中村和安置公寓、集体员工

---

① 米庆成.进城农民工的城市归属感问题探析[J].青年研究,2004(3):25-30.

楼作为吸纳大量外来务工人员的低收入集聚区,对于外来务工人员而言,总体上是一种临时性的、归属感较差的居住空间。而大量外来人口在这些地段的高强度汇聚导致了社区微观层面的社会人口重构,加上一般地处城市管理边缘地带,社会治安、公共卫生等方面的问题比较突出。

此外,外来人口的流动性集聚对于本地劳动力市场也有着巨大的影响,一些本地人认为外来人口的流入冲击了本地的劳动就业市场,造成本地人的失业和贫困;同时,部分本地人口依靠出租经济的"寄生性"生活特征又让外来低收入务工人员产生强烈的"相对剥夺感"。由此形成"外来-本土"矛盾冲突。"城中村"和安置公寓虽然已经构成本地人与外地人之间事实上的"利益共生"关系,但两者之间却很容易陷入关系紧张中。

(4)"居住-就业"结构性不平衡,开发区城市氛围难以形成

大部分开发区在发展初期都将开发区当作单纯的工业区来进行建设,生活性服务设施仅仅是作为工业区的附属配套设施来进行考虑的。由此形成了开发区"就业-居住"空间的结构性失衡。表4-7显示了部分开发区的城市建设用地构成概况,这些开发区均为与母城存在一定距离、区域面积较大且相对独立的区域。显然,工业用地与生活居住和公共服务设施用地之间存在明显的不对称。由于房地产业发展不够充分加之相关配套不足,开发区尽管硬环境较好,但宜居性却与市区存在明显差别,在开发区工作的大量就业人口仍愿意居住于市区,开发区区外通勤人口的比例较高。这不仅对母城造成了巨大的通勤和居住压力,增加开发区与母城的交通负荷,同时,大规模的人口区外通勤导致了开发区本地消费市场的不足,难以形成充分的城市经济与第三产业发展并拉动本地的农业劳动力转化;开发区的城市氛围也难以形成,到了晚上会出现不同程度的"空城"现象。

4 管 理 体 制

4.1 多样化的体制类型

在早期,我国的开发区的区划形式主要有三种(吕薇,2004)[①]:一是在人口稀少的地区开辟一个独立新区,其主要功能是吸引产业投资,进行经济开发。

---

① 吕薇.关于开发区管理体制的思考[J].重庆工学院学报,2004,8(1):1-4.

大部分开发区都是采用这种形式,比如广州经济技术开发区、天津经济技术开发区等。二是在老区内设立开发区,比如上海漕河泾经济技术开发区。三是开发区和老城区为一体的无边界园区。这种形式通常是为了利用原有基础设施,特别是依托大学和科学院所的科技力量兴办高科技企业,促进科技成果转化,形成一个区域性孵化器。不少高新区为这种类型,比如北京中关村海淀试验园区。多年以来,结合不同开发区的功能及地区背景环境,地方政府对开发区的管理体制进行了丰富的制度创新实践,形成了多样化的区划模式及管理体制。

（1）按管理主体划分

根据案例研究及参考已有的相关研究[①],按照管理主体的不同,开发区的管理体制大致可分为四种模式：政府派出机构模式、政府直接领导模式、政区合一模式以及企业主体模式。

➢ 政府派出机构模式

其特点是成立专门的开发区管理委员会作为所在地市政府的派出机构,主要职能是经济开发规划和管理,为入区企业提供服务；所在地市委在开发区设党的工作委员会,与管委会合署办公；为了能够融资、承债,从事对外交易和经营,一般还同时组建一个由管委会直管的开发建设总公司作为经济活动法人。与中国现行宪法和地方组织法等有关法律所规定的省、市、区各级地方政权——党委、政府、人大、政协等组织结构模式相比,这是一种结构简化的管理体制,具有机构简、人员精、包袱轻、效率高等特点,其目的是减少开发区在政治、社会事务等方面的负担,专注于与经济发展有关的事务。

开发区管委会一般具有高级别干部配置和高管制授权安排等特征(鲍克,2002)[②]。高级别干部配置是指开发区管理机构的层次是地厅级设施,其领导人地位甚至高于该城市所辖区县；高管制授权安排是指开发区在某些领域(如产业投资量审批、土地征用、工商管制等方面)享有省一级的权力,很多超过了所在的城市。由此,开发区比城市一般次级行政区拥有强大得多的资源调动及自主安排能力,以及应对不同管理部门的统筹与协调能力。

政府派出机构模式的优势体现在以下几个方面：① 开发区管委会的高层

[①] 参见 1) 昆明高新区"二次创业"管理体制和运行机制创新研究报告[R];2) 吕薇.关于开发区管理体制的思考[J].重庆工学院学报,2004,8(1):1-4;3) 皮黔生,王凯.走出孤岛——中国经济技术开发区概论[M].北京：生活·读书·新知三联书店,2004：168-175.

[②] 鲍克.中国开发区研究——入世后开发区微观体制设计[M].北京：人民出版社,2002：76-77.

次、高授权和高自由度,对降低交易成本、协调一线矛盾、屏蔽外部环境干扰、获取政府高层信息等都有直接帮助。② 管委会、党工委和总公司各自承担部分职能,为载体的规划开发、招商和企业服务提供了较完备的条件,管委会与总公司的职能互补极大地提高了办事效率。③ 开发区准政府的设置不仅能够行使政府的一些经济管理职能,而且由于其精简、高效的机构配置,对优化区域发展环境有重大意义。

这种模式的缺陷和薄弱环节则在于:① 行政授权不到位,宏观控制缺乏力度。开发区管理权限的下放一般都是根据开发建设的需要,缺乏整体性和综合协调管理力度。② 开发区与所在行政区在领导、规划、管理、开发、建设等方面权利和经济利益上的再划分容易发生冲突。因此,这种模式适用于人口较少的相对独立的中小型、新区型开发区,而当开发区发展到一定规模,城市功能趋于综合以后,会形成新旧体制之间的激烈冲撞,开发区原来建立起来的与旧体制的屏障将不断地遭到削弱,由此,这种管理模式就不适应了。

> 政府直接领导模式

开发区的宏观管理决策权和财政、项目审批、土地、规划、人事等行政事务,均由当地政府相关部门(或政府部门组成的领导小组)直接行使,开发区管委会主要是从中协调和管理具体事务。这种模式需要发达的市场经济外部环境相配合,经济欠发达的地区由于认识不同、观念有异,市场化程度低,很难采用这种管理模式。目前,深圳高新区采取的就是这种模式。由于深圳市的市场经济较为发达,本身又是特区,人们的思想观念意识较为开放,政府办事机构主要是为社会(含企业)提供服务,因此,运作比较成功。

> 政区合一模式

政区合一模式的特点是开发区和行政区和管理职能合一,或者是两块牌子一班人马,内设机构基本保持行政区管理机构的编制和职能。开发区与行政区的合并,扩大了开发区对外开放的空间,使两区在人才、劳力、土地、基础设施、招商引资等方面的优势得到了互补,减少了区域摩擦,提高了行政效率。而弊端则在于:① 庞大的机构设置造成开发区包袱较重,财力分散,开发功能相对弱化。② 机构膨胀使人员精干及素质优势弱化,服务意识相对变弱,行政效率必有所降低。③ 集权部门越来越多,增加了开发区行政管理"条块"部门之间的协调成本,弱化了开发区作为特殊经济区的改革示范效应。④ 运行机制和管理方式上容易出现机构运转不协调的现象,产生诸如重管理、轻服务,重审批、轻监管的问题。这种模式适用于整个行政区域与开发区重合,或者开发区是原有城区建制的一部分。常州新北区、广州萝岗区等目前都是这种模式。

> 企业主体模式

企业主体模式是一种完全用经济组织方式管理开发区的体制模式,在这种模式中,开发主体不是一级行政组织或政府派出机构,而是由大企业或开发商来规划、投资开发和管理一个开发区。开发公司作为开发管理主体,统一负责开发区的基础设施建设,资金筹集和运用,土地开发和土地使用权转让,房产经营,创造投资环境,吸引国内外资金和先进技术,创办企业,促进技术、产品贸易及综合业务发展等。虽然开发区由开发公司管理,但需要由市政府赋予其管理权限和职能,包括项目审批等经济管制权力和必要的特许经营开发职能等。这些职能的赋予,使开发公司具有了一定的政府色彩,是典型的公司代行政府职能形式。开发区内可根据需要决定是否设置开发区管委会,但管委会的职能一般很弱,开发区主要以开发公司为主体进行经营管理。中信公司所负责的大榭开发区基本属于这一模式。

这种模式的优点在于:① 机构精简,管理成本低,运作效率高。② 完全彻底的企业行为,按照现代企业制度进行经营运作,直接面对市场,完全承担风险,尽管与政府关系密切,但是基本摆脱了政企不分、经营风险转嫁的可能性,不会留下二次改革的后遗症。③ 可以通过国内资本市场和海外资本市场上市融资进行资本经营,以壮大公司的实力。④ 公司获得利润后,积累起来,由地产商发展成多领域的投资商,可以慢慢跃出地理范围,依靠娴熟的开发经验,扩大经营规模及领域。

在这种体制模式下,开发公司实际上承担了一定的政府职能,需要进行大量公共事业开发,但由于开发主体不是一级行政组织或行政派出机构,无法像大部分行政管理机构那样直接从税收收入中获得必要的投资补偿,公共基础设施成本主要靠工业和商业用地开发收入来补偿,因此容易出现以下几种现象:① 基础设施开发水平较低。② 将对基础设施的巨额投资或者转嫁到地价上,致使地价过高。③ 在有限的用地范围内扩大非工业用地以获取较高的开发收入。④ 公司因不能及时回收资金,债务过重,而陷入财务困境。此外,以一个企业去开发一个区域,在前期可能没有问题,但区域土地开发完毕,批量引进生产性企业后,由一个企业去管理企业的管理方式,会导致大量不能通过交易方式实现的服务和管理如统计制度、经济纠纷等成为问题。

(2) 按投资主体划分

根据投资主体的不同,可分为以政府为投资主体的开发模式和以企业为投资主体的开发模式[①]。

> 以政府为投资主体的开发模式

在以政府为投资主体的开发模式中,政府作为土地开发的主体,并承担最终的损益。政府的收入为土地出让收入,支出为征地、拆迁配套和财务费用。由于大多数开发区起步于基础设施并不完备的城郊地区,开发区的首要工作是进行基础设施开发,而当政府不能拿出足够的财政资金投入土地开发时,需通过一个承债主体融资,解决资金需求。一般是由一个与开发区管委会同时组建的国有开发建设总公司或者管委会委托授权的一个开发公司作为实体来运作融资、征地、配套;政府出让土地,并以收取的土地出让金来支付征地成本、财务费用,回购基础设施资产,不足的部分逐年用财政收入弥补。形式上开发区公司是融资主体,而地方政府是实际的投资主体。

该模式的特点为:① 有利于政府的招商,集责权利为一体,土地让利和收益均由政府承担,而政府可通过财税来平衡预算。② 有效地解决了开发的融资问题。③ 导入了市场化运作的机制,可避免政企不分所可能导致的一系列问题。

> 以企业为投资主体的开发模式

在以企业为投资主体的开发模式中,政府委托(授权)开发公司作为土地开发的主体,并由开发公司承担最终的损益。开发公司可以是政府全资公司或合资公司及上市的公共公司,政府将土地成片出让给开发公司,开发公司以土地二级市场的方式运作土地开发和经营。

以企业为投资主体的模式的特点是:① 开发公司的压力较大,可促使开发效益的提高。② 有利于发挥开发商的招商积极性,提高招商能力。③ 政府希望的招商工作往往与公司的效益产生矛盾。因此,在一般情况下,这种模式适合于土地开发有可能有净收益的园区;或者政府的财政能力较弱,而必须借助社会资本来完成具公共目标的园区开发。

目前,大部分开发区实行的是以政府为投资主体的开发模式。而苏州工业园区采取的是以企业为投资主体的开发模式,园区开发有限公司由新加坡政府牵头的外方财团和中方财团合资组建,公司主要负责苏州工业园区的开发。高标准的规划使公司在基础设施上的投入非常大,而周边的园区有政府财力的介入和较灵活的政策,使得苏州工业园区的土地招商遇到了很大的挑战。后来调整为中方控股,地方政府也提供了一定的财力支持,使该园区的开发经营步入良

---

① 参考刘浩. 我国经济开发区的商业和盈利模式研究[J]. 产经透视,2004(2):51-54.

性循环。

（3）按管理层次划分

可分为三类：一是开发区管委会一级管理。大部分功能单一的开发区采取这种管理结构。有时是管委会加开发公司模式，或管理与开发功能合一。

二是决策和经营两级管理。一般用于一区多园的开发区。开发区有一个负责总体政策和规划的决策管理机构，下面每个园区还有具体的管理和经营机构。比如北京市中关村科技试验区、广州高新区以及珠海高新区等。

三是决策-管理-服务三级管理。由母城区政府组建协调领导小组，贯彻执行有关方针、政策；管理中心负责日常行政事务，主要职能是规划、协调和监督检查政策落实情况；服务中心主要为企业提供服务。深圳高新区即是采用这种形式。

（4）按财政体制划分

一类是有财税收入功能。即开发区管委会作为一级管理和服务部门，可获得开发区企业的税收分成，用来进行开发区的建设和发展。现有的大部分新设独立开发区均采取这种形式。另一类是没有财税收入权。园区管理机构或开发公司不能从企业的税收中提取留成，这种开发区大都是在老城区，税收收入归所在地政府，所需开支由市（区）财政列支，开发区管委会没有行政权力，主要负责制定政策等。如珠海高新区等。

4.2 开发区管理体制的运作

政府派出机构模式是我国开发区管理体制的主流形式，特别是在建设初期，因为大部分开发区在创建初期都远离母城市政基础设施基本空白的地域起步。在这种条件下，开发区实行传统管理体制是不可能的，但完全简化掉政府也是不现实的；同时，由于资金困难，没有行政经费，决定了开发区机构设置必须高度精简，使得政府派出机构模式成为一种理想的选择。在这种模式下，开发区管理运作呈现出一些独有的特征：

（1）与外部环境的关系：疏离甚至对立

相当一部分城市的开发区采取了一种"孤岛式"的运作形式，为营造"仿真的国际投资环境"而实施的优惠政策、管理体制等，使得开发区与周边地区存在巨大的落差。开发区普遍存在与周边地区相互疏离的状况，甚至出现对立和纷争。

1）利益纠纷。开发区的发展目标高度集中于区内的经济建设，将社会性事务主要交由所在行政区管理。前者能够为开发区带来财力的明显增加，而后者主要是耗费行政区地方财政。开发区的发展一定程度上以袭夺周边地区资源作为代价，投入与所得的不对称使得一部分开发区与周边地区出现矛盾。

2) 经济落差。开发区空间范围较小而且财力相对充裕，可以从容地进行建设财政；而周边地区财力大部分要用来维护社会开支，只能勉强维持吃饭财政。比如天津开发区 2003 年的财政收入已经到了 93 亿元，塘沽区只有 10 个亿；但是开发区只有 20 万人口，财政供养人口只有 1 000 人，而塘沽区却有 50 万人口，财政供养人口超过 1 万人[①]。巨大的经济落差使得开发区区内区外在基础设施建设难以进行有效的协调。

3) 资源争夺。随着开发区空间范围的扩大，开发区征地对周边地区经济发展造成严重影响。征地农民就业安置等问题，主要需要交付乡镇政府解决。而乡镇政府作为拥有一级财政的行政主体，其施行能力和服务受制于镇域经济的发展状况，需要通过镇域经济的发展才得以提供更多的就业机会和财政支持。但开发区征地不仅使耕地缩减，更使征用土地范围内的工业企业被迫解散或迁移，发展空间相对缩小又限制乡镇进一步增强经济实力的可能（林拓、刘君德，2002）[②]。这客观上迫使一些周边乡镇抵制开发区的征地行为，与开发区争夺资源。

（2）内部开发运营：特殊的"资金大循化模式"

对于大部分开发区而言，创业初期唯一的原始资本就是尚待开发的土地资源。作为园区开发主体的开发区公司，其主要"生产过程"是代表管委会组织实施园区土地开发，负责征地及拆迁安置，并将"生地"经平整和基础设施配套转为可利用的"熟地"，一般还同时负责建造标准厂房、研发大楼、实验室、孵化器场地等公共产品性物业设施，而后将熟地及其附着设施出让给入区生产企业或者二级开发商，从而获得土地开发收入，以支付征地成本、财务费用，以及基础设施投资等等。

理论上讲，如果土地/物业租售收入足以抵偿开发贷款和建设过程中的附加成本并有盈余，开发公司单靠园区土地开发便能实现资金平衡甚至盈利。但事实上，由于占园区面积多半的产业用地和生产性物业设施是以低于市场价格出让给入区企业的，甚至对于一些投资规模大、盈利预期好的项目还会实行"零"地价出让，使得开发公司背上沉重的债务，在短期内实现自我平衡的可能性不大，

---

① 2004"两会"访谈：专访天津市委常委、滨海新区管委会主任皮黔生[OL]. 2004-03-08[2006-12-31]. http://news.xinhuanet.com/video/2004-03/08/content_1352578.htm 新华网。
② 林拓，刘君德. 开发区与乡镇行政体制关系问题研究[J]. 经济地理，2002(2)：196-199.

在这种情况下,开发区形成了一种独特的由开发区管委会、开发公司和企业共同构成的以土地开发和经济增长为核心"资金大循环模式",其基本流程为:1)开发区管委会根据引资形势预测,制定出经济社会发展规划和物质空间建设规划,并由开发总公司据此制定出年度土地开发计划;2)管委会委托开发总公司通过银行借贷等融资方式取得启动资金,进行土地开发以获取工业用地;3)管委会在招商引资过程中授权开发总公司向企业低价转让工业用地以吸引外资建厂;4)企业在取得工业用地之后,通过投资建厂、生产运营促进了开发区的产业发展和经济增长,并在过程中获取税收和利润;5)管委会通过税收等形成可供支

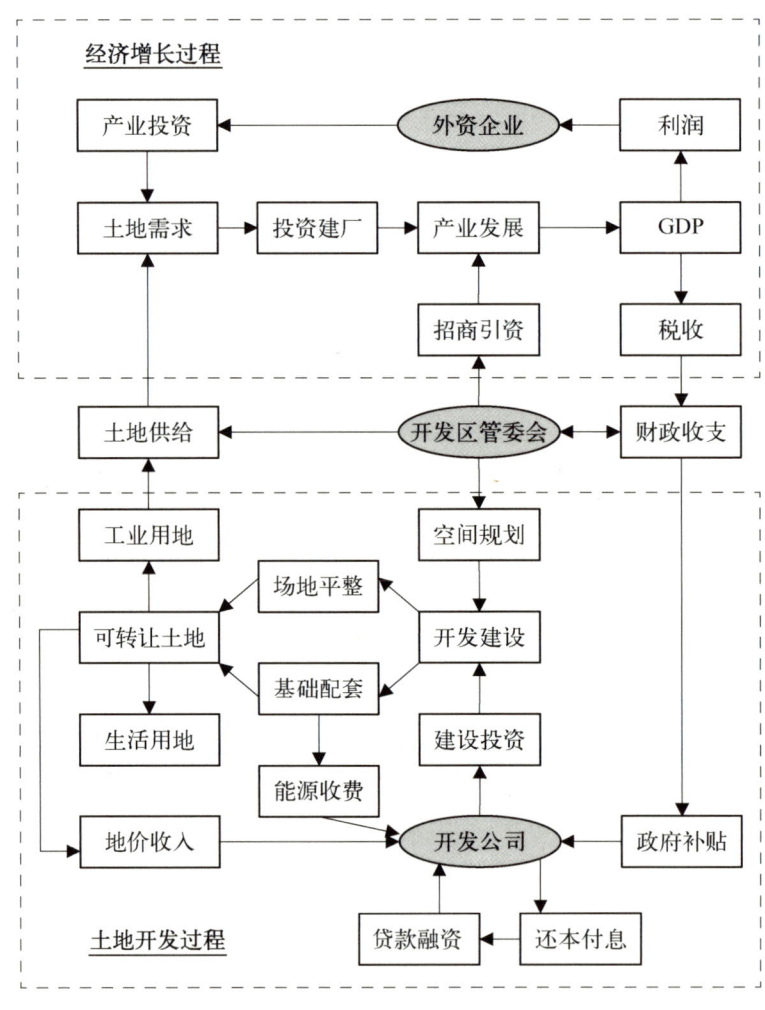

图 4-1 开发区特殊的"资金大循化模式"

资料来源:根据调研,并参考杨东峰,2006

配的区属财政,其中相当大一部分用以补贴开发公司因低价转让工业用地和水、电、气、热的低价收费所导致的差价亏损及偿还银行本息,剩余部分则用于区域管理等其他方面的政府支出;6)开发总公司在取得政府补贴之后能够支付银行本息,并获得新的贷款融资,从而用以支撑公司的持续运营。至此,开发区基本上完成了一个开发建设循环过程(图4-1)(杨东峰,2006)[①]。

虽然各地开发区在发展过程中探索了负债开发、滚动开发、划片开发、委托开发等多种具体的建设开发模式,但这种开发建设循环过程一直未发生任何根本性变化,其基本内涵是:通过土地开发和工业用地低地价转让吸引外资,再通过外资经营和经济增长产生的财政税收来弥补土地开发的亏损。这种模式的成败盈亏则主要取决于入区企业群体的发展状况,如果园区不能够吸引足够的企业而造成熟地与物业的闲置,或者入区企业无法实现预期的盈利与纳税水平,则该模式也无法实现盈利(王慧,2006)[②];而如果从土地开发投入到实现税收补偿平衡的时间周期过长,该模式也将面临巨大的财政风险,因为投资者在优惠政策到期后,有可能转移到其他地方以继续享受新的优惠政策,从而使得这一税收预期落空。

在这种特殊的"资金大循化模式"下,一些开发区因为对于外资企业让利过多而背上了沉重的债务负担。比如武汉经济技术开发区截至2003年底债务规模达到12.05亿元,而基于当前的财政体制,未来5年内,开发区的可用财力将稳定在10亿元左右,除去保证正常运转的经费、企业发展金等,每年可用于基本建设的资金也就在6亿元左右。按2003年偿还短期债务6.7亿元测算,开发区偿债率达到54.45%,远远高于国际上公认的安全比例8%~10%(刘茂华,2004)[③]。据本文的调研,苏南地区的不少开发区也存在类似的情况。为了弥补工业用地的亏损,一些开发区加大了商业开发和房地产开发的力度,通过大量销售商业地产来维持公共财政的运转。这在客观上促进了开发区从单纯工业区向综合性新城区的转变。

4.3 开发区管理体制的发展趋势

政府派出机构模式作为对传统行政管理体制的突破,为开发区的迅速启动以及快速发展做出了巨大贡献。但随着开发区空间扩张以及城市化功能需求增

[①] 杨东峰.嵌入繁殖·二元分立·肌理粗化——谈天津经济技术开发区的物质空间模式[J].规划师,2006,22(8):69-72.
[②] 王慧.开发区运作机制对城市管治体系的影响效应[J].城市规划,2006(5):19-26.
[③] 刘茂华.经济技术开发区发展的财政政策研究——以武汉经济技术开发区为例[D].华中科技大学硕士学位论文,2004:30-31.

加,在一些地区这种模式已经不能适应开发区发展和管理的需要。

1) 开发区空间扩张的需求。以量的扩张为主导的空间拓展方式轻易地突破了国务院最初批准的规划范围,虽然经历了多次新增用地上报审批,但批准的速度仍旧赶不上实际空间扩张的速度。为了进一步拓展开发区的发展空间,实现开发区与行政区的政区合一无疑是一种十分有效的手段,不仅使开发区获得了更大的发展空间,而且能够有效避免因开发区空间扩张而与周边地区产生的摩擦;同时,地方政府实质上将开发区纳入控制范围,成为其拉动本地经济、获取政绩的重要来源。

2) 城市化功能成长的需求。随着开发区规模的扩大,单纯的工业区建设已经不能满足开发区自身发展的需求,开发区迫切需要社区建设、公共服务等综合城市功能的支撑。而政府派出机构模式的主要优势在于经济建设方面,其在社会事务方面的劣势使其难以适应开发区功能多元化的发展趋势。

因此,无论是经济技术开发区还是高新区,均出现了较为明显的从政府派出机构模式向政区合一模式的转变。从1993年青岛经济技术开发区与黄岛区完成合并至今天,已经有不少开发区步其后尘,如广州经济技术开发区与萝岗区的合一、常州高新区与新北区的合一、宁波经济技术开发区与北仑区的合一、苏州高新区与虎丘区的合一、杭州高新区与滨江区的合一等。这种从个案到趋势性的变化揭示了开发区从经济发展的"特区"向"正常"政区演进的客观需求及内在规律。

表 4-12　部分开发区目前的管理体制

政府派出机构模式	天津经济技术开发区、苏州工业园区、北京中关村科技园区、上海张江高新区、珠海高新区、东湖高新区、西安高新区
政区/准政区合一模式	广州经济技术开发区、青岛经济技术开发区、青岛高新区、无锡高新区、常州高新区、宁波经济技术开发区、苏州高新区、杭州高新区
政府直接领导模式	深圳高新区
企业主体模式	大榭开发区

5　本章小结及引申

5.1　小结

本章从产业、空间、社会和管理体制四个方面入手对开发区的建设运行特征

进行分析,研究的主要结论如下:

(1) 产业发展:大部分开发区以制造业为主导,对核心企业具有较高的依赖性;大部分东部地区开发区形成以电子信息为主导的行业结构,行业同构性强与发展附加值低并存;中西部地区开发区的行业结构相对多样化和差异化,但已经出现模仿东部地区开发区发展模式的趋势;总体上看开发区产业发展表现出较强的数量集聚特征,而离产业集群尚有不小的距离。

(2) 空间拓展:开发区空间拓展以粗放的工业用地量的扩张为主;为了拓展发展空间,出现了"一区多园"以及辖区扩张等多种形式;开发区在早期大多遵循"单一工业区"的发展思路,造成了人居空间与产业空间的不对称。

(3) 社会发展:开发区社会发展滞后,"被动城市化"引发了诸多问题;贫富分化严重造成了居住空间的分异与社会极化;大量外来人口集聚引发"外来-本土"社会空间矛盾;"居住-就业"结构性不平衡导致开发区城市氛围难以形成。

(4) 管理体制:结合不同开发区的功能及地区背景环境,形成了多样化的开发区管理体制类型;政府派出机构模式是开发区早期发展较多采用的模式,在这种模式下,开发区的管理运作采用了一种特殊的"资金大循环"型式,与外部环境呈现出疏离甚至对立的状态;随着开发区空间扩张以及城市化功能需求增加,向政区合一模式转变的趋势逐渐明显。

5.2 引申

开发区的产业发展、空间拓展、社会发展和管理体制这四个维度并不是完全独立的,而是彼此之间相互关联、相互渗透:产业发展是开发区空间范围的不断扩大和"被动城市化"的波及范围的随之扩大的根源;开发区"居住-就业"的结构性不平衡既反映在社会问题上,也反映在空间问题上;开发区特殊的管理体制促成了以工业用地量的扩张为主导的空间拓展特征的形成;等等。

在开发区建设的初期,这种四维度的运行模式能够比较顺利地运作,但随着开发区规模的不断扩大,开发区的建设运行开始面临困境:以量的扩张为主导的空间拓展方式轻易地突破了国务院最初批准的规划范围,虽然经历了多次新增用地上报审批,但批准的速度仍旧赶不上实际的空间扩张速度。在开发区与周边地区整合建设新区的行政区划调整趋势下,开发区的边界在逐渐模糊。尽管如此,可用土地的总量日益减少,对于开发区来说仍是无法绕避的难题。在国家加强土地利用年度计划管理的政策下,经济发达县市到欠发达地区购买土地指标成为公开的秘密,但这也只能解决"燃眉之急"。随着国家从严从紧的建设用地供应新政策的实施,开发区"地荒"的问题日趋严重。"2005年整个常州的用地指标只有7 000亩,而新北区只有约1 700亩。如果按每亩30万元注册资本的投资强度要求,要完成今年的招商目标,新北区的土地需求在3 000亩,缺口约1 300亩"[①],这也是大部分开发区共同的困境。开发区初期的目标及选址决定了发展所有的城市功能并不够现实,在有限的资金筹措能力的硬约束下,只能专注于建设一流的现代化工业区;而对生产服务业及生活性设施的重视不足,就逐渐形成了结构性的失衡。伴随开发区规模的迅速扩大,城市综合功能严重缺失已经逐渐成为妨碍开发区整体发展的障碍:生产性服务业比如物流、信息等发育的不足不仅极大地制约了开发区吸引外部资本的能力,也使得开发区产业结构升级困难。大部分开发区主要表现为国际垄断资本的"加工基地"和"组装基地",自主创新能力严重不足;由此也导致开发区所创造的大部分就业岗位对于技能的要求不高,开发区整体人口素质难以得到提高,从而进一步加剧社会空间矛盾。开发区人居环境建设的滞后降低了开发区的吸引力;开发区与周边地域的相互疏离甚至对立不仅限制了开发区辐射效应的发挥,也极大地削弱了开发区的发展潜力。

  针对这些问题,开发区需要转型基本成为共识。一些研究分别从产业、社会、空间或体制等方面提出了一些有针对性的解决对策,但从更宏观的角度而言,这些客观状态和表现的形成,是开发区这一特定的公共政策实践运行的结果。鉴于此,在下一章将针对开发区政策本身展开讨论,以期为开发区的转型提供新的思路。

---

① 吴力波,彭金凤.常州淡出"铁本"阴影[N].经济观察报,2005-06-13.

第5章
开发区政策过程及政策效果

从政策的角度看,开发区发展实践中产业、空间、社会及体制等诸多特征,可以视为开发区政策效果的客观表现,这些表现与开发区政策的运行密切相关。而政策的运行是一种"生命"过程,是由问题界定、政策形成、政策执行、政策评估和政策变迁等环节构成的、有始有终的行为过程。本节重点探讨开发区政策过程及其政策效果。

1 开发区政策过程分析

1.1 精英式的政策形成

所谓精英模式,是西方多元主义政治理论中精英阶层民主理论的观点。"经典的精英民主理论的一个核心前提是,在每一个社会里,少数人作出主要决策"。

公共政策过程是以公共政策问题为逻辑起点的。社会公共问题只有由作为社会公共权威的政府加以体察和认定并列入政策议程才会成为政策问题,因此,政策问题的提出和政策议程确立的过程本质上是利益表达和利益综合的过程。在西方,社会利益结构分化明显,压力集团作为特定利益群体的代表比较发达,其社会性利益表达现象也比较普遍和有力,政策输入过程更多地表现为各种政治力量的社会互动过程。而在中国,党组织和政府作为社会公共利益的一般代表者,在政策制定的权力结构中处于政策中枢的特殊地位,拥有对整个社会资源进行权威性分配的权力,相当程度上在政策问题的提出过程中发挥着主导作用(齐明山、陈虎,2006)[1]。就开发区政策而言,决策的做出首先源于高层领导对

---

[1] 齐明山,陈虎. 当代中国公共政策输入机制的制度分析[J]. 公共行政,2006(10):23-25.

现实的把握和推动,也就是说,其所面向的社会公共问题很大程度上是由政府主动寻求和发现,并把它直接列入自己的议事日程,从而使这些问题并不经过公众议程而直接形成政策问题。这种过程中也有一定程度的互动存在,但只是政府内部的上级与下级之间以及公众与政府之间信息沟通性质的互动过程,而不是西方那种政策输入性质的社会互动过程。这也使得政策制定过程中的决策更多地呈现出"单方案决策"的特征,而不是多方案的择优。

1.2 渐进式的政策方案

政策分析的基本模型包括理性决策模型、渐进决策模型以及为了弥补这两种模型不足而提出的综合扫描模型[①]。

开发区政策借鉴国际经验并结合我国自身实际,采取了一种有限理性和渐进式的发展理念。主要是通过运用行政手段划出一些特定区域,集中有限的资源,率先改善这些区域内发展的"小环境",使其在聚集资本和人才、创新科技和管理、发展经济中"先走一步",再逐步发挥示范与扩散作用,不断在更大的范围内"复制"和"扩散",逐步改善整个地区乃至国家发展的"大环境",实现更大范围的经济快速发展,以此逐步扭转我国在国际竞争中的不利局面。显然,政策本身带有明显的试验的特征。

不过,政策方案并未给出相应的时间约定,在空间上的约束也不严格,这与国外的特殊经济区域存在明显的差别[②]。也导致了开发区存在至今,尽管自身以及其周边的环境都已经发生了巨大的变化,却仍保留其当初的属性和特征,无论在经济、功能、地理、政策还是心理上都存在着严重的与所在城市格格不入的"孤岛"效应。或是因政策应用的时空泛化而事实上已无异于一般城区,而名称仍然保留。

1.3 缺失的政策评估

政策评估是对公共政策的效用进行评价和判断的一种政策行为。霍格伍德和冈恩(Hogwood and Gunn,1981)认为,政策评估是介于应然状态(prescription)和实然状态(description)之间的活动,它贯穿于政策过程的全过程。

开发区政策本身具有明显的目标导向性;同时,政策的施行伴随着巨大的公

---

① 参见张国庆(主编). 公共政策分析[M]. 上海:复旦大学出版社,2004:287-294.
② 参见张艳. 英国企业区建设实践及对我国的借鉴意义[J]. 现代城市研究,2006(4):40-44.

共财政"成本",对于民间或私人资本而言,开发区政策是一种宝贵的资源,是追逐的对象。因此,对开发区政策的"成本和效用"要适时进行评估,以判断该项公共政策的价值,决定政策的变迁。但开发区政策实施至今,尚未进行过真正意义上的政策评估。

从官方的角度而言,商务部自1999年开始开展对各国家级经济技术开发区的投资环境综合评价工作,分为综合经济实力、基础设施配套、经营成本、人力资源及供给、社会及环境、技术创新、投资软环境和发展与效率8个指标。2006年,商务部进一步提出要研究制定滚动管理办法和退出机制,以此激励各国家级开发区的发展建设和投资环境的改善,对办得不好和不符合国务院要求的国家级开发区实行"黄牌"警告,甚至撤销。

高新区在建立之初确定了"优上劣下"的管理原则,由科技部组织建立高新区综合评价指标体系,对高新区发展逐年进行评价。在评价标准上,1993年的评价指标体系分为经济、资本、建设、企业、创业中心、人才、外国企业和工业总产值8个方面,但没有设置技术创新这个一级指标;1999年的评价指标体系分为技术创新、创业环境、发展、贡献、国际化5个方面,技术创新作为一级指标单独设置,且以27%的权重位居首位;2003年和2004年的评价指标体系分为技术创新、经济发展和创新创业环境3个方面,其中,技术创新能力的权重比重上升到40%,若包括创新创业环境指标30%的权重,则创新能力指标权重高达70%。显然,技术创新能力作为评价重点的趋向不断突出,与之相应,评价的目的也逐渐明朗,导向性增强。

除了官方的评价之外,一些学者(吴林海,2001;顾朝林、赵令勋,1998;夏海钧,2001;钱雁南等,2002;李琳,2006;等)在分析和指出官方评价指标体系存在的缺陷的基础上,纷纷构建自己的评价指标体系,对开发区发展进行了学界的评估。

但总体而言,这些评价是基于开发区体系内部进行纵向或横向比较,以反映开发区自身的发展状态或变化以及开发区之间的差异,是一种"实然"状态的评价,且不涉及投入与成本的分析,因而并非对于政策本身的评估。此外,如前所述,由于统计数据本身存在一些不足,对评估结论的可信度有很大影响。

2 开发区政策效果的诉求

尽管人们总是试图制定并实施最有效率、最能解决问题的政策,但公共政策

的实际效果如何,在一定程度上却是不确定的。影响公共政策效果的主要因素包括:

1) 政策自身结构因素。大致可分为三种情况:① 如果政策按照设计实施,但没有获得预期效果,则政策本身存在"理论失败"(帕顿、沙维奇,2002)[①]。比如,控制财物滥用计划按照设计得以实施,并配备了专职人员,对目标团体有吸引力,但是并没有减少财物的滥用,这就是政策本身理论失败引起公共政策失效。② 政策在发挥积极作用的同时,也不可避免地可能产生一些副作用,随着政策实施的深入,政策的边际回报将不断递减,政策的副作用可能会超过政策的正效用造成政策失效。③ 随着时间的推移,政策环境发生变化,引起政策问题的变化以及新的问题产生,原有的政策不再适应新的政策情况,因而难以产生预期的政策效果。

2) 政策执行和环境因素。政策有可能"执行失败"(帕顿、沙维奇,2002)[②],即政策不能像设计的那样得以实施。比如政策环境引起了政策的异化,造成政策表面化(只宣传不实施,使得政策未能得到具体落实)、政策扩大化(附加了不恰当的内容,使政策的调控对象、范围、力度等超越了既定的要求,影响了政策目标的实现)、政策缺损(对政策内容进行有选择的执行和截留)、政策替换(表面上与原政策一致,但事实上背离原政策精神的内容)等(张国庆,2004)[③]。为此产生了政策执行评估,以确定政策执行是否按照政策规定采取了适当的政策执行行为,以及政策执行行为是如何影响政策成败的。

开发区政策效果的诉求,可以从政策逻辑与政策执行两个方面来分析。

2.1 开发区的政策逻辑

(1) 技术外溢的条件

开发区将引进外资实现技术外溢作为开发区技术进步与技术创新的重要手段,但技术外溢是有条件的。根据 Blomstrom(1989,1991)、Kokko(1992)对跨国公司 FDI 技术外溢的研究,跨国公司 FDI 的技术外溢可以分为以下几种形式(江小涓等,2004)[④]:第一种是与竞争相关的技术外溢(competition-related

---

[①] 帕顿,沙维奇. 公共政策分析和规划的初步方法[M]. 孙兰芝,胡启生,等译. 华夏出版社,2002:279.
[②] 同上。
[③] 张国庆(主编). 公共政策分析[M]. 上海:复旦大学出版社,2004:240-241.
[④] 江小涓,等. 全球化中的科技资源重组与中国产业技术竞争力提升[M]. 北京:中国社会科学出版社,2004:77-78.

spillovers),即跨国公司的进入增加了本地企业的竞争压力,为了捍卫自己的市场份额,本地企业不得不增加技术投入,提高自身的技术水平和生产效率。第二种是跨国公司的子公司或分支机构与当地企业之间在技术与管理方面的合作所产生的外溢效应。第三种是人力资本外溢(human capital spillovers)。跨国公司对其在东道国当地的员工进行的培训提高了他们的技术和管理水平,如果这些员工受雇于本地公司,则可以提高本地公司的技术和管理水平。第四种是示范效应(demonstration-type spillovers)或模仿效应(imitation-type spillovers)。前者由跨国公司在东道国的运作与活动所产生,后者由本地公司主动学习或模仿所产生。

在技术外溢的过程中,跨国公司扮演着技术"溢出者"的角色。但跨国公司对于不同的技术,其控制的松紧有很大的差别。为了维护自己未来的竞争优势,跨国公司从战略上考虑,通常只转移低层次的技术以及一些已经实现标准化的技术,如劳动密集型产业的技术和一些电子产业的生产技术,因为使用这些技术的产业在发达国家已经失去了比较优势,因此跨国公司对这些技术的控制较松,通过在发展中国家设立生产基地将这些技术直接转移给发展中国家。而对于较高层次的技术,跨国公司出于对自身利益的考虑一般控制比较严格。基于自身利润的最大化,跨国公司会尽量保持其对先进技术尤其是核心技术的控制以获得超额垄断利润。

外资企业技术溢出效应的大小,不仅取决于跨国公司方面,也取决于作为技术"接受者"的东道国方面。Cantwell(1989)[1]研究了1955—1982年间美国跨国公司在欧洲的投资及技术活动对欧洲公司的影响,得出的结论是,在技术基础较强的领域,欧洲本地的公司能够很快弥合与美国公司之间的技术沟壑,但在一些本身比较弱、与美国公司差距比较大的部门,欧洲公司的市场份额则越来越小。Cantwell指出,不同的技术基础与不同的技术环境可能导致迥然不同的技术后果:当东道国与母国的公司同时都积累了一定的技术经验,并且彼此相互接触与碰撞,形成一种技术上相互竞争的环境,就会产生良性循环,并最终使彼此都能实现自己的技术目标。但是,当东道国当地公司与跨国公司之间的技术差距过大,跨国公司的技术不仅不能很快被东道国的公司所学习和模仿,反而会由于技术和生产率方面的差距,使得跨国公司在东道国具有强大的竞争优势并最终

---

[1] 江小涓,等.全球化中的科技资源重组与中国产业技术竞争力提升[M].北京:中国社会科学出版社,2004:89-90.

不断排挤东道国当地的公司。Kokko(1992)[①]对于墨西哥的实证研究也显示,在那些技术差距比较大的部门,外资的强势进入所带来的技术的复杂性与高的资本-劳动比率与本地公司之间并不相配,本土企业并不能从这些技术和生产模式中得到好处,这种格格不入的状态不会给本地公司的生产率及技术产生积极的影响。Borensztein 等(1998)[②]使用过去 20 年 FDI 从发达国家流向 69 个发展中国家的数据集检验了 FDI 对经济增长的影响,回归结果表明 FDI 是技术传递的重要渠道,在开放经济系统中,出口贸易和外商直接投资都是技术扩散效应的重要载体。他们在分析外商直接投资对国内企业的技术外溢效应时,指出单纯的 FDI 并不必然对当地企业形成技术外溢效应,东道国的人力资本存量对其吸收能力的大小起着决定性作用。只有东道国具有一定的人力资本积累,从而有吸收先进技术的能力,FDI 才能促进生产率较快增长。显然,要促使技术溢出效应的最大化,则东道国在引进跨国公司垂直型 FDI 的过程中,不仅需要考虑到本地区的要素优势,还必须关注目标资本与本土企业产业联系的可能以及其与地区企业的技术差距。

(2) 开发区经济增长的政策导向

从开发区的政策逻辑看,开发区政策在导向上着重鼓励要素驱动型的经济增长,而非鼓励以技术创新作为动力的经济增长。

就经济技术开发区而言,其重要目标在于吸引外资的投入,也就是增加资本积累,而吸引外资的主要手段是税收优惠、相对低廉的土地以及劳动力等。显然,经济技术开发区政策本身就已预设了资本、土地和劳动作为开发区经济增长的主导要素。虽然开发区也强调引进外来技术的重要性,但仅是愿景或口号,在政策手段中并没有实质的内容来促进技术外溢的产生。而且,开发区优惠政策面向的对象主要是外资企业,一定程度上将内资企业置于不公平的竞争境地,限制了开发区引进吸收和消化外来技术的能力。

就高新区而言,理论上讲其开发过程应体现新经济增长理论的应用。但仔细分析相关的政策手段则不难发现,其实际的运作也是基于传统经济理论的:1) 高新区最为重要的优惠政策之一是对高新技术企业实行所得税减免,但这种减免是以企业为对象、而不是以具体的项目为对象,对技术性和非技术

---

① 江小涓,等.全球化中的科技资源重组与中国产业技术竞争力提升[M].北京:中国社会科学出版社,2004:89-90.

② Borensztein E., Gregorio J. D., Lee J. W., How Does Foreign Direct Investment Affect Economic Growth[J]. Journal of International Economics,1998(45):115-135.

性收入不作区分;2)高新技术产业发展的特点是高投入、高风险、高收益,而高新区的税收政策只是对企业技术开发的新产品所带来的利润予以一定幅度的税收减免,对企业用于科研开发的投资以及开发过程中可能的失败,在税收上并没有给予必要的照顾(韩凤芹,2004)[①]。因此,虽然高新区在一定程度上确是借鉴国外科学园区而建设,但具体的政策设计本身仍以鼓励要素的集聚为主,而并非以鼓励创新为主。这直接导致了现实中高新区与经济技术开发区的发展方式趋同。

(3) 开发区建设运行的政策导向

开发区在建设过程中,投资环境的优越——包括基础设施等投资硬环境以及其他软环境的建设——是开发区具吸引力和竞争力的最重要因素。在国家和地方对于开发区的投入有限的情况下,投资环境建设的力度则直接取决于开发区自身的财政能力,这就必定促使开发区——无论经济技术开发区还是高新区——千方百计,且尽快地扩大现金流量,以便有财力进行建设。通过消化与吸收外来技术、培养本地创新主体,或是通过研发、孵化进程将高科技成果产业化、市场化来提高财政能力需要长期而艰苦的努力;而引进外资生产型企业对于开发区财力的增加显然要容易见效得多。这也必然会强化开发区引进外资生产型企业的积极性。

2.2 开发区的政策执行

(1) 特定的制度环境背景

➤ 政绩考核、财政分权及公共产品供给制度

以 GDP 增长为核心的政绩考核制度:在西方国家的政治市场中,交易的主体是政治家和选民,内容是权力和选民,媒介是选票,政治家通过管理国家给老百姓福利,以此取得老百姓的支持。中国并非选票政治,地方政府官员的地位及升迁的决定权主要掌握在上级政府手中。由此,地方政府的政绩在很大程度上不是由辖区的纳税人和公共产品的受益人来评价,而是按照掌握着地方官员地位状态的上级政府的判断标准来进行评判。由此形成上下级政府间的委托-代理关系,下级政府实际上面对的是一个多任务委托合同,例如经济增长、环境保护、社会治安、下岗职工就业、税收增加和农民增收等等(李军杰、周

---

① 韩凤芹. 促进高技术产业发展的税收政策[N/OL]. 经济参考报,2004-09-28[2006-12-31]. http://www.cas.ac.cn/html/Dir/2004/09/28/8251.htm 中国科学院网.

卫峰,2005)①。但由于信息传递链条过长,上级政府不易准确掌握地方政府的行为,及感受纳税人和公共产品受益人的充分信息,所以自20世纪80年代初以来,地方官员的选拔和提升的标准一直是以简化的经济绩效指标,并由此形成了以地方GDP增长为核心的政绩考核制度。这使得地方政府在有限的任期内高度重视能够在GDP增长上快出政绩的工作,而对其他长期目标比如社会发展、技术创新等则相对忽视;由此,还需与同级地方政府展开激烈竞争,并不惜以公共资源的滥用和公共福利的牺牲作为代价。

财政分权制度:中国的财政体制在改革开放后经历了数次大的调整,至1994年进一步实施分税制改革,改地方财政包干制为分税制,地方和中央之间在收入权配置上发生了很大的变化。目前,地方政府已经有了相对独立的经济利益。地方政府从一个毫无法律人格地位、也不被承认享有独立利益的"车间",开始向一个由中央"控股"的、拥有合法独立地位和利益、并可以此与中央及其他地区进行合理利益博弈的"子公司"演变(李扬、刘煜辉,2005)②。财政分权体制改革强化了对于地方政府发展经济的激励。地方经济的发展既直接关系到当地的财政收入和就业,又影响到对于地方官员的绩效评价,还进一步影响当地获得更多经济资源的能力。

公共产品供给制度:基于福利经济学的观点,政府的一项基本职能是提供公共产品和服务。传统的公共行政观念视公共产品和服务为一个整体,都由地方政府来承担。1961年奥斯特罗姆(Ostrom)等深化了公共服务的供应(provision)和生产(production)的概念③,并明确指出:公共产品和服务的生产和供应需要区分开。服务的供应是指一系列集体选择行为的总称;而服务的生产则是指如何将一系列的输入资源转化为产品和服务的技术过程,它可以由公共部门也可以由私人来承担。通过这种区分,对于政府的职能有了更清楚的界定,即政府首先是作为供应单位而存在,并不一定要担负生产的职能。但就目前的情况来看,地方政府在承担着公共服务的供应职能的同时,更承担着大量的公共服务的生产职能。

在上述制度作用下,地方政府有充分介入开发区建设的动力和积极性,以期

---

① 李军杰,周卫峰.基于政府间竞争的地方政府经济行为分析——以铁本事件为例[J].经济社会体制比较,2005(1):49-54.
② 李扬,刘煜辉.现行体制下各级政府行为的扭曲[J/OL].比较,2005(21),[2006-12-31]. http://www.usc.cuhk.edu.hk/wk_wzdetails.asp?id=5238 香港中文大学中国研究服务中心网.
③ 参见(美) Ronald J. Oakerson 著. 万鹏飞译. 治理地方公共经济.北京:北京大学出版社,2004.

通过开发区建设带来 GDP 的迅速膨胀、就业矛盾的缓解以及城市形象的提升等多方面的利益。

> 地方政府资源配置能力与财政预算的"软约束"

政绩考核、财政分权及公共产品供给制度使地方政府具有介入开发区建设的动力和积极性,而地方政府的资源配置能力与偿债的"软约束"使地方政府具有介入开发区建设的能力。一些显然不具有优势的开发区依靠地方政府强大的资源配置能力,实现了开发运作,从而改变了竞争的格局。

地方政府的资源配置能力主要体现在地方政府对于土地资源的控制能力上。按照我国土地管理法,城市市区的土地属于国家所有;农村和城市郊区的土地,除由法律规定属于国家所有的以外,属于农民集体所有;国家为公共利益的需要,可以依法对集体所有的土地实行征用。而在实际的操作中,地方政府成为土地国有制事实上的所有者,负有对本辖区内城市土地进行经营和管理职能;同时,只有地方政府有权利征用城市郊区的集体土地,随着城市土地储备制度的建立,地方政府成为城市土地一级市场的唯一供给者,在土地一级市场中处于垄断地位。这种对于土地资源的强大配置能力为地方政府以行政力量介入到土地开发的市场活动中提供了基础,在必要的情况下,地方政府可以通过土地价格的非市场化运作来完成其实现经济增长的目标。

此外,由于实行中央和地方分税的财政体制,地方政府在税收方面也具有一定的支配能力。虽然地方政府名义上可运用的税收管辖权很小,但在税法与税收政策的实际执行中,在税率、税基、减免权等征收管理方面,却拥有广泛的自由裁量权,而且税收收入大部分是由地方政府来组织征收的,从而使地方政府可以支配的远远大于理论上所拥有的资源配置水平(钟晓敏,2004)[1]。

而与强大的资源配置能力并存的,还有地方政府财政预算的"软约束"。土地价格的非市场化以及税收支配权的动用势必会影响到地方的财政收入水平,但在地方政府财政预算"软约束"的情况下,地方政府作为理性经济人,具有强烈的"本届借债下届还钱"的届别机会主义倾向(李军杰,2004)[2]。

(2) 开发区政策执行的变异

委托-代理理论表明,委托人将权利授予代理人之后,在缺少有效的监督制

---

[1] 钟晓敏. 市场化改革中的地方财政竞争,财经研究,2004(1): 21-28.
[2] 李军杰. 经济转型中的地方政府经济行为扭曲分析[OL]. [2006-12-31]. http://www.usc.cuhk.edu.hk/wk_wzdetails.asp?id=4057 香港中文大学中国研究服务中心网.

约的情况下,并不能保证代理人严格地按照委托人的意志办事,代理人有可能按照自己的利益行事而忽略委托人的利益①。在中央政府与地方政府的委托-代理关系之中,由于政绩考核指标过度集中于 GDP 的增长,代理人与委托人的意愿出现了偏差:对于作为委托人的中央政府而言,设置开发区的最终目标是要通过先进的技术和管理经验促进地区产业升级;而到了作为代理人的地方政府层面,开发区则更多地表现为拉动地方经济、获取政绩的"法宝"。不少地方的开发区有明确的招商引资任务,且将任务层层分解到各个职能部门及辖区的基层政权,无论是经济技术开发区还是高新区,均被视为是地方的一个经济功能区或"类行政区",要应付与其他经济功能区或行政区同样的以经济增长为核心指标的业绩考核②。因此,各地方政府均不遗余力地深度介入开发区建设,从各个方面对开发区的发展进行干预,造成了开发区政策的变异。

据实地调研及参考相关研究,目前典型的做法如下:

> 开发区优惠政策的扩大化

在区位、基础设施等资源相对同质的情况,为了实现开发区在与其他地区开发区之间的引资竞争中获胜,地方政府通常将有限的资源运用到提供比国家规定的开发区优惠政策更加优惠的税收以及低廉的土地等方面以作为招商引资的筹码。而单纯依靠优惠政策的供给和低廉的土地是不足以吸引较高经济活动的高利润"模块"进入的,开发区承接的产业发展更多的是位于"微笑曲线"③低端(图 5-1)的加工组装型制造业,这也是跨国投资最活跃的行业,因为加工组装的特性使跨国公司能够形成全球生产体系,一种产品多国制造,电子及通信设备制造业即是这种典型(江小涓等,2004)④。但加工组装的特性也决定了行业产业链短,附加值低,经济发展的效率较低。

---

① 参见柯武刚(Wolfgang K.)、史漫飞(Manfred E. S.).制度经济学——社会秩序与公共政策[M]. 北京:商务印书馆,2000:77-81.

② 比如:珠海市针对珠海国家高新技术开发区以及珠海保税区、万山海洋开发试验区、横琴经济开发区和临港工业区等其他四个经济功能区,制定了《珠海市经济功能区领导班子干部工作实绩考核暂行办法》,规定的考核内容(1 000 分)包括固定资产投资(150 分)、实际利用外商直接投资(100 分)、外贸出口总额(50 分)、各项税收总额(200 分)、每 km² 已用土地投资额(100 分)、每 km² 已用土地税收额(100 分)、安全生产(100 分)、环境保护(100 分)、党的建设(100 分)(资料来源:珠海 2030 空间发展战略研究现状调研报告)。这些指标中,直接涉及经济总量指标的分数占全部考核分数的 50%,间接涉及经济总量指标的分数达到 20%,而在科技创新方面没有任何指标要求。

③ 微笑曲线是台湾宏碁集团总裁施振荣提出,最早由用来描述生产个人电脑的各个工序的附加价值特征。上游的办公系统和微处理器与下游的售后服务等工序附加值较高,而中游的组装工序利润空间变得最小。

④ 江小涓,等.全球化中的科技资源重组与中国产业技术竞争力提升[M]. 北京:中国社会科学出版社,2004:32-29.

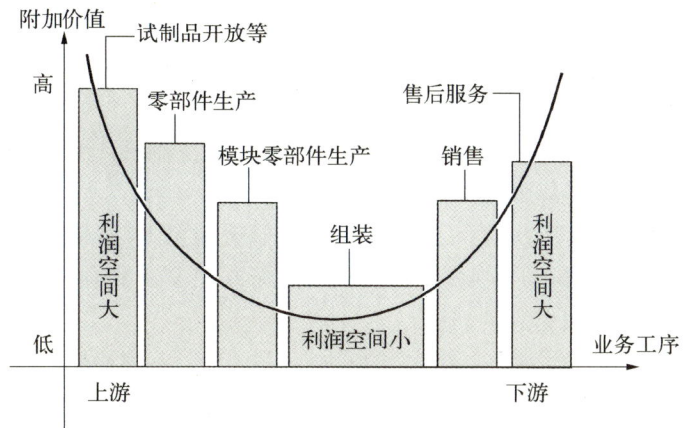

图 5-1 "微笑曲线"

资料来源：关志雄. 模块化与中国经济发展，http://www.rieti.go.jp/users/kan-si-yu/cn/c020816.html RIETI 经济产业研究所网.

> 重视大型企业而忽略中小企业

大多数开发区将超大型企业确定为招商追逐的主要对象，而对中小型企业则十分忽视。因为超大型企业产业贡献大，产业关联度高，而且能够为开发区奠定声望和实力，比如，摩托罗拉作为天津经济技术开发区的"锚项目"（anchor project），不仅支撑着开发区的电子信息产业发展，而且为开发区赢得了良好的声誉，进而吸引了更多的跨国公司的进入。但从经济增长的角度而言，企业规模的扩张并不一定会就会带来相应的经济增长，因为企业规模由劳动力和商品的相对交易效率决定，而经济增长则由一般交易效率确定，促进经济增长的关键是提高交易效率从而提高分工水平，而不是对某一类企业实行政策倾斜（张永生，2003）①。对于超大型企业的过度重视将以中小企业为主的内资企业置于不公平的竞争境地，不利于开发区产业合作网络的形成及自主创新能力的提升。

在招商引资的过程中，不少开发区都逐渐意识到产业链培育的重要性，并明确提出了"产业链"招商的口号。但重视大型企业的发展思路使得产业链招商也主要是鼓励外商投资企业原有配套厂商的跟进，这实质上进一步制约了本土企业的发展空间，本土企业将更难有机会进入跨国公司主导的全球生产体系，成为其产业链的一个有机组成部分（刘志彪、张晔，2005）②。

---

① 张永生. 厂商规模无关论——理论与经验证据[M]. 北京：中国人民大学出版社，2003：13,229.
② 刘志彪，张晔. 中国沿海地区外资加工贸易模式与本土产业升级：苏州地区的案例研究[J]. 经济理论与经济管理，2005(8)：7-10.

➤ 盲目设立支柱产业

根据中科院对全国33个国家级开发2001年确定的支柱产业及区内产业投资导向进行的统计[①],33个开发区中有32个把电子信息及通信设备制造业作为区内的支柱产业之一,有28个开发区把生物工程、生物制药作为支柱产业之一,有27个开发区把精密机械和光机电一体化作为开发区的支柱产业和引资的重点产业之一。除此之外,引资的重点主要集中在精细化工、新材料、绿色食品、服装纺织和汽车及零部件等行业。而这些产业究竟在多大程度上适合这些开发区,并没有经过仔细和充分的研究。

➤ 自行扩大开发区范围或设立开发区

为了获取更多的开发区建设的利益,地方政府有擅自扩大国家规定的开发区空间范围的冲动。同时,开发区的"巨大成功"对周边区域有着强大的示范效应,开发区的政策也不断在区外复制,从而兴起建设各种类型的地方性开发区的热潮,使开发区迅速呈现出供给过度之势。由于实行分税制及地方财政的分块管理,一些地方开发区甚至通过运用地方性的财政政策提供比国家级开发区更为优惠的政策来招商引资,这就进一步加剧了开发区之间的竞争并必将弱化开发区政策效果。

3 开发区政策效果考察

一项政策的效果具有很多个层面,一般包括(戴伊,2004)[②]:1)对目标群体或现状的作用。目标群体就是政策方案所试图影响的那部分人群,对目标群体的影响是政策预期要达到的目的。2)对目标以外群体和现状的作用(溢出效应)。所有的政策方案对不同的人群都有不同的效果。非目标性效果可能为正,也可能为负,因此,可以被视作成本,也可以被视作收益。3)对近期以及未来状况的作用。政策不仅可能影响目前的状况,对未来的状况也可能产生影响。4)直接成本,即直接用于方案的资源消耗。5)间接成本,包括机会成本,也就是做其他事情的机会损失。

3.1 预期目标的实现程度

(1) 直接目标

就经济技术开发区而言,其预期的直接目标主要包括两个方面:一是吸引

---

① 张晓平.全球化视角下的中国开发区发展机制及区域效应[D].中科院地理所博士学位论文,2003.6.

② 戴伊.理解公共政策[M].彭勃,等译.华夏出版社,2004:281-283.

外资以弥补资本短缺,创造就业机会,扩大出口创汇;二是吸引外资以促进国内技术进步,"以市场换技术"①。就高新区而言,其主要的预期直接目标是鼓励研发和创新,培育和发展本土高新技术产业。

从前文的分析可以看出,经济技术开发区政策显然已经达到了吸引大量外资企业,从而实现了弥补资本短缺,创造就业机会,扩大出口创汇的预期效果。但外资对于国内技术进步的效果实绩与预期相去甚远。外资企业在取得国内大量市场份额的同时,却并未对国内技术创新水平的提高产生明显作用②。国务院研究发展中心发表的一份研究报告指出,在中国已开放的产业中,每个产业中排名前5位的企业几乎都由外资控制;中国28个主要产业中,外资在21个产业中拥有多数资产控制权。比如:玻璃行业中最大的5家企业已全部合资;占全国产量80%以上的最大的5家电梯生产厂家,已经由外商控股;18家国家级定点家电企业中,11家与外商合资;化妆品行业被150家外资企业控制着;20%的医药行业在外资手中;汽车行业销售额的90%来自国外品牌③。而外资企业的行业垄断地位是建立在牺牲国有品牌市场的基础上的,如广州宝洁"海飞丝"的诞生就是建立在牺牲我国民族品牌"洁花"系列的基础上的④。

高新区的发展则出现了向经济技术开发区功能的偏离,虽然吸引了大量高新技术企业集聚,但很大程度上只是"高技术产品制造加工基地"。因此可以说,

---

① "以市场换技术"即通过开放国内市场,引进外商直接投资,引导外资企业的技术转移,获取国外先进技术,并通过消化吸收,最终形成我国独立自主的研发能力,提高我国的技术创新水平。这一战略的实施以1992年修改《合资企业法》,允许外方控股并出任董事长为标志。董书礼.以市场换技术战略成效不佳的原因辨析及我国的对策[J].科技与管理,2004(4):4-7,10.

② 黄亚生认为"以市场换技术"本身是一个又不符合逻辑又不符合事实的口号:一家外商只有在它认为要丢失市场的时候它才会引进新的技术。如果它能稳坐市场,它会认为它做得很好,它为什么要引进新的技术?正确的口号应该是:"以竞争换技术"。黄亚生.中国"外资依赖症"的原因和代价[OL].[2006-12-31]. http://www.usc.cuhk.edu.hk/wk_wzdetails.asp?id=5470 香港中文大学中国研究服务中心网.

③ 时卫干.外资角色再审视:28个主要产业中21个外资控制[OL].2006-09-03[2006-12-31]. http://www.ce.cn/cysc/cysczh/200609/03/t20060903_8400247.shtml 中国经济网.

④ 1988年,宝洁公司看上中国市场,希望能够在中国大陆找到合适的合作伙伴,经过广泛的调查,选中了广州肥皂厂。这家工厂自1980年以来,发展的"洁花"系列洗涤护肤产品在国内外市场上有一定的影响和信誉,建立了很好的销售渠道。1988年8月,美国P&G公司、香港和记黄埔有限公司与广州肥皂厂和广州经济技术开发区建设进出口贸易总公司合作,共同创建了广州宝洁有限公司。第一期投资1 000万美元,由美国宝洁公司提供管理与技术援助;广州肥皂厂提供劳动力和当地市场经验,拥有25%股权;广州经济技术开发区提供新建厂房,拥有5%股权;香港和记黄埔(中国)有限公司协助产品出口创汇。同年10月,第一批"海飞丝"洗发水走下了宝洁生产线,并顺利进入中国国内市场。而伴随宝洁公司的不断发展壮大,"洁花"以及其他广州原有的化妆、洗涤品牌则逐渐被淹没。其后广州宝洁日益壮大,随着生产规模的扩大,美方不断追加新的投资,而中方所持的股份日渐减少,直至1999年广州轻工集团将所持宝洁股权和债权全部转让给宝洁和记黄埔有限公司,宝洁从一家合资企业彻底成为独资企业。王建军.珠江三角洲跨国公司网络生长与空间差异研究[D].中山大学博士学位论文,2004:123-125;149.

高新区的建设并未能有效实现其预期目标。

(2) 间接目标

从宏观层面看,经济技术开发区和高新区政策的间接目标是发挥开发区作为改革示范区以及地区经济增长极的作用。中国从计划经济向市场经济体制转型方向的确定,客观上肯定了开发区作为改革示范区的作用。"开发区的试错为中国经济转型做了准备,中国的经济转型也是在开发区充分试错并积累丰富经验的基础上集聚能量的"(唐慎,2005)①。

根据增长极理论,可以将开发区作为地区经济增长极的作用模式归纳为图5-2所示。从开发区政策的实际效果看,开发区区内经济经增长取得了明显的绩效,但主要表现在初步形成产业的"集聚经济"效益,就业机会及个人收入明显增加,地方财政收入增加并促进了更好的基础设施建设等方面,尚没有达到能够依靠产业发展内生的力量进一步吸引创新活动和提升企业发展的水平;区内技术的引进、消化与创新,以及地方第三产业发展、劳动力素质提高等效果并不明显。而在与周边区域的联系方面,由于开发区自身产业发展尚停留在要素集聚

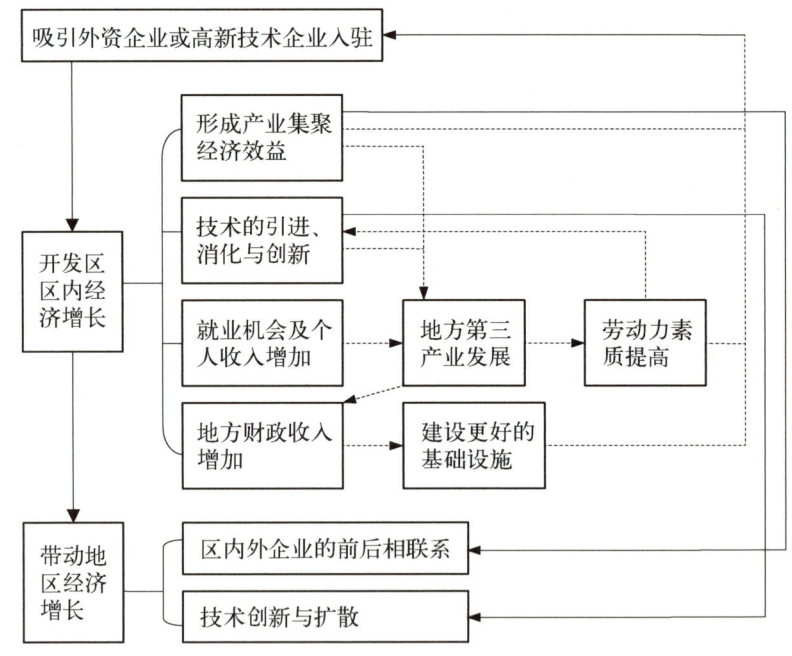

图5-2 开发区作为地区经济增长极的作用图示

---

① 唐慎. 开发区兴起与发展的制度比较[J]. 改革,2005(3): 53-58.

阶段,难以与周边地区产生有效的产业联系,而且在管理体制、社会环境等方面均呈现出"孤岛式"的特征,在自身得到高速发展的同时并未起到通过区内外企业的前后相联系以及技术创新与扩散带动周边地区经济发展的作用。相反,开发区的设置人为地在城市空间中制造出"特区"与"普区"的分割对比,两者之间不平等的境遇导致不平等的发展,使得部分开发区产生"回波效应",形成开发区与周边地区的极化分异。

3.2 开发区政策的成本分析

(1) 开发区政策的直接成本

开发区政策的公共支出,主要包括以税收减免和税收返还方式的财政支出,因低地价出让而给予的补贴,以及因开发区设立而进行的基础设施的公共投资两个方面。2005年,经济技术开发区完成工业增加值占全国工业增加值的7.9%,而税收收入仅占4.0%;高新区完成工业增加值占全国工业增加值的9.0%,而税收收入仅占5.2%。税收方面,主要源于所得税减免和增值税返还。① 关于企业所得税,开发区有诸如"免二减三"等相关优惠,而据访谈,在实际的操作中,自行承诺所得税"五免六减"甚至"十免十减"的现象也有发生。② 关于企业增值税,根据我国税制,工业企业应向国税部门交纳的增值税为中央和地方共享收入,共享比例为中央75%,地方25%,由国家先征后返,部分省市对国家返还抽取一部分,而一些开发区为了鼓励企业投资,又会承诺将本地所分得的部分退还给企业。

在公共投资方面,主要是开发土地、建设基础设施和公用设施的费用。开发区的土地投入使用前一般需要经历以下几个程序:① 所有权的转变。政府征用农村集体所有的土地使之转变为国有土地;② "生地"向"熟地"转变。由政府负责进行"六通一平"的开发建设;③ 使用权的出让。直到2006年8月31日"国务院关于加强土地调控有关问题的通知"出台,我国工业用地的出让方式一直以协议出让为主,由政府向开发商"有偿"出让土地使用权。土地资源的配置由政府进行计划调控并且负责土地征用,政府还通过城市规划和土地管理等部门依法对开发商的开发建设行为加以约束①(图5-3)。理论上讲,土地出让的价格

---

① 政府对于土地使用的计划调控主要通过计划部门、城市规划管理部门和土地管理部门来完成。计划部门对土地的分配决策起主要作用,通过对建设项目的经济性评价,决定是否批准建设;城市规划部门对土地使用的管理职能主要在用地性质、位置、面积和强度等技术性方面;土地管理部门主要负责农田保护,并执行政府征用土地的职能、行使政府出让土地使用权及实施地籍、地政的管理工作。相(转下页)

应高于土地开发及相关基础设施建设的成本。但在实际操作中,为了招商引资,一些开发区工业用地协议出让价格远远低于工业用地开发成本价格,甚至出现零地价、负地价现象。此外,一些开发区还为企业代建厂房;放松对于环境污染的规制要求;迁就企业的选址,打乱土地开发的正常秩序;等等。

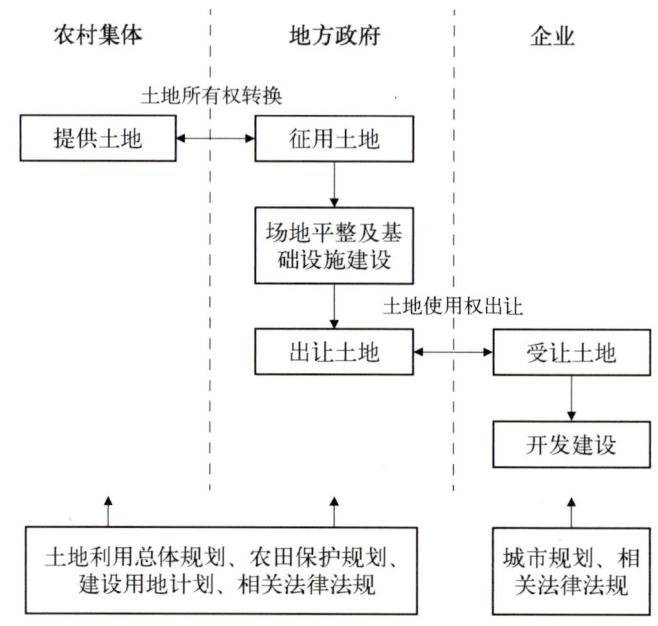

图 5-3　开发区土地开发建设的作用机制示意

（2）基于开发区个体的考察

对于开发区个体而言,如果能够通过短期或者局部的让利吸引企业的进入并获得超出让利的长期的回报,则是开发区的一种理性选择。但在很多情况下,

---

（接上页）关的计划体系由土地利用总体规划、农田保护规划、建设用地计划和城市规划等共同组成:土地利用总体规划对行政辖区范围内所有的土地的利用按照各业发展的需要综合平衡进行规划;农田保护规划主要是为了保护耕地,规划范围为城市建设用地以外的农业用地;建设用地计划主要是对当年新增的各类建用地量的计划,对用地作数量上的控制。根据 1999 年《土地利用年度计划管理办法》,"土地利用年度计划一经批准下达,必须严格执行,没有农用地转用计划指标或者超过农用地转用计划指标的,不得批准新增建设用地"。政府在征用农村集体土地时,必须符合建设用地规划指标以及土地利用规划和农田保护规划的要求;城市规划主要对预期的规划期内城市建设用地范围进行规划,政府主管部门依据城市规划对工业用地的开发进行管理;工业用地的开发建设必须符合相应的城市规划设计条件,包括用地性质、容积率、建筑密度和高度的要求。此外,对于土地使用的管理还通过一系列的法律法规来规范。现行的相关法律法规主要包括:《中华人民共和国土地管理法(1998)》、《中华人民共和国土地管理法实施条例(1998)》、《中华人民共和国城市房地产管理法(1994)》、《建设用地计划管理办法(1996)》、《土地利用年度计划管理办法(1999)》、《建设用地审查报批管理办法(1999)》、《闲置土地处理办法(1999)》、《协议出让国有土地使用权规定(2003)》,等等。

第5章 开发区政策过程及政策效果

以超过国家规定的优惠政策内容作为代价来吸引企业入驻对于开发区个体的经济增长而言并非总是收益大于成本的选择。

刘茂华(2004)[①]以武汉经济技术开发区引进一家国际知名电器公司为例进行成本-收益分析如下：为引进这一国际知名企业入驻开发区，开发区在利益上做出了重大的牺牲——土地价格为1.5万元/亩(开发区土地开发成本价15万元/亩)；增值税地方留成部分8年返还；所得税自获利年度起6年全返、第7年至第10年50%返还。该企业占地307亩，土地开发成本为4 145万元。按与该企业签订的投资协议，8年内该企业缴纳的税收开发区得不到任何收益，开发区有投资回报是第9年以后的事。按现行财政体制，新入区企业缴纳的税收开发区综合留成比例为12%~15%，即企业缴纳1 000万元的税收，开发区只可得到120万~150万元。按该企业建成8年后年纳税可达8 000万元计算(相当于2003年的2.86倍)，开发区可留成收入为1 000万元左右(若算上所得税返还部分，留成还达不到此数)，也就是说最快在该企业建成后的第13年后，开发区才有可能收回投资。这还只是开发区的静态投资情况，不算4 145万元资金的时间成本。而如果该企业选择在10年税收优惠减免期满后离开到其他地方寻求新的优惠周期，则开发区实际上不可能收回投资。

表5-1 开发区引进某企业投资效益分析表(单位：万元)

	2002	2003	2004	2005	2006	2007	2008
开发区成本	4 145						
企业缴纳税收开发区留成	0	0	0	0	0	0	0
开发区收益	−4 145	−4 145	−4 145	−4 145	−4 145	−4 145	−4 145

	2009	2010	2011	2012	2013	2014
开发区成本						
企业缴纳税收开发区留成	0	1 000	1 000	1 000	1 000	1 000
开发区收益	−4 145	−3 145	−2 145	−1 145	−145	855

资料来源：刘茂华.经济技术开发区发展的财政政策研究——以武汉经济技术开发区为例[D].华中科技大学硕士学位论文，2004：30.

---

① 刘茂华.经济技术开发区发展的财政政策研究——以武汉经济技术开发区为例[D].华中科技大学硕士学位论文，2004：29-30.

类似的情况在各地开发区实践中不同程度地存在。由于开发区公共财政收入主要来源于土地出让收入和各类税收,随着工业用地出让数量的急剧增加,依靠当年的公共财政的收入已不足以弥补工业用地的地价损失,历年的欠账使得不少开发区都面临着不同程度的公共财政困难。据本文的访谈了解,无锡高新区和常州高新区的欠账均达数十亿元。为了平衡地方财政,开发区在最近几年加大了生活性用地开发的力度,希图通过经营性用地价值的最大化来部分弥补工业用地开发的亏损。

(3) 基于开发区整体的考察

从开发区整体的角度来考虑,对于某个开发区而言理性的选择则很可能意味着整体最不理性的选择。冯小星等(2004)[①]运用博弈理论分析了开发区政府在土地价格竞争方面的行为。假设:① 只有 S 和 W 两个开发区;② 有 4 个开发商,每人均需租用 10 亩土地建厂,他们不看其他条件,只根据土地出让价格来决定选址;③ 土地开发成本为 15 万元;④ 若某开发区将出让价格降至 12 万元/亩,将多吸引一个开发商。从其中一方的推理来看,无论另一方采取降价或不降价,其优势战略都是降价。当各地方政府采取暗箱操作时,利己主义将使他们都会选择降价策略,结果双方都只能得到最低的利润。

表 5-2 开发区决策者行为分析

		S区的决策	
		降 价	不 降 价
W区的决策	降价	S区和W区均获得240万元	W区获 120×3=360 万元;S区获 150×1=150 万元
	不降价	S区获 120×3=360 万元;W区获 150×1=150 万元	S区和W区均获得300万元

资料来源:冯小星,赵民. 论苏、锡、常经济技术开发区的协调发展[J]. 城市规划汇刊,2004(1):18-24.

在开发区竞争条件趋于同质的情况下,依靠低价竞争吸引开发商的投资仅仅是改变了资源的空间重组,并未带来资源的增加,但却对开发区整体的收益带来了损失。而如果开发区之间能够从博弈走向合作,则将获得更高的整体收益。

3.3 一些预期之外的负面效果

政策可能会产生并非政策目标所确定的政策效果,也就是出现了政策的外

[①] 冯小星,赵民. 论苏、锡、常经济技术开发区的协调发展[J]. 城市规划汇刊,2004(1):18-24.

在的或附带的作用,这种作用可能是正面的,也可能是负面的。就开发区政策而言,一些预期之外的负面作用主要包括:

(1) 税收利益流失

开发区最主要的政策手段之一是区内实行特殊的税收优惠。税收优惠使得开发区区内与区外企业的税负水平相差很大,形成了开发区的低成本集聚优势。经济技术开发区内的生产型外商投资企业不仅可以享受大大低于其他一般地区的所得税税率,而且可以享受"免二减三"的税收优惠期以及其他的相关优惠。据国家审计署对611户企业2004年度所得税负担情况分析,经济技术开发区区内和区外企业的平均所得税负担率分别为11%和27.9%,相差16.9个百分点[1]。

就开发区而言,开发区希望通过税率降低以及短期的税收让利吸引外资入驻,而对于外资企业的长期税收以及其他就业、技术方面的正面效果抱有较高的预期,但部分外资企业进驻开发区的主要动机却是为了获取短期税收让利,一旦"免二减三"的所得税优惠期满,便转移至其他开发区内,以享受新一轮的税收减免。此外,一些外资企业还利用关联交易,高进低出等手段规避税收,比如通过跨国公司内部的国际交易进行转移作价(transfer pricing),抬高成本或压低利润,造成开发区的税收流失。许多外资企业连年亏损[2],另一方面却不断追加投资,扩大经营规模。这种"长亏不倒"的现象显然不符合市场经济的法则和企业经营的常规。由此可以推断,某些外资企业的"亏损"只是一种假象,主要是为了逃避纳税。

(2) 企业行为扭曲

开发区的税收优惠造成了内外资企业的税负不平等。据有关的税收政策,经济技术开发区内的外资企业所得税税率为15%,而内资企业约为30%;外资可以享受"免二减三"的所得税优惠,而内资企业往往不能享有。高新区内,生产型外资企业自盈利之日起,2年免征企业所得税,其后3年减半征收企业所得

---

[1] 何春中. 粗放模式日暮途穷,我国将制定开发区退出机制[N/OL]. 中国青年报,2006-10-23[2006-12-31]. http://news.xinhuanet.com/fortune/2006-10/23/content_5236749.htm 新华网.

[2] 江苏省经济普查资料显示,2004年江苏外资工业企业的亏损面达38.9%,亏损企业平均亏损额233万元/家,与内资企业相比,亏损面高22.4个百分点,亏损企业平均亏损额高200万元/家。从主要行业来看,亏损企业平均亏损额较大的有:化学纤维制造业达945万元/家,饮料制造业735万元/家,电力、热力的生产和供应业586万元/家,橡胶制品业462万元/家,通信设备、计算机及其他电子设备制造业460万元/家,黑色金属冶炼及压延加工业400万元/家。刘兆恒. 从经济普查结果看外资对江苏工业发展的影响[OL]. 2006-05-23[2006-12-31]. http://www.jssb.gov.cn/tjfx/tjfxzl/1200606210044.htm 江苏省统计局网.

税;但对新办内资高科技企业,自投产之日起,只能在2年内减免企业所得税。税收政策优惠还表现在操作层次上的税收征收方式上(湛柏明,2004)[①]:对中国企业,超过一定数额的员工工资不能计入成本,而应当视为利润的一部分,从而不仅员工应当缴纳相应的个人所得税,企业还要为此缴纳相应的企业所得税。但是这种做法却没有适用于外资企业给其员工的工资,外资企业的员工工资都可以不视为企业利润,从而不必缴纳相应的企业所得税。

这种不平等导致了预期之外的内资企业"寻租"行为的产生。一些内资企业为了能够享受与外商投资同等待遇,通过境外注册"离岸公司"的形式,获得外商身份后回国投资。这也是不少开发区最近几年源于加勒比海地区的英属维尔京群岛、西萨摩亚、开曼群岛等地区的外资数量大幅增加的重要原因。

此外,不平等的内外资税收待遇客观上将内资企业置于不利的境地。由于税负过重而难以提高职工工资,外资企业却由于税负较轻而乐于给其员工高薪,造成内资企业的技术人才、熟练工人流失,许多技术人才宁愿在外企工作而不愿自己创业,严重影响开发区创业意识的形成与创新活动的繁荣。

(3) 地方福利损失

典型的如因污染型企业进入而对地方生态环境的破坏,低价征用土地造成征地伤农,等等。除了这些显性的影响之外,还存在一些隐性的福利损失,比如:由于工业用地亏本和无利润经营,一些开发区在最近几年加大了生活性用地开发的力度,希图通过经营性用地价值的最大化来部分弥补工业用地开发的亏损。但这种方式将工业用地低价出让的成本通过商业性房地产开发来平衡,实质上是以生活补贴工业,牺牲了地方社区的利益,使得地方财富的积累、社会福利的增加,与经济增长的程度更加不对称。

4 本章小结

我国的开发区政策取得了一些预期的效果,特别是实现了经济增长及扩大了就业机会,但也存在相当程度的政策失效。经济技术开发区实现了吸引大量外资企业以弥补资本短缺、创造就业机会以及扩大出口创汇的目标,但并未实现"以市场换技术",外资企业在占领本土市场以及挤出本土品牌的同时,对于本土

---

① 湛柏明. 中国吸引外商直接投资对内资的需求效应[J]. 新华文摘,2004(24).

技术能力提升的作用十分有限;高新区虽然集聚了大量的高新技术企业,更多的是作为"高技术产品制造加工基地",与预期的政策目标存在明显的差距。开发区政策在执行的过程中,出现了政策目标的异化、优惠政策的扩大化以及政策手段的复制与滥用等等,开发区的运作模式事实上已是"常规化",实际的政策效用已经非常微弱。

当前,中国的经济、社会、政治环境与开发区政策出台之初相比已经发生了明显的变化,国家宏观战略层面对于提升自主创新能力的强调、对于土地资源的严格调控以及对于对建设和谐社会的强烈关注等也逐渐显示出开发区政策供给与需求的失衡。开发区政策变迁应该成为研究开发区转型的一个新的突破口。

第 6 章
政策变迁与开发区转型

1 开发区转型的方式与目标

1.1 方式选择——政策变迁

在政策评估获得政策结果的信息后,即可以对政策去向做出判断和选择,也就是公共政策的变迁。政策的变迁走向一般分为三种情况:第一,政策继续。即通过科学的评估,发现该政策所指向的问题还未得到解决,其政策环境也没有发生大的变化。基于这种情况,还适宜用原来的政策继续指导这个问题的解决。第二,政策调整。如果一项政策在执行过程中,遇到了新情况、新变化,原来的政策已明显不适应新的政策情况,那就必须对原有政策进行调整或者革新,以适应新变化,更好地实现政策目标。第三,政策终结,也就是完全终止原来的政策。政策终结分为两种情况:一种是政策目标已经实现,原有政策的存在已经没有意义,完成了一个政策周期,自然终结;另一种是政策环境或问题本身发生了非常大的变化,原有政策已明显不能解决问题,甚至会使问题变得更为严重,而且通过调整已无济于事,这时就需要终结旧政策,代之以新的、更为有效的政策。

基于前述分析,开发区政策取得了一些预期的效果,也有一些目标尚未实现;开发区政策形成了一些负面的效果,从成本-收益的角度看,政策继续并非理性的选择;加之政策环境发生了明显的变化,因此,应该顺应当前的形势需求,对开发区政策进行必要的调整,实现政策资源的合理配置。

1.2 开发区转型的目标

基于前文关于开发区运行模式的分析,从产业、空间、社会和管理四个方面提出开发区转型的主要目标如下:

第6章 政策变迁与开发区转型

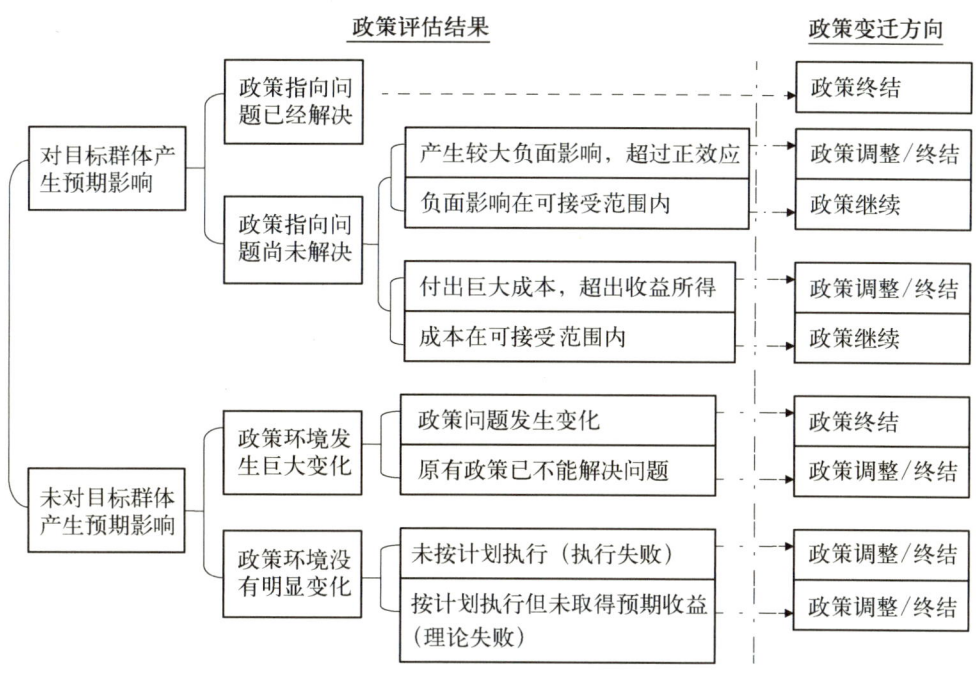

图 6-1 政策评估结果与政策变迁

(1) 提升自主创新能力

开发区的产业发展过程中产业结构的非均衡性、对于核心企业的高度依赖性、行业结构的雷同性以及集聚而集群的发展等特征所反映出来的根本问题,就是开发区自主创新能力的严重不足,并由此形成恶性循环:作为产品差异和增值的主要源泉的物流、信息、技术服务等生产性服务业的缺乏使得开发区只能依赖不断地引进制造业资本扩充开发区的经济实力,而难以实现产业结构的升级优化;中小企业以及本土企业作为重要的创新主体却不受重视,开发区缺少承担产业转移中附加值较高的经济活动部分的能力,也缺少承接外资的技术溢出效应的企业主体;各企业专注于各自的低附加值生产活动,缺少彼此交流合作的动力;科研机构与企业、企业与企业之间的联系纽带尚未形成,尽管拥有发达的科技资源,却难以将其转化为创新的优势。

就经济技术开发区而言,目前,大部分开发区已经具备了较强的经济实力,资本积累的边际效应逐步递减,为了实现长期的经济增长,发展的主要目标应该也有条件从资本积累向自主创新转移。就高新区而言,其政策设计的初衷即在于促进自主创新,而资本积累仅仅是作为实现的途径或者手段。

(2) 提高空间产出效益

在国家加强土地宏观调控的情势下，空间资源的缺乏已经成为大部分开发区发展的首要难题。然而，深入的分析不难发现，实质缺的不是空间，而是效率。由此，突破困境的手段在于改变当前空间拓展的方式，提高空间产出的效益，从量的扩张转向质的提升。

(3) 人居空间与产业空间协调发展

自主创新能力的提升需要强大的人力资本作为支撑，而能否集聚较多的高素质人口，主要取决于人居空间的综合品质。因此，开发区在重视产业发展的同时，应更加注重人居环境的创造，这是开发区建设向新城建设转型的必然，也是吸引和留住特定的人群，借以提升本地的人力资本，促进制造业结构升级与城市经济持续增长的关键。

(4) 与周边区域和谐共生

作为城市的重要组成部分之一，开发区无法脱离周边区域而独立存在。开发区早期的增长需要不断引进外资或其他外部资源，甚至争夺周边地区的人财物资源，这是开发区极化发展的需要。开发区独特的管理体制也有助于这种"极化"的实现。而随着开发区自身实力的增强与规模的扩大，开发区与周边地区的关系应逐渐从"袭夺对立"走向"和谐共生"。唯有如此，开发区方能真正发挥其作为地区经济增长极的作用。如果开发区在自身得到高速发展的同时并未带动周边地区的经济发展，那么开发区所起到的就仅仅是"集中资源"的作用，即将分散的经济资源集中到一起，通过牺牲周边地区的经济发展来促进自身经济的高速发展，而并未担当起区域"增长极"的角色。

2 政策调整方案设计

2.1 政策调整的原则

(1) 政策连贯原则

政策的连续性和稳定性是由政策本身的严肃性决定的，是经济发展、社会进步的必然要求。开发区政策实现了一些预期的政策目标，同时，也产生了一些与原有政策目标相违背，甚至消极的政策效果；此外，新的政策环境也产生了一些新的政策需求。开发区政策调整的连贯原则就是一方面要停止与现有环境形势相冲突、失去存在合理性的那些政策规定，另一方面要延续和新增与现有环境形势相适应的政策内容,使开发区政策合理内涵在变动中得到保留,同时,更好地适应新的政策环境的发展。

(2) 政策聚焦原则

政策的有效性在于它的地域特定性及时间性。从理论讲,政策应用中的"空间泛化"即意味着无政策。从实践看,我国开发区数量的极大增长、空间范畴的不断扩展,加之开发区政策的无时限性,开发区的运作模式事实上已是"常规化",实际的政策效用已极其微弱。开发区政策调整的"聚焦"原则就是要将有限的政策资源应用在具有最强烈政策需求、能够取得最有价值收益的领域和空间范围,以实现政策资源配置效益的最大化。

2.2 政策调整的主要思路

(1) 从"增长导向"到"发展导向"

虽然"增长"与"发展"经常作为同义词而混用,但事实上"发展"的内涵早已超出最初的由经济学家定义为"经济增长"的规定,进入到一个更加深刻也更为丰富的新层次。布洛尔(Blower,1993)认为,"增长"指的是经济体系在物质或数量上的扩张,而"发展"是一个质量的概念,它涉及包括文化、社会和经济领域的提高和进步(克利夫·芒福汀,2004)[①]。过于强调物质与数量上的扩张会导致"有增长而无发展",比如"无工作的增长(jobless growth)"、"无情的增长(ruthless growth)"、"无根的增长(rootless growth)"以及"无未来的增长(futureless growth)"等等。阿马蒂亚·森(A. Sen,1999)[②]进一步拓展了发展观的认识范围,提出"发展可以看作是扩展人们享有真实自由的一个过程"。将发展简单地等同于 GDP 的增长、工业化等,是一种狭隘的发展观。这些指标在发展过程中十分重要,但归根到底,它们只属于工具性的范畴,是为人的发展和福利服务的,人才是发展的中心。

既定的开发区政策本质上而言是一种以"增长"为导向的思路,其绩效主要表现在经济总量的扩大上,但经济增长的质量以及社会福利的增加等与经济增长的数量出现了明显的不对称性。政策的调整将着重从"增长"导向向"发展"导向转型,在关注总量增加的同时,更加强调产业结构的升级优化、自主创新能力的提高、社会资本的积累、人居环境优化、人力资本的提升等经济质量,以及社

---

① (英)克利夫·芒福汀.绿色尺度[M].陈贞,高文艳,译.北京:中国建筑工业出版社,2004:13.
② 阿马蒂亚·森.以自由看待发展(1999年版)[M].北京:中国人民大学出版社,2002.

会、文化等领域的发展。

(2) 从城市营销到内生式发展

"发展是不能进口的,发展必须牢固建立在城市自身资源的复合体上"(约翰·弗里德曼,2004)①,为此,约翰·弗里德曼将城市发展模式分为城市营销(city marketing)与内生式发展(endogenous development)两种。城市营销模式把城市的未来建立在城市对外来资金的竞争力上;而内生式发展模式强调城市自身的资源和能力,包括人文资本、社会资本、文化资本、智力资本、环境资本、自然资本及城市资本等诸多方面。二者的简要特点及区别如表 6-1 所示。

表 6-1 城市发展的两种模式

	模式Ⅰ:城市营销 (基于外部的发展)	模式Ⅱ:内生式发展 (基于内部的发展)
行动空间	核心城市	城市-区域
时间框架	长期负债	短期负债
影响范围	经济增长最大化	众多发展目标的优化
发展的基本推动力	外生	内生
模 式	竞争的(零和)	合作的(网络组织)
可持续性	差	强

资料来源:约翰·弗里德曼. 规划全球城市:内生式发展模式[J]. 李泳,译. 城市规划汇刊,2004(4):3-7.

开发区政策效果的取得,主要是基于外来资本的推动,表现出典型的"城市营销"式特征,开发区自身的资源能力并未得到有效的培育。从长期来看,这是一种不可持续的发展方式,政策的调整将建立起基于"内生式"的发展思路,从以吸引资本为主转向以提升创新能力为主。

(3) 从政府主导到政府-市场互动

在过去的两个多世纪中,西方社会在"政府应该是什么"问题上的认识经历了 3 个历史阶段:自由放任社会-福利国家-新古典主义阶段。但在 1970 年代石油危机后,新古典主义在西方国家也产生了不可忽视的负面效应:贫富分化和不平等所导致的城市暴力日益增多,公共领域受利益原则支配而日益商品化。1990 年代中期以来,政府与市场的关系又出现了一些新的变化,通过对新古典

---

① 约翰·弗里德曼. 规划全球城市:内生式发展模式[J]. 李泳,译. 城市规划汇刊,2004(4):3-7.

主义与"新公共管理运动"的批判和修正,"新公共服务"的观点营运而生。"市场至上"与"政府至上"都不是完善的范式,纠正市场缺陷不是政府加大干预的充分条件,减少或弱化政府的作用也不是改革的终极目标,一个有效能的政府才是人们所需要的(余建忠,2006)①。

开发区政策效果的形成,很大程度上是政府主导作用的结果。同时具有"政府"与"经济人"双重特征的地方政府的行为并没有严格界定在纠正"市场失灵"和为市场经济提供制度服务的有限范围内,而是经常直接参与市场竞争,以地方经济增长为基本的价值取向。地方政府与以开发商为代表的利益集团之间实际上形成了某种程度的"成长联盟"(pro-growth coalitions),使城市成为"增长的机器"(the growth machine)②。而市场自身的力量并未得到充分的激发、甚至一定程度上受到政府强力干预的抑制。

从政府主导到政府-市场互动一方面是充分发挥市场自发秩序的力量;另一方面明确政府的职责主要在于为市场的运行提供良好的制度环境,实现从"经济建设型"向"公共服务型"的转型。

2.3 政策调整的主要内容

(1) 政策目标

就经济技术开发区而言,"吸引外资以弥补资本短缺,创造就业机会,扩大出口创汇"的政策效果显著,而"吸引外资以促进国内技术进步"的目标并未完全实现;就大部分高新区而言,其并未实现"鼓励研发和创新,培育和发展本土高新技术产业"的目标。在现今的发展形势下,资本短缺以及外汇约束、就业压力等已经大大缓解,而创新能力的不足成为制约经济增长的主要因素,因此,两类开发区未实现的政策目标仍具有存在的合理性,在政策调整中应予以延续和强调。

而考虑到两类开发区的现实发展存在趋同的趋势,地域范围都扩展得很大,有的在运作管理中已经合一,而且,无论是哪类开发区或园区,都要鼓励和扶持

---

① 余建忠. 政府职能转变与城市规划公共属性回归——谈城乡规划面临的挑战与改革[J]. 城市规划,2006(2):26-30.

② 哈维·莫洛奇(Harvey Molotch)提出了城市增长机器理论,认为增长是城市的驱动力,所有其他的问题和法则都从属于增长,"对增长的诉求是促使那些经政治动员的地方精英能达成共识的首要行为动机,这种增长的需要是对本来在社会和经济领域极有可能发生的变革的最重要限制……因此,地方最本质的特征是其作为一台增长机器而运作着"。Molotch H., The City as a Growth Machine: Toward a Political Economy of Place[J]. the American Journal of Sociology,1976(82):309-330.

研发、创新及创业,建议两者之间不必再刻意区分,新的主要政策目标统一调整和聚焦为"促进自主创新能力的提升"。

(2) 相关目标群体

强调自主创新其实是一个老话题,但自主创新在我国提了这么多年至今尚未取得大的进展,其原因主要在于两个方面(刘世锦,2006)[①]:一是缺少技术创新的市场需求。如果经济的增长以较低水平的需求和产业结构为背景,所需要的大多是成熟的中低技术,可以主要通过引进解决,那么在"先占市场"和"自主创新"之间,大多数行业中的大多数企业不论在追求效益的动机上,还是在实际能力上,往往选择前者而不是后者,由此导致技术创新市场需求的缺乏。二是缺少负责任的、有长远眼光的企业作为创新主体。

目前,随着要素成本上升,低成本优势趋于削弱,以中低技术占领市场的空间日趋缩小,已经逐渐形成拉动自主创新的市场条件;但创新主体方面的条件尚不具备。这是开发区政策调整中需要着重考虑的一个问题。为此,需对原有政策目标群体予以重新审视及定位。

> 外资企业

外资企业是既有开发区政策尤其是经济技术开发区政策的一个重要目标群体,自1993年以来,对中国经济发展的贡献日益增加(表6-2)。而且,自进入20世纪90年代之后,外资企业在中国的投资发生了一些显著的变化:① 大型跨国公司逐渐成为主要的投资主体,而且,往往并不仅仅着眼于单个项目的投资,而是注重投资项目的关联性。② 与早期主要投资于纺织、食品等劳动密集型轻工日化行业不同,当前外资企业所选择的主导产业大多属于资金、技术密集型而且规模经济效应显著、市场利益巨大的行业,如汽车、资讯、通信等等。③ 越来越多的外资企业推行以市场占领和战略竞争为导向的投资经营策略,而非简单的低成本战略。④ 外商在华建立的研发机构日渐增多。不过,尽管如此,所有这些并没有改变外资企业投资于中国是为了满足其全球化战略需求及获得最大利益的本质。跨国公司虽然加大了在华研发活动,但适应型、专用技术型研发占主要部分,少有创新型研发(江小涓,2002)[②];而且,为了尽可能保持其

---

① 刘世锦.关于我国增长模式转型的若干问题[J].管理世界,2006(2):1-9,17.
② 创新型研发指研发项目在母公司体系内具有创新性质;适应型研发指对从母公司引进的技术进行改进,使其适应我国的需求水平和需求结构,以产品的当地化为目标;专用技术型研发指针对我国市场的独特性,专门研究开发适应我国市场的技术。江小涓.中国的外资经济——对增长、结构升级和竞争力的贡献[M].北京:中国人民大学出版社,2002:68-69.

技术垄断优势,还会通过技术锁定战略等方式,尽量减小在华设立研发机构的技术外溢效应(董书礼,2004)①。因此,不可能期望外资企业成为自主创新的主体。

表6-2 1993—2004年FDI对中国经济发展的贡献

年份	实际外资额(亿美元)	外资占固定资产投资比例	外资对工业产值贡献比例	外资占中国出口比例	外资税收贡献比例
1993	275.2	12.1%	9.2%	27.5%	5.7%
1994	337.8	17.1%	11.3%	28.7%	8.5%
1995	357.2	15.7%	14.3%	31.5%	11.0%
1996	417.3	15.1%	15.1%	40.1%	11.9%
1997	452.6	14.8%	18.6%	41.0%	13.2%
1998	454.6	13.2%	24.0%	41.1%	14.4%
1999	403.2	11.2%	27.8%	45.5%	16.0%
2000	407.2	10.5%	22.5%	47.9%	17.5%
2001	468.8	10.5%	28.1%	50.1%	19.0%
2002	527.4	10.1%	33.4%	52.2%	20.5%
2003	535	8.0%	40.8%	55.5%	20.9%
2004	606	7.2%	27.8%	57.4%	20.8%

资料来源:http://www.fdi.gov.cn 中国投资指南网;http://www.mofcom.gov.cn 中国商务部网

外资企业对于创新能力提升的重要作用主要表现在便于本土企业的技术引进,为技术创新创造条件。相应地,对于外资企业,应该从既有政策的"激励为主,规制为辅"转向"激励与规制"并行,从"地区倾斜"和"整体倾斜"转向"行业倾斜"和"局部倾斜",更加明确地将重点放在技术引入和创新上,以扩大外资企业正效应并尽量降低其负效应,具体而言:① 鼓励外资企业向中国投资,同时要给

---

① 技术锁定是跨国公司使用的一种更高级形式的技术产品效益外溢的补偿方式,其最终结果是加强东道国对跨国公司技术的依赖性。我国汽车业的发展就是一个生动的例子。于20世纪80年代初期成立的上海大众,桑塔纳的国产化率难以超过95%大关,究其原因就在于国产化周期始终滞后于大众产品更新换代的周期,桑塔纳普通型国产化率刚超过90%,大众又推出了桑塔纳2000型,国产化又得重新开始;当新的国产化率达到85%时,大众又推出了新一代车型,以致陷入引进、国产化、落后、再引进、再国产化、再落后的恶性循环局面。董书礼.跨国公司在华设立研发机构与我国产业技术进步[J].中国科技论坛,2004(2):62-66.

予外资企业技术含量较低的活动环节以限制；② 鼓励外资企业外包技术含量、附加价值较高的环节；③ 鼓励跨国公司在华设立研发中心，并争取跨国公司采用与中国企业合资的方式设立研发中心，为本土企业创造一个近距离学习和对话的平台；④ 建立与市场经济相适应的用人机制，避免本土企业的"逆向技术扩散"①，促进跨国公司内的我国人才、特别是研发人才回流。

> 本土企业

国际经验表明，外资的技术引进需要以本土企业作为载体，只有本土企业的技术水平达到一定的程度，能够有效接受外资企业的技术外溢，外资企业的进入才会形成一种良性的循环，促进东道国的技术发展；否则，外资企业只会倾向于转让一些生产环节中附加值比较低的、低技术含量的技术。而对于那些受封锁和禁运的尖端技术，唯一的选择就是依靠本土企业进行独立的自主性创新。因此，只有具有创新需求和创新能力的本土企业才能成为创新，尤其是自主创新的主体。

在既有开发区政策中，本土企业并非政策的直接目标群体，但却受到开发区政策的巨大影响：一方面，开发区吸引了大量外资企业而便于本土企业得到先进技术，降低技术引进成本；另一方面，不平等的税负政策又将本土企业置于不利的竞争境地，而且，由于本土企业多为中小型企业，影响力较小，其需求往往不被重视。在政策调整中，需要重新认识本土企业的重要意义，废止对于本土企业创新活动不利的政策内容，营造公平的竞争环境。

> 高新技术企业

高新技术企业是高新区政策的主要目标群体。与传统产业相比，高新技术产业具有创新性、时效性、智力性、驱动性、战略性、风险性等，高新技术产业的发展对于创新能力的提升具有十分重要的意义。但在当前国际产业劳动分工呈现出产业间分工、产业内分工和产品内分工并存的格局形势下，被统计为"高新技术产业"的产品生产工艺与传统产业产品的生产工艺之间实际上并没有不可逾越的鸿沟，就产业链的上、中、下游分工而言，每一种产业都可能同时具备劳力密集、技术密集、资本密集的性质（林崇熙，1998）②。因此，高新技术企业所从事的

---

① 跨国公司 R&D 机构的设立，用优越的条件吸引了中方大量高级科技人才，并且还从国有企业、科研院所挖掘人才和技术，这实际上是我国国有企业或科研院所向跨国公司免费扩散技术，从而导致我国企业的"逆向技术扩散"问题。董书礼. 跨国公司在华设立研发机构与我国产业技术进步[J]. 中国科技论坛，2004(2)：62-66.

② 林崇熙. 分类、数字与产业结构[J/OL]. 科技报道，1998(200)：5-8.

经济活动并不完全与技术进步有关——比如目前有不少被认定为高新技术企业的外资企业,实际上在区内从事的经济活动仅仅是高新技术产品的加工组装活动,对于技术进步几乎难有任何促进作用——"营业总收入"这个指标本身就涵括了产业价值链的各个区段。以高新技术企业作为目标群体势必一方面使得一些企业的非技术性收入也享受了优惠待遇,造成税收优惠泛滥;另一方面使得一些经济主体的有利于技术进步的项目或行为难以享受税收优惠,造成政策缺位,最终降低了政策优惠的效果。

在政策调整中,应该从以高新技术企业为目标群体转向以具体的项目和活动为目标群体(韩凤芹,2004)①,也就是将有利于科技进步、科技创新的项目和活动作为主要的政策目标群体,而无论其是高新技术企业还是传统企业,无论其处于赢利阶段还是尚未市场化的阶段。此外,高新技术与传统技术的一个重要区别在于它不是根据已经形成的市场开发技术,而是针对还没有形成的需求开发技术,因此,高新技术开发的风险远高于传统企业,这就使得它在成长阶段,需要一个制度"暖箱"(赵燕菁,2006)②。与之相应,还有必要配套相关的政策以鼓励风险投资的发展。

(3) 政策方案设计

在现实中,无论是经济技术开发区还是高新区,均已基本演化成城市的新区或工业园区,继续强调开发区在土地、税收方面的优惠只会导致各园区之间的恶性竞争和内耗。因此,开发区之间以及开发区与一般工业园区之间的、以空间范畴来定义的政策措施应可以取消。今后应根据实际条件赋予不同园区以新的职能,并作为城市的功能区纳入城市的统一管理。各开发区之间以及与其他工业园区之间的关系从孤立的个体转向具有网络合作关系的专业化产业园区群体;同时,以专业园区为基础,重点建设研发和孵化园区(类似于目前高新区内的"创业中心")作为新一轮政策的施行区(图2-1)。

新的政策区域"聚焦"于创新活动,以研发和孵化功能为重点,在政策设计上具有以下几方面的特征:

1) 被赋予明确的自主创新职能。"政策聚焦"园区,旨在促进科技成果转化、培育本土的创业企业和企业家,是城市自主创新能力建设的重要空间载体。园区以科技型中小企业及国际技术转移项目为服务对象,通过企业化管理、市场

---

① 韩凤芹. 促进高技术产业发展的税收政策[N/OL]. 经济参考报,2004-09-28[2006-12-31]. http://www.cas.ac.cn/html/Dir/2004/09/28/8251.htm 中国科学院网.

② 赵燕菁. 本地市场与国际竞争:城市化动力的转变[J]. 城市规划学刊,2006(6):16-23.

化运作和社会化服务,吸引各类专业人才进驻创业。

2) 政策的力度大。在园区内可享有房地、税收等方面的政策优惠,并能获得创业所需的种种资源和服务。园区内不仅能为企业提供廉价的孵化场地及后勤保障,还建有完善的公共性科技服务平台,能够为企业提供信息、中介、培训、融资等全方位的服务和创业支持。

3) 作为"政策聚焦"的区域,可以是一个街区或几个街区,也可以是一栋楼,总之规模不要盲目求大,以保证集中投入。选址也不局限于目前的任何一类园区,可以是依托专业化园区建设专业的研发中心,也可形成包含多专业的研发中心的集中式园区。

4) 具有公益性的特征,与专业化园区形成良好的互动。作为"政策聚焦"的区域,不以盈利为目的,也不专属于其所在的园区,而是服务于各类工业园区的社会公益性科技服务平台和自主创新能力建设的主要空间载体。园区内一般不设产业化基地,其产出的成果可以为其他各类产业园区所享用。在园区内孵化成功的创业性企业为了进一步实现产品的规模化、产业化生产,或是与外部资本合作,均可根据各自的需要进入其他生产性园区去发展。

5) 有可靠的资金来源。技术创新一般不会在短期内产生明显的经济效益,近期内以政府公共财政支持为主,同时通过培育针对技术创新的风险资本市场,建立起税收反哺制度等,形成技术创新的自我支持系统。

原有政策区域以及其他工业园区内都已经集中了大量的企业,但其空间集聚并非以企业内在的机制和产业的关联为基础,很大程度上仅仅是一些价值链的片断的集合。在新的政策设计中,这些区域将明确各自的产业特色,形成专业化园区,并以产业集群为导向来发展。各园区之间强调互补与合作,并通过制定和施行区域性的产业推进政策避免不同园区之间在土地、税收等方面的过度竞争。

在税收优惠方面,自 2008 年 1 月 1 日起,国家将施行新的《企业所得税法》,根据新税法,外资企业和内资企业所得税税率统一调整为 25%,这客观上为内外资企业营造了公平的竞争环境。除此之外,建议为了鼓励企业的研究与开发活动,还应建立起相应的税收优惠政策体系。包括:针对研究与开发各个阶段和环节(而非企业)分别提供诸如实验室阶段、中试阶段和产业化阶段等不同环节的财税优惠;技术引进和消化吸收环节的财税优惠;风险投资的营业税所得税减免等财税优惠等。该类税政策优惠以具体的开发创业为对象,不拘泥于特定的空间范围。

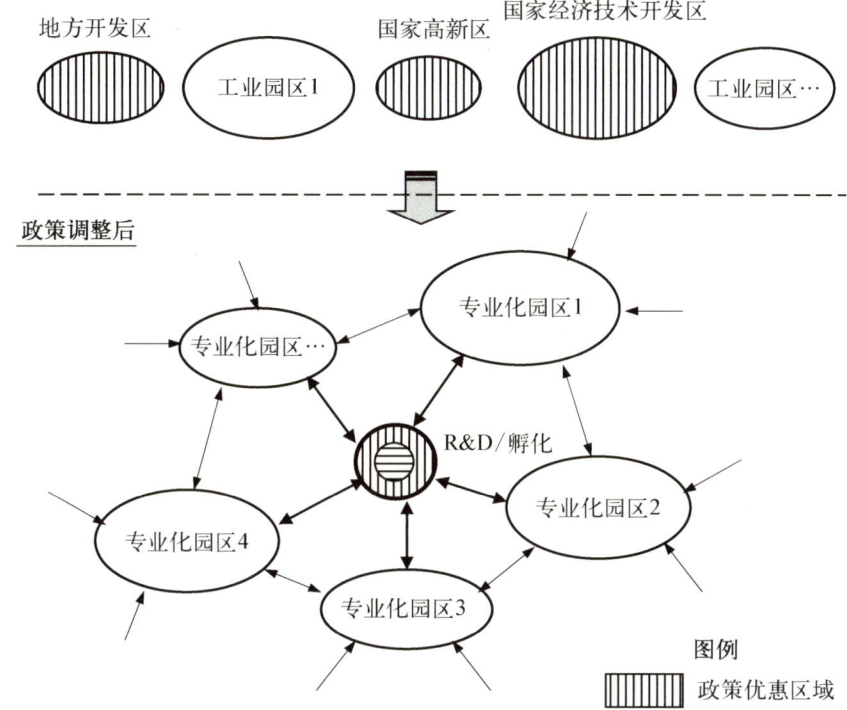

图 6-2 开发区政策调整方案示意

表 6-3 开发区政策调整前后的比较

	既 有 政 策	新 的 政 策
政策目标	针对资本短缺、技术落后、外汇约束、就业压力	针对自主创新能力不足
核心机制	鼓励要素集聚,尤其是资本要素集聚	鼓励创新环境的形成
理论基础	传统经济增长理论	新经济增长理论
空间模式	经济技术开发区、高新区各类开发区、一般工业园区	以研发为核心的创业园区+专业化产业园区
政策工具	对外资企业(经济技术开发区)、高新技术企业(高新区)施以种种优惠	聚焦于研发创新活动和创业孵化

(4) 区域差别的考虑

鉴于开发区政策的实施存在一个从东部地区向中西部地区推进的过程,部分中西部地区开发区设立的时间尚短,中西部地区的政策调整可以给予相对较长的过渡时期。此外,为服务于某种特定需要的开发区可以有选择性地保留,比如基于政治上考虑的台商投资区等。

3 空间重构

3.1 战略层面:从"政策区"回归"城市功能区"

伴随政策调整,开发区原有的"政策区"将逐步向"城市功能区"回归,主要内容包括:① 原有政策优惠取消,开发区与周边区域实行政策无差别化;② 开发区特设管理结构的解散,划出的地域回归所在行政区正常管理;③ 从以产业发展为核心转向产业发展、社会发展以及空间拓展的共同协调发展;④ 与城市的关系从封闭走向开放,作为城市发展的一个有机组成部分。

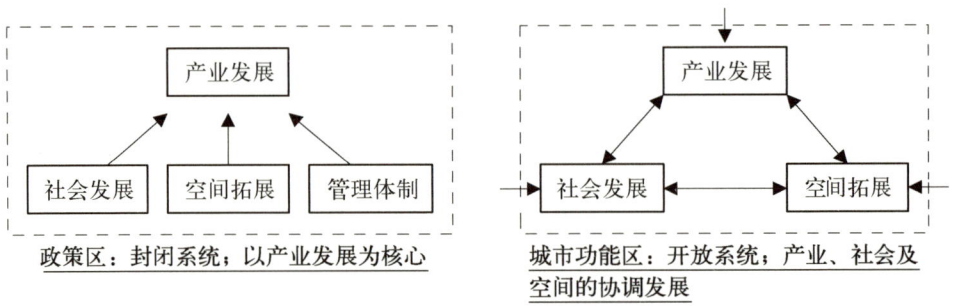

图 6-3 各发展维度关系重构

3.2 实施层面

根据原政策区的区位条件、规模大小、发展态势以及所在城市的发展需求,其纳入城市统筹发展之后与城市的结构关系存在以下两种可能:

(1) 作为城市经济功能区

对位于城市内部或者近郊规模相对较小的原政策区,建议发展成为功能相对单一的城市经济功能区,以产业园区建设为主体,并纳入城市产业园区建设体系。区内按照社区服务功能配备必要的服务和居住设施,同时在整个城市范围内考虑该区域综合性城市功能的配套性。

（2）作为综合性城市新区

对位于城市远郊、地理上相对独立或者近郊规模相对较大的原政策区，建议根据所在城市发展的需求，向综合性城市新区转变。区内按照完整的城市功能配备各项公共服务及社会服务设施，实现人居空间与产业空间的协调发展；同时，考虑到其具有与一般城市新区不同的产业高度集聚的特征，在可能的城市性服务职能及与城市中心的分工关系方面，应针对不同政策区区位特征、城市背景等的进行深入研究和确定。

4 政 策 要 点

4.1 产业重构：从"产业集聚"转向"产业集群"

原政策区内集聚了大量的制造业企业，但这种集聚大都并非以企业内在的机制和产业的关联为基础，而主要是基于优惠政策引导的一些价值链的片断的集合。这种产业集聚特征的形成，很大程度上是政府力量自上而下干预介入的结果，而市场内生的力量并未得到充分的发挥，甚至在一定程度上受到了抑制。产业空间重构将充分发掘市场内生的力量，并将政府的力量限制在维护市场机制的运行方面，不过度介入和干预甚至取代市场的作用。其产业发展过程将主要经历两次转变：第一次转变是从企业之间的互不关联转变为本土企业与核心企业之间的产业配套关系，第二次转变是从本土企业与核心企业之间的产业配套关系转变为本土企业自主创新能力的提升。自主创新能力的形成很大程度上是本土企业在与核心企业进行产业配套中通过技术学习积累而成的，因此，从根本上讲，第一次转变仅仅是一个中间目标，是实现自主创新能力提升的一个过程。

主要的措施包括：

（1）遵循市场自身发展的规律

➤ 发挥中小企业的重要作用

在原政策区以往的发展中，中小企业往往因引资效果不明显而不受重视，但事实上，与大企业相比，中小企业往往在以下几个方面具有优势（冯昭奎）[①]：

---

① 冯昭奎."世界工厂"与中小企业.

① 中小企业的集聚为大企业提供优秀的零部件和原材料的供应。中小企业一般属私人业主，企业的经营成果和技术革新果实几乎全部归企业主个人。因此，他们越是努力，就越能获得丰厚的利益回报。由此而激发的中小企业的活力，是很难从大企业的工薪阶层组织中产生的。而每家小企业虽然技术专长很窄，但当它们成千上万地聚集在同一地区时就形成了世界上罕见的强大工业技术加工集团。比如在东京大田区，电镀、模具、橡胶加工等52家中小企业组成"共同接受订单企业集团"，当某家企业接到无法应付的订单，向集团内其他企业招呼一声就可以应付，既放大了门面，增加了接单机会，也促进了新产品的开发制造。

② 作为试制新产品的技术支撑。为了开发新产品，在形成新产品的概念后，需要进行试制，而试制往往是样品生产，从试制转向大批量生产所需的模具也是样品生产。而在这种少量样品生产领域，正是中小企业的用武之地。

③ 不断推出"缝隙产品"，填补产品的空白。尽管社会上似乎各种产业都有，但实际上仍有很多需求未被注意，没有相应的商品或服务来给予满足，换句话说就是存在着很多空档或"缝隙"。中小企业一个非常重要的生存与发展战略就是"在夹缝中求生存求发展"，力求在大企业不便于搞、不屑于搞或搞了不合算的"夹缝"产品市场夺取大的份额。浙商的崛起已证明了这一点。

当然，小企业也存在自身发展的弱势，如财力不足、技术资源缺乏等，但这显然不能成为倚重大企业、歧视中小企业的理由。集群的发展有其内在的规律，一个有效率的集群组织的最佳模式既不是大企业也不是小企业，而是企业与企业之间共同构成的网络结构关系。

➤ 发挥本土企业的重要作用

本土企业的技术水平决定了外资企业"技术外溢"效应的发挥；同时，本土企业逐步融于外资企业的全球生产链，形成配套关系，能够增强产业园区的竞争能力，有效避免外资企业因土地、劳动力等要素成本逐步升高而引起的产业外迁。因此，政策区的长期持续发展，并非取决于引进多少大企业和国际资本，而取决于本土企业与外资企业之间产业合作关系的形成。

目前，FDI是国内与他国发生经济交往的比较普遍的方式，而外包的比例相对较少。外包与FDI的区别主要在于：FDI是一种股权安排（equity arrangement），通过它，一家境外企业取得对一家境内企业的控制权，境内企业变成境外企业的一部分，成为境外企业的子公司或分公司。外包是一种合同生产安排（contract production）。在合同生产安排的情况下，境外企业向境内企业下订单（product order），境内企业根据订单要求的质量标准、式样说明和供应量来自主安排生产。在合同生产安排下,境外企业和境内企业是两家独立的实体①。20世纪80年代,台湾的服装、皮革皮毛、木材竹制品的出口中90%通过合同生产安排提供,只有10%是依赖于FDI这种股权安排方式。

在今后的发展中,除了加强本土企业与FDI企业之间的产业联系、成为FDI企业的配套企业外,还应该着力提高本土企业产业外包/FDI的比例;鼓励本土企业与FDI企业争夺跨国公司发出的外包业务和代工订单,将迫使FDI企业进行产业升级,进而促进本土企业从OEM向ODM再到OBM的产业升级。

> 发挥生产性服务业的重要作用

自20世纪80年代开始,全球产业结构开始呈现出"工业型经济"向"服务型经济"转型的总趋势,突出地表现为服务业的发展成为经济增长的重要动力。1980—2000年期间,全球服务业增加值占GDP比重由56%升至63%,主要发达国家达到71%,中等收入国家达到61%,低收入国家达到43%。服务业吸收就业比重也不断增加,发达国家服务业就业比重普遍达到70%左右,少数发达国家达到80%以上。同时,服务业的内部结构产生了深刻的变化,从发达国家国内生产总值的统计资料看,二战之后在其服务产出结构中,虽然服务业规模不断增加,但是政府公共服务的相对规模却不断下降,生活性服务业的比例基本保持不变,上升幅度最大的是生产性服务业(producer services)。

所谓生产性服务业,是指为制造业提供产前、产中和产后的服务业,主要包括信息、金融、物流、电子商务、技术服务等。从微观经济的角度看,服务生产性的外在化是产生生产性服务业的动因。所谓服务生产的外在化是指企业内部的服务生产部门从企业分离和独立出来的一种发展趋势。这种分离和独立的目的是降低生产费用,提高生产效率,提高企业的专业化经营程度。在发达国家,随着社会劳动分工的进步和专业化,贯穿于生产过程中产前、产中和产后三个阶段的生产性服务,其在产品增值链中的增值量开始逐渐超过物质生产阶段所创造的增值量,成为生产者所生产的产品差异和增值的主要源泉,也是服务业中增长最快的部门。

随着生产性服务业的发展和对生产提供服务的增加,服务业与制造业的边界变得模糊起来,出现了服务业与制造业融合生长、组成一体化生产体系的趋势。OECD和欧盟的一份研究报告指出,欧盟各国制造业中与服务业有关的员

---

① 参见黄亚生.中国"外资依赖症"的原因和代价[OL].[2006-12-31]. http://www.usc.cuhk.edu.hk/wk_wzdetails.asp?id=5470 香港中文大学中国研究服务中心网.

工数达到40%;据OECD成员国统计,制造业增加值中服务业创造的增加值高达25%~30%,甚至50%。全球最大的制造业公司通用电气(GE)收入总额中服务业收入所占比重,2003年为62.44%,2004年为63.32%。通用汽车公司(GM)下属金融服务公司2004年利润达到29.1亿元,占GM全部利润的80%。由于现代制造业中包含了许多服务内容,一些原来传统的、但目前服务业收入超过了50%~60%的大型制造业企业往往被重新归类为服务业企业,例如,IT产品供应商宏基就列名在台湾服务业十强企业的名单中[①]。

原政策区在以往的发展中,往往着力于"先进制造业基地"的发展定位,而对服务业的发展十分忽视。但事实上,一个制造业产品真正处于生产制造环节的时间只占少部分,大部分时间处在研发、采购、储存、运营、销售、售后服务等阶段,产业链条的运转更多是依靠生产性服务业。因此,对于制造业而言,良好的生产性服务业环境有利于降低制造成本和交易成本,提高经济的整体效率。

今后,应有重点地培育物流、信息、技术服务等生产性服务业,改变目前传统产业服务环节内置化以及新兴产业服务环节缺位的特征,实现专业化分工,提高服务业的承接能力以及与制造业的链接度,推动原政策区内大量从事简单加工装配的企业努力向"微笑曲线"的上下游延伸。

(2) 明确政府公共服务职能,形成有效的制度供给

政府的作用主要不应在于投入多少人力去进行招商引资,或者决定区域内发展什么产业,等等,这些都应该交给市场自身去安排,政府最重要的作用应该是提供适合创业、创新的制度环境。

➢ 为所有企业创造公平的竞争环境

地方政府用自己掌控的土地资源和银行信贷资源来吸引外资,作为重要经济资源的配置者,或者按照自己制定的"重点扶持企业"名单"扶大、扶优、扶强",介入企业的微观经济活动等等这些行为,本质上是违背市场自身发展规律的,既会造成资源的误配置和效率损失,也是滋生寻租的重要根源。地方政府应将土地、资金等要素价格的定价权还给市场,并退出直接管理企业及公共机构的领域,取消对于不同规模、不同经济类型以及不同产业类型企业的倚重或歧视,通过提供公平竞争的制度环境,减少形形色色的寻租机会,充分发挥市场机制在资源配置中的基础性作用。

---

① 吴敬琏.中国增长模式抉择[M].上海:上海远东出版社,2005:82,155.

> 提供促成集群中的企业和公共机构之间各种联系的机制

政府真正能有效发挥作用的领域应该是依靠市场机制无法解决的领域。大量的中小企业在集群形成和产业竞争力的增强方面发挥着大企业难以替代的特殊作用,但由于中小企业规模小,必然要面临经营不稳定、新产品开发能力低、营销不力、难以确保人才及熟练劳动力、信息不灵等诸多难题,因此,仅仅是提供物质环境并不足以充分激发出中小企业的活力,还必须要有信息咨询、市场开拓、筹资融资、贷款担保、技术支持、人才培训等社会服务体系的支撑。作为创新源的大学和研究机构以及为企业提供技术、信息等配套服务的中介机构因此成为提高产业集群绩效的关键因素。但大学和研究机构、中介机构等与企业之间相互作用机制的建立并不能完全依靠市场的力量,通常需要政府力量的适度干预,包括:刺激大学和企业之间的协同创新、保护创新成果和协调创新主体间的矛盾;促进各类科技成果和技术咨询服务机构、人才中介机构、各类评估机构和信息服务机构的建立;设立公共技术设施如实验室、孵化单元、检测中心;以及定期开展各种非营利性的技术、产品交易会和区域发展推介会、洽谈会、展销会、论坛等。

> 创造企业投资研发和创新的激励

只有企业才是创新的真正行为主体,虽然研究和开发机构能够促进创新,但是,创新是"新思想"和"实现市场价值"的结合,它不是在企业外的研究机构中发生的。创新型公司通过进入最激烈的竞争市场,与最挑剔的顾客相接触,从而创造对新思想的需求(王辑慈等,2001)①。

当前,本土企业更倾向于通过购买国外的生产设备来引进技术,通常是购买诸如装配线这样的整套设备,而投资创新活动的意愿不足。在整个20世纪80、90年代,硬件设施占中国技术进口的80%以上,而用于获得专利使用权许可、售后服务以及咨询方面的费用则分别只占9%、5%和3%。近几年本土企业加大了引进"软技术"的力度,主要是用于购买专利以利用好进口的设备,但含在这些设备里面的知识技术必须先消化、吸收和掌握,也就是技术的"本土化",而中国大中型企业在技术本土化方面的资金投入还不到其进口设备总开支的10%(乔治·吉尔博伊)②。

为了促进本土企业成为具有长远眼光、负责任的创新主体,政府最重要的是

---

① 王辑慈,等. 创新的空间——企业集群与区域发展[M]. 北京:北京大学出版社,2001:326.
② 乔治·吉尔博伊. 对中国经济发展奇迹的反思[J]. 曾爱平,译. 国外理论动态,2005(3):29-32.

要建立有效的竞争性的制度,创造企业投资研发和创新的激励,使企业愿意投资于各种创新活动,愿意通过重大技术突破和日积月累的对现有工艺、产品的改进,以及对引进技术的消化、吸收和提高等多种手段参与竞争(吴敬琏,2005)①。

4.2 空间重构:从"城市蔓延"转向"集约发展"

(1) 城市结构方面

开发区的原政策区从单一产业区向综合性城市新区的转型,客观上为城市从传统的单中心结构向更具合理性的多中心结构转变提供了契机。在这个过程中,原政策区与其他城市组成部分之间的交通联系是决定该区域特定城市职能实现的关键因素。为此,需要树立起公共交通引导城市空间开发的观念,通过有效的公共交通供给,提高政策区作为新的功能区域的吸引力,实现城市空间结构优化。

(2) 微观形态方面

对于因低密度开发区产业空间而引起的中国式"城市蔓延"而言,可以部分借鉴"精明增长"的相关经验,比如通过"严格控制增长边界",将城市空间拓展限制在一定的范围之内,实现新的增长从增量土地的外延转向存量土地的消化,保证生态绿地空间不受到吞噬;等。但由于产业空间与人居空间的内容各异,针对开发区引起的中国式"城市蔓延"还需要重点研究"提高产业空间密度和产出效率"的策略。建议:

➢ 加强产业空间布局研究

研究不同企业之间、产业之间的产品的上下游关系,形成以产业链为核心组织产业园区的用地布局政策,推动产业专业化集聚,集约使用土地。

➢ 加强产业用地规律研究

土地开发强度过低以及土地闲置的现状必须得到改变,这可以从两个方面来进行:一是严格土地获取机制,二是完善土地退出机制。为此,需要根据本区域产业发展特点研究掌握不同行业类型制造业企业的空间特征和用地需求规律。上海市的做法值得借鉴,该市通过对全市 33 个大类行业、162 个中类行业共 1 万多家规模以上工业企业的用地面积、土地利用状况、土地产出与效益等进行调研和统计,参照发达国家相同产业的用地水平,形成了《上海产业用地指南》。指南从土地利用、土地产出、土地效益三个方面选取设置了建筑容积率、投

---

① 吴敬琏.中国增长模式抉择[M].上海:上海远东出版社,2005:166.

资强度、土地产出率、建筑密度和行政办公及生活服务设施用地所占比例五个指标,作为招商引资审核项目用地和企业技术改造的参考指标。

➤ 加强用地置换措施研究

伴随着土地价值的升高,一些早期开发建成的制造业产业用地,将有可能按规划或自发地向占地小、功能强、产出高的第三产业用地或居住用地转变;此外,不少原先位于开发区边缘区域的地块在数年之内就随着开发区用地区划的调整而迅即转变为开发区核心区位的地块。在这些地区内都将面临用地置换的问题,应加强置换手段、方式、策略等方面的研究,制定相关用地置换指引,以提升城市物质和功能空间环境质量,避免无序开发。

4.3 相关制度保障

开发区的发展实践很大程度上反映了地方政府的政治博弈,为了实现合理高效的城市空间重构,还需要有效的制度供给作为保障,包括:

(1) 关于政府绩效评估

改革政绩考核方式,引入绿色 GDP 指标、技术创新能力、实际财政收入(而非名义收入)、土地开发效益等,建立起以强调效率为核心的综合政绩考核制度,同时,强化政府预算约束与政绩考核的公众参与,使制度供给从引资激励向创新激励转化。

(2) 关于公共产品的供给

基于公共产品的供应和生产的区分,弱化地方政府直接介入产业发展的冲动,转而做好公共产品的供给,实现"全能政府"向"有效政府"的转变。

结 论

1 研究的主要结论

开发区建设是我国在特定环境背景下的战略选择。经过20多年的发展,开发区取得了巨大的经济成就,但也伴生了一系列的问题。基于当前开发区发展理论的不足与实践的困惑,本文以国家级的经济技术开发区和高新区作为主要研究对象,对中国开发区的历史渊源和发展实践进行了系统的梳理、归纳和总结,并基于政策的视角对开发区政策本身进行考察,分析开发区的政策过程及政策效果,提出开发区政策调整的建议及内容。主要的研究结论如下:

1.1 开发区的历史渊源

1) 经济技术开发区和高新区分别源自出口加工区和科技园区两种不同的开发区类型。出口加工区本质上是国际分工的产物,而科技园区的建设更多地与创新紧密相连,这也决定了经济技术开发区和高新区在发展方式上应该存在根本的差别。

2) 经济技术开发区与出口加工区的主要不同在于开发区的战略定位不同以及中国国内市场的吸引力引致了跨国公司的投资博弈,但国际分工理论的内在逻辑同样适用于经济技术开发区,经济技术开发区在发展过程也不可避免地会面临一般出口加工区所面临的一系列问题。高新区的发展受到经济发展背景的制约必然会与硅谷、剑桥科技园等世界著名科技园区的发展道路存在差别,在短期内引进外资企业以实现技术引进消化吸收将是一条可行的途径,但高新区毕竟不同于一般的经济技术开发区,国际上决定科技园区绩效的一些重要因素对于高新区的健康发展也具有重要的借鉴意义。

3) 在实际的政策方案设计中,高新区的许多做法借鉴了经济技术开发区的做法,两者均表现出地域的特殊性、政策的特殊性和体制的特殊性。两者之间的差异主要表现为目标设定不同、政策对象不同和政策强度不同。

4) 开发区作为以产业发展为核心的区域,产业集群理论构成了其发展的重要理论渊源。开发区建设产业集群的重要性体现在:产业集群是开发区引进技术的现实途径;产业集群的根植性能够有效避免开发区产业外迁;产业集群推动开发区内创新要素整合。作为一种典型的卫星平台式产业区,跨国公司分工网络复制是形成开发区产业集群的重要途径,在可能的情况下,应尽量减少整体移植型产业集聚而鼓励以本土化方式形成产业集群。

1.2 开发区的发展实践

1) 对全国层面的统计数据进行分析可以发现:① 两类开发区均取得了显著的经济绩效,经济技术开发区与高新区趋同的特征明显,高新区内引进了大量的外资企业,经济技术开发区也引进了大量的高新技术;② 虽然开发区内高新技术企业的经济规模很大,但若综合考察工业增加值率、技术性收入比例、R&D强度等指标,则可发现这种产业结构存在着很大的"虚高"成分;③ 高新区出现了明显的向经济技术开发区的功能偏离;④ 开发区的区域差异巨大,东部地区在总体经济规模、特别是与外向型经济相关的指标上占据绝对优势,但东部地区开发区本身的发展质量,中西部地区的资源、产业等特点,以及东部地区开发区的经验在多大程度上可被中西部地区开发区则有待进一步的分析和研究。

2) 开发区的发展是外部环境作用力、自身禀赋作用力和地方政府作用力三种基本动力复合作用的结果,这使得开发区个体的实践表现出丰富的多样性与区域差异。根据三大动力作用强弱的不同,经济技术开发区呈现出外资飞地型、国企转制推动型、依托重点项目型、立足资源优势型和偶发机遇型等多种类型;高新区呈现出强禀赋型、政府强力推动型、城市环境相关性、国家科技政策驱动型和军工企业嫁接型等多种类型。

3) 开发区的建设运行表现出异于城市其他区域的特征;同时,也逐渐显示出自身的规律与问题。在产业发展方面,大部分开发区以制造业为主导,对核心企业具有较高的依赖性;大部分东部地区开发区形成以电子信息为主导的行业结构,行业同构性强与发展附加值低并存;中西部地区开发区的行业结构相对多样化和差异化,但已经出现模仿东部地区开发区发展模式的趋势;总体上看开发区产业发展表现出较强的数量集聚特征,而离产业集群尚有不小的距离。

在空间拓展方面,以粗放的工业用地量的扩张为主;为了拓展发展空间,出现了"一区多园"以及辖区扩张等多种形式;开发区在早期大多遵循"单一工业区"的发展思路,造成了人居空间与产业空间的不对称。

在社会发展方面,开发区的社会事业建设滞后,"被动城市化"引发了诸多问题;贫富分化严重造成了居住空间的分异与社会极化;大量外来人口集聚引发"外来-本土"社会空间矛盾;"居住-就业"结构性不平衡导致开发区城市氛围难以形成。

在管理体制方面,结合不同开发区的功能及地区背景环境,形成了多样化的开发区管理体制类型;政府派出机构模式是开发区早期发展较多采用的模式,在这种模式下,开发区的管理运作采用了一种特殊的"资金大循环"形式,与外部环境呈现出疏离甚至对立的状态;随着开发区空间扩张以及城市化功能需求增加,向政区合一模式转变的趋势逐渐明显。

1.3 开发区政策分析及转型

1) 开发区的政策形成很大程度上是精英决策的结果,表现出"单方案决策"的特征;在方案的选择上,采取了一种有限理性和渐进式的发展理念,但并未给出相应的时间约定,在空间上的约束也不严格;开发区政策实施至今,尚未进行过真正意义上的政策评估。

2) 从开发区的政策逻辑看,开发区政策在导向上着重鼓励要素驱动型的经济增长,而非鼓励以技术创新作为动力的经济增长;开发区建设运行的环境进一步强化了这种导向;从开发区的政策执行看,特定的制度环境背景使得开发区政策在执行的过程中,出现了政策目标的异化、优惠政策的扩大化以及政策手段的复制与滥用等,开发区的运作模式事实上已是"常规化",实际的政策效用已经非常微弱。

3) 开发区政策取得了一些预期的效果,但也存在相当程度的政策失效。经济技术开发区实现了吸引大量外资企业以弥补资本短缺、创造就业机会以及扩大出口创汇的目标,但并未实现"以市场换技术",外资企业在占领本土市场以及挤出本土品牌的同时,对于本土技术能力提升的作用十分有限;高新区虽然集聚了大量的高新技术企业,更多的是作为"高技术产品制造加工基地",与预期的政策目标存在明显的差距。开发区政策需要进行及时的调整,顺应客观形势需求,实现政策资源的合理配置。

结 论

4) 建议基于政策连贯和政策聚焦的原则,对开发区政策进行调整:淡化空间类型及经济类型的指向,形成"专业化园区+研发孵化"的发展格局;在政策资源的使用上"聚焦"于研发、创新及创业活动。伴随政策调整,原有的"政策区"将逐步向"城市功能区"回归,根据原政策区的区位条件、规模大小、发展态势以及所在城市的发展需求,可以向城市经济功能区或城市新区的方向转变;在产业空间方面逐步从"产业集聚"转向"产业集群",在空间形态方面逐步从"城市蔓延"转向"集约发展"。

2 研究的创新点

1) 从理论逻辑方面对经济技术开发区与高新区进行明确区分。针对不少研究几乎完全混淆经济技术开发区与高新区这两种类型的现实,对经济技术开发区和高新区的缘起进行系统的梳理,澄清两类开发区存在的理论逻辑,明确各自的政策初衷与政策设计的差别,并以此作为探讨开发区转型及政策调整的基点。

2) 将经济技术开发区和高新区两类开发区共同作为研究对象,对中国开发区的发展实践进行整体的回顾与现实的分析。关于中国开发区发展的现状概况已经有不少研究涉及过,但限于数据资料的可获性,已有的研究或者基于全国统计数据进行比较分析,缺少深入的实证案例作为支撑;或者以某一个开发区作为主要研究对象,进行分析总结与演绎,而地域的巨大差异性使其难免存在"以偏概全"之虞。本文致力于填补这一空白,采用较大的时空跨度,从全国层面和个案层面共同着手,展现当前中国开发区发展的实际面貌,为开发区研究提供一个良好的平台。

3) 证明了高新技术产业开发区与经济技术开发区发展实践的趋同。研究采用较大的时空跨度,从全国层面和个案层面共同着手,证明了高新技术产业开发区与经济技术开发区发展实践趋同的特征,并从产业、空间、社会及体制四个维度入手总结了开发区建设运行的模式。

4) 提出应该对开发区政策进行调整的观点。针对开发区产业、空间、社会及体制等方面存在的问题,不局限于就问题提对策,而是从政策的视角出发,提出开发区的转型应该跳出既定的政策框架,调整开发区政策本身,并对开发区政策调整做出了探索性的思考及方案设计。

3　研究的不足之处与进一步的发展方向

3.1　不足之处

1) 本文的开发区个案研究力图涉及发展历程、管理体制、空间规模与土地使用、人口以及产业发展（包括总量及在城市中的地位、产业结构、规模结构、所有制结构、行业结构、高新技术产业发展及R&D支出等）等方面，但受资料收集的制约，每个案例在内容、所涉及的方面以及研究深度等方面不尽相同，难以用一个统一设计的研究框架来组织。

2) 由于深度调研主要集中在东部沿海地区开发区，对于中西部地区的研究主要依靠二手的数据材料及相关分析，因此，对于区域特征的差异化分析不够深入。

3.2　进一步的发展方向

1) 书中提出的政策调整方案设计是一个相对粗线条的框架，针对不同地区特定的发展背景，相关的思考和政策方案设计还可以更进一步地深化和细化。为此，计划对中西部地区开发区进行补充深入调研，总结其发展规律，并根据不同区域的发展特征提出更具针对性的政策方案。

2) 书中提出了要"加强产业空间布局研究""加强产业用地规律研究""加强用地置换措施研究"等城市空间重构的政策要点，这些要点的落实可结合实际的案例进行更深入的探讨。

附 录

1 出口加工区个案研究：台湾的出口加工区

1.1 设立及其成效

台湾是出口加工区的发源地，也是出口加工区发展最为成功的案例之一。台湾经济奇迹的创造，很大一部分原因来自建立出口导向的经济政策及出口加工区的成立。

台湾首个出口加工区——高雄出口加工区设立于1965年，从设计到实际建立，大约经过了十年的酝酿准备过程。在此之前，台湾对引进外资也表示了积极的态度，但由于政治局势不稳定、市场狭小以及吸引外资措施不完善等原因，效果并不理想。从1951年到1956年的六年期间内，进口贸易额为11.4亿美元，出口贸易额却只有7.406亿美元，入超额达4.36亿美元。这些巨额的贸易收支逆差都是用美国援助来加以弥补的。台湾当局正是在这种形势下萌生了设立出口加工区的想法，并于1956年通过了在高雄港内设立特区、建立出口加工厂以促进出口贸易的提案。不过当时准备设立的工业区仍然是大体类似于自由贸易区的东西。1964年，随着美国对台经济援助的终止，建立特区的提案有了实质性的进展，并且，原来准备在高雄港设立自由贸易区的设想被设立能够引进更多的外资、扩大就业机会和增加外汇收入的出口加工区的意见所代替。1965年，高雄出口加工区正式诞生。

高雄出口加工区在设立后发展得相当顺利，不到两年时间，出口加工区便挤满了投资企业，但内外企业仍然不断递交申请，要求到高雄出口加工区投资设厂。为了适应这一需求，台湾决定在高雄出口加工区以北约15公里设立楠梓出口加工区。此后，为了避免因工业发展和城市建设主要偏重于台湾南北两端的台北和高雄,从而造成台湾中部地区人口的大量外流,又设立了台中出口加工区,以扩大台湾中部就业机会,缓解该地区人口外流趋势。

在出口加工区内,不仅基础设施和服务设施完备,收费标准低于其他地区;而且,在税收方面,投资企业进口自用机器设备、原料、半成品等免征进口税,产品出口免征出口税;营业后头5年免除营业税、商品税和企业所得税,5年后的企业所得税也只课18%;利用再投资,其数额低于年所得额的25%时,免征所得税;在管理体制上,加工区管理完善,手续简化,效率较高;此外,企业还可得到出口信贷、自由汇出红利等。

这三个出口加工区合计面积不到 2 km²,但通过使廉价人力和免税进口利益这两者融入按世界市场价格出口的产品,它们成功地实现了赚取外汇和促进就业这两大目标,成为台湾经济外向型经济发展的重要助力。从1966年至2001年,出口加工区累计出口金额990亿美元,占全台湾出口总额的5.95%,进口589亿美元,占全台湾进口总额的4.04%,出进口顺差是401亿美元,占全台湾的19.44%[①]。高雄出口加工区预估可以提供1.7万个就业机会,而后来实际最高超过5万人,三个出口加工区在极盛时期的就业人口达到10万人左右。在与岛内的产业联系方面,出口加工区初创时,区内企业使用的原材料只有2.2%来自岛内,到了1985年这一比例已上升至25.8%。从投资产业结构看,高雄出口加工区1990年电子类产业投资比例达到56%,传统的纺织品、鞋类投资比例为12.3%,其他工业的投资比例为31.7%。从这些数据可以看出,出口加工区在与岛内产业联系以及技术外溢等方面均取得了明显的成绩。除此之外,出口加工区的经济和社会效益还包括:作为产品外销展览的橱窗;促进非出口加工区的外销工厂手续简化;充分发挥土地就经济价值;带动岛内工商业繁荣和产业发展;促进区域经济发展;对岛内设立科技园区起引导作用;在国际间产生积极的影响,促进台湾的国际经济合作;等等。

1.2 产业结构调整及制度变革

根据藤森英男的出口加工区生命周期理论,随着出口加工区存在条件的变化和原定目标的实现,出口加工区存在的必要性或者会发生变化,出口加工区的发展,将同其产品在市场上的变化一样,有一个诞生、发展、成熟到衰落的变化过

---

① 吴宏志. 战后台湾的经济发展如何给大陆借镜——以李国鼎为例[OL]. [2006-12-31]. http://www.japanresearch.org.tw/china/economy-03.asp 台湾日本综合研究所网.

程。台湾的出口加工区经历了20世纪70年代的两次石油危机、80年代后半期的台币升值以及90年代的全球化经济竞争环境的变化后,但并未走向衰退,反而成为岛内工业升级的主战场,由传统的劳动力密集产业加工区成功转型为以电子技术工业为主的高科技产业集聚区。

严正等(2003)[1]将台湾出口加工区的发展演变分为如下四个阶段(表0-1):

表0-1 台湾出口加工区的发展演变情况

	第一阶段 (1966—1976年)	第二阶段 (1977—1986年)	第三阶段 (1987—1996年)	第四阶段 (1997—2001年)
产业结构特点	高外资高劳动密集	高外资高劳动密集	资、技密集为主	资、技密集产业,仓储业
投资总额 (亿元新台币)	4—83.55	91.86—183.79	221.18—1 330	2 521—2 998
设厂家数(家)	51—291	291—303—252	252—235	225—221
就业人数(人)	4 600—74 930	73 166—82 437	94 875—55 495	59 911—60 314
出口值(亿美元)	0.08—6.83	7.61—24.03	34.97—76.57	79.34—65.86
出口依存度*	12.7%、20.7%	6.1%、29.3%	6.0%、19.0%	6.0%、12.15%

*第一项为出口加工区出口占台湾总出口比重;第二项为出口加工区电子业出口占台湾电子业总出口比重。
资料来源:严正,2003:48.

从历年的发展来看,出口加工区的各项指标在经历了迅速上升之后呈现出逐步下降的趋势。这些指标在后期的下降可以从几个方面来说明:① 出口加工区本身的发展周期。出口加工区是劳动力过剩经济体制下的产物,随着低工资优越性的逐步丧失,出口加工区于经济发展的重要性将不断下降。② 世界经济大环境的影响。虽然出口加工区进驻厂商的产业结构不断进行调整,但由于区内的半导体、电子信息等行业多属中下游厂商,劳动力成本对其经营的影响较大,加上厂商以出口为主,因此受世界经济环境的影响较大。如2001年出口加工区内有14家厂商停业,全区产值比上年减少400亿元新台币,雇用劳动力也只剩约6万人。③ 出口加工区从劳动密集型产业向高科技制造业的转型。随着低成本劳动力优势的逐渐丧失,台湾出口加工区开始致力于出口加工区的转型工作,从整体上调整加工出口区的功能,并以高科技、高附加值产业为发展导

---

[1] 严正(主编).台湾产业结构升级研究[M].北京:九州出版社,2003:48.

向,积极进行扩区转型规划,并取得了明显的成效,这也是导致区内厂商数量、就业人数、出口总值及出口依存度下降的原因之一。

2008年,台湾加工出口区已由最早的高雄、楠梓、台中3个加工出口区扩大为10个单位。原3个区总面积为192公顷,现发展为495公顷(表0-2)。

表0-2 台湾出口加工区下辖10单位概况

	面积（hm²）	所在位置	重点产业形态
台中园区	26.2	台中县	数码相机等光电产品产制及研发
中港园区	177	台中县	机车零部件、五金用品等产制及研发
斗六丝织园区	268	云林县斗六市	纤维原料生产及其加工、织布及染整业、成衣业及服饰配件
楠梓园区	97.8	高雄市楠梓区	集成电路之封装、测试及制程研发
高雄园区	72	高雄港区内	液晶显示器之产制及研发等
成功物流园区	8.4	高雄市	国际综合性物流园区,结合仓储物流中心、加工转运中心、国际会议中心、展览中心及商务中心等功能
高雄航空货运园区	54.5	高雄小港国际机场北侧	以研发、设计、关键零部件制造及组合测试验证之功能为主,辅以仓储、转运发货与关联性产业服务业
临广园区	9	高雄市前镇区	液晶显示器之产制及研发等
高雄软件园区	7.9	高雄市	软件产业、高科技产业、自动化物流、测试验证、仓储发货业
屏东园区	124.1	屏东县	车辆组装及零部件产制,生化产品产制及研发

资料来源:台湾加工出口区管理处,转引自严正,2003:54-55.

从各园区的重点产业形态看,传统的纺织、制鞋、电子零部件等产业已基本上功成身退,生产高科技产品的产业占据主导地位,除此之外,还设置了以海空联运为主轴的仓储转运专区,以吸引国内外生产厂商将关键性零组件、半成品汇流至专区内组装,经由仓储转运、制造业前后道工序作业,将产品行销到世界各地,并带动关联性产业活动。

这种向高科技、高附加值产业转向的实现,与台湾经贸管理当局不断检讨有关的法规政策并适时调整运营机制,提供良好的投资硬、软环境密切相关。如:设区目标已从早期的解决就业和出口创汇向高度经济发展的方向推进;前期注重吸引厂商进驻的投资优惠政策设计,后期将重点放在逐步放宽对区内厂商的管制,适时放宽入区厂商的经营自由度,调整产业限制、内销比率限制、委外加工限制;等等(表0-3)。

表0-3 台湾出口加工区重要制度变革情况

	原 有 规 定	现 有 规 定
产业类别	制造业、贸易业	制造业、贸易业、物流业及其他关联产业
产业组织	新设股份有限公司	新设公司或分公司,区内公司允许区外设分公司
资本额(万元新台币)	制造业200—600—2 000,贸易业500	制造业4 000,仓储业8 000,运输业5 000,贸易业500,其他100
出口产品附加值	25%以上	无限制
产品内外销比例	100%外销—可50%内销	无限制,产品可100%内销
雇用劳动力要求	依单位面积规定最低雇用人数	无限制,鼓励自动化生产并可申请雇用外劳
内销关税	依成品完税价格100%课税	依出口货品价差的30%课税
管理费	按营业额的2.2%~3.0%计收,无最低收费限额	按营业额的0.5%~2.5%计收,月最低限额1万元,依行业不同适用不同比例,制造业采累退费率计收
进出口手续	须办签证,报单报关	除负面表列货品应签证外,免办签证
货品来源地	限制输入地区(大陆不准)	开放输入地区,可专案申请输入大陆地区货品
资金进出	资金汇出须经经管理处核准,超过5 000万美元须向台湾中央银行核准	资金汇出径向银行结汇,超过5 000万美元需向台湾中央银行核准
特许登记	电子厂商须办理特许登记	电子厂商登记取消,其他特许行业应向主管机关申请

资料来源:钟坚.台湾加工出口区的产业升级与制度变迁[J].台湾研究,2002(1):44-49。

1.3 与科技园区的关系

高雄、楠梓、台中三个加工出口区建成后绩效颇佳,但台湾一直没有考虑建第四个加工出口区。按照李国鼎先生的想法,"出口加工区这个模式和制度实际上可延伸到台湾其他交通便利之处,在间接税逐步减低比重的情形下,最终可使整个台湾变成一个加工出口区"[①],所以就不必再一一设立加工出口区了。

1973年,台湾发生了第一次能源危机,使得台湾当局认识到1960年代所大力推动的建立在劳动密集型基础上的外向型的工业政策,必须进行重大调整,大力发展高科技、高附加值产业。而为了吸引海外高科技工业的投资,必须提供一个产业聚集空间,使厂商除了员工训练、厂房、土地等基础设施成本得以达到规模经济而降低外,还可以在技术革新和传播上享受聚集经济的利益。为此,台湾当局效法美国等国家和地区的做法,于1980年底设立了新竹科技园区。由此开始将重点转移到科学园区的建设上来。

从出口加工区与新竹科学园区两类园区的关系来看,两者兴起的时代不同,起初吸引的产业类别不同,层次不同,出口加工区最初是作为创造就业机会之工业区,而科技园区是作为海外留学人员回来创业的基地,以高科技产业为导向。但是两者又互相有所借鉴——出口加工区的成功引导了新竹科学园区的成立,带动了台湾高科技工业的发展并且影响了台湾整体经济的转型;科学园区的发展,又反过来影响加工出口区的转型。

随着出口加工区的全面转型,两者在产业构成上显然已经出现了趋同趋势。这本身与台湾经济发展的大环境相关:在劳动成本不断提高和劳动力并不充沛的情况下,作为台湾整体来说,产业必须由劳动密集转向资本密集、技术密集,再转为知识密集的途径。在未来的发展中,二者都将致力于高科技产业发展,但出口加工区可以更加侧重于传统产业的科技提升目标,使传统产业有升级生存的机会和空间。

1.4 绩效解析

借用Jing-dong Yuan的绩效模型,可以从以下几个方面对台湾出口加工区的绩效进行解释:

1) 世界环境。台湾出口加工区的建立刚好发生在第一轮全球工业重组的1960年代,作为首批利用这一环境变化建立出口加工区的国家或地区,它们面临很少的世界竞争,具有较好的世界环境背景。

2) 岛内条件。台湾的出口加工区的选址较好,如高雄出口加工区位于台湾第二大港口城市高雄市,具备良好的基础设施和低成本的具有较高技能的人力

---

① 李国鼎.台湾的对外经济合作和加工出口区[M].南京:东南大学出版社,1994:256.

资源。而且,台湾地区经济在1960年代以前已经得到了发展,劳动密集型工业具备了较好的基础,为出口加工区内的企业的岛内经济联系准备了条件。

3) 政府的作用。出口加工区是台湾从进口替代型工业发展战略向出口导向型工业发展战略转型的一个重要政策组成部分。针对于此,台湾当局向区内或国内外投资者提供了外向型产业的发展动力,制定了专门的出口加工区政策,鼓励特定产业的发展同时限制其他产业的进入,并且针对经济环境的变化不断修改出口加工区的目标与政策,使其对经济增长的贡献最大化。

2 科技园区个案研究:硅谷、剑桥科学园和新竹科学工业园的比较

硅谷(Silicon Valley)、剑桥科学园(Cambridge science park)和新竹科学工业园(Hsinchu science park)是三个非常典型的科技园区成功案例,分别代表了三种不同的创新模式:硅谷既注重研究开发,又注重产业发展,更重视研究开发与产业界的合作,已经成为一个研发的全球性中心,产生了大量的世界顶级公司;新竹科学工业园则成功地将其嵌入硅谷的延伸网络之中,尽管也在某些方面专注于研究开发,但相比较而言重心在高技术制造业;而剑桥科学园主要是作为技术型创业公司(startups)的磁极而存在,侧重于科学研究,与产业界联系不甚紧密。以下主要从成长机制的角度对这三种模式进行简单的比较分析。

2.1 硅谷:拥有大量世界顶级公司的创新"栖息地"

硅谷是数轮技术创新(半导体、计算机以及最近的IT、电子商务)的中心。该地区的研究型大学和研究实验室处于近50年来取得的某些最重大的科学突破的核心地位,被喻为创新与创业精神的"栖息地"(inhabitant),亦即高科技企业生存和发展所需要的资源在该地区都能够得到有机的发展,它包含了人员、企业和机构以及它们之间的网络与互动模式,企业之间具有复杂的、动态的、相互依存的关系(李钟文等,2002)[①]。

硅谷的成长起源于政府军事需求的拉动,并在发展的过程中逐渐形成了新

---

① 李钟文,等(主编).硅谷优势——创新与创业精神的栖息地(2000年版)[M].王珊珊,等译.北京:人民出版社,2002:1-16.

企业衍生与自我更新的机制,加上独特的社会关系网络文化,成就了硅谷作为世界顶级科技园区的成功。

(1) 军事需求的初始拉动

由第二次世界大战以及朝鲜战争的发生而引致的美国国防需求在硅谷早期的发展中发挥了重要的带动作用。为了适应战争发展的客观需要,当时美国政府的技术政策是通过资助军工技术的研究开发间接带动民用技术的发展。随着半导体工业的迅速发展,尤其是对当时国防工业产生了深远影响,政府大量军费涌入到硅谷。这对早期硅谷的发展具有非常重要的助推作用。以惠普为例,1941 年至 1945 年间,其销售额从 3.7 万美元增加到 75 万美元。它的发展主要得益于政府对其电子测量仪等设备的采购。政府对半导体工业的支持,也主要是体现在采购上,60 年代中期以前军队几乎是半导体产品的唯一买家。

但国防需求与政府购买不是硅谷演进与发展以及持续竞争优势形成的决定性因素,在随后的发展中,新企业衍生与自我更新以及独特的社会关系网络起到了至关重要的作用。

(2) 新企业衍生与自我更新

企业衍生(spin-off)——也就是脱离某一高新技术研究与开发部门创办新公司①——是硅谷企业发展的一个重要现象。在硅谷,企业衍生主要通过两种途径。一是从企业中衍生。硅谷的第一家半导体公司的创始人肖克利(Shockley)来自贝尔实验室,他在贝尔实验室发明了晶体管,并且在他自己的公司生产这种产品;1957 年从肖克利的公司衍生出仙童公司(Fairchild);1968 年仙童公司又衍生 10 个小公司,其中就包括现在赫赫有名的英特尔公司(Intel)。据统计,60 年代,硅谷产生了 31 家半导体公司,它们中的大多数都和仙童公司一脉相承(Saxenian,1994)②。

二是从大学和研究机构中衍生。硅谷的诞生与成长与斯坦福大学的衍生力息息相关。自 1932 年斯坦福大学研究生利顿创立了利顿工程实验室以来,斯坦福大学掀起了由教授、学生创办企业的浪潮。从 20 世纪 30 年代的惠普,到 20 世纪 70、80 年代的苹果、升阳微系统、硅图和思科,再到 20 世纪 90 年代的网景、雅虎,由斯坦福大学衍生出来的高科技公司成百上千。在硅谷的 150 家最大的

---

① 王辑慈,宋向辉,李光宇.企业衍生:北京新技术集聚体形成的重要特征[J].中国高新技术企业评价,1995(6):8-13.

② 安纳利·萨克森宁.地区优势:硅谷和 128 公路的文化与竞争(1994 年版)[M].曹蓬,杨宇光,译.上海:上海远东出版社,1999:29.

上市公司中有 1/4 的公司是由斯坦福大学创建的,1999 年它们的总收入超过 900 亿美元,占所有这些公司收入总额的 40%[①]。时至今日,斯坦福大学仍然是硅谷发展的引擎,每年新创立的公司与它培养出来的工程学和商学毕业生几乎一样多[②]。

正是新企业的不断衍生使得硅谷具有了区别于其他科技园区的一个重要特征:持续的自我更新。在硅谷,企业间的竞争十分激烈,如果一个企业技术与产品水平不在世界上占前三位,就必然被淘汰出局。因此,在硅谷的企业,危机意识普遍很强烈,受这种创新氛围的影响,硅谷每天都可以推出几十项推动世界科技发展的新技术成果。再加上硅谷中世界知名的大企业很多,如惠普、网景、雅虎、英特尔、思科等,这些企业实力相当雄厚,因此技术开发的投入有很重要的保障。

(3) 独特的社会关系网络

"对于硅谷而言,起决定性作用的是它的社会关系网络",所谓社会关系网络,可以定义为由社会关系或某一特殊类型的链联系起来的一些节点和行为者(个人和组织)(Castilla et al.,2000)[③]。在硅谷,广泛的劳动力流动造就了频繁的调动、公司和机构的边界的可渗透性,以及技术人才和职业经理的稠密人际网络。萨克森宁(1994)[④]在评论硅谷公司间异乎寻常的流动率时指出:"该地区的工程师所忠于的是相互关系和日益进步的技术,而不是某个公司甚至某个产业。"这一独特文化和广阔的弱链网络的后果是,硅谷的工程师经常从一个项目或公司跳到另一个项目或公司,高流动性增加了网络的密度,强化了他们作为传播渠道的作用,通过这一渠道,他们传播技术信息和市场信息,并在各公司之间传播并分享组织文化和信任等其他无形资源。

稠密的关系网络不仅存在于工程师之间,还存在风险投资家、律师等各行业内部及其与企业之间。在硅谷,风险投资家和律师的作用已超出了他们的常规作用,他们影响了客户公司的组织结构和未来发展。律师既是交易人又是顾问,作为交易人,他们利用在本地商业社区的关系把客户和各种商业伙伴联系起来。

---

① 李钟文,等(主编).硅谷优势——创新与创业精神的栖息地(2000 年版)[M].王珊珊,等译.北京:人民出版社,2002.
② Nicholas Valery.工业创新[M].北京:清华大学出版社,1999:37;38.
③ 李钟文,等(主编).硅谷优势——创新与创业精神的栖息地(2000 年版)[M].王珊珊,等译.北京:人民出版社,2002:248-282.
④ 安纳利·萨克森宁.地区优势:硅谷和 128 公路的文化与竞争(1994 年版)[M].曹蓬,杨宇光,译.上海:上海远东出版社,1999.

而风险投资家不仅为创业公司和从大公司分离出来的新公司提供必要的金融资源，而且经常扮演经纪人、管理顾问和招聘者的多重角色。许多创业公司和从大公司分离出来的新公司是由不懂管理的工程师创办的，风险投资家可以利用非正式的和正式的专家网络增加新建公司的长期活力。

2.2 剑桥科学园：高技术创业公司的磁极

与硅谷不同，剑桥科学园属于学术界主导型的科技园区，以释放大学和科研机构的创新能量为目标。园区通过大学的体制改革来鼓励高科技人员参与研究成果的产业化和高技术创业，进而依靠知识密集和人才群聚的优势来吸引产业界加盟。在其成长过程中，新企业的衍生也是重要的机制之一，但总体来说，学术界与产业界，以及公司内部的交流网络的缺乏，在一定程度上抑制了园区的进一步发展。

（1）大学引导

剑桥镇是国际著名的大学城，以深厚的学术传统著称于世，其物理、生化等部门的研究居世界前列，并有多名学者获得诺贝尔奖。自建立800多年来，剑桥大学一直超然于商业竞争之上，谨守着"为学术而学术"的办学宗旨。1969年的莫特报告是剑桥校方改变对待工业态度的转折点，促进已有和新建科技型企业发展的思路被纳入剑桥大学的办学宗旨。

1970年，剑桥大学圣三一学院（Trinity College of Cambridge University）在离市中心3英里的城市西北角建立剑桥科学园。园区占地24英亩，从创办到运作是一个漫长的过程，由于园区对准入的企业非常挑剔，在其宣布正式开张两年后的1978年，园区还仅有7家租户，整个园区面积只开发了20%。从此，该区域一直以高科技地区而著称（Green，2002）[1]。

（2）企业加盟及衍生

剑桥科学园具有吸引创业企业加盟的极为优越的条件（廉俊颖、鞠成军，2002）[2]。首先，剑桥大学是世界一流的研究型大学，这足以促使它充当新产业和新技术创新的强有力的触媒剂。第二，剑桥大学在知识产权与学术知识的商业利用方面采取非常自由的政策。校方积极鼓励高技术公司的衍生，不仅鼓励

---

[1] Green, C. Learning by Comparing Technopoles of the World-The Cambridge Phenomenon. Conference paper, 6th International Conference on Technology and Innovation, 2002, August 12 – 15, Kansai, Japan.

[2] 廉俊颖, 鞠成军. 硅谷与剑桥高技术产业发展模式的比较研究[J]. 中国科技产业, 2002(11): 68 – 72.

大学教师在园区创业,同时也准许在科技园区工作的企业科技人员申请在大学里从事研究开发活动,可以利用大学里昂贵的仪器设备,其人力费用可由大学负担,但研究成果为双方共享。其次,园区的管理也有利于小企业的创办。科技园区由圣三一学院领导,由两名专职管理人员进行管理。这种自主管理的模式对中小型投资者有较大的吸引力。所有这一切促进了创业企业在剑桥科学园的发展。而且,虽然园区将入区企业严格限制在技术密集型公司范围内,但许多园区周边的区外企业因"溢出效应"而获益良多,并形成了相关辅助行业的支持系统(Green,2002)[①]。到1999年,剑桥地区高科技公司的数量达到959个,共有就业人员31 000人。估计剑桥科学园及其周边区域拥有整个剑桥郡县(the Cambridgeshire County)60%的高科技公司以及超过70%的高科技就业岗位(Athreye,2001)[②]。

科学园内的高新技术企业约占剑桥地区的10%~15%,其中大部分是小公司,7%的公司不到5人,40%不到30人。这些小公司的领域分布很不集中,涉及多个技术部门。占主导地位的是计算机软件和硬件(32%),其他一些高技术活动则广泛分布在电子、生物技术、仪器制造、研发与培训部门。在这些公司和剑桥大学及有关的科研联合体之间,以及公司与公司之间都存在着许多直接和间接的联系。不少高技术创业型公司是从剑桥大学各院系衍生出来,如西普数据公司、分光小系统公司、剑桥作用系统公司就是分别从计算机实验室、物理系卡文迪什实验室、计算机辅助设计中心分立出来的。还有一些公司是其他地区的一些大公司设立的"观察站"。这些高技术创业型公司约1/3的大学生雇员中有70%来自剑桥大学,一半以上的高技术公司与剑桥大学保持联系。公司主要从事研究、设计、技术创新或小批量生产高技术附加值的产品,本身并不进行大规模的生产活动,大规模的生产活动一般是转包给外地公司承担。

(3) 与硅谷的差别

虽然剑桥科技园区被誉为"硅泽"(Silicon Fen),但与硅谷相比较,剑桥科学园的影响明显不及硅谷(Athreye,2001)[③]。首先,剑桥地区的产出较小。剑桥郡县与硅谷(圣克拉拉县)地理范围大致相同,但其经济规模则存在巨大差距。

---

① Green, C. Learning by Comparing Technopoles of the World-The Cambridge Phenomenon. Conference paper, 6th International Conference on Technology and Innovation, 2002, August 12 – 15, Kansai, Japan.

② Athreye, S. S., Agglomeration and growth: A study of the Cambrige Hi-Tech Cluster. Stanford Institute for Economic Policy Research Discussion Paper 00 – 42, Stanford University, 2002.

③ 同上。

剑桥郡县拥有 54.3 万人口（不含 Peterborough），硅谷拥有 160 万人口；剑桥郡县的平均收入为 2 万英镑，而硅谷为 3.1 万英镑。硅谷的 GDP 大约 4 200 万英镑，约为剑桥郡县的 6 倍左右。第二，剑桥并未像硅谷那样涌现出大量的全球性大公司，如 HP、Intel 等，这大大限制了剑桥的国际影响力。第三，与硅谷相对于美国其他地区在高技术产业方面的高度专业化水平不同，剑桥地区相对于英国其他地区而言，在高技术产业方面的地区生产专业化程度不高。一般而言，可用某一地区某行业就业占该地区全部行业就业的比例与全国范围该行业就业比例相比较来衡量地区的行业专业化水平。而剑桥的知识型产业（knowledge based business）就业所占比例仅相当于英国的平均水平。

剑桥科学园的这些特征反映了园区致力于基础科学研究的初衷，但大学与企业之间的良性互动的相对缺乏也是不争的事实。近年来的研究一致认为，英国社会体制环境一定程度上制约着园区高技术产业的发展。首先，剑桥地区的许多企业都是直接从大学的科系或实验室中派生出来的，但由于英国教育体制的传统强调培养贵族，而不注重培养具有商业才能的人，因此，剑桥大学并未能通过广泛地开展企业家技能培训项目的方式加强与工业的联系。第二，英国为赢利公司提供了健全的资本市场，但缺少为起步阶段的高技术创业型公司提供资金的资本市场。风险投资的相对缺乏和银行要求任何商业贷款须有风险抵押的限制，对高技术创业型公司来说意味着创业风险的加大。

2.3 新竹科学工业园：硅谷网络的延伸

台湾新竹科学工业园成立于 1980 年，选址在台北清华大学、台北交通大学所在地新竹市的东南侧。短短的十几年间，它创造了一个又一个的奇迹，到 2005 年底，园区共有 400 家高科技公司，大部分是半导体、电脑、光电等电子产业。它不仅是台湾经济发展的重要支柱、科技产业的心脏地带和科技产业水准的标志，也是世界高科技产业发展的重要基石之一，被誉为同硅谷并列是信息技术时代的工业化中创造奇迹的地方。而新竹的发展，经历了与硅谷和剑桥完全不同的成长模式。

（1）政府的积极推动

新竹与硅谷和剑桥在初创阶段的最大不同，在于新竹是由政府所主导构筑的创业乐土（Francis C. C. Koh, et al., 2003)[1]。为了吸引厂商进入园区和保证

---

[1] Francis C.C. Koh, Winston T. H. Koh, Feichin Ted Tschang, An Analytical Framework for Science Parks and Technology Districts with an Application to Singapore. SMU economics & statistics working paper series 18-2003, Singapore management university, 2003.

园区技术的高水平发展,新竹制定了一系列鼓励和刺激投资的法规和制度(严正,2003)[①]:1)税收上的优惠。对在园区投资的厂商给予5年免税;5年免税期满后,所得税计各项附加税总额,不得超过其营业收入总额的20%;园区企业进口的自用机器设备、原料、燃料及半成品等,免征进口关税、货物税及营业税;园区的产品或劳务供外销的企业,营业税为零,并免征货物税。2)土地厂房优惠。园区内建设了规划完备的设施和厂房,并以低廉的价格出租给厂商,被认定为对科技有特殊贡献的工业投资,可减免土地租金5年。3)鼓励外国科学工业厂商赴台投资。规定外国投资者可享有100%股权及与本地投资者相同的优惠条件。4)资金扶持。为发展某些重要产业,新竹以直接投资或优先给予长期优惠贷款等财政金融手段予以扶持。凡符合园区引进条件的科技工业,厂商可以申请园区参与投资,园区出资最高可达总额的49%,投资者日后可以购回部分或全部股权。投资者如以技术作为股份投资,最高可以拥有总股份的25%。此外,园区还拿出大量资金资助技术创新开发,资助额最高可达每项计划所需经费的一半。

为克服台湾地区厂商从事研究发展活动规模不足的缺陷,以及提升整体产业的技术水平,1973年,台湾当局将原隶属经济部的矿冶研究所、金属工业研究所和联合研究所合并为工业技术研究院(Industrial Technology Research Institute,ITRI),成为台湾第一个财团法人研究机构。作为政府介入工业研究发展的一个相当重要的渠道,ITRI对促进新竹的技术及产品开发做出了巨大的贡献。具体而言,表现在三个方面(贾健男,2005)[②]:一是开发出大量的产业技术并转移给厂商。ITRI历年来开发出为数众多的产业技术,并以各种适当的方式转移给产业界,带动新兴科技工业的建立。例如半导体产业,ITRI自1976年引进美国RCA7微米CMOS制程技术开始,三十年来持续研发出IC制程与设计技术,除将成熟的技术及人才阶段性成立联华电子、台积电、台湾光罩、世界先进4家衍生公司外,还带动台湾业者的大量投入,协助建立台湾晶圆设计、制造、测试、封装等完整的半导体产业,使台湾成为世界上第三大IC生产基地。二是接受企业的委托研究项目并为企业提供大量的工业技术服务。在新竹,企业多为中小型企业,规模普遍不大,很难承受大量的研发资金投入。ITRI具有很强的研发实力,从而扮演了"万能医生"的角色,每年接受大量的产业界的委托研

---

① 严正(主编).台湾产业结构升级研究[M].北京:九州出版社,2003:424-429.
② 贾健男.台湾新竹科技园区创新系统研究.南开大学硕士学位论文,2005:26-30.

究,与厂商合作研发,并为园区厂商提供大量的工业技术服务,契约服务的收入占其经费来源的将近一半。三是ITRI每年举办各类型的技术研讨会、讲习会、成果发表会及说明会并接受政府机构或厂商的委托代为训练技术人才,为产业界培训大批专业技术人才,间接促进了产业的发展。至今,ITRI已有1 000多个员工进入产业界,成为园区产业界的领导或中坚阶层。

(2) 从吸引外援到自主发展

园区的发展最初以吸引外来资本和引进技术为主。但随着园区的发展,依赖外资和外来技术的局面逐渐改观,园区自主发展的能力大大增强。从企业投资来源看,外资投入所占比例呈逐年下降的态势,所占比重自1986年的32.7%下滑到2001年的7.0%(表0-4)。

表0-4 台湾新竹科学工业园企业投资来源情况

年份	投资来源地(百万美元)			合计（百万美元）	技术入股份额	外国资本所占份额
	本 岛	外国资本	华侨资本			
1986	93.55	49.34	8.01	150.9	N/A	32.7%
1987	232.67	87.76	11.96	332.39	N/A	26.4%
1988	381.53	134.00	38.23	553.76	N/A	24.2%
1989	754.73	253.37	60.95	1 069.05	N/A	23.7%
1990	1 185.98	328.64	73.04	1 587.66	1.79%	20.7%
1991	1 533.35	425.25	97.05	2 055.65	1.7%	20.7%
1992	1 891.02	496.54	109.54	2 497.1	1.5%	19.9%
1993	1 991.74	430.59	113.31	2 535.64	1.5%	17.0%
1994	3 076.53	363.15	93.88	3 533.56	3.2%	10.3%
1995	4 903.74	579.76	94.22	5 577.72	2.6%	10.4%
1996	8 215.90	1 094.51	95.56	9 405.97	2.3%	11.6%
1997	11 495.01	1 519.71	92.25	13 106.97	3%	11.6%
1998	13 764.08	1 432.18	75.33	15 271.59	N/A	9.4%
1999	16 178.06	1 286.00	76.14	17 540.2	1.4%	7.3%
2000	21 144.09	752.13	341.50	22 237.72	1.2%	3.4%
2001	23 565.53	1 771.57	71.86	25 408.96	N/A	7.0%

资料来源:王振,朱荣林.台湾新竹科学工业园创新网络剖析[J].世界经济研究,2003(6):34-39.

从技术来源看,在20世纪80年代,光电产业中外来技术的比重为61%。其中,"海归"为23%,外商与国外技术转移为38%。但在90年代后期,其外来技术的比重已从61%降至37%:"海归"为17%;外商与国外技术转移20%。而台湾学研单位技术转移则提升至46%。此外,团队自行研发技术的比重也达到17%。由此可以看出,经过十多年的发展,台湾新竹工业园区的外来技术比重降低了24个百分点,其中外商和国外技术转移降低了18个百分点,而本地研发的比重则提升7个百分点,并成为园区技术的主要供应者。同时,园区企业自主创新和研发也占有一定的比重[1]。

(3) 企业间的专业化分工合作

以IC为例,台湾IC产业与国外最大的不同点在于独特的专业分工模式,国际大厂多以设计、制造、封装、测试,甚至系统产品等上下游垂直整合方式经营,而台湾则呈现出上、下游水平分工的经营形态。2000年台湾共有140家积体电路设计公司(园区57家)、8家晶原材料业者(园区5家)、4家光罩公司(都在园区)、16家晶圆制造公司(园区15家)、48家封装公司(园区10家)、37家测试公司(园区3家)、13家导线架生产厂商(园区3家)。2000年台湾积体电路制造业共有16家,前十大厂商中,园区占9家,包括台积电、联电、华邦等等,占全区92.97%[2]。高度专业化的分工协作,使大多数公司建立起灵活分散的组织形式,增强企业对于快速变化的外部环境的适应能力。

(4) 与硅谷的网络关系

硅谷和新竹作为信息技术时代的工业化中最频繁地称作奇迹的地方,在对其成就的分析一直被作为两个孤立的个体分别对待。但事实上,新竹的最大特色之一在于其借助于从硅谷回岛的留学人员与其在硅谷所取得的社会关系网络,逐渐与硅谷在设计和开发上形成了垂直的产业分工体系,从而成功地嵌入硅谷的延伸网络之中。

早在20世纪50年代起,台湾大学生就享有美国特赐的待遇,人人拥有美国绿卡,来去自由。因此从那时起台湾大学生接连赴美深造,其中许多学工科的大学生都到过硅谷接受锻炼。在新竹科学工业园创办后,台湾政府积极吸引海外留学人员回台创业,为他们提供高质的住房和生活条件,并通过设置双语班等手段解决回

---

[1] 台湾新竹科学园光电业发展趋势与策略[OL]. 2005-09-19[2006-12-31]. http://www.chinataiwan.org/zt/twzt/xinzhu/xinzhue/xinzhuea/200801/t20080114_570859.htm 中国台湾网.

[2] 石滋宜. 从台湾新竹科技园的发展看总部经济[OL]. 北京高成长企业与金融市场国际论坛, 2003-09-13[2006-12-31]. http://finance.sina.com.cn/roll/20030913/1210444575.shtml 新浪网.

台学者的子女教育问题。台湾经济的成长和当局的积极补充刺激了"头脑水渠"的倒流(萨克森尼安,1999)①,20世纪70年代,在美学习的工程师只有10%回到台湾,而到1998年,这一比例达到30%,每年大约有1 000人回岛。这些回岛人员大多数在美国已有工作经验,通晓两地的语言,又拥有硅谷最先进的技术资源和人际关系网络,从而在硅谷和新竹之间架起了跨地区协作和相互升级的桥梁。1998年,新竹有40%的公司是由从美国回来的科技人员开办的。经营Winbond北美公司、在硅谷工作了20年的陈兆良(Fred Cheng)说:"今天开办一个技术公司的最好的办法是利用两地的长处,把台湾的资金和制造力量与硅谷的工程和技术技能结合起来。"实际上,在硅谷专门从事半导体研发的公司,四家中有三家就是由台湾将其新设计通过"特殊化制造"(specialized manufacturing)生产出来的。

2.4 小结

硅谷、剑桥科学园和新竹科学工业园均具有良好的区位条件,包括充足的科技与智力资源、良好的基础设施、吸引人才的创业生活环境等,但其成长的历程更多地与其特定的政治、经济、社会和文化环境背景密切相关,也因为这些背景而形成了完全不同的发展模式(表0-5)。

表0-5 硅谷、剑桥科学园和新竹科学工业园的比较

	硅 谷	剑 桥	新 竹
工厂数量	大于1万	大约1 000(2002年)	312(2001年)
主要部门	研发,有限的制造业	科技研发	多样化的制造业
酝酿期特征			
酝酿及早期优势	最初为政府引导,随后形成产业与大学之间的强联系	初创阶段大学引导,随后私人厂商在园区内落户	政府引导型的基础设施建设以及相关机构的建立为企业的衍生提供了环境
演 化	Self-directed;从20世纪50年代开始起飞	Self-directed;建立于20世纪70年代	政府引导,衍生后Self-directed;建立于20世纪80年代
限 制	拥挤迫使某些小型厂商离开;生活品质一定程度下降	厂商规模小,缺少大型主要企业	很大程度上还只是制造基地,迫切需要进入创新阶段

---

① 安娜李·萨克森尼安.硅谷和新竹的联系:技术团体和产业升级[J].经济社会体制比较,1999(3):49-60.

续　表

	硅　谷	剑　桥	新　竹
成长支持要素			
厂　商	本土企业，或从斯坦福大学或已有企业中衍生出来，或从其他区域转移过来	希望邻近剑桥大学的本土企业，新型高科技公司（比如 biotech）	从政府机构（比如 IRTI）衍生或者由留美归来人员创立小型或中型企业
研发阶段	主要是基础研究，也包括纯科学研究和应用研究	主要是纯科学研究和基础研究	与设计、制造有关的应用研究
其他运作要素	作为风险资本融资以及技术市场的全球性中心	强大的智力资本吸引初创企业的不断进入	与全球生产网络紧密相连（发源于硅谷）

资料来源：Francis C. C. Koh, et al., 2003.

参考文献

1 专著

1. 鲍克.中国开发区研究——入世后开发区微观体制设计[M].北京：人民出版社,2002.
2. 成德宁.城市化与经济发展——理论、模式与政策[M].北京：科学出版社,2004.
3. 陈宏.1979—2000深圳重大决策和事件民间观察[M].武汉：长江文艺出版社,2006.
4. 陈郁.企业制度与市场组织：交易费用经济学文选[M].上海：上海人民出版社,1996.
5. 陈振汉,厉以宁.工业区位理论[M].北京：人民出版社,1982.
6. 陈振明(主编).政府再造——西方"新公共管理"述评[M].北京：中国人民大学出版社,2003.
7. 邓小平.办好经济特区,增加对外开放城市[M].邓小平文选(第三卷).北京：人民出版社,1993.
8. 范柏乃.城市技术创新透视——区域技术创新研究的一个新视角[M].北京：机械工业出版社,2003.
9. 范晓屏.特色工业园区与区域经济发展：基于根植性、网络化与社会资本的研究[M].北京：航空工业出版社,2005.
10. 方福前.公共选择理论——政治的经济学[M].北京：中国人民大学出版社,2000.
11. 费洪平,戴公兴.经济开发区产业规划与管理[M].北京：科学出版社,2000.
12. 盖文启.创新网络——区域经济发展新思维[M].北京：北京大学出版社,2002.
13. 顾朝林,赵令勋,等.中国高技术产业与园区[M].北京：中信出版社,1998.
14. 贺灿飞.外商直接投资区位：理论分析与实证研究[M].北京：中国经济出版社,2005.
15. 洪银兴,刘志彪.长江三角洲地区经济发展的模式和机制[M].北京：清华大学出版社,2003.
16. 江小涓.中国的外资经济——对增长、结构升级和竞争力的贡献[M].北京：中国人民大学出版社,2002.
17. 江小涓,等.全球化中的科技资源重组与中国产业技术竞争力提升[M].北京：中国社会科学出版社,2004.

18　梁琦.产业集聚论[M].北京:商务印书馆,2004.
19　李国鼎.台湾的对外经济合作和加工出口区[M].南京:东南大学出版社,1994.
20　李建军.产学创新的平台——从硅谷到中关村[M].南昌:江西高校出版社,2002.
21　李青,等.区域创新视角下的产业发展:理论与案例研究[M].北京:商务印书馆,2004.
22　李小建,等(主编).经济地理学(第2版)[M].北京:高等教育出版社,2006.
23　厉无畏,王振(主编).中国开发区的理论与实践[M].上海:上海财经大学出版社,2004.
24　皮黔生,王凯.走出孤岛——中国经济技术开发区概论[M].北京:生活·读书·新知三联书店,2004.
25　钱颖一,肖梦.走出误区——经济学家论说硅谷模式[M].北京:中国经济出版社,2000.
26　芮明杰,刘明宇,任江波.论产业链整合[M].上海:复旦大学出版社,2006.
27　王辑慈,等.创新的空间——企业集群与区域发展[M].北京:北京大学出版社,2001.
28　王兴平.中国城市新产业空间——发展机制与空间组织[M].北京:科学出版社,2005.
29　魏心镇,王辑慈,等(编著).新的产业空间:高技术产业开发区的发展与布局[M].北京:北京大学出版社,1993.
30　吴敬琏.中国增长模式抉择[M].上海:上海远东出版社,2005.
31　夏海钧.中国高新区发展之路[M].北京:中信出版社,2001.
32　燕继荣.投资社会资本——政治发展的一种新纬度[M].北京:北京大学出版社,2006.
33　严正(主编).台湾产业结构升级研究[M].北京:九州出版社,2003.
34　杨小凯,张永生.新兴古典经济学与超边际分析[M].北京:中国人民大学出版社,2000.
35　张兵.城市规划实效论:城市规划实践的分析理论[M].北京:中国人民大学出版社,1998.
36　张国庆(主编).公共政策分析[M].上海:复旦大学出版社,2004.
37　张克俊.我国高新科技园区建设的比较研究[M].成都:西南财经大学出版社,2005.
38　张永生.厂商规模无关论——理论与经验证据[M].北京:中国人民大学出版社,2003.
39　周伟林.中国地方政府经济行为分析[M].上海:复旦大学出版社,1997.
40　周维颖.新产业区演进的经济分析[M].上海:复旦大学出版社,2004.
41　朱华晟.浙江产业群——产业网络、成长轨迹与发展动力[M].杭州:浙江大学出版社著,2003.
42　朱文晖.走向竞合——珠三角与长三角经济发展比较[M].北京:清华大学出版社,2003.
43　阿马蒂亚·森.以自由看待发展(1999年版)[M].北京:中国人民大学出版社,2002.
44　(美)艾伯特·赫希曼.经济发展战略[M].曹征海,潘照东,译.北京:经济科学出版社,1991.
45　(美)安东尼·奥罗姆(Anthony M. Orum),陈向明.城市的世界——对地点的比较分析和历史分析[M].曾茂娟,任远,译.上海:上海人民出版社,2005.
46　(美)安纳利·萨克森宁.地区优势:硅谷和128公路的文化与竞争[M].曹蓬,杨宇光,译.上海：上海远东出版社，1999.

47　（美）保罗·诺克斯，史蒂文·平奇.城市社会地理学导论[M].柴彦威，张景秋，译.北京：商务印书馆，2005.

48　（美）Charles I. Jones.经济增长导论[M].舒元，等译.北京：北京大学出版社，2002.

49　（美）丹尼斯·古莱特(Denis Goulet).靠不住的承诺：技术迁移中的价值冲突[M].邾立志，译.北京：社会科学文献出版社，2004.

50　（英）H. K.科尔巴奇.政策[M].张毅，韩志明，译.长春：吉林人民出版社，2005.

51　（美）吉利斯(M. Gillis)，等.发展经济学[M].黄卫平，等译.北京：中国人民大学出版社，1996.

52　（英）克利夫·芒福汀.绿色尺度[M].陈贞，高文艳，译.北京：中国建筑工业出版社，2004.

53　（德）柯武刚，史漫飞.制度经济学——社会秩序与公共政策[M].北京：商务印书馆，2000.

54　（美）李钟文，等（主编）.硅谷优势——创新与创业精神的栖息地[M].北京：人民出版社，2002.

55　（美）林南(Lin N.).社会资本——关于社会结构与行动的理论[M].张磊，译.上海：上海人民出版社，2004.

56　马歇尔.经济学原理（上、下）[M].北京：商务印书馆，1997.

57　迈克尔·波特.国家竞争优势[M].李明轩，邱如美，译.北京：华夏出版社，2002.

58　（美）Manuel Castells.网络社会的兴起[M].夏铸九，等译.北京：社会科学文献出版社，2003.

59　（美）Manuel Castells.信息化城市[M].崔保国，译.南京：江苏人民出版社，2001.

60　（美）迈克尔·波特(Porter M. E.).竞争优势[M].陈小悦，译.北京：华夏出版社，1997.

61　迈克尔·豪利特，M.拉米什(Michael Howlett & M. Ramesh).公共政策研究：政策循环与政策子系统[M].庞诗，等译.北京：生活·读书·新知三联书店，2006.

62　（英）米切尔·黑尧.现代国家的政策过程[M].赵成根，译.北京：中国青年出版社，2004.

63　（美）内森·罗森伯格.探索黑箱——技术、经济学和历史[M].王文勇，吕睿，译.北京：商务印书馆，2004.

64　帕顿，沙维奇.公共政策分析和规划的初步方法[M].孙兰芝，胡启生，等译.北京：华夏出版社，2002.

65　（美）罗纳德·J.奥克森(Ronald J. Oakerson).治理地方公共经济[M].万鹏飞，译.北京：北京大学出版社，2005.

66　（美）丝奇雅·沙森.全球城市[M].周振华，等译.上海：上海社会科学院出版社，2001.

67　（日）速水佑次郎.发展经济学的革命[M].李周，译.北京：社会科学文献出版社，2003.

68 （美）托马斯·R.戴伊.理解公共政策[M].彭勃,等译.北京：华夏出版社,2004.

69 （日）藤森英男（编）.亚洲地区的出口加工区[M].袁镇岳,等译.中国社会科学出版社,1981.

70 （美）威廉·N.邓恩.公共政策分析导论[M].北京：中国人民大学出版社,2002.

71 （美）威廉·伊斯特利（William Easterly）.在增长的迷雾中求索[M].姜世明,译.北京：中信出版社,2004.

72 （美）小罗伯特·卢卡斯.经济发展讲座[M].罗汉,应洪基,译.南京：江苏人民出版社,2003.

73 Alexius A P. *State Collaboration and Development Strategies in China: the Case of the China-Singapore Suzhou Industrial Park (1992 – 2002)* [M]. RoutledgeCurzon,2003.

74 Castells M and Hall P. *Technopoles of the World: the Making of Twenty-first-century Industrial Complexes* [M]. London：Routledge,1994.

75 Luger M I and Goldstein H A. *Technology in the Garden: Research Parks and Regional Economic Development* [M]. The University of North Carolina Press,1991.

76 Massey D, Quintas P and Wield D. *High Tech Fantasies: Science Parks in Society, Science, and Space* [M]. London：Routledge,1992.

77 Monck C S P, Porter R B, Quintas P et al. *Science Parks and the Growth of High Technology Firms* [M]. Croom Helm, London, 1988.

78 Rosenberg D. *Cloning Silicon Valley: the next generation high tech hotspots* [M]. London：Pearson Education,2002.

79 Westhead P and Storey D J. *An Assessment of Firms Located on and of Science Parks in the United Kingdom* [M]. London：HMSO, 1994.

2 期刊论文

80 安娜李·萨克森尼安.硅谷和新竹的联系：技术团体和产业升级[J].经济社会体制比较,1999(3)：49-60.

81 乔治·吉尔博伊.对中国经济发展奇迹的反思[J].曾爱平,译.国外理论动态,2005(3)：29-32.

82 约翰·弗里德曼.规划全球城市：内生式发展模式[J].李泳,译.城市规划汇刊,2004(4)：3-7.

83 陈锋.转型时期的城市规划与城市规划的转型[J].城市规划,2004(8)：9-19.

84 陈家祥.中国国家高新区功能偏离与回归分析[J].城市规划,2006(6)：22-28.

85 陈潭.公共政策变迁的理论命题及其阐释[J].中国软科学,2004(12)：10-17.

86 陈益升,湛学勇,陈宏愚.中国两类开发区：比较研究[J].中国科技产业,2002(7)：18-

22,(8):54-56,(9):50-54.

87 董书礼.以市场换技术战略成效不佳的原因辨析及我国的对策[J].科技与管理,2004(4):4-7,10.

88 冯小星,赵民.论苏、锡、常经济技术开发区的协调发展[J].城市规划汇刊,2004(1):18-24.

89 郭会文.试论国家级开发区管理机构的行政主体资格[J].中国科技产业,2005(5):20-53.

90 郭俊华,等.加快经济技术开发区高新技术产业发展研究[J].科技进步与对策,1999(4):42-44.

91 郭熙保,胡卫东.发展观的演进与深化[J].天津行政学院学报,2004(4).

92 何书金,苏光全.开发区闲置土地的数量、分布和潜力[J].地理科学进展,2000(4):343-350.

93 何书金,苏光全.开发区闲置土地成因机制及类型划分[J].资源科学,2001,23(5)17-22.

94 胡新智.中国国家级经济技术开发区产业集群效果分析[J].管理评论,2005,17(7):20-26.

95 胡太山.创新聚群与地区发展[J].城市规划汇刊,2002(3):20-27.

96 胡太山,解鸿年,林建元.高科技区域创新环境构成与发展再思考[J].城市规划汇刊,2003(3):74-80.

97 胡太山,解鸿年.高科技地区社群定住区位演化之初探——以新竹地区为例[J].城市规划汇刊,2004(3):74-78.

98 胡祖六.关于中国引进外资的三大问题[J].国际经济评论,2004(2):24-28.

99 黄大全,林坚,毛娟,晋璟瑶.北京经济技术开发区工业用地指标研究[J].地理与地理信息科学,2005,21(5):99-102.

100 兰勇,郑传均.出口加工区(EPZs)发展的影响因素分析——台湾、韩国和菲律宾EPZs比较研究[J].科技进步与对策,2006(6):59-63.

101 李军杰,周卫峰.基于政府间竞争的地方政府经济行为分析——以铁本事件为例[J].经济社会体制比较,2005(1):49-54.

102 李俊莉,王慧,郑国.开发区建设对中国城市发展影响作用的聚类分析评价[J].人文地理,2006(4):39-43.

103 李志勇.开发区建设中存在的问题及对策[J].中国审计,2004(20):46-47.

104 林拓,刘君德.开发区与乡镇行政体制关系问题研究[J].经济地理,2002(2):196-199.

105 刘浩.我国经济开发区的商业和盈利模式研究[J].产经透视,2004(2):51-54.

106 刘世锦.关于我国增长模式转型的若干问题[J].管理世界,2006(2):1-9,17.

107 刘志彪.中国沿海地区制造业发展:国际代工模式与创新[J].南开经济研究,2005(5):

37-44,58.

108 刘志彪,张晔. 中国沿海地区外资加工贸易模式与本土产业升级：苏州地区的案例研究[J]. 经济理论与经济管理,2005(8)：7-10.

109 卢新海. 开发区土地资源的利用与管理[J]. 中国土地科学,2004(2)：40-44.

110 吕薇. 关于开发区管理体制的思考[J]. 重庆工学院学报,2004,8(1)：1-4.

111 马强,徐循初."精明增长"策略与我国的城市空间扩展[J]. 城市规划汇刊,2004(3)：16-22.

112 米庆成. 进城农民工的城市归属感问题探析[J]. 青年研究,2004(3)：25-30.

113 齐德义. 促进国家级开发区产业集群的对策[J]. 生产力研究,2006(2)：155-156.

114 齐明山,陈虎. 当代中国公共政策输入机制的制度分析[J]. 公共行政,2006(10)：23-25.

115 秦远建,江晶. 高新技术开发区内现代生产性服务业集群研究[J]. 武汉理工大学学报·信息与管理工程版,2006,28(10)：35-38.

116 唐慎. 开发区兴起与发展的制度比较[J]. 改革,2005(3)：53-58.

117 王红. 引入行动规划,改进规划实施效果[J]. 城市规划,2005(4)：41-46.

118 王慧. 开发区与城市相互关系的内在肌理及空间效应[J]. 城市规划,2003(3)：20-25.

119 王慧. 西安城市"新经济"发展的空间特征及其机制[J]. 地理研究,2006,25(3)：539-550.

120 王慧. 开发区运作机制对城市管治体系的影响效应[J]. 城市规划,2006(5)：19-26.

121 王慧. 开发区发展与西安城市经济社会空间极化分异[J]. 地理学报,2006,61(10)：1011-1024.

122 王峰玉,吴怀静,魏清泉. 现阶段我国开发区几个战略问题的思考[J]. 地域研究与开发,2006,25(1)：23-27.

123 王辑慈,王可. 区域创新环境和企业根植性——兼论我国高新技术企业开发区的发展[J]. 地理研究,1999,18(4)：357-362.

124 王辑慈. 关于外向型区域发展本地产业集群的一点思考[J]. 世界地理研究,2001(3)：15-19.

125 王兴平,崔功豪. 中国城市开发区的区位效益规律研究[J]. 城市规划汇刊,2003(3)：69-73.

126 王兴平,崔功豪. 中国城市开发区的空间规模与效益研究[J]. 城市规划,2003(9)：6-12.

127 王学锋. 试论开发区规划管理的几个问题[J]. 城市规划,2003,27(11)：39-43.

128 韦亚平,赵民. 都市区空间结构与绩效——多中心网络结构的解释与应用分析[J]. 城市规划,2006(4)：9-16.

129 吴燕,陈秉钊. 高科技园区的合理规模研究[J]. 城市规划汇刊,2004(6)：78-82.

130 吴煜,刘荣增.中国高新技术产业开发区发展动态评价研究[J].城市规划汇刊,2003(1):62-65.

131 邢春生."新区":后开发区时代的产物[J].港口经济,2005(5):34-35.

132 邢海峰,马玫.城市开发区空间有机生长的规划研究——以天津经济技术开发区为例[J].城市开发,2003(6):18-21.

133 闫二旺.跨国公司与天津经济技术开发区产业群的发展[J].世界地理研究,2004,13(3):10-16.

134 闫小培,等.快速城市化地区城乡关系协调研究[J].城市规划,2004(3):30-38.

135 杨东峰.嵌入繁殖·二元分立·肌理粗化——谈天津经济技术开发区的物质空间模式[J].规划师,2006,22(8).

136 余建忠.政府职能转变与城市规划公共属性回归——谈城乡规划面临的挑战与改革[J].城市规划,2006(2):26-30.

137 于维栋.深圳高新区发展之路[J].中国科技产业,2001(10):26-28.

138 翟文侠,等.城市开发区土地集约利用潜力研究——以江苏省典型开发区为例[J].资源科学,2006(2):54-60.

139 湛柏明.中国吸引外商直接投资对内资的需求效应[J].新华文摘,2004(24).

140 章光日,顾朝林.快速城市化进程中的被动城市化问题研究[J].城市规划,2006(5):48-54.

141 张弘.开发区带动区域整体发展的城市化模式——以长江三角洲地区为例[J].城市规划汇刊,2001(6):65-69.

142 张苏.新国际分工理论述评[J].教学与研究,2007(1):51-56.

143 张庭伟.高科技工业开发区的选址及发展——美国经验介绍[J].城市规划,1997(1):47-49.

144 张庭伟.1990年代中国城市空间结构的变化及其动力机制[J].城市规划,2001,25(7):7-14.

145 张晓平,刘卫东.开发区与我国城市空间结构演进及其动力机制[J].地理科学,2003,23(2):142-149.

146 张艳.英国企业区建设实践及对我国的借鉴意义[J].现代城市研究,2006(4):40-44.

147 张艳.开发区空间拓展与城市空间重构——苏锡常的实证分析与讨论[J].城市规划学刊,2007(1):49-54.

148 张艳,赵民.论开发区的政策效用与调整——国家经济技术与高新技术产业开发区未来发展探讨[J].城市规划,2007,31(7):18-24.

149 赵民.科技园区规划建设的国际经验[J].城市规划汇刊,1999(2):79-80.

150 赵燕菁.本地市场与国际竞争:城市化动力的转变[J].城市规划学刊,2006(6):16-23.

151 郑江淮,高春亮,张宗庆,刘健.国际制造业资本转移:动因、技术学习与政策导向——以江苏沿江开发区产业配套为例的实证研究[J].管理世界,2004(11):29-38,46.

152 郑静.城市开发区发展的生命周期——兼论广州开发区现状及其持续发展策略[J].城市发展研究,1999(1):25-30.

153 郑静,薛德升,朱竑.论城市开发区的发展:历史进程、理论背景和生命周期[J].世界地理研究,2000(2):79-86.

154 郑国,王慧.中国城市开发区研究进展与展望[J].城市规划,2005,29(8):51-58.

155 钟坚.台湾加工出口区的产业升级与制度变迁[J].台湾研究,2002(1):46-51.

156 钟晓敏.市场化改革中的地方财政竞争[J].财经研究,2004(1):21-28.

157 朱彦恒,张明玉,曾维良.开发区产业发展的耦合机理[J].科学学与科学技术管理,2006(10):67-70.

158 周元,王维才.我国高新区阶段发展的理论框架——兼论高新区"二次创业"的能力评价[J].经济地理,2003,23(4):451-455.

159 Antoneli C. Collective Knowledge Communications and Innovation: the Evidence of Technological Districts[J]. *Regional Studies*, 2000, 34(6): 535-547.

160 Appold S. Research Parks and the Location of Industrial Research Laboratories: an Analysis of the Effectiveness of a Policy Intervention[J]. *Research Policy*, 2004(33): 225-243.

161 Asheim B T, Isaksen A. Regional Innovation Systems: The Integration of Local "Sticky" and Global "Ubiquitous" Knowledge[J]. Journal of Technology Transfer, 2002(27): 77-86.

162 Audretsch D and Feldman M P. R&D spillovers and the geography of innovation and production[J]. *American Economic Review*, 1996(86): 630-640.

163 Baptista R. Do Innovations Diffuse Faster within Geographical Clusters? [J]. *International Journal of Industrial Organization*, 2000(18): 515-535.

164 Borensztein E, Gregorio J D, Lee J W. How Does Foreign Direct Investment Affect Economic Growth[J]. *Journal of International Economics*, 1998(45): 115-135.

165 Capello R. Spatial Transfer of Knowledge in High Technology Milieux: Learning versus Collective Learning Processes[J]. *Regional Studies*, 1999, 33(4): 353-365.

166 Capello R and Faggian A. Collective Learning and Relational Capital in Local Innovation Processes[J]. Regional Studies, 2005, 39(1): 75-87.

167 Coase R. the Nature of the Firm[J]. *Economica*, New Seris, 1937, 16(4): 386-405.

168 Cooke P. From technopoles to regional innovation systems: the evolution of localized technology development policy[J]. *Canadian Journal of Regional Science*, 2001(24): 21-40.

169 Felsenstein D. University-related Science Parks —"Seedbeds" or enclaves of innovation？[J]. *Technovation*，1994，14(2)：93-110.

170 Fukugawa N. Science parks in Japan and their value-added contributions to new technology-based firms[J]. *International Journal of Industrial Organization*，2006 (24)：381-400.

171 Hansson F，Husted K and Vestergaard J. Second generation science parks：from structural holes jockeys to social capital catalysts of the knowledge society[J]. *Technovation*，2005(25)：1039-1049.

172 Jauch Herbert，Export Processing Zones and the Quest for Sustainable Development：A Southern African Perspective[J]. *Environment and Urbanization*，2002，14（1）：101-109.

173 Jing-dong Yuan and Lorraine Eden，Export Processing Zones in Asia：a Comparative Study[J]. *Asia and Survey*，1992，32(11)：1026-1045.

174 Johansson H and Nilsson L. Export Processing Zones as Catalysts[J]. *World Development*，1997，25(12)：2115-2128.

175 Krugman P. Increasing returns and economic geography[J]. *Journal of Political Economy*，1991，99(3)：483-499.

176 Leinbach T R. Industrial strategy in Malaysia：the role of export processing zones[J]. *GeoJournal*，1982，6(5)：459-468.

177 Link A N and Scott J T. U. S. science parks：the diffusion of an innovation and its effects on the academic missions of universities[J]. *International Journal of Industrial Organization*，2003(21)：1323-1356.

178 Löfsten H and Lindelöf P. Science Parks and the growth of new technology-based firms — academic-industry links，innovation and markets[J]. *Research Policy*，2002 (31)：859-876.

179 Löfsten H and Lindelöf P. Determinants for an entrepreneurial milieu：Science Parks and business policy in growing firms[J]. *Technovation*，2003(23)：51-64.

180 Löfsten H and Lindelöf P. R&D networks and product innovation patterns — academic and non-academic new technology-based firms on Science Parks[J]. *Technovation*，2005 (25)：1025-1037.

181 Markusen A. Sticky places in slippery space：a typology of industrial districts[J]. *Economic Geography*，1996，72(3)：293-313.

182 Maskell P，Malmberg A. Localised Learning and Industrial Competitiveness[J]. Cambridge Journal of Economics，1999，23(2)：167-186.

183 Molotch H. the City as a Growth Machine：toward a Political Economy of Place[J].

American Journal of Sociology, 1976, 82(2): 309–330.

184 Nahm K B. The evolution of science parks and metropolitan development[J]. *International Journal of Urban Sciences*, 2001, 4(1): 81–95.

185 Park S O and Markusen A. Generalizing New Industrial Districts: a Theoretical Agenda and an Application from a Non-Western Economy[J]. *Environment and Planning A*, 1995(27): 84–104.

186 Phan P H, Siegel D S and Wright M. Science parks and incubators: observations, synthesis and future research[J]. *Journal of Business Venturing*, 2005(20): 165–182.

187 Porter M. Location, Competition, and Economic Development: Local Clusters in a Global Economy[J]. *Economic Development Quarterly*, 2000(14): 15–20.

188 Porter M. Clusters and the New Economics of Competition[J]. *Harvard Business Review*, 1998(11–12): 77–90.

189 Siegel D, Westhead P, Wright M. Science parks and the performance of new technology-based firms: a review of recent U. K. evidence and an agenda for future research[J]. *Small Business Economics*, 2003(20): 177–184.

190 Siegel D S, Westhead P and Wright M. Assessing the impact of university science parks on research productivity: exploratory firm-level evidence from the United Kingdom[J]. *International Journal of Industrial Organization*, 2003(21): 1357–1369.

191 Sternberg R. Reasons for the Genesis of High-Tech Regions-Theoretical Explanation and Empirical Evidence[J]. *Geoforum*, 1996, 27(2): 205–223.

192 Storper M. The Resurgence of Regional Economics, Ten Years Later: the Region as a Nexus of Untraded Interdependencies[J]. Europe Urban Studies. 1995(23): 199.

193 Vedovello C. Science parks and universityindustryinteraction: geographical proximity between the agents as a driving force[J]. *Technovation*, 1997, 17(9): 491–502.

194 Westhead P. R&D Inputs and Outputs of Technology Based Firms Located in and off Science Parks[J]. R&D Management, 1997, 27(1): 45–62.

195 Westhead P and Batstone S. Independent Technology-based Firms: The Perceived Benefits of a Science Park Location[J]. *Urban Studies*, 1998, 35(12): 2197–2219.

196 Yiannis L. Bakouros, Dimitri C. Mardas, Nikos C. Varsakelis, Science park, a high tech fantasy?: an analysis of the science parks of Greece[J]. *Technovation*, 2002(22): 123–128.

3 会议论文/工作论文

197 胡晶晶,曾国安. 20 世纪 70 年代末以来中国地区经济发展差距:演变、成因、影响与调节政策选择[J/OL]. 世界经济,2002. [2006-12-31] http://cedr.whu.edu.cn/cedrpaper/200632293828. pdf 武汉大学经济发展研究中心网.

198 张家铭,邱释龙. 全球化与中国大陆苏州外向型经济发展——以四个经济技术开发区为例[C/OL]. 全球化、苏南经济发展与台商投资研讨会,2000-10-31. [2006-11-15] http://www.nhu.edu.tw/~society/e-j/11/11-6.htm.

199 Asheim T. *Interactive, Innovation systems and SME Policy*[C]. the EGU Commission on the Organization of Industrial Space Residential Conference, Gothenburg, Sweden, 1998.

200 Athreye S S. *Agglomeration and growth: A study of the Cambrige Hi-Tech Cluster*. Stanford Institute for Economic Policy Research Discussion Paper 00-42, Stanford University, 2002.

201 Capello R and Morrison A. *An Evaluation of the Effectiveness of Science Parks in Local Knowledge Creation: a Territorial Perspective*[C]. 5th Triple Helix Conference, 2005.

202 Elisa Giuliani, *The structure of cluster knowledge networks: uneven and selective, not pervasive and collective*[C]. DRUID Tenth Anniversary Summer Conference, 2005.

203 Francis C C Koh, Winston T H Koh, Feichin Ted Tschang, *An Analytical Framework for Science Parks and Technology Districts with an Application to Singapore*. SMU economics & statistics working paper series 18-2003, Singapore management university, 2003.

204 Jayanthakumaran K. *An Overview of Export Processing Zones: Selected Asian Countries*. Working Paper Series 2002, Department of Economics, University of Wollongong, NSW, Australia.

205 Mustapha Sadni-Jallab, Enrique Blanco de Armas, *A Review of the Role and Impact of Export Processing Zones in World Trade: The Case of Mexico*[C]. International Conference: Exchange Rates, Economic Integration and the International Economy Papers, 2002.

206 Robert J. Rolfe, Douglas P. Woodward, Bernard Kagira, *Footloose and Tax Free: Incentive Preferences in Kenyan Export Processing Zones*. [C]. Conference of the Economic Society of South Africa, 2003.

4 学位论文

207 刘茂华. 经济技术开发区发展的财政政策研究——以武汉经济技术开发区为例[D]. 华中科技大学硕士学位论文,2004.

208 王建军. 珠江三角洲跨国公司网络生长与空间差异研究[D]. 中山大学博士学位论文,2004.

209 王峰玉. 广州开发区的发展、空间演变与空间效应研究[D]. 中山大学硕士学位论文,2005.

210 王霞. 东南沿海城市开发区空间区位及形态构成研究[D]. 同济大学博士论文,1997.

211 温雅. 城市化进程中失地农民住房安置研究——以广州开发区为例[D]. 中山大学硕士学位论文,2005.

212 吴军. 营销导向的产业园区规划建设：广州开发区研究[D]. 中山大学硕士学位论文,2005.

213 游蓓蕾. 经济技术开发区产业集群和FDI互动关系研究[D]. 浙江工业大学硕士学位论文,2004.

214 张晓平. 全球化视角下的中国开发区发展机制及区域效应[D]. 中科院地理所博士学位论文,2003.

215 朱玉华. 经济技术开发区产业集群问题研究——以天津经济技术开发区为例[D]. 南开大学博士学位论文,2005.

5　年鉴、报告及其他

216 常州新区年鉴(1992—1998).

217 常州新北区、国家高新区年鉴(1999—2002).

218 常州市规划设计院. 城北分区规划(1990—2010)[R].

219 常州市规划设计院. 常州市总体规划(1996—2010)[R].

220 常州市规划设计院,常州市规划局新北分局. 新北区次区域(总体)规划调整(2004)[R].

221 大连市城市规划设计研究院. 金港区城市总体规划(2005—2020)——基础资料汇编[R]. 2004.5.

222 顾强,王辑慈. 国家经贸委行业规划司新型工业化研究报告之六"产业集群、工业园区发展与新型工业化"[R]. 2003.

223 杭州经济技术开发区经济发展局,浙江大学管理学院. 杭州经济技术开发区先进制造业基地产业发展规划(2006—2010)[R]. 2005.8.

224 广州经济技术开发地方志办公室(编). 广州经济技术开发区志(1984—1990)(1991—2000).

225 广州市城市规划勘测设计研究院. 广州开发区区域发展规划(2004—2020)[R].

226 广州市城市规划勘测设计研究院. 广州市萝岗区区域发展规划(2004—2020)[R].

227 科学技术部火炬高技术产业开发中心. 国家高新技术产业开发区十年发展数据报告[R].

228 彭森主编.中国开发区年鉴(2006)[R].北京:中国财政经济出版社,2006.

229 上海财经大学投资研究所.2006中国投资发展报告——可持续发展的开发区[R].上海:上海财经大学出版社,2006.

230 上海同济城市规划设计研究院,大连市规划设计研究院.大连市金港区总体规划(讨论稿)[R].2006.

231 天津经济技术开发区地方志编修委员会编.天津经济技术开发区志[R].北京:中华书局,2004.

232 同济大学,无锡新区管委会.无锡新区综合发展规划[R].2005.1.

233 同济大学.北川经济带发展战略及布局研究(讨论稿)[R].2006.12.

234 同济大学,常州市规划局新北分局.常州市新北区规划实施回顾与展望[R].2006.9.

235 同济大学,上海财经大学,常州市规划局新北分局,常州市新北区经济发展局.现代服务业的发展趋势与空间形态——常州市新北区空间发展研究[R].

236 同济大学,常州市规划局新北分局,常州市新北区经济发展局.常州市新北区现代制造业空间发展研究[R].2006.9.

237 无锡新区管委会,深圳市城市规划设计研究院.无锡新区总体发展规划(2005—2020)[R].

238 中华人民共和国国家统计局、科学技术部(编).中国科技统计年鉴(2006)[M].北京:中国统计出版社,2006.

239 中国城市规划设计研究院.建设绿色新城,昂起振兴东北老工业基地的龙头——大连经济技术开发区城市空间发展战略[R].2004.2.

240 中国社会科学院工业经济研究所(编).中国工业发展报告(2006):科学发展观与经济增长方式转变[R].北京:经济管理出版社,2006.

241 International Labour Office (ILO). *Labour and Social Issues Relating to Export Processing Zones*[R].1998.

242 International Confederation of Free Trade Unions (ICFTU). *Behind the brand names-Working conditions and labour rights in export processing zones*[R].2004.

243 Madani D. *A review of the Role and Impact of EPZ*[R]. World Bank,1999.

244 http://www.fdi.gov.cn 中国投资指南网.

245 http://www.chinatorch.gov.cn 科学技术部火炬高技术产业开发中心网.

246 http://www.sts.org.cn 中国科技统计网.

247 http://www.usc.cuhk.edu.hk 香港中文大学中国研究服务中心网.

248 http://www.getdd.gov.cn 中国广州开发区网.

249 http://www.investteda.org 天津开发区投资网.

250 http://www.teda.gov.cn 泰达政务网.

251 http://www.bh.gov.cn 滨海新区网.

252 http://www.heda.gov.cn 杭州经济技术开发区投资网.

253 http://www.hedatj.gov.cn 杭州经济技术开发区统计信息网.

254 http://www.investok.org 青岛经济技术开发区网.

255 http://www.wedz.gov.cn 武汉经济技术开发区网.

256 http://www.whplan.com.cn 武汉规划网.

257 http://www.whxqtz.com 武汉新区网.

258 http://www.sipac.gov.cn 苏州工业园区网.

259 http://www.dpchina.com/ziliao.asp 苏州工业园规划建设网-资料中心.

260 http://www.citic-daxie.com 大榭开发区网.

261 http://www.zgc.gov.cn 中关村科技园区网.

262 http://www.sh-hitech.gov.cn 上海张江高新区网.

263 http://www.zjpark.com 上海张江高科技园区网.

264 http://www.caohejing.com 上海漕河泾新兴技术开发区网.

265 http://www.pdjq.com.cn 金桥开发区网.

266 http://www.thip.gov.cn 天津新技术产业园区网.

267 http://www.wnd.gov.cn 无锡新区网.

268 http://www.wndjs.gov.cn 无锡新区规划建设环保局网.

269 http://www.zhuhai-hitech.com 珠海国家高新技术产业开发区信息网.

270 http://www.zh-jingan.gov.cn 珠海新青科技工业园网.

271 http://www.ship.gov.cn 深圳高新区(产业带)网.

272 http://www.wehdz.gov.cn 武汉东湖新技术开发区政务网.

273 http://invest.wehdz.gov.cn 武汉东湖新技术开发区招商网.

274 http://www.xdz.gov.cn 西安高新技术产业开发区网.

275 http://www.qh.xinhuanet.com 西宁经济技术开发区网.

后 记

　　开发区建设是我国在特定环境背景下的一项战略选择。作为中国对外开放的窗口和经济改革的试验场,开发区的发展取得了巨大的经济成就,但也伴生了一系列的问题。本研究着手之际,正值开发区因其辉煌的经济发展成就而广受赞誉,同时又因存在的诸多问题而广受质疑与诟病的时候。当时,已有大量研究从不同的侧面展示、解释开发区实践的现实状况,并针对开发区发展存在的问题提出相应的解决思路和对策,但多以个案式分析为主,且局限在开发区的既定政策框架而展开。本研究试图通过全国层面的统计数据分析以及详细的案例研究勾勒出当前开发区发展现状的概貌,从而提供一个关于开发区不同时间断面和空间断面发展实践的相对完整和清晰的认识,并以此作为探讨开发区转型的基准平台。在此基础上,对开发区政策效用展开系统的总结、分析、评价与解释,并探讨开发区转型的方向。针对开发区的运作模式事实上已是"常规化",实际的政策效用已经非常微弱的现实,本书提出了"取消开发区之间以及开发区与一般工业园区之间的、以空间范畴来定义的政策措施"的观点。

　　十年后再回望,有些数据已经需要更新,但当时得出的基本结论仍然具有普适意义。国家级开发区的数量和规模虽然在此后仍然经历了持续的扩张,但各地开发区的发展已经普遍进入调整转型时期,创新发展、转型升级、再开发等已经成为了关键词,在功能上也从单一的产业逐步转向功能完善的综合性新城区。换言之,开发区作为特定政策区域的特征已经在不断弱化。

　　与此同时,我国全面开放的格局不断向纵深拓展,并开始以新的政策区——国家级新区的形式迅速在全国推广。从 20 世纪 90 年代至今,国家级新区经历了数量上从严控到密集批复的过程,截止 2019 年,全国共设立 19 个国家级新区,东、中、西地区均有分布。相较于开发区以产业为主导的功能定位,国家级新区所具备的综合功能进一步升级,将承担国家重大改革发展战略任务,在创新驱

后 记

动发展、全面深化改革、全方位扩大开放等方面发挥重要作用。而与开发区相类似,国家级新区也是政策驱动的功能区域,如何实现新的政策的效用最大化,开发区的发展实践或许能提供有益的启示与借鉴。

　　本研究工作既依托于导师赵民教授的团队,同时也离不开校内外的学者和专家的鼎力帮助。深圳大学的陈燕萍教授、天津大学的袁大昌教授、青岛规划设计院的毕素萍女士、大连规划设计院的刘冰先生为我们在深圳、天津、青岛和大连等地的调研提供了热忱的帮助;新加坡国立大学的朱介鸣教授帮助我们联系新加坡国立大学图书馆查阅相关资料;上海财经大学的丁健教授在常州开发区课题研究中给予了大力支持;远在英国的张佶女士热心地帮我们复印了关于英国企业区的相关资料;建设部城乡规划司的潘海霞女士慷慨地提供了关于国家经济技术开发区的相关资料;深圳高新区的郭德英女士与黄其胜先生、天津规划局滨海分局的郭志刚先生、天津高新区的吕毅先生、青岛市规划局黄岛分局的王波先生、大连市规划局的周安伟先生、大连市规划设计研究院的樊文斌和高程先生、宁波市规划局北仑分局的邓煜军先生、上海同济规划设计研究院的肖达先生等热情地接受了我们的调研访谈,并提供了大量的文献资料,与他们的交流让我们的研究更贴近各地开发区的现实状况。对上述学者专家及其他所有为我们提供过帮助的人士致以诚挚谢意!

赵　艳

2019 年 11 月